BRANDEIS MODERN HEBREW

עברית בהקשר

BRANDEIS MODERN HEBREW

עברית בהקשר

VARDIT RINGVALD :: BONIT PORATH
YARON PELEG :: ESTHER SHORR :: SARA HASCAL

BRANDEIS UNIVERSITY PRESS :: WALTHAM : MASSACHUSETTS

Brandeis University Press

Manufactured in the United States of America
10 9 8 7 6 5

Library of Congress Control Number: 2004112642
ISBN: 978-1-61168-918-1

Designed and composed by Scott-Martin Kosofsky
at The Philidor Company, assisted by Hank Silverstein.
Illustrations by Michal Strier.

Audio-visual components for *Brandeis Modern Hebrew* are available as a disk image file for PC or Mac and can be downloaded at **press.uchicago.edu/sites/bmhcd/**

פתח דבר

ספר זה הוא פרי עמלם של צוות מורים בתוכנית להוראת עברית באוניברסיטת ברנדייס. הספר משקף מספר מהעקרונות שעליהם מבוססת תוכנית הלימודים לעברית בברנדייס:

1. רכישת שפה לצורך יכולת תפקודית

הוראת השפה העברית בתפוצות נעשית בתנאים שונים מהוראתה בישראל. הלומדים בתפוצות אינם נהנים מחשיפה מתמדת לשפה ומשום כך עיקר הלמידה מתרחש במסגרות לימודיות. מצב זה מחייב את המלמדים לקבוע בקפידה את המטרות לקראתן יש להוביל את הלומדים, באופן שבו יתאפשר להם להפיק את מירב התועלת מכל הזדמנות לימודית.

לפני מספר שנים הוחלט בתוכנית לעברית באוניברסיטת ברנדייס להתמקד במטרות תפקודיות בשפה כבסיס להוראת העברית בכל הרמות. הכוונה במטרות תפקודיות היא לכך שהלומדים לא יסתפקו במידע על השפה, אלא גם יוכלו לתפקד בה בכל המיומנויות הלשוניות, הכוללות קריאה, כתיבה, דיבור והאזנה. בחירת מטרות תפקודיות ברורות מאיצות ומייעלות את תהליך רכישת השפה אצל הלומדים בעיקר בשל ההזדמנות לתרגל את השימוש בה. לצורך קביעת המטרות התפקודיות אליהן מסוגלים הלומדים להגיע בכל שלב במהלך לימודיהם, השתמשנו בסולם ההגדרות התפקודיות לעברית אשר פותחו בתוכנית לעברית בברנדייס, בחסות ACTFL (American Council on the Teaching of Foreign Languages). סולם זה מגדיר את הרמות התפקודיות המצופות מכל הלומדים בכל אחד משלבי רכישת השפה. כל הגדרה מתארת את הסביבה התוכנית והאלמנטים התפקודיים המאפיינים אותה.[1]

הספר כולל נושאים ואלמנטים תפקודיים, המובילים לומדים ברמת מתחילים גמורה ליכולת תפקודית ברמת הביניים. כמו כן, הספר מכיל ידע לשוני המכין את הלומדים לתפקוד ברמה מתקדמת בשלבים מאוחרים יותר של הלימוד, למשל שימוש בזמן עבר ובזמן עתיד ויכולת קריאת ספרות.

---

1. לטקסט המלא של הקווים המנחים של ACTFL נא להיכנס לאתר http://www.brandeis.edu/departments/hebrew ולהקיש על Hebrew Proficiency Guidelines. הקווים המנחים כוללים תיאור היכולת הלשונית בכל ארבע המיומנויות בכל רמה, עם דוגמאות בעברית.

2. רכישת שפה בהקשר (קונטקסט)

הספר מיישם את עיקרון רכישת השפה בהקשר, לפיו שפה שנייה נרכשת ביעילות רבה ולטווח ארוך כאשר היא מתרחשת בהקשר רלוונטי ללומדים. כל יחידה מגובשת מבחינה נושאית ומרבית התרגילים מעוגנים במסגרת הקשרית. חלקם קשורים למסגרת הנושאית של הפרק וחלקם בעלי הקשרים עצמאיים המתאימים לנושא המתורגל. לרוב התרגילים וקטעי הקריאה חוברו כותרות הרומזות על המסגרות ההקשריות (קונטקסטואליות) שאותן הם מייצגים.

3. רכישת שפה אותנטית

אחת הדרכים להביא לומדים לידי יכולת תפקודית בסביבה הטבעית של השפה היא חשיפתם לחומרים אותנטיים (כלומר, טקסטים שחוברו על ידי דוברים ילידים לדוברים ילידים) וחומרים אותנטיים למחצה (חומרים המחקים טקסטים אותנטיים, שחוברו לצורכי הוראה).

קטעי הקריאה מכילים דוגמאות לשימוש אותנטי של האלמנטים התוכניים והלשוניים הנלמדים בספר. הושם דגש רב על פיתוח קטעי קריאה ותרגול המשקפים שפה אותנטית על כל משלביה.

4. חשיפה לתרבות ישראלית-יהודית

תרבות השפה מהווה חלק בלתי נפרד ממיומנות הלשון. יכולת לשונית איכותית תלויה בהבנת התרבות של השפה. ספר זה מפגיש את הלומדים עם אלמנטים שונים מהתרבות הישראלית והיהודית הן בקטעי הקריאה, הן בתרגילים והן במבחר מקורות מן הקנון העברי לתקופותיו. הכוונה היא שמפגש זה יעניק ללומדים מידע על התרבות העברית ויתן בידיהם כלים להבנה רחבה יותר שלה. לאורך הספר ניתן גם למצוא הבזקים באנגלית ובעברית, המבהירים מושגים תרבותיים לשוניים הקשורים לנושאי הספר.

מבנה הספר

הספר מחולק ל-11 יחידות.

יחידה מספר 1 עוסקת בהקניית אותיות האלפבית בקונטקסט של הכרות.

ליחידות 2-10 יש מבנה קבוע הכולל הקניית מילים, ביטויים ופונקציות לשוניות הקשורים לנושאי היחידה, לימוד ותרגול פעלים, ולקראת סיום היחידה - תרגילי סיכום והעשרה. בכל יחידה רוכז לימוד הפועל ותרגולו לקראת סוף היחידה על מנת לאפשר ללומדים לאתר את המידע על הפועל בקלות יחסית. הפרדת הפועל מהרצף היחידתי אינה בהכרח מחייבת מורים ללמד את הנושא בנפרד. רצוי לשלב את הוראת הפועל עם הוראת שאר

חלקי היחידה. יחידה 11 (האחרונה) היא יחידה ספרותית הקשורה לנושא השואה. היחידה כוללת מחזה, שיר וקטע מסיפור קצר. לכל יחידה מצורף אוצר מילים הממוין לפי שמות עצם, שמות תואר, ביטויים, פעלים וכו׳.

במקרים רבים פירושי מילים חדשות מופיעים לצד הטקסט על מנת להקל על הלומדים בהבנת קטעי הקריאה. פירושים אלה מאפשרים ללומדים להבין את הטקסט מבלי לוותר על הרצף הטבעי של השפה.

הספר מציג את החומר הנלמד בצורה הדרגתית וספירלית. כל יחידה כוללת חזרה על הנושאים הקודמים ומוסיפה עליהם את הנושאים החדשים. לכן המלצתנו ללומדים ולמלמדים לעקוב אחר סדר היחידות בספר.

בסוף הספר מובאים שני נספחים לנוחיות הלומדים. הראשון, מילון עברי-אנגלי, הכולל את כל המילים, הצירופים והפעלים המוזכרים בספר בסדר אלפביתי. המיוחד למילון זה שהוא מספק מידע חשוב לצד הערך המילוני, כגון צורת הנקבה או צורת הרבים, שם-הפועל ומילת היחס המוצרכת לפועל. בסוף המילון נמצאת רשימת קיצורים וראשי-תיבות. הנספח השני הוא לוחות פעלים, הכולל נטיות של הפעלים הנלמדים בספר. לוחות הפעלים מציגים 41 נטיות של פעלים שונים בשבעת הבניינים בעברית.

כתיב וניקוד

בכתיבת הספר אימצנו את שיטת הכתיב המלא, לפי כללי האקדמיה ללשון העברית בירושלים. יחד עם זאת, חלקים של הספר (כמו כותרות, טקסטים נבחרים, מילים חדשות ונטיות שונות) מובאים בכתיב מלא ובניקוד מלא, לדוגמה: דִּיבַּרְתִּי. מטרת הניקוד היא להכשיר את הלומדים לקריאת טקסטים תנ״כיים וספרותיים מחד, ולהורות על הגייה נכונה בשלבי הלימוד הראשוניים מאידך.

קטעי קריאה ותרגילים רבים אינם מנוקדים או מנוקדים באופן חלקי. הניקוד החלקי הוא פונקציונאלי במהותו, והוא נועד לרמוז על הגייה נכונה, לדוגמה: דיבַּרתי.

קטעי ספרות אותנטיים, ובמיוחד שירים, מופיעים בספר בכתיב חסר ומנוקד, לדוגמה: דִּבַּרְתִּי.

עזרי לימוד נלווים

מלבד המילון ולוחות הפעלים, הספר כולל תקליטור להאזנה במחשב. התקליטור מכיל את קטעי הקריאה והדיאלוגים מן הספר בצורה כתובה ובצורה מוקלטת. הלומד יכול להאזין לקטעים אלה ולעקוב אחר הטקסט הכתוב על מסך המחשב.

Preface

THIS BOOK was written by the core faculty of the Hebrew Program at Brandeis University and is the product of many years of work and experience. The book reflects some of the main principles that have helped to shape the Brandeis Hebrew curriculum during the past decade:

1. Acquiring a Language for Functional Purposes

Teaching a language outside of the country where it is commonly used requires special strategies to compensate for the lack of language exposure that a native environment offers. Since learners outside of Israel are usually exposed to Hebrew in a classroom environment, Hebrew language educators should set their teaching goals carefully in order to maximize the learning experience.

About ten years ago, the faculty of the Hebrew Program at Brandeis University decided to target function as the basis for teaching Hebrew at all levels. Function means that students are expected to know about the language as well as be able to function in it in all language skills, including reading, writing, speaking, and listening. Selecting clear functional goals helps expedite the language acquisition process, because learners constantly practice language usage.

In order to identify the functional goals that we expect learners to achieve in each stage of their learning process, we used the definitions of the Hebrew Proficiency Guidelines (HPG). The HPG guidelines were developed by the Hebrew Program at Brandeis with the support of ACTFL (American Council on the Teaching of Foreign Languages). These guidelines define the functional abilities that are expected from each learner in all of the stages of language acquisition, including reading, speaking, listening, and writing. Each definition contains a description of the content and the functional element of each level.[1]

This book includes contextual and functional elements designed to bring learners

1. The ACTFL Proficiency Guidelines may be viewed at http://www.brandeis.edu/departments/hebrew/. Click on "Hebrew Proficiency Guidelines."

from the beginner level to the intermediate level. In addition, the book will familiarize learners with those linguistic aspects that will prepare them to function in advanced stages, such as the use of the past and future tense and the ability to read literary texts.

2. Acquiring Language in Context

One of the main principles that guide this book is our belief that a second language can be retained for a longer period of time when learning occurs in a relevant context. Therefore, each of the units is contextualized within a specific subject or theme. Most of the exercises are embedded in a contextual framework as well. Some of them are connected to the topic that is presented in the unit and others have independent contexts that are relevant to the topic of the exercise. Most of the exercises and reading passages have titles that imply their context.

3. Acquiring Authentic Language

Our goal is to bring learners to a point where they can function in the real life environment of the language through exposure to authentic and semi-authentic materials. (Authentic texts are those written by native speakers for communication with native speakers and semi-authentic materials imitate authentic texts written by native speakers for teaching purposes.) This book includes selections of authentic reading passages that reflect the authentic usage of elements the book teaches. In addition, in our semi-authentic materials, there is an attempt to represent authentic language in all of its registers.

4. Teaching Israeli and Jewish Culture

Learning the culture of a language is an integral part of acquiring language skills. The ability to produce language of a higher quality depends on understanding the culture of the language. This book exposes learners to different elements from Israeli and Jewish culture in the language drills, in the reading passages and in the selections of sources from the Hebrew literary canon. It is our hope that these selections will present learners with information about Hebrew culture, as well as with tools for understanding it better. The book also supplies occasional highlights in English and in Hebrew on cultural and linguistic concepts that relate to the topic of each unit.

Book Structure

The book is divided into 11 units. Unit 1 teaches the Hebrew alphabet in the context of getting acquainted. Units 2–10 have a set structure that includes vocabulary, expressions and language functions that are topically connected to the unit. In each unit the verbs are taught towards the end. Teaching verbs in a separate section affords learners easier access to verb structure and practice. This does not mean that verbs should be taught separately from the other topics of the unit. In fact, it is recommended to integrate verbs while teaching other parts of the unit. The units also contain practice exercises and summary and enrichment section. The last unit, Unit 11, is a literary unit dedicated to the Shoah (Holocaust). It includes excerpts from a play, from a short story and a poem.

Each unit concludes with a glossary arranged according to groups of nouns, adjectives, expressions and verbs. Translations of new words often appear alongside the text in each unit in order to facilitate the comprehension of reading passages that include new vocabulary and expressions. In general, the book presents the materials in a way that facilitates consecutive progression that spirals from one stage to the next. We therefore recommend using it in the order in which it is presented.

At the end of the book, a larger alphabetical Hebrew-English glossary is provided with the vocabulary from all units. The entries in the glossary also include important grammatical information, like the masculine and feminine form, plural form, infinitives and prepositions appropriate for specific verbs. A list of abbreviations and acronyms is provided at the end as well. The book also includes verb tables for all of the verbs that are mentioned in the different units.

Vocalization

This book uses plene ("full") script (כתיב מלא) according to the regulations set by The Academy of the Hebrew Language in Jerusalem. At the same time, in parts of the book (headlines, select texts, new words and different conjugations) we used both full script and vowels, as in דִּיבַּרְתִּי for instance. The purpose of this method is to make it easy for novice learners to pronounce these words easily and to prepare them for reading biblical and literary texts later on. Many reading passages and exercises are vocalized only partially in order to assist with correct pronunciation, like דיבַּרתי. Authentic literary passages, especially poems, are fully vocalized but are not presented in full script, like דִּבַּרְתִּי.

Teaching Aids

In addition to the dictionary and verb tables, the book also includes audio-visual components for listening comprehension. The audio-visual components contain all the reading passages and dialogues from the book in written and oral form. Learners can listen to these passages and follow the texts as they appear on their computer or other electronic device. Audio-visual components for *Brandeis Modern Hebrew* are available as a disk image file for PC or Mac and can be downloaded at **press.uchicago.edu/sites/bmhcd/**

Acknowledgements

The authors wish to thank President Jehuda Reinharz of Brandeis University for his most generous support of *Brandeis Modern Hebrew* and for ensuring that our dream would become a reality. The Office of the Dean of Arts and Sciences and the Department of Near Eastern and Judaic Studies at Brandeis University stepped in at crucial moments in the development of this project to provide assistance. The Jacob and Libby Goodman Institute for the Study of Zionism and Israel at Brandeis also provided funds for production, and we wish to thank Sylvia Fuks Fried, its executive director, for her steadfast support for this project from its inception. We are indebted to Dr. John R. Hose, Governor of Brandeis University Press, for his enthusiasm and for helping to shepherd this project through to completion.

A book of this scope and complexity requires the work of many original minds and skillful hands: Scott-Martin Kosofsky's thoughtful and elegant design of every letter and every page, from cover to cover, will enhance the experience of many learners and set a new standard for language textbooks; Hank Silverstein provided Scott with expert technical assistance; Michelle Kwitkin-Close copyedited the text with painstaking attention to every detail, from English style to Hebrew *dagesh*; Michal Strier's illustrations, made possible through the support of the Department of Near Eastern and Judaic Studies, have enlivened the text with a fine sense of humor; Adam Gries gave voice to numerous online audio texts, ably conceived and produced by Michael Schaffer; Phyllis Deutsch, editor-in-chief, and Michael Burton, associate director for production and design, at the University Press of New England courageously took on this project and with patience, faith and know-how managed to get us from typescript to pilot edition and finally this much enhanced formal edition.

Numerous professors of Hebrew throughout the United States opened their classrooms to test the earlier incarnations of this textbook. We are grateful to Susann Codish and the teaching staff at the Gann Academy-New Jewish High School; Tova Cohen at Emory University; Malka Dagan and Hanna Katz at the University of Florida; Rivka Dori at Hebrew Union College-Jewish Institute of Religion at Los Angeles; Chava Kimelman at Tufts University; Esther Robbins at Princeton University; Ellen Rothfeld at Michigan

State University and their many students for their timely and constructive comments.

Brandeis University's abiding commitment to Jewish studies and Israel studies and, above all, its dedication to excellence in scholarship and teaching, have inspired our efforts in advancing the teaching of modern Hebrew. Our special thanks go to the Hebrew language faculty and students at Brandeis University whose combined dedication to the teaching and learning of Hebrew has enriched our work and given us much encouragement.

We dedicate this book to our families, who believed in us and who share our love of Hebrew.

Vardit Ringvald
Bonit Porath
Yaron Peleg
Esther Shorr
Sara Hascal
Brandeis University, March 2005

תּוֹכֶן הָעִנְיָנִים

UNIT 3

UNIT 4

UNIT 5

UNIT 6

UNIT 7

UNIT 8

UNIT 9

UNIT 10

UNIT 11

UNIT 1 יְחִידָה

הֶכֵּרוּת

Getting Acquainted

Unit 1 יְחִידָה
תּוֹכֶן הָעִנְיָינִים

The Letters האותיות

Unit 1 יְחִידָה

Getting Acquainted הֶכֵּרוּת

Goals

Context/Content

Getting acquainted:

- My Name
- Greetings
- Place of residence

Communication/Function

Introduce yourself and others.

Ask/answer patterned questions: names, residence, where from.

Structure/Grammar

Letters and vowels

Pronouns (singular): **אני, אתה...**

Present tense of the verb **גר** (to live in/at) singular

Inflection of nouns (singular): **שמי, שלומי**

Short sentences: **הוא תלמיד**

Prepositions: **מ...** (from), **ב...** (in/at)

Questions: **?מה** (what), **?מאין** (where from), **?מי** (who)

Cognates: names, places, objects, months

Preparation for using a dictionary

Conjunctive *Vav* (**ו' החיבור**)

Culture

Modern Hebrew names, biblical names

Dates in Hebrew

Idiomatic expressions

Numerical value of the letters (**גימטריה**)

Jewish holidays

Getting Acquainted הֶכֵּרוּת

In Hebrew, the word *shalom* (**שָׁלוֹם**) is used to greet someone and to say goodbye. *Shalom* also means "peace":

שָׁלוֹם

שָלוֹם

Practice reading the letters below and write them in script:

	Script	Print	Name	Sound
	שׁ	שׁ	*shin*	*Sh*
	ל	ל	*lamed*	*l*
	ו	ו	*vav*	*o*
	מ	מ	*mem*	*m*
	*ם	*ם	*mem sofit*	*m*

*ם / ם is the final form of מ / מ. It sounds the same (m), but is written only at the end of a word.
There are four more such letters in the Hebrew alphabet (see the alphabet chart on the bottom of the next page).

דִּקְדּוּק

Letters (**אוֹתִיּוֹת**)

The Hebrew alphabet has 22 letters.

Block letters are used for print, and cursive letters are used for hand writing.

Vowels (**תְּנוּעוֹת**)

See vowel chart below.

The letters **ו** *and* **י** *are used also as vowels.*

ו *indicates "oh" or "oo."*

י *indicates "i," "ee," or "ei."*

The letters **א** *or* **ה** *at the end of words are sometimes silent and indicate "ah" or "eh" sounds.*

תרגיל א

Practice reading (consult the vowels chart below):

לָ לַ לוֹ לִ לוּ לֶ לֵ לוֹ

לָ לַ לוֹ לִ לוּ לֶ לֵ לוֹ

שָׁ שׁוּ שֶׁ שַׁ שִׁ שֵׁ שׁוּ שְׁ

שָׁ שׁוּ שֶׁ שַׁ שִׁ שֵׁ שׁוּ שְׁ

וְ וּו וֶ וָ וּו וֵ וָ וַ

וְ וּו וֶ וָ וּו וֵ וָ וַ

מְ מִ מָ מֶ מוּ מֵ מוֹ מַ

מְ מִ מָ מֶ מוּ מֵ מוֹ מַ

תרגיל ב

Practice writing:

לָשׁ ______

שָׁלוֹשׁ ______

מְמַלֵּל ______

מוּל ______

שָׁם ______

שָׁלוֹם ______

HEBREW PRINT ALPHABET, SCRIPT, AND ENGLISH TRANSLITERATION:

א	ב	ג	ד	ה	ו	ז	ח	ט	י	כ	ל	מ	נ	ס	ע	פ	צ	ק	ר	שׁשׂ	ת
										ך		ם	ן			ף	ץ				
א	ב	ג	ד	ה	ו	ז	ח	ט	י	כ ך	ל	מ ם	נ ן	ס	ע	פ ף	צ ץ	ק	ר	שׁשׂ	ת
a	b v	g	d	h	v	z	ḥ	t	y	k kh	l	m	n	s	a‘	p f	ts	q	r	sh s	t

VOWELS: A ָ ַ ֲ E ֶ ֵ ֱ ְ I ִי ִ O וֹ ֹ ֳ ָ U וּ ֻ Ø ְ

שְׁמִי...

To introduce yourself, you say **שְׁמִי** (my name is) followed by your name:

שְׁמִי ...

שְׁמִי...

	Script	Print	Name	Sound
	י	י	*yod*	y

Here are some other uses of the word שֵׁם:

Name	–	שֵׁם
Designation for God's name	–	הַשֵּׁם
The second book of the Pentateuch (Exodus)	–	שְׁמוֹת
One of Noah's sons	–	שֵׁם
Semitic	–	שֵׁמִי

תרגיל א

Practice reading these letters and vowels:

יָ יִי יֶ יוֹ יוּ יַ יוֹיוּ יֵי יְ

לִי לוֹ שׁוֹשִׁי מוֹשִׁי שֵׁם יָם שֶׁמֶשׁ שָׁם מֶשׁ

לִי לוֹ שׁוֹשִׁי מוֹשִׁי שֵׁם יָם שֶׁמֶשׁ שָׁם מֶשׁ

לַשׁ שֶׁל שֶׁלּוֹ לֶשֶׁם לוֹ לְ מְ מַל

לַשׁ שֶׁל שֶׁלּוֹ לֶשֶׁם לוֹ לְ מְ מַל

שָׁלֵם שֵׁם שֵׁשׁ שׁוּם מוּם לוּל שְׁמִי

שָׁלֵם שֵׁם שֵׁשׁ שׁוּם מוּם לוּל שְׁמִי

שֶׁמֶשׁ

תרגיל ב

Practice writing these letters with the vowels:

שָׁ שֵׁ לִ לֶ מִ מְ יָ יְ

לִי לוֹ יִי יָ מוֹ מָ שׁוֹ שֶׁ

יֵ יוּ שֵׁ שׁוֹ לוּ לָ מוֹ מ

שׁוֹשִׁי לוּל שְׁמִי שֶׁלּוֹ

To ask someone else's name, you begin with **מַה** (what) followed by a form of the word **שֵׁם**:

מַה שִׁמְךָ? – שְׁמִי...

דִּקְדּוּק

Pronoun suffixes are added to nouns to indicate possession:

שֵׁם + י = **שְׁמִי**
(my name)

שֵׁם + ךָ = **שִׁמְךָ**
(your name – m.)

שְׁמִי		שְׁמִי my name		
שְׁמֵךְ	שִׁמְךָ	**שְׁמֵךְ** your name (f.)	**שִׁמְךָ** your name (m.)	+ **מַה**
שְׁמָהּ	שְׁמוֹ	**שְׁמָהּ** her name	**שְׁמוֹ** his name	

Practice reading and writing the letters:

	Script	Print	Name	Sound
	כ	כ	*khaf*	kh
	ך	ך	*khaf sofit*	kh
	ה	ה	*he*	h

Read the dialogue with a partner in both forms (print and script):

הֶכֵּרוּת

– שָׁלוֹם, מַה שִׁמְךָ?	– שלום, מה שמך?
– שְׁמִי שֶׁלִּי, מַה שִׁמְךָ?	– שמי שלי, מה שמך?
– שְׁמִי שְׁלֹמֹה.	– שמי שלמה.

HEBREW PRINT ALPHABET, SCRIPT, AND ENGLISH TRANSLITERATION:

ת	שׁשׂ	ר	ק	צ	פ	ע	ס	נ	מ	ל	כ	י	ט	ח	ז	ו	ה	ד	ג	ב	א
				ץ	ף			ן	ם		ך										
ת	שש	ר	ק	צ	פ	ע	ס	נ	מ	ל	כ	י	ט	ח	ז	ו	ה	ד	ג	ב	א
				ץ	ף			ן	ם		ך										
t	sh	r	q	ts	p	a'	s	n	m	l	k	y	t	ḥ	z	v	h	d	g	b	a
	s				f						kh									v	

VOWELS: A ◌ָ ◌ַ ◌ֲ E ◌ֵ ◌ֶ ◌ֱ ◌ְ I ◌ִי ◌ִ O וֹ ◌ֹ ◌ֳ ◌ָ U וּ ◌ֻ Ø ◌ְ

Practice reading the following dialogues with a classmate. Fill in your names when needed:

.1

– שָׁלוֹם, מַה שִׁמְךָ?
– שְׁמִי ..., מַה שִׁמְךָ?
– שְׁמִי ....

- שלום, מה שמך?
- שמי ..., מה שמך?
- שמי ....

.2

– מַה שְּׁמוֹ?
– שְׁמוֹ שַׁי.
– וּמַה שְּׁמָהּ?
– שְׁמָהּ לִי.

- מה שמו?
- שמו שי.
- ומה שמה?
- שמה לי.

.3

– שָׁלוֹם, מַה שִׁמְךָ?
– שָׁלוֹם, שְׁמִי ..., מַה שִׁמְךָ?
– שְׁמִי ..., מַה שְּׁמוֹ?
– שְׁמוֹ ..., מַה שְּׁמָהּ?
– שְׁמָהּ ....

- שלום, מה שמך?
- שלום, שמי ..., מה שמך?
- שמי ..., מה שמו?
- שמו ..., מה שמה?
- שמה ....

תרגיל א

Practice reading:

כָּ כָ כֶ כּוֹ כָּךְ כָּכָה כִּי
הָ הֶ הוֹ הִ
לָךְ לְךָ לוֹ לָהּ
שֵׁךְ שָׂה שׁוֹ הוֹל שֶׁלְּךָ שֶׁלָּךְ

תרגיל ב

Write these names in Hebrew:

Lee ______________

Mimi ______________

Shelly ______________

Layla ______________

Lilakh ______________

Shai ______________

תרגיל ג

Practice reading and writing:

מַה	מַה ______________
לִי	לִי ______________
לָה	לָה ______________
הֵל	הֵל ______________
הָלַךְ	הָלַךְ ______________
שֵׁם	שֵׁם ______________
שׁוֹם	שׁוֹם ______________
שֶׁלּוֹ	שֶׁלּוֹ ______________
כָּל	כָּל ______________
שֶׁכָּל	שֶׁכָּל ______________
כִּי	כִּי ______________
לָךְ	לָךְ ______________
מִילָה	מִילָה ______________
הֲלוֹ	הֲלוֹ ______________

שׁוֹם

HEBREW PRINT ALPHABET, SCRIPT, AND ENGLISH TRANSLITERATION:

ת	שׁשׂ	ר	ק	צ	פ	ע	ס	נ	מ	ל	כ	י	ט	ח	ז	ו	ה	ד	ג	ב	א
				ץ	ף			ן	ם		ך										
ת	שׁשׂ	ר	ק	צ	פ	ע	ס	נ	מ	ל	כ	י	ט	ח	ז	ו	ה	ד	ג	ב	א
				ץ	ף			ן	ם		ך										
t	sh s	r	q	ts	p f	a‘	s	n	m	l	k kh	y	t	ḥ	z	v	h	d	g	b v	a

VOWELS: A □ָ □ַ □ֲ E □ֵ □ֶ □ֱ □ְ I □ִי □ִ O וֹ □ֹ □ֳ □ָ U וּ □ֻ Ø □ְ

תרגיל ד

Match the words in cursive and in print:

מֹשֶׁה	כל
שְׁמֵךְ	שמה
שֶׁמֶשׁ	שמך
מַה	כי
שֶׁלִּי	משה
כֹּל	שלו
הֲלוֹ	שמש
שְׁמָהּ	מה
שֶׁלּוֹ	שלי
כִּי	ים
יָם	הלו

יָם

Pronouns שְׁמוֹת גּוּף

Another way to introduce yourself is to use the pronoun **אֲנִי** (I am) followed by your name:

(I am Moshe.) אֲנִי מֹשֶׁה.

	אֲנִי	אֲנִי I	
אַתְּ	אַתָּה	אַתְּ you (f.s.)	אַתָּה you (m.s.)
הִיא	הוּא	הִיא she	הוּא he

Practice reading and writing the letters:

	Script	Print	Name	Sound
	א	א	*aleph*	a
	נ	נ	*nun*	n
	ן	ן	*nun sofit*	n
	ת	ת	*tav*	t

Practice reading these dialogues:

1

— אַתָּה מֹשֶׁה?

— **כֵּן**, אֲנִי מֹשֶׁה.

— אַתָּה מֹשֶׁה?

— כֵּן, אֲנִי מֹשֶׁה.

2

— שָׁלוֹם, אַתָּה אִילָן?

— **לֹא**. הוּא אִילָן, אֲנִי אַלּוֹן.

— שָׁלוֹם, אַתָּה אִילָן?

— לֹא. הוּא אִילָן, אֲנִי אַלּוֹן.

3

— **מִי** הִיא? מִינָה?

— **לֹא**, הִיא נִינָה.

— מִי הִיא? מִינָה?

— לֹא, הִיא נִינָה.

מִי – who
כֵּן – yes
לֹא – no

HEBREW PRINT ALPHABET, SCRIPT, AND ENGLISH TRANSLITERATION:

ת	שׁשׂ	ר	ק	צ	פ	ע	ס	נ	מ	ל	כ	י	ט	ח	ז	ו	ה	ד	ג	ב	א
				ץ	ף			ן	ם		ך										
ת	שׁשׂ	ר	ק	צ	פ	ע	ס	נ	מ	ל	כ	י	ט	ח	ז	ו	ה	ד	ג	ב	א
				ץ	ף			ן	ם		ך										
t	sh	r	q	ts	p	a‘	s	n	m	l	k	y	t	ḥ	z	v	h	d	g	b	a
	s				f						kh									v	

VOWELS: A ◌ָ ◌ַ ◌ֲ E ◌ֵ ◌ֶ ◌ֱ ◌ְ I ◌ִי ◌ִ O וֹ ◌ֹ ◌ֳ ◌ָ U וּ ◌ֻ Ø ◌ְ

דִּקְדּוּק

Two nouns can form a sentence without the use of the verb "to be" in the present tense:

I (am) Moshe. – **אֲנִי מֹשֶׁה.**

(Are) you Ilan? – **אַתָּה אִילָן?**

תרגיל א

Fill in the right pronoun:

1. – שָׁלוֹם, מִי אַתְּ? – אֲנִי ____ לִילָךְ.
2. – אַתָּה מֹשֶׁה? – כֵּן, ____ מֹשֶׁה.
3. – הוּא אֱיָיל? – לֹא, ____ אֵלִי.
4. – מִי ____, לִילִי? – לֹא, הִיא נִילִי.
5. – מִי אַתָּה? – ____ שְׁלֹמֹה.
6. – מִי ____? – אֲנִי שׁוֹשִׁי.

תרגיל ב

Read with a partner:

1
– שָׁלוֹם, שְׁמִי לֵאָה.
– שְׁמִי שָׂרִי.

2
– שְׁמִי מָיָה, מַה שְּׁמֵךְ?
– שְׁמִי מוֹלִי.

3
– שָׁלוֹם, אַתָּה תּוֹם?
– לֹא, אֲנִי אַלּוֹן.

4
– מַה שְּׁמוֹ?
– שְׁמוֹ שָׁלוֹם.

5
– שָׁלוֹם, אֲנִי שֵׁיינָה.
– וַאֲנִי אֵלִי.

6
– מִי אַתָּה?
– אֲנִי אֱיָיל.

7
– מִי הוּא?
– הוּא אֵלִי.

8
– הִיא מִינָה?
– לֹא, הִיא תָּמִי.

דִּקְדּוּק

The letter ו *can be used either as a vowel (o/u) or as a consonant (v):* **דּוֹד** *(uncle),* **דָּוִיד** *(David).*

ו *can also mean "and." As such, it is written at the beginning of the word, as part of it:* **וְאַתָּה** *(and you).*

שׁ *can be used as "sh", as in* **שַׁבָּת** *(Shabbat) or as "s," as in the name* **שָׂרָה** *(Sarah). In vocalized texts, a dot on the upper right* **שׁ** *indicates "sh." A dot on the upper left* **שׂ** *indicates "s."*

Practice reading and writing the letter:

	Script	**Print**	**Name**	**Sound**
	שׂ	שׂ	*sin*	s

תרגיל א

Read:

נִי נָה אֶ אָ אִי

תֵּה תִּי תּוֹ שָׂה שִׂי שׂוּ שָׂם שִׂים

הֵ הוֹ וְ וָ וִי

אוֹת תּוֹךְ אוֹן שׂוּם

אֲנִי אַתָּה אַתְּ הוּא הִיא

שְׁמִי שִׁמְךָ שְׁמֵךְ שְׁמוֹ שְׁמָהּ

לֵאָה שָׁלוֹם אִילָן אִילָנָה נִילִי שָׂרָה

HEBREW PRINT ALPHABET, SCRIPT, AND ENGLISH TRANSLITERATION:

ת	שׁשׂ	ר	ק	צ ץ	פ ף	ע	ס	נ ן	מ ם	ל	כ ך	י	ט	ח	ז	ו	ה	ד	ג	ב	א
ת	שׁשׂ	ר	ק	צ ץ	פ ף	ע	ס	נ ן	מ ם	ל	כ ך	י	ט	ח	ז	ו	ה	ד	ג	ב	א
t	sh s	r	q	ts	p f	a'	s	n	m	l	k kh	y	t	ḥ	z	v	h	d	g	b v	a

VOWELS: A ◌ָ ◌ַ ◌ֲ   E ◌ֵ ◌ֶ ◌ֱ ◌ְ   I ◌ִי ◌ִ   O ◌ֹו ◌ֹ ◌ֳ ◌ָ   U ◌וּ ◌ֻ   Ø ◌ְ

Nice to meet you - נָעִים מְאוֹד* (lit. "very pleasant")

נָעִים מְאוֹד*

– שָׁלוֹם. שְׁמִי מֹשֶׁה. - שלום. שמי משה.
– נָעִים מְאוֹד, אֲנִי יִשַׁי. - נעים מאוד, אני ישי.
– נָעִים מְאוֹד. - נעים מאוד.

Practice reading and writing the letters:

	Script	Print	Name	Sound
	ע	ע	*a'yin*	a
	ד	ד	*dalet*	d

תרגיל א

Sort the names by gender:

נוֹעַם נַעֲמָה אֵיתָן דָּוִיד שָׁלוֹם שְׁלוֹמִית דּוֹתָן עֲנָת שׁוֹשַׁנָּה תּוֹם מַתָּן שָׂרָה

a. Males: ______________________________

b. Females: ______________________________

תרגיל א

Copy in script:

.1 – שלוֹם, שמי לאה. ____________________

– נעים מאוֹד. ____________________

.2 – מה שמוֹ? ____________________

– שמוֹ אֶלן. ____________________

.3 – היא אֲלוֹנה? ____________________

– לא, היא אִילנה. ____________________

.4 – מי הוּא? ____________________

– הוּא? תוֹם. ____________________

תרגיל ב

Translate into Hebrew:

1. Is your name Ilana? שמך אילנה
2. His name is Tom. ____________________
3. Who is he? ____________________
4. Are you Shula? ____________________
5. My name is No'am. ____________________

HEBREW PRINT ALPHABET, SCRIPT, AND ENGLISH TRANSLITERATION:

ת	שׂשׁ	ר	ק	צ	פ	ע	ס	נ	מ	ל	כ	י	ט	ח	ז	ו	ה	ד	ג	ב	א
				ץ	ף			ן	ם		ך										
ת	שׂשׁ	ר	ק	צ	פ	ע	ס	נ	מ	ל	כ	י	ט	ח	ז	ו	ה	ד	ג	ב	א
				ץ	ף			ן	ם		ך										
t	sh	r	q	ts	p	a‘	s	n	m	l	k	y	t	ḥ	z	v	h	d	g	b	a
	s				f						kh									v	

VOWELS: A ◌ָ ◌ַ ◌ֲ E ◌ֵ ◌ֶ ◌ֱ ◌ְ I ◌ִי ◌ִ O ◌וֹ ◌ֹ ◌ֳ ◌ָ U ◌וּ ◌ֻ Ø ◌ְ

מוֹרֶה, תַּלְמִיד

Practice reading and writing the letter:

	SCRIPT	PRINT	NAME	SOUND
	ר	ר	*resh*	r

Read the dialogues. Note the gender differences: masculine on the right, feminine on the left:

1

– שָׁלוֹם, אֲנִי תַּלְמִיד*.
אַתָּה תַּלְמִיד?
– כֵּן, אֲנִי תַּלְמִיד.
– מַה שִּׁמְךָ?
– שְׁמִי דָּן.

– שָׁלוֹם, אֲנִי תַּלְמִידָה*.
אַתְּ תַּלְמִידָה?
– כֵּן, אֲנִי תַּלְמִידָה.
– מַה שְּׁמֵךְ?
– שְׁמִי מִרְיָם.

*תַּלְמִיד – student (m.)
*תַּלְמִידָה – student (f.)

2

– שָׁלוֹם, אַתָּה מוֹרֶה*?
– לֹא, אֲנִי לֹא מוֹרֶה.
– הוּא מוֹרֶה?
– כֵּן, הוּא מוֹרֶה. שְׁמוֹ יָרוֹן.

– שָׁלוֹם, אַתְּ מוֹרָה*?
– לֹא, אֲנִי לֹא מוֹרָה.
– הִיא מוֹרָה?
– כֵּן, הִיא מוֹרָה. שְׁמָהּ לִילִי.

*מוֹרֶה – teacher (m.)
*מוֹרָה – teacher (f.)

A common alternative for the word **תַּלְמִיד** is the English cognate **סְטוּדֶנְט**, which is used mostly for a university student.

סְטוּדֶנְט, סְטוּדֶנְטִית

Practice reading and writing the letters:

	SCRIPT	PRINT	NAME	SOUND
	ס	ס	*samekh*	s
	ט	ט	*tet*	t

תרגיל א

Practice reading:

סְ טוֹ סִי סָה טוּ טֶ סֵ

מִי שֶׁ שַׂ אֱ נִי דוּ דֶּה

כְּ כִּי דֶ דוּ לָ לוֹ מִ מַה

עַ עִי עוֹ שְׁ שֶׁ שַׁ שְׂ

רָן רוֹן רוֹנִי רוֹנִית יָרוֹן

תרגיל ב

Copy in script:

1. אני סטודנט. ________________
2. שמי דניאל. ________________
3. היא תלמידה. ________________
4. שמה מאירה. ________________

תרגיל ג

Change to the feminine (**נקבה**):

1. אתה תלמיד. את תלמידה.
2. אֲנִי תלמיד. אני
3. שמוֹ משֶׁה. שׁוֹשַׁנָּה.
4. אֲנִי מוֹרֶה. אני
5. שִׁמְךָ תּוֹמֶר. תָּמָר.
6. אֵלִי סטוּדנט. אֶסְתֵּר
7. הוּא תלמיד. ________________

HEBREW PRINT ALPHABET, SCRIPT, AND ENGLISH TRANSLITERATION:

ת	שׁשׂ	ר	ק	צ	פ	ע	ס	נ	מ	ל	כ	י	ט	ח	ז	ו	ה	ד	ג	ב	א
				ץ	ף			ן	ם		ך										
ת	שׁשׂ	ר	ק	צ	פ	ע	ס	נ	מ	ל	כ	י	ט	ח	ז	ו	ה	ד	ג	ב	א
				ץ	ף			ן	ם		ך										
t	sh	r	q	ts	p	a'	s	n	m	l	k	y	t	ḥ	z	v	h	d	g	b	a
	s				f						kh									v	

VOWELS: A ◌ָ ◌ַ ◌ֲ E ◌ֵ ◌ֶ ◌ֱ ◌ְ I ◌ִי ◌ִ O וֹ ◌ֹ ◌ֳ ◌ָ U וּ ◌ֻ Ø ◌ְ

תרגיל ד

Write short sentences using the words from the different columns:

מורה	שמי	דן	אני	כן	מי
מורה	שמך	דינה	אתה	לא	מה
תלמיד	שמך	תמר	את	ו...	
תלמידה	שמו	משה	הוא		
סטודנט	שמה	אילנה	היא		
סטודנטית		דויד			

1. הוא לא מורה.
2. שמה אילנה.
3. __________
4. __________
5. __________
6. __________
7. __________
8. __________
9. __________
10. __________

תרגיל ה

Translate the dialogue:

– Who are you? __________

– I am Dan. __________

– Oh, nice to meet you. __________

אֲנִי מ...

To tell someone where you are from, you say ...**אֲנִי מ** (I'm from . . .) followed by a place name.

- אֲנִי **מִ**יִּשְׂרָאֵל.
- מֹשֶׁה **מִ**לּוֹנְדוֹן.
- הוּא **מֵ**אוֹהָיוֹ.

דִּקְדּוּק

The preposition **מ** *(from) is written as part of the word. Usually it is pronounced* **מִ** *(mee), except when followed by guttural letters* **א, ה, ח, ע, ר** *when it is pronounced* **מֵ** *(meh).*

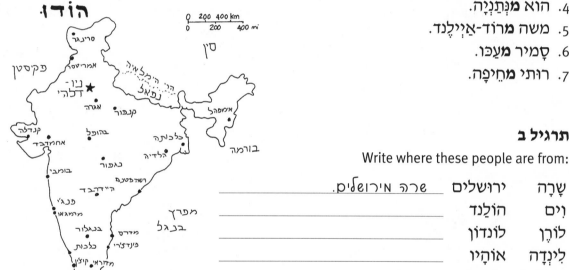

תרגיל א

Vocalize the **מ** properly:

1. אֲנִי **מ**הודו.
2. אַתְּ **מ**אִיטַלְיָה.
3. הִיא **מ**סִינְסִינָטִי.
4. הוּא **מ**נְּתַנְיָה.
5. משה **מ**רוֹד-אַיְילֶנְד.
6. סָמִיר **מ**עַכּוֹ.
7. רוּתִי **מ**חֵיפָה.

תרגיל ב

Write where these people are from:

שָׂרָה	ירושלים	שרה מירושלים.
וִים	הוֹלַנְד	
לוֹרֵן	לונדון	
לִינְדָה	אוֹהָיוֹ	
וִיטוֹרְיוֹ	רוֹמָא	
סוֹלוֹמוֹן	רוֹמַניה	

HEBREW PRINT ALPHABET, SCRIPT, AND ENGLISH TRANSLITERATION:

ת	שׁשׂ	ר	ק	צ	פ	ע	ס	נ	מ	ל	כ	י	ט	ח	ז	ו	ה	ד	ג	ב	א
				ץ	ף			ן	ם		ך										
t	sh s	r	q	ts	p f	a‘	s	n	m	l	k kh	y	t	ḥ	z	v	h	d	g	b v	a

VOWELS: A ◌ָ ◌ַ ◌ֲ   E ◌ֵ ◌ֶ ◌ֵי ◌ֱ   I ◌ִי ◌ִ   O וֹ ◌ֹ ◌ֳ ◌ָ   U וּ ◌ֻ   Ø ◌ְ

?מֵאַיִן

To ask where someone is from, you use the question **מֵאַיִן** (from where) followed by a name or a pronoun:

- – **מֵאַיִן** דָּוִיד?
  – הוּא **מִ**יִּשְׂרָאֵל.
- – **מֵאַיִן** אִילָנָה?
  – הִיא **מֵ**אִיטַלְיָה.

דִּקְדּוּק

***מֵאַיִן** is made up of the preposition **מִ** (from)*
*+ the question word **אַיִן** (where).*

Practice reading these dialogues with a classmate. Fill in the missing information:

1

– שָׁלוֹם, מַה שמך?
– שְׁמִי ..., וּמַה שמך?
– שְׁמִי ..., מֵאַיִן את/ה?
– אֲנִי מ ..., מאין את/ה?
– אֲנִי מ ....

– שָׁלוֹם, מה שמך?
– שמי ...., ומה שמך?
– שמי ...., מאין את/ה?
– אני מ ...., מאין את/ה?
– אני מ ....

2

– שָׁלוֹם, הִיא מוֹרָה?
– כֵּן, הִיא מוֹרָה.
– מַה שְׁמָהּ?
– שמה ....
– הִיא מ ... ?
– לא, הִיא לא מ ..., הִיא מ ...

– שָׁלוֹם, היא מוֹרָה?
– כן, היא מוֹרָה.
– מה שְׁמָהּ?
– שמה ....
– היא מ ...?
– לא, הִיא לא מ ...., הִיא מ ....

תרגיל א

Read and copy in script:

1. שמי שלומית. ______שמי שלומית.______
2. שלום דויד. ____________________
3. אני מורה. ____________________
4. אתה תלמיד? ____________________
5. שרה ושושנה מישראל. ____________________
6. הוא והיא מאיטליה. ____________________
7. מאין אתה? ____________________

תרגיל ב

Answer the questions by matching the countries with the names of the cities in the list below:

ירושלים, אמסטרדאם, כלכותה, ~~אילת~~, רומא

1. – את מִישְׂרָאֵל? – כן, אני מ__אילת__.
2. – אתה מִישְׂרָאֵל? – כן, אני מ____________.
3. – הוא מֵהוֹדוּ? – כן, הוא מ____________.
4. – את מֵאִיטַלְיָה? – כן, אני מ____________.
5. – היא מֵהוֹלַנְד? – כן, היא מ____________.

HEBREW PRINT ALPHABET, SCRIPT, AND ENGLISH TRANSLITERATION:

ת	שׁשׂ	ר	ק	צ	פ	ע	ס	נ	מ	ל	כ	י	ט	ח	ז	ו	ה	ד	ג	ב	א
				ץ	ף			ן	ם		ך										
t	sh s	r	q	ts	p f	a‘	s	n	m	l	k kh	y	t	ḥ	z	v	h	d	g	b v	a

VOWELS: A ◌ָ ◌ַ ◌ֲ E ◌ֵ ◌ֶ ◌ֱ ◌ְ I ◌ִי ◌ִ O וֹ ◌ֹ ◌ֳ ◌ָ U וּ ◌ֻ Ø ◌ְ

גָּר, גָּרָה

To tell someone where you reside, you use the verb **גָּר** (m.) or **גָּרָה** (f.) followed by **בְּ** (in/at):

David lives (resides) in Israel.	• דָּוִיד **גָּר בְּ**יִשְׂרָאֵל.
Dina lives (resides) in Orlando.	• דִּינָה **גָּרָה בְּ**אוֹרְלַנְדוֹ.

Practice reading and writing the letters:

	Script	Print	Name	Sound
	ג	ג	*gimel*	g
	ב	ב	*bet*	b,v

When you want to ask where someone resides, you use the question **אֵיפֹה** (where):

Where does he live (reside)?	• אֵיפֹה הוּא גָּר?
Where does she live (reside)?	• אֵיפֹה הִיא גָּרָה?

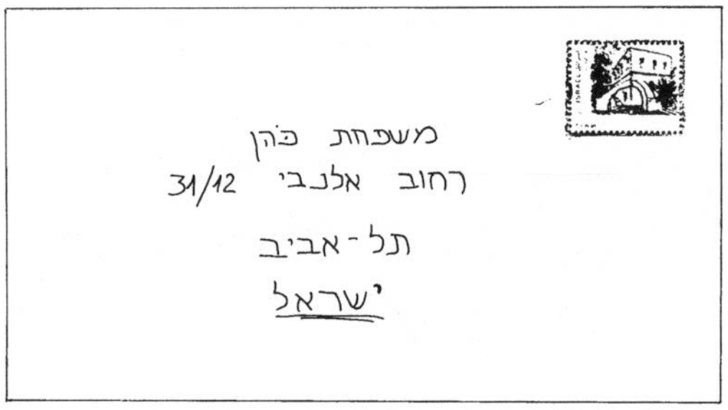

Practice reading and writing the letters:

	Script	Print	Name	Sound
	פ	פ	*peh*	p,f
	ף	ף	*peh sofit*	f

Practice these dialogues with a classmate. Fill in the missing information (in dialogues 2 and 3 refer to other people in class):

.1

– אֵיפֹה אַתָּה/אַתְּ גָּר/גָּרָה?
– אֲנִי גָּר/גָּרָה ב..., אֵיפֹה אַתָּה/אַתְּ גָּר/גָּרָה?
– אֲנִי גָּר/גָּרָה ב ....

.2

– מַה שְּׁמוֹ?
– שְׁמוֹ....
– אֵיפֹה הוּא גָּר?
– הוּא גָּר בְּ....

.3

– מַה שְּׁמָהּ?
– שְׁמָהּ...
– אֵיפֹה הִיא גָּרָה?
– הִיא גָּרָה בְּ...

תרגיל א

Read/write the syllables:

גָ גֶה גִי דָ דוּ פּ פּוֹ פֶּה ______
בְּ בּוֹ בִּי רֶ רִי ר אַף שִׁי ______
שָׁ שִׁי דִי דוֹ סִ סַ פֶ פֵּ ______
אָה אִי כְּ כָה נֶ נוּ ______
אָךְ דַּשׁ אִם שָׁם גַּם בָּא ______
דוֹ רֶה מִי פָּה סוֹל לָה סִי דוֹ ______
אַף דַּף עָף ______
דָּשׁ בִּישׁ כִּי לוּ גּוּשׁ ______
אַק עָף כֵּף גּוּף סוֹף ______

HEBREW PRINT ALPHABET, SCRIPT, AND ENGLISH TRANSLITERATION:

ת	שׁשׂ	ר	ק	צ	פ	ע	ס	נ	מ	ל	כ	י	ט	ח	ז	ו	ה	ד	ג	ב	א
				ץ	ף			ן	ם		ך										
ת	שׁשׂ	ר	ק	צ ץ	פ ף	ע	ס	נ ן	מ ם	ל	כ ך	י	ט	ח	ז	ו	ה	ד	ג	ב	א
t	sh s	r	q	ts	p f	a‘	s	n	m	l	k kh	y	t	ḥ	z	v	h	d	g	b v	a

VOWELS: A ◌ָ ◌ַ ◌ֲ E ◌ֵ ◌ֶ ◌ֱ ◌ְ I ◌ִי ◌ִ O וֹ ◌ֹ ◌ֳ ◌ָ U וּ ◌ֻ Ø ◌ְ

תרגיל ב

Write sentences using these words:

דויד	גָּר	בְּ	ישׂראל
מרים	גָּרָה		הָוָואי
דניאל			לונדון
דינה			סין

____

____

____

____

____

תרגיל ג

Complete the sentences with either **ב** or **מ**:

קְצָת יַחַס!

ב – in, at	
מ – from	

1. רָפִי גָּר בַּתֵל-אָבִיב. הוּא מישְׂרָאֵל.
2. אֲנִי גרה ______ אוֹרְלַנְדוֹ. אֲנִי ______ פְלוֹרִידָה.
3. פִּיטֶר גָּר ______ וָארְשָׁה. הוא ______ פּוֹלִין.
4. ______ אֵיִן אַתָּה? אֲנִי ______ הוֹדוּ.
5. איפה אַתְּ גרה? אֲנִי גרה ______ אוֹסְטְרַלְיָה.

תרגיל ד

Write questions based on the following statements. Use **מאין** or **איפה**.

1. דינה גרה באילת. ______ איפה דינה גרה?
2. אֲנִי מאוּניברסיטת ברנדייס. ______
3. דני גר בפָּריס. ______
4. שׂרה מבּוֹסטוֹן. ______
5. לין גרה בהוֹנוֹלוּלוּ. ______

תרגיל ה

Help the school's Hebrew newspaper prepare profiles of the following international students:

Mira is a student.
She is from Singapore.
She lives in Tel Aviv.

______
______
______

His name is Yair.
He is from Israel.
He lives in Boston.

______
______
______

HEBREW PRINT ALPHABET, SCRIPT, AND ENGLISH TRANSLITERATION:

ת	שׁשׂ	ר	ק	צ ץ	פ ף	ע	ס	נ ן	מ ם	ל	כ ך	י	ט	ח	ז	ו	ה	ד	ג	ב	א
ת	שׁשׂ	ר	ק	צ ץ	פ ף	ע	ס	נ ן	מ ם	ל	כ ך	י	ט	ח	ז	ו	ה	ד	ג	ב	א
t	sh s	r	q	ts	p f	a'	s	n	m	l	k kh	y	t	ḥ	z	v	h	d	g	b v	a

VOWELS: A ◌ָ ◌ַ ◌ֲ E ◌ֵ ◌ֶ ◌ֱ ◌ְ I ◌ִי ◌ִ O וֹ ◌ֹ ◌ֳ ◌ָ U וּ ◌ֻ Ø ◌ְ

מַה שְׁלוֹמְךָ?

To ask how someone is, you begin with the question word **מַה**, followed by a form of the word **שָׁלוֹם**, depending on the person you are talking to.

שְׁלוֹמִי	(שלום+אני)
שְׁלוֹמְךָ	(שלום+אתה)
שְׁלוֹמֵךְ	(שלום+את)
שְׁלוֹמוֹ	(שלום+הוא)
שְׁלוֹמָהּ	(שלום+היא)

.1

– מַה שְׁלוֹמְךָ? – How are you?

– שְׁלוֹמִי טוֹב. – I'm well (lit., good)

.2

– מַה שְׁלוֹמֵךְ? – How are you?

– טוֹב, תודה. – Good, thank you.

.3

– מַה שְׁלוֹם* דָּנָה? – How is Dana?

– שְׁלוֹמָהּ טוֹב. – She's well.

* When you want to ask how someone is using their name, you change the word **שָׁלוֹם** to **שְׁלוֹם**, and there is no need to decline **שָׁלוֹם**.

As a reply, you can choose any of the following phrases:

מְצוּיָּן	excellent	**כָּכָה-כָּכָה**	so-so
טוֹב מְאוֹד	very good	**לֹא טוֹב**	not good
טוֹב	good	**רַע**	bad
בְּסֵדֶר	ok	**רַע מְאוֹד**	very bad

Practice reading and writing the letters:

Sound	Name	Print	Script	
ts	*tsadi*	צ	3	
ts	*tsadi sofit*	ץ	ʃ	

תָּמָר וְאַלּוֹן

תמר: שָׁלוֹם אַלּוֹן, מַה שְׁלוֹמְךָ?
אלון: שְׁלוֹמִי טוֹב. מַה שְׁלוֹמֵךְ?
תמר: טוֹב מְאוֹד. מַה שְׁלוֹם יָעֵל?
אלון: שְׁלוֹמָהּ בְּסֵדֶר. מַה שְׁלוֹם בֵּן?
תמר: מְצוּיָּן. הוּא בְּקִיבּוּץ יָקוּם.
אלון: אֵיזֶה יוֹפִי!

Practice reading and writing the letters:

	Script	Print	Name	Sound
	ז	ז	*zayin*	z
	ק	ק	*kof*	k

תרגיל א

Complete the dialogues with a classmate by using the following words:

שָׁלוֹם, שְׁלוֹמִי, שְׁלוֹמְךָ, שְׁלוֹמֵךְ, שְׁלוֹמוֹ, שְׁלוֹמָהּ

מְצוּיָּן, טוֹב מְאוֹד, טוֹב, בְּסֵדֶר, לֹא טוֹב, כָּכָה-כָּכָה, רַע, רַע מְאוֹד

.1

– מה שלומך?

– שלומִי __________, תּוֹדָה*. ומה __________?

– __________ מצוין.

*תּוֹדָה – thank you

.2

– שָׁלוֹם שִׁירָה, מה שְׁלוֹם דן?

– __________ בסדר. מה __________ נורית?

– __________ טוב מְאוד.

.3

– שָׁלוֹם רון, מה שלומך?

– שְׁלוֹמִי __________. מה שלומך?

– שְׁלוֹמִי __________. מה שְׁלוֹם רוּתִי?

– שְׁלוֹמָהּ __________. תּוֹדָה.

HEBREW PRINT ALPHABET, SCRIPT, AND ENGLISH TRANSLITERATION:

ת	שׁשׂ	ר	ק	צ	פ	ע	ס	נ	מ	ל	כ	י	ט	ח	ז	ו	ה	ד	ג	ב	א
				ץ	ף			ן	ם		ך										
ת	שׁשׂ	ר	ק	צ	פ	ע	ס	נ	מ	ל	כ	י	ט	ח	ז	ו	ה	ד	ג	ב	א
				ץ	ף			ן	ם		ך										
t	sh	r	q	ts	p	a‘	s	n	m	l	k	y	t	ḥ	z	v	h	d	g	b	a
	s				f						kh									v	

VOWELS: A ◌ַ ◌ָ ◌ֲ E ◌ֵ ◌ֶ ◌ֱ ◌ְ I ◌ִי ◌ִ O וֹ ◌ֹ ◌ֳ ◌ָ U וּ ◌ֻ Ø ◌ְ

The construction **מַה שְׁלוֹמְךָ ?** can be used formally or informally. Some other informal ways to ask how someone is include:

What's new?	**מֶה חָדָשׁ ?**
What's up?	**מַה נִּשְׁמַע ?**
What's happening?	**מַה קּוֹרֶה ?**
What's going on?	**מַה הָעִנְיָינִים ?**

Practice reading and writing the letter:

	Script	Print	Name	Sound
	ח	ח	*ḥet*	ḥ

.1
– מַה נִּשְׁמַע?
– טוֹב, תּוֹדָה.

.2
– מֶה חָדָשׁ?
– הַכֹּל* בְּסֵדֶר.

.3
– מֶה חָדָשׁ?
– שׁוּם דָּבָר*. הַכֹּל כָּרָגִיל*.

*הַכֹּל – everything
*שׁוּם דָּבָר – nothing
*כָּרָגִיל – as usual

פְּגִישָׁה בָּרְחוֹב*

בני: שָׁלוֹם דָּן, מַה נִּשְׁמַע?
דן: מְצוּיָּן.
בני: אַתָּה לֹא בַּקִּיבּוּץ?[1]
דן: לֹא, אֲנִי בִּירוּשָׁלַיִם, אֲבָל* בְּשַׁבָּת אֲנִי בַּקִּיבּוּץ.
בני: אֵיפֹה אַתָּה בִּירוּשָׁלַיִם?
דן: בָּאוּנִיבֶרְסִיטָה.
בני: אָה, יוֹפִי.

*פְּגִישָׁה בָּרְחוֹב – meeting (bumping into someone) on the street

*אֲבָל – but

נֵרוֹת-שַׁבָּת

אֵיפֹה אַתָּה?

יוסי: הַלּוֹ.
דויד: יוֹסִי, שָׁלוֹם. מַה נִּשְׁמַע?
יוסי: בְּסֵדֶר דָּוִיד. וְאַתָּה?
דויד: גַּם* בְּסֵדֶר.
יוסי: אֵיפֹה אַתָּה?
דויד: אֲנִי בָּאוֹטוֹבּוּס לְחֵיפָה*.

*גַּם – also

*לְחֵיפָה – to Haifa

1. The vocalization of the preposition **ב** can be either **בְּ, בִּ, בַּ, בָּ**. See unit 2 for more details.

תרגיל א

Pair (associate) the two lists of words below:

תמר, תל אביב, טחינה, ~~אוגוסט~~, טורקיה

נוֹבֶמְבֶּר – אוגוסט

חומוס – ______

עִירָאק – ______

חֵיפָה – ______

רָחֵל – ______

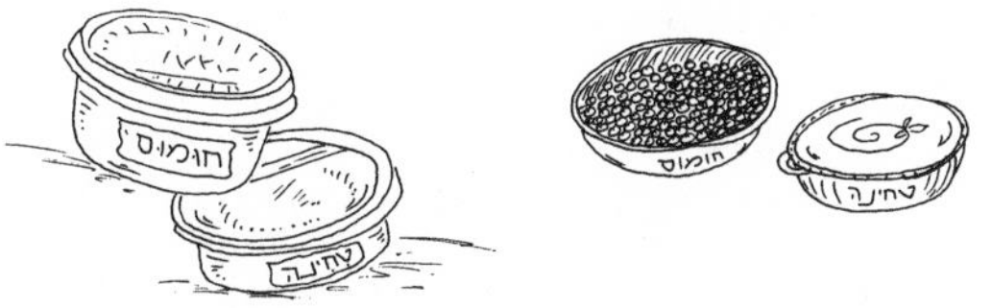

תרגיל ב

Write questions according to the answers on the left:

1. שמה ג'ני? — כֵּן, שְׁמָהּ גֶ'ינִי.
2. ______ — הוּא מֵאוֹהָיוֹ.
3. ______ — אֲנִי גָּרָה בְּתֵל-אָבִיב.
4. ______ — כֵּן, אֲנִי מוֹרָה.
5. ______ — שְׁמִי דָּנִי.
6. ______ — לֹא. אֲנִי תַּלְמִידָה.
7. ______ — טוֹב, תּוֹדָה.

Further Notes on the Alphabet

1. In order to write foreign words and names containing sounds that are not represented in the Hebrew alphabet, an apostrophe is used over certain letters:

ג׳ represents the G, like in “George” (**ג׳ורג׳**) or “imagine.”
ז׳ represents the J, like in “Jacques” (**ז׳אק**), or the ZH in “Zhazha Gabor” (**ז׳אז׳ה גאבור**).
צ׳ represents the CH, like in “Churchill,” “Chad,” or “chips” (**צ׳רצ׳יל, צ׳אד, צ׳יפס**).

2. Six sounds in the Hebrew alphabet are represented by more than one letter. The original differences that existed in ancient Hebrew between **א** and **ע**, **ח** and **כ**, etc. are more blurred today, and are preserved only by some speakers, usually by people who grew up in Arabic-speaking countries:

אֶרֶץ – עֶרֶב	**א – ע**
אָ**בִ**יב – אָוִיר	**ב – ו**
פַּחַד – שָׁכַח	**ח – כ**
שׁוֹטֶה – שׁוֹתֶה	**ט – ת**
כַּלָּה – קָפֶה	**כּ – ק**
סַם – שָׂם	**ס – שׂ**

3. *Dagesh kal* (a dot placed inside a letter) comes in only six letters: **בּ,גּ,דּ,כּ,פּ,תּ**. In modern Hebrew the *dagesh kal* affects the pronunciation of only three letters: **בּ,כּ,פּ / ב,כ,פ**

b – **בּ**	v – **ב**
k – **כּ**	kh – **כ**
p – **פּ**	f – **פ**

בּ, כּ, פּ at the beginning of a word or syllable almost always appear with a *dagesh*:

בַּיִת אֲבָל
כִּי כָּכָה
פָּרָה קָפֶה

4. Note that **ח** and **ע** at the end of a word are sometimes preceded by an additional A sound. This occurs when **ח/ע** come after *u,o,e,* or *i* sound:

רוּ**חַ** – *ru’aḥ* (wind)	לוֹ**עַ** – *lo’a* (pharynx)	רֵ**עַ** – *re’a* (friend)
תַּפּוּ**חַ** – *tapu’aḥ* (apple)	שׁוֹמֵ**עַ** – *shome’a* (hear)	צְרִי**חַ** – *tzeri’aḥ* (tower, steep)
לוּ**חַ** – *lu’aḥ* (board)	רֵי**חַ** – *re’aḥ* (smell, odor)	מֵנִי**עַ** – *meni’a* (motive)

5. Note that some letters look similar graphically:

ד – ר	**דִּירָה** – *dirah* (apartment)
ב – כ	**בּוֹכֶה** – *bokheh* (crying)
ג – נ	**גַּנָּב** – *ganav* (thief)
ה – ח	**חֲבֵרָה** – *ḥaverah* (girlfriend)
ט – מ	**טָמֵא** – *tame* (impure)
א – ע – צ	**עַצְמָאִי** – *atzma'i* (independent)
ו – ז	**אָוָז** – *avaz* (goose)
ח – ת	**חָתָן** – *ḥatan* (bridegroom)

תרגיל א

Read the following words:

ג׳וֹרג׳ ג׳וֹן זָ׳אק צַ׳רלי גֶ׳יק
גִ׳יפּ זָ׳קֶט גֶ׳רִיקָן
גִ׳יל גֶ׳נִי ג׳וּלְיָה בְּרִיזִ׳יט
צִ׳ילי צֶ׳כוסלוֹבקְיָה צָ׳אד צֶ׳יק
ג׳וֹרְגִ׳יָה וִירְגִ׳ינְיָה מַסֶצ׳וּסֶטְס
זֶ׳נֶבָה רוֹצֶ׳סְטֶר לוס אַנְגֶ׳לֶס בֵּיְגִ׳ין
צִ׳יפְּס פֶּטוּצִ׳ינִי
רַבִּינוֹבִיץ׳ זַ׳בּוֹטִינְסְקִי
רוּחַ לוּחַ שָׂמֵחַ שׁוֹמֵעַ בּוֹלֵעַ
מַפְתֵּחַ לָקַח לוֹקֵחַ שָׁמַע שׁוֹמֵעַ
עָצִיץ עֶצֶם כָּבוֹד דּוֹר סַם מַנְגִּינָה
סוּכּוֹת שִׂמְחַת-תּוֹרָה פֶּסַח שָׁבוּעוֹת

מַפְתֵּחַ

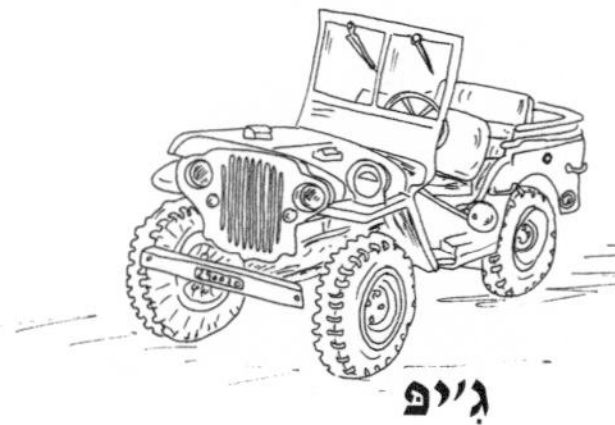
גִ׳יפּ

תרגיל ב

Make two questions out of each of the following sentences:

1. ג'יק וג'יל **באנגליה**.

מי באנגליה? ______ איפה ג'יק וג'יל? ______

2. זָ'אק **מִ**צָּרְפַת.

מי מצרפת? ______ מאין ז'אק? ______

3. צַ'ארלִי בְּלוֹס אַנְגֶ'לֶס.

______ ______

4. ג'וֹרְג' בְּמַסֶצ'וּסֶטְס.

______ ______

5. ז'וֹז'וֹ כהן ואייל רַבינוביץ' בְּחֵיפָה.

______ ______

6. חנה תורג'מן מִמָּרוֹקוֹ.

______ ______

7. אַנְגֶ'לָה מִצִ'ילֶי.

______ ______

תרגיל ג

Circle the letters that sound alike but are spelled differently (ט/ת, ח/כ, כ/ק, ב/ו, ס/שׂ):

1. דוגמה: תָּמָר סְטוּדֶנְטִית.
2. טוּבְיָה תַּלְמִיד טוֹב.
3. אַתָּה בְּבוֹסְטוֹן?
4. שִׁמְךָ חַיִּים?
5. יִצְחָק סְטוּדֶנְט בַּטֶּכְנִיּוֹן.
6. הוּא בַּכַּרְמֶל בְּחֵיפָה אוֹ בְּקָלִיפוֹרְנְיָה?
7. שָׂרָה סְטוּדֶנְטִית.
8. יִשְׂרָאֵל וְסוּרְיָה
9. תֵּל אָבִיב וִירוּשָׁלַיִם

נִיקּוּד ו' הַחִיבּוּר

Pronouncing the Conjunctive Vav

The pronunciation of the conjunctive *vav* depends on the letters and vowels that follow it. The five basic sounds are*:

• *Veh* (וְ) is the basic vocalization	אַבְרָהָם **וְ**יִצְחָק
• *U* (וּ) before any letter with a *sheva*	דָּוִד **וּ**שְׁלֹמֹה
• *U* (וּ) before the letters **ב, ו, מ, פ**	דָּוִד **וּ**מֹשֶׁה
• *Vee* (וִ) before a **י** with *sheva (*and the *yod* loses the *sheva)*	יִשְׂרָאֵל **וִ**יהוּדָה
• Vocalized like the *ḥataf* that follows it (◌ֳ ◌ָ, ◌ֱ ◌ֶ, ◌ֲ ◌ַ)	דָּוִד **וַ**אֲהַרֹן

---

* Many users of Israeli Hebrew today pronounce the *vav* as וְ (*veh*) irrespective of the vowels that follow it.

תרגיל א

Vocalize the conjunctive *vav*:

אָדָם **ו**חַוָּה
אַבְרָהָם **ו**שָׂרָה
אֲהַרוֹן **ו**מֹשֶׁה
יְהוּדָה **ו**יְרוּשָׁלַיִם
שִׁמְעוֹן **ו**רְאוּבֵן

מִי אַתָּה **ו**מָה אַתָּה?
מִי אַתְּ **ו**מִי הוּא?
מַה לֹּא **ו**מַה כֵּן?

רַדְיוֹ **ו**טֶלֶוִויזְיָה
קֶטְשׁוֹפּ **ו**מַיוֹנֶז
וִיסְקִי **ו**וֶרְמוּט

Foreign Words (Cognates) מִילִים לוֹעֲזִיּוֹת

אַסְטְרוֹנוֹמְיָה	דֶמוֹקְרַטְיָה	רַדְיוֹ	קָפֶה
סוֹצְיָאלִיזְם	דִּיקְטָטוּרָה	טֶלֶוִיזְיָה	תֵּה
קוֹמוּנִיסְט	הִיסְטוֹרְיָה	טְרַקְטוֹר	שׁוֹקוֹלָד
סַרְדִּין	סוֹצְיוֹלוֹגְיָה	פָּקוּלְטָה	סָלָט
סְפּוֹרְט	פְּסִיכוֹלוֹגְיָה	אוּנִיבֶרְסִיטָה	בִּירָה
טֶרוֹרִיסְט	מַתֶמַטִיקָה	מוּזֵיאוֹן	מָיוֹנֶז
אֶנְצִיקְלוֹפֶּדְיָה	סְקַנְדָּל	מוּזִיקָה	לִימוֹן
אִידֵיאָלִיסְט	דִּיאֵטָה	תֵּיאַטְרוֹן	אַרְכִיטֶקְטוּרָה
שׁוֹבִינִיסְט	סְפָּגֶטִי	פּוֹפְּקוֹרְן	סוּפֶּרְמַרְקֶט
סְטֵייק	סוֹדָה	אִינְטוּאִיצְיָה	פּוֹזִיטִיבִי
סִירוֹפ	טוֹסְט	אוֹטוֹבּוּס	נֶגָטִיבִי
הֶלִיקוֹפְּטֶר	אוֹפֵּרָה	קוֹנְיָאק	טֶלֶפוֹן
קוֹקְטֵייל	וִיסְקִי	ווֹדְקָה	קוֹנְגְּרֶס

A. Copy the words above into the appropriate column (some words do not fit any of the given categories):

Fields of Study	**Political Terms**	**Beverages**	**Food**

B. These are the cognates that do not fit in any of the above columns. Match them to their English translation.

positive	סְקנדל	tractor	רַדְיוֹ
idealist	אֶנציקלופדיה	helicopter	טֶלויזיה
bus	אידֵיאליסט	radio	טרַקטור
scandal	סופרמרקט	television	אוניברסיטה
supermarket	פוזיטיבי	university	מוזיאון
encyclopedia	אוטובוס	museum	הֶלִיקוֹפְּטֶר

גִּימַטְרִיָּה – הָעֶרֶךְ הַמִּסְפָּרִי שֶׁל הָאוֹתִיּוֹת

Numerical Value of the Hebrew Alphabet

101 = קא	30 = ל	11 = יא	1 = א
102 = קב	40 = מ	12 = יב	2 = ב
	50 = נ	13 = יג	3 = ג
613 = תרי״ג	60 = ס	14 = יד	4 = ד
708 = תש״ח	70 = ע	15 = טו	5 = ה
	80 = פ	16 = טז	6 = ו
	90 = צ	17 = יז	7 = ז
	100 = ק	18 = יח	8 = ח
	200 = ר	19 = יט	9 = ט
	300 = ש	20 = כ	10 = י
	400 = ת	21 = כ	
		22 = כב	

תרגיל א

You need to look up some chapters in the Book of Psalms. Where would you look?

ch. 41	מא	פרק	ch. 33	______	פרק
ch. 67	______	פרק	ch. 126	______	פרק
ch. 83	______	פרק	ch. 54	______	פרק
ch. 97	______	פרק	ch. 15	______	פרק
ch.115	______	פרק	ch. 18	______	פרק

תרגיל ב

Add up the numerical value of these words:

		400+6+200+5 = 611	תּוֹרָה
______	מֹשֶׁה	______	אֱמֶת
______	שַׁבָּת	______	מֶלֶךְ
______	your own name	______	יִשְׂרָאֵל

תרגיל ג

Find the numerical value of the following dates in the Jewish calendar:

ט״ו בִּשְׁבָט ____________ י״ז בְּתַמּוּז ____________

ה׳ בְּאִיָּיר ____________ ט׳ בְּאָב ____________

ל״ג בָּעוֹמֶר ____________

ט"ו בשבט

The annual "Tree Day." Originally, this day marked the beginning of the annual tree-growing season for the purpose of calculating tithes (מַעֲשֵׂר). Today, the holiday has lost most of its religious significance and is marked by planned tree-planting ceremonies around Israel as part of the country's forestation policy.

ה' באייר

Israel's Independence Day. On this day, May 14, 1948, at 4 o'clock in the afternoon, eight hours before the British mandate over Palestine expired, a select group of Jewish leaders gathered in the Tel-Aviv museum and officially declared Israel an independent Jewish state.

ל"ג בעומר

The origin of this half-holiday is unknown. The day marks a respite in the long period of mourning (seven weeks) for the Temple's destruction in 68 C.E. On this day, it is customary for children to light bonfires and play with bows and arrows, probably in commemoration of a Jewish military victory that occurred sometime during the Jewish-Roman war prior to the destruction of the Temple.

י"ז בתמוז   ט' באב

י״ז בתמוז is a fast day that marks the beginning of the siege of Jerusalem by the Romans in the first century C.E.

ט׳ באב marks the end of the siege and the actual destruction of the Temple.

לפי: **ספר החג והמועד.**

הֲכָנָה לְשִׁימּוּשׁ בְּמִילּוֹן

Preparation for Using a Dictionary

1. Write the letters that come before and after the following letters:

____ ה ____

____ ח ____

____ ב ____

____ פ ____

____ נ ____

____ כ ____

____ ר ____ ת

2. Fill in the missing letters:

(1) א ___ ג ___ ה ___ ז ___ ט ___ כ ___ מ ___ ס ___ פ ___ ק ___ ש ___

(2) ___ ___ ___ ___ ה ___ ___ ___ ט ___ ___ ___ מ ___ ___ ___ פ ___

___ ___ ש ___

3. You are a counselor in a camp. You want to arrange the list of the campers in your cabin in alphabetical order.

רונֵן, אביבה, חַיים, גיא, אהרון, ראובן, חגי, יובל, גל, יותם

____

____

____

____

____

____

____

____

____

____

4. Look up the following words in a dictionary:

פֶּרַח ________	עַכְשָׁיו/עַכְשָׁו* ________
בֵּית סֵפֶר ________	אֶבֶן ________
רֶגַע ________	שָׁמַיִם ________
חָשׁוּב ________	סוּלָּם/סֻלָּם* ________

5. Number the following words in the order that they would appear in a dictionary:

חֶלְבּוֹן ______

חָלָב ______

חָכָם ______

חַלָּה ______

חֲלוֹם ______

* הערה למורה: זה המקום לציין סוגי מילונים שונים בעברית ושיטת הכתיב שנהוגה בהם (כתיב מלא וכתיב חסר). כדאי להקדיש כמה דקות לבחון את המילונים השונים המצויים בידי התלמידים, על מנת להכיר את שיטתם ודרך החיפוש בהם. בשלב זה מומלץ לחפש רק שמות עצם.

Note to instructor: This is a good time to talk about the different dictionaries and the writing systems (full/defective) that are used in them, and to acquaint students with the dictionaries they have and how to use them. At this level, it is suggested that students look up only nouns.

Review and Enrichment סִיכּוּם וְהַעֲשָׁרָה

דִּיאָלוֹגִים

Practice reading:

.1

בָּאוּנִיבֶרְסִיטָה

סטוּדנט: שלום. פּרוֹפֶסוֹר חָרִישׁ?

פרוֹפסור: אני פּרוֹפֶסוֹר חוֹרֶשׁ, לא חָרִישׁ.

סטוּדנט: אתה פּרוֹפֶסוֹר לַארכיאולוגיה?

פרוֹפסור: לא, אני פּרוֹפֶסוֹר להיסטוריה של ארץ ישראל.

סטוּדנט: אה, סְלִיחָה*, פּרוֹפֶסוֹר חָרִישׁ.

פרוֹפסור: חוֹרֶשׁ.

סטוּדנט: סְליחה. חוֹרש, חָריש, זֶה מְבַלְבֵּל*.

*סְלִיחָה – excuse me

*זֶה מְבַלְבֵּל – it's confusing

.2

סְלִיחָה, אֵיפֹה הַ*...

– סְלִיחָה, אֵיפה הָאוֹטוֹבּוּס?

– שָׁם*.

– תּוֹדָה.

*הַ – the

*שָׁם – there

.3

בַּסוּפֶּרְמַרְקֶט

– סְלִיחָה, אֵיפה הַקָּפֶה?

– שָׁם.

– ואיפה הַשּׁוֹקוֹלד?

– פֹּה*.

*פֹּה – here

.4

אֵיפֹה?

– איפה הַטֶּכְנִיוֹן?

– בחֵיפה, בַּכַּרְמֶל.

– ואיפה האוּניברסיטה הָעִבְרִית?

– בִּירוּשלים, בְּגִבְעַת-רם וּבְהַר-הַצּוֹפִים.

שֵׁמוֹת, מְקוֹמוֹת וְחוֹדָשִׁים

The following people sent e-mail messages to an environmental organization of which you are a member:

20.9.05	יְרוּשלִים	דויד אור
25.12.05	לונדון	ג'ון סמית
13.4.05	בואנוס איירס	אדוארדו ריוורה
10.7.05	פריז	בריז'יט ללוש
1.1.05	אדיס אבבה	ממו טאסמה
5.8.05	מיאמי	הלן דייויס
3.6.05	הונג-קונג	צ'אנג מאי
11.5.05	ברלין	גרטרוד שנאפס
7.3.05	עמאן	חוסיין פארס
30.11.05	מכסיקו-סיטי	מיגל מרטינז
16.2.05	תל-אביב	תומר ברק
31.10.05	סידני	אליס וויליאמס

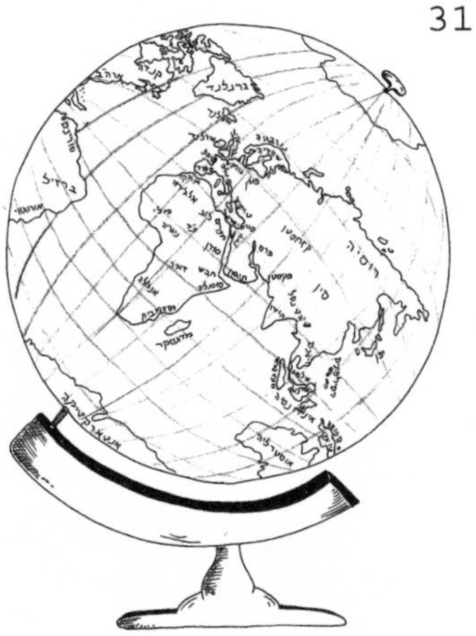

תרגיל א

Write down the number of people from each continent:

_____	אוסטרליה	_____	אסיה
_____	דְרוֹם-אמריקה	_____	אפריקה
_____	צְפוֹן-אמריקה	_____	אירופה

תרגיל ב

Organize the list by message date, beginning with January (when writing dates in Israel, the first digit represents the day, the second digit represents the month):

	יולי	ממו טאסמה		יָנואר
_____	אוגוסט	_____	פֶּברואר
_____	סֶפטמבר	_____	מֶרץ
_____	אוקטובר	_____	אַפריל
_____	נובמבר	_____	מָאי
_____	דֶצמבר	_____	יוני

שֵׁמוֹת בְּעִבְרִית

תרגיל א

Write the following biblical names in Hebrew:

דניאל
משה
דבורה
לאה
דויד
בנימין
שרה
מרים
שלמה
יונה
אסתר
חווה
יוסף
מיכל
רות
רחל
נח
יעקב

Sarah	____________	Joseph	____________
Rachel	____________	Jacob	____________
Eve	____________	Benjamin	____________
Ruth	____________	Moses	____________
Esther	____________	Daniel	____________
Deborah	____________	Jonah	____________
Michal	____________	Noah	____________
Miriam	____________	David	____________
Leah	____________	Solomon	____________

תרגיל ב

Rachel likes to call her friends by their nicknames. Match the nicknames on the right with the real ones on the left:

מרים	רחלי
אסתר	מימי
יוסף	שוקי
מיכאל	יוסי
תמר	שרי
אליעזר	איציק
ויקטוריה	מלי
רחל	מיקי
יהושע	תמי
שרה	אתי
יצחק	דני
מלכה	ויקי
דניאל	אלי

תרגיל ג

Change the names below to girls' names:

____________	כַּרְמֵל	יוספה	יוֹסֵף
____________	אַלּוֹן	____________	צְבִי
____________	אֱיָיל	____________	רְאוּבֵן
____________	מִיכָאֵל	____________	אַהֲרוֹן

סְטוּדֶנְט חָדָשׁ

תרגיל כתיבה

A new student joined your class and you are interested in finding out more about him or her, especially their name, how they feel, where they live, where they are from, etc.

A. What questions would you ask? (Write down the questions.)

B. Practice asking and answering the questions with a classmate.

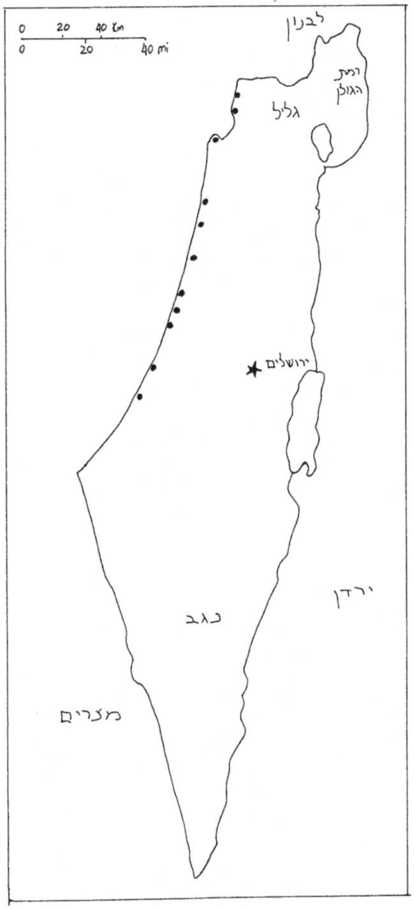

מַפַּת – יִשְׂרָאֵל

Write the names of the cities along the coast of Israel beginning in the north:

(1) נהריה
(2) עכו
(3) חיפה
(4) קיסריה
(5) חדרה
(6) נתניה
(7) הרצליה
(8) תל-אביב
(9) בת-ים
(10) אשדוד
(11) אשקלון

The Hebrew Alphabet הָאָלֶפְבֵּית הָעִבְרִי

Pronunciation	English	Hebrew Name	Script/Cursive	Print
a	*aleph*	אָלֶף	א	א
b/v	*bet /vet*	בֵּית	ב	ב
g	*gimel*	גִּימֶל	ג	ג
d	*dalet*	דָּלֶת	ד	ד
h	*he*	הֵא	ה	ה
v	*vav*	וָו	ו	ו
z	*zayin*	זַיִן	ז	ז
ḥ	*ḥet*	חֵית	ח	ח
t	*tet*	טֵית	ט	ט
y	*yud*	יוּד	י	י
k/kh	*kaf /khaf*	כַּף	כ ך	כ ך
l	*lamed*	לָמֶד	ל	ל
m	*mem*	מֵם	מ ם	מ ם
n	*nun*	נוּן	נ ן	נ ן
s	*samekh*	סָמֶךְ	ס	ס
a	*a'yin*	עַיִן	ע	ע
p/f	*pe /fe*	פֵּה	פ ף	פ ף
ts	*tsadi*	צָדִי	צ ץ	צ ץ
q	*kuf*	קוּף	ק	ק
r	*resh*	רֵישׁ	ר	ר
sh/s	*shin /sin*	שִׁין	ש	ש
t	*tav*	תָּו	ת	ת

The Vowels	The Names	The Sound
□ָ □ַ □ֲ	קָמַץ, פַּתָּח, חֲטַף-פַּתָּח	A
□ֵ □ֵי □ֶ □ֱ □ְ	צֵירֶה, צֵירֶה מָלֵא, סֶגּוֹל, חֲטַף-סֶגּוֹל, שְׁוָא נָע	E
□ִ □ִי	חִירִיק חָסֵר, חִירִיק מָלֵא	I
□ֹ □וֹ □ֳ □ָ	חוֹלָם חָסֵר, חוֹלָם מָלֵא, חֲטַף-קָמַץ, קָמַץ-קָטָן	O
□ֻ □וּ	קוּבּוּץ, שׁוּרוּק	U
□ְ	שְׁוָא נָח	Ø

אוֹצַר מִילִּים יְחִידָה 1

What's your name?	מַה שִׁמְךָ?
How are you?	מַה שְׁלוֹמְךָ?
Where do you live?	אֵיפֹה אַתָּה גָּר?
Where are you from?	מֵאַיִן אַתָּה?
What's new?	מַה חָדָשׁ?
What's up?	מַה נִּשְׁמַע?
What's happening?	מַה קוֹרֶה?
What's going on?	מַה הָעִנְיָינִים?

Verbs	**פְּעָלִים**
reside, live	גָּר, גָּרָה

Particles	**מִילִּיּוֹת**
yes	כֵּן
no	לֹא
also	גַּם
and	...וְ
the	...הַ

Prepositions	**מִילּוֹת יַחַס**
in, at	...בְּ
from	...מִ
to	...לְ

Expressions	**בִּיטּוּיִים**
thank you	תּוֹדָה
excuse me	סְלִיחָה
nothing	שׁוּם דָּבָר
but	אֲבָל
wonderful, great	נֶהְדָּר
great	יוֹפִי
how nice	אֵיזֶה יוֹפִי

Pronouns (singular)	**שְׁמוֹת גּוּף (יָחִיד)**
I (am)	אֲנִי
you (m.)	אַתָּה
you (f.)	אַתְּ
he	הוּא
she	הִיא

Name	**שֵׁם**
my name	שְׁמִי
your name (m.)	שִׁמְךָ
your name (f.)	שְׁמֵךְ
his name	שְׁמוֹ
her name	שְׁמָהּ

	שָׁלוֹם
I am (well)	שְׁלוֹמִי (טוֹב)
you are... (m.) (well)	שְׁלוֹמְךָ (טוֹב)
you are... (f.) (well)	שְׁלוֹמֵךְ (טוֹב)
he is... (well)	שְׁלוֹמוֹ (טוֹב)
she ... (well)	שְׁלוֹמָהּ (טוֹב)

Nouns	**שְׁמוֹת עֶצֶם**
teacher	מוֹרֶה / מוֹרָה
student	תַּלְמִיד / תַּלְמִידָה
student	סְטוּדֶנְט / סְטוּדֶנְטִית

Questions	**שְׁאֵלוֹת**
who?	מִי?
what?	מַה?
where?	אֵיפֹה?
how?	אֵיךְ?
from where?	מֵאַיִן?

Eilat	אֵילַת
Boston	בּוֹסְטוֹן
Netanya	נְתַנְיָה
Berlin	בֶּרְלִין
Paris	פָּרִיז

Months	**חוֹדָשִׁים**
January	יָנוּאָר
February	פֶבְּרוּאָר
March	מֶרְץ
April	אַפְּרִיל
May	מַאי
June	יוּנִי
July	יוּלִי
August	אוֹגוּסְט
September	סֶפְּטֶמְבֶּר
October	אוֹקְטוֹבֶּר
November	נוֹבֶמְבֶּר
December	דֶצֶמְבֶּר

here	פֹּה
there	שָׁם
everything	הַכֹּל
O.K.	בְּסֵדֶר
good	טוֹב
very good	טוֹב מְאוֹד
so-so	כָּכָה-כָּכָה
bad	רַע

Places	**מְקוֹמוֹת**
Australia	אוֹסְטְרַלְיָה
Europe	אֵירוֹפָּה
Antarctica	אַנְטְאַרְקְטִיקָה
Africa	אַפְרִיקָה
Asia	אַסְיָה
Europe	אֵירוֹפָּה
South America	דְרוֹם-אָמֶרִיקָה
North America	צְפוֹן-אָמֶרִיקָה
Italy	אִיטַלְיָה
Israel	יִשְׂרָאֵל
India	הוֹדוּ
The Netherlands	הוֹלַנְד
Poland	פּוֹלִין
Iraq	עִירָאק
England	אַנְגְלִיָּה
France	צרפת
Mexico	מֶכְּסִיקוֹ
Jerusalem	יְרוּשָׁלַיִם
New York	נְיוּ-יוֹרְק
Tel-Aviv	תֵּל אָבִיב
London	לוֹנְדוֹן
Haifa	חֵיפָה
Rome	רוֹמָא

UNIT 2 יְחִידָה

סְבִיבָה לִימּוּדִית
Learning Environment

Unit 2 יְחִידָה

תּוֹכֶן הָעִנְיָינִים

Unit 2 יְחִידָה

Learning Environment סְבִיבָה לִימּוּדִית

Goals

N.B. Unit 2 includes many linguistic components that help advance learners from Novice to Intermediate level. It is therefore recommended to divide the units and teach it in two parts, up to page 80 and from page 81 and on.

Context/Content

School environment:

Places of study

Classroom objects

Subjects of study

Communication/Function

List of places and objects

Simple descriptions (places, people)

Ask/answer questions (learning environment)

Structure/Grammar

Indicative pronouns (**זה, זאת, אלה**)

Plural Pronouns (**אנחנו, אתם...**)

The root and verb system

Numbers 0-10

There is / there isn't (**יש/אין**)

Adjectives, singular and plural

Nouns, singular and plural

Regular *Pa'al* (**פעל**) verbs, present tense

Irregular *Pa'al* verbs (**ל"ה**) present tense

The definite direct object marker (**אֶת**)

The verb "to speak" (**מדבר**)

The preposition "in" (**ב**)

Culture

Idiomatic expressions (classroom)

School system in Israel

Rabbinic quotes: The Ethics of the Fathers, Siddur

Places of interest: The Diaspora Museum, Tel-Aviv

Song by Naomi Shemer: **"אלף-בית"**

זֶה, זֹאת, אֵלֶּה

- **זֶה** דוֹרוֹן.
- **זֹאת** תָּמָר.
- **אֵלֶּה** דוֹרוֹן וְתָמָר.
- **אֵלֶּה** תָּמָר וְשׁוֹשַׁנָּה.

this is (m.) — זֶה
this is (f.) — זֹאת
these are (m.p. & f.p.) — אֵלֶּה

תרגיל א

Write **זֶה/זֹאת** before the following nouns. Note that cities and countries are feminine in Hebrew:

______ בָּננה.	______ אָמריקה.
______ שׁוֹקולד.	______ לוֹנדוֹן.
זֶה ______ רַדיוֹ.	______ מוֹרֶה.
______ טֶלֶוויזיה.	______ מוֹרָה.
______ אוּניבֶרסיטה.	______ תל אביב.
______ קַמפּוּס.	______ נתניָה.

תרגיל ב

Write **זֶה/זֹאת/אֵלֶּה** to introduce the following people:

______ לִינדה מֵאמֶריקה.
______ רָן מִבני-ברק.
______ דינה וְדוֹרִיס מֵאנגליה.
______ בּוֹריס וְיוּרִי מֵרוּסיה.
______ מִרְיָם וְיַעקֹב מִפּוֹלניה.

בַּסוּפֶּרְמַרְקֶט בְּבּוֹסְטוֹן

– **מַה זֶה?**
– **זֶה** אֲבוֹקָדוֹ מִמֶּכְּסִיקוֹ.
– **וּמַה זֶה?**
– **זֶה** מַנְגוֹ מִצִּ׳ילֶה.
– **וְאֵלֶּה?**
– **אֵלֶּה** בָּנָנוֹת מִפֶּרוּ.
– סְלִיחָה, **זֶה** סוּפֶּרְמַרְקֶט בְּאָמֶרִיקָה?..

בַּטֶּלֶפוֹן

מרים: **מִי זֶה?**
רחל: **זֹאת** אֲנִי.
מרים: **מִי זֹאת** ״אֲנִי״?
רחל: מִרְיָם, נוּ, **זֹאת** רָחֵל!
מרים: אָה, רָחֵל, **זֹאת** אַתְּ?
רחל: כֵּן, **זֹאת** אֲנִי.
מרים: אוֹי, סְלִיחָה.

הוֹדָעָה קוֹלִית

״שָׁלוֹם טַל. **זֹאת** דַּפְנָה. מַה שְׁלוֹמֵךְ? אֵיפֹה אַתְּ?
אֲנִי בַּבַּיִת. בַּיי״.

בֵּית סֵפֶר *School*

בֵּית-סֵפֶר (בי״ס) יְסוֹדִי*

זֶה אוּרִי.
הוּא מֵרוּסיה.
עַכְשָׁיו* הוּא גָּר בִּבְאֵר-שֶׁבַע.
הוּא תַּלְמִיד בְּבֵית-סֵפֶר יְסוֹדִי.

חֲטִיבַת בֵּינַיִים*

זֹאת רוּת.
הִיא מֵאַנְגְלִיָה.
עַכְשָׁיו* הִיא גָּרָה בִּנְתַנְיָה.
הִיא תַּלְמִידָה בַּחֲטִיבַת-בֵּינַיִים.

* בֵּית-סֵפֶר (בי״ס) יְסוֹדִי — elementary school
* חֲטִיבַת בֵּינַיִים — middle school, junior high school
* עַכְשָׁיו — now

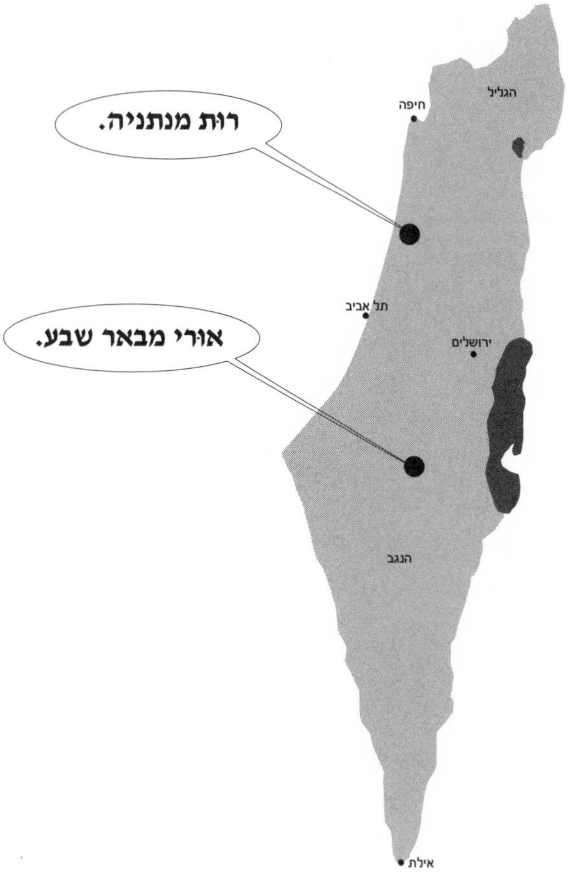

שְׁמוֹת גוּף וּשְׁמוֹת עֶצֶם בְּרַבִּים
Plural Pronouns and Nouns

אֲנַחְנוּ we	
אַתֶּם you (m.p.)	אַתֶּן you (f.p.)
הֵם they (m.)	הֵן they (f.)

בֵּית-סֵפֶר תִּיכוֹן*

אֵלֶּה גִ'ינִי, גִ'יל, בֶּן וְיוֹנָתָן.
הֵם מִמָּרוֹקוֹ.
עַכְשָׁיו הֵם בְּקִיבּוּץ צְאֵלִים.
הֵם תַּלְמִידִים בְּבֵית-סֵפֶר תִּיכוֹן*.

אוּנִיבֶרְסִיטָה

אֵלֶּה לֵאָה וְדָנִיאֵל.
הֵם מִקָּנָדָה.
עַכְשָׁיו הֵם בִּירוּשָׁלַיִם.
הֵם סְטוּדֶנְטִים בָּאוּנִיבֶרְסִיטָה הָעִבְרִית.

*בֵּית-סֵפֶר תִּיכוֹן – high school

דִּקְדּוּק

*All nouns in Hebrew are either masculine (**זָכָר**) or feminine (**נְקֵבָה**).*

The ending of a noun indicates its gender.

Feminine nouns usually end with one of the following: **ָה__ ‎ ֶ/ַת__ ‎ ִית__ ‎ ְיָה__ ‎ וּת__**

Nouns that end otherwise will almost always be masculine by default.

Feminine plural ends usually with **וֹת__.**

Masculine plural is usually **ִים__.**

Note that when the singular feminine ends with **ִית__** *or* **ְיָה__** *the plural ending is* **ִיּוֹת__**

(סְטוּדֶנְטִית-סְטוּדֶנְטִיּוֹת, טֶלֶוִויזְיָה – טֶלֶוִויזְיוֹת)

(m.s.)	(f.s.)
תַּלְמִיד (m.s.)	תַּלְמִידָ**ה** (f.s.)
תַּלְמִידִ**ים** (m.p.)	תַּלְמִיד**וֹת** (f.p.)

(m.s.)	(f.s.)
סְטוּדֶנְט (m.s.)	סְטוּדֶנְטִ**ית** (f.s.)
סְטוּדֶנְטִ**ים** (m.p.)	סְטוּדֶנְטִ**יּוֹת** (f.p.)

בֶּחָצֵר*

– שָׁלוֹם רָפִי, מִי אֵלֶּה?

– הֵן תַּלְמִידוֹת.

– כָּאן בְּבֵית-הַסֵּפֶר?

– כֵּן.

בָּאוּנִיבֶרְסִיטָה

– חַנָּה, מִי אֵלֶּה?

– אֵלֶּה? חַיִּים וְדָן. הֵם סְטוּדֶנְטִים.

*בֶּחָצֵר – in the yard

בַּקָּפִיטֶרְיָה

– שָׁלוֹם, אַתֶּם תַּלְמִידִים?

– כֵּן, אֲנַחְנוּ מִבֵּית-סֵפֶר תִּיכוֹן בִּירוּשָׁלַיִם.

בָּאוֹטוֹבּוּס

– שָׁלוֹם, מִי אַתֶּן?

– אֲנַחְנוּ תַּלְמִידוֹת מִבֵּית-סֵפֶר "מַעֲלֶה".

תרגיל א

Change to the plural:

1. אֲנִי בַּקָּפִיטֶריה. אנחנו ________ בַּקָּפִיטֶריה.
2. אֲנִי בַּבַּנְק. ________ בַּבַּנְק.
3. אַתָּה מֵחֵיפָה. ________ מֵחֵיפָה.
4. אַתְּ מֵהוֹלַנְד. ________ מֵהוֹלַנְד.
5. הוּא תלמיד בְּבֵית-סֵפֶר תִיכוֹן. ________ בְּבֵית-סֵפֶר תִיכוֹן.
6. הִיא תלמידה בָּאוּנִיבֶרְסִיטָה. ________ בָּאוּנִיבֶרְסִיטָה.

תרגיל ב

שנו לרבים :Change to plural

1. זה תלמיד מישראל. — אלה תלמידים מישראל.
2. זאת תלמידה מהונגריה. ______
3. זה סטודנט מֵרוסיה. ______
4. זאת סטודנטית מֵאמריקה. ______
9. הוא פְּסיכולוג. ______
6. אַתְּ מוֹרָה בְּבית-ספר. ______
7. הוא פְּרוֹפֶסוֹר. ______
8. אַתָּה מורֶה בַּחֲטיבת בֵּיניים? ______

תרגיל ג

ענו על השאלות :Answer the questions

1. אַתֶּם תלמידים? — כן, אנחנו תלמידים.
2. אַתֶּן בַּקמפוּס? — לא, ______
3. אַתְּ מִניו-יורק? — כן, ______
4. אַתה מְקיבוּץ? — לא, ______
5. אַתֶּם מוזיקָאים? — כן, ______
6. אַתָּה דוקטוֹר אַהֲרוֹני? — לא, ______

תרגיל ד

כתבו שאלות :Write questions according to the answers provided

1. את מלכה גלילי? — כן, אֲני מַלכּה גָלילי.
2. ______ — כן, היא בַּבַּית.
3. ______ — כן, אֲנַחנו משֶׁה ויהודית.
4. ______ — לא, אֲנחנו (ז׳) לא בְּאֵילת.
5. ______ — כן, אֲנחנו (נ׳) מִלוֹס-אנגֶ׳לֶס.
6. ______ — לא, אֲני (נ׳) פְּסיכולוגית.
7. ______ — לא, אֲני (ז׳) לא רֶפּוּבליקני.
8. ______ — לא, הוא מִתֵּל-אָביב.

ז׳ – זָכָר, masculine
נ׳ – נְקֵבָה, feminine

Present Tense Pa'al הוֹוֶה, בִּנְיַין פָּעַל

לוֹמֵד (m.s.)	**לוֹמֶדֶת** (f.s.)
לוֹמְדִים (m.p.)	**לוֹמְדוֹת** (f.p.)

אִמָּא גֵּאָה*

שרה : חַנָּה, מַה שְׁלוֹם **הַ**יְלָדִים*?

חנה : **הַ**יְלָדִים בְּסֵדֶר. הֵם בָּאוּנִיבֶרְסִיטָה.

שרה : כּוּלָּם* **לוֹמְדִים** בָּאוּנִיבֶרְסִיטָה?

חנה : כֵּן. דְּבוֹרָה **לוֹמֶדֶת** בָּאוּנִיבֶרְסִיטָה **הָ**עִבְרִית. יוֹאֵל **לוֹמֵד** בְּאוֹקְסְפוֹרְד. שָׁרוֹן וּסְמָדָר **לוֹמְדוֹת** בְּפְּרִינְסְטוֹן.

שרה : אַתְּ בְּוַדַּאי* אִמָּא גֵּאָה.

*גֵּאָה — proud

*הַיְלָדִים — the kids

*כּוּלָּם — all of them

*בְּוַדַּאי — certainly

דִּקְדּוּק

The letter **ה** *indicates the definite article in Hebrew.*
It is written at the beginning of the word as part of it:

kids — יְלָדִים
the kids — **הַ**יְלָדִים
university — אוּנִיבֶרְסִיטָה
the university — **הָ**אוּנִיבֶרְסִיטָה
a student studies — סְטוּדֶנְט לוֹמֵד
the student studies — **הַ**סְטוּדֶנְט לוֹמֵד

תרגיל א

Fill in with: **לוֹמֵד / לוֹמֶדֶת / לוֹמְדִים / לוֹמְדוֹת**

כּוּלָּם לוֹמְדִים

1. מִיכָאֵל __לומד__ בבֵית-ספר תיכוֹן.
2. דִּנה ______________ בחטיבת-ביניים.
3. בֶּנִי וחַיים ______________ באוּניברסיטה.
4. נירה ושירה __________ בבית-ספר יסוֹדי.
5. דבוֹרה ______________ מוּזיקה.
6. יוֹאֵל ______________ היסטוֹריה.
7. שרוֹן וּסְמָדָר ______________ אַנגלית.
8. אני ______________ עִברית.

תרגיל ב

Translate into Hebrew:

מוֹרים וְתַלְמִידים

1. The student (m.) studies biology. __הסטודנט לומד ביולוגיה.__
2. The students (f.) study Hebrew. ______________
3. The teacher (f.) lives in Israel. ______________
4. This is the teacher (m.). ______________
5. These are the students (m.) from England. ______________
6. All of them are students in high school. ______________
7. She is a proud teacher. ______________

Subject of Study מִקְצוֹעוֹת לִימוּד

שָׂפוֹת*	מִקְצוֹעוֹת לִימוּד	
עִבְרִית	פִיזִיקָה (פיסיקה)	יַהֲדוּת
צָרְפָתִית	פְּסִיכוֹלוֹגְיָה	סִפְרוּת
סְפָרַדִית	מָתֶמָטִיקָה	כַּלְכָּלָה
אַנְגְלִית	כִימְיָה	מַדָּעִים
אִיטַלְקִית	בִּיוֹלוֹגְיָה	אוֹמָנוּת
רוּסִית	מוּזִיקָה (מוסיקה)	מַחְשְׁבִים
יַפָּנִית	הִיסְטוֹרְיָה	תֵּאַטְרוֹן
עֲרָבִית	אַרְכֵיאוֹלוֹגְיָה	תַּנַ"ךְ

*שָׂפוֹת — languages

תרגיל א

Identify the pattern of language names in the list above and use this pattern to write the names for the languages of the following countries:

שָׂפוֹת

1. פולניה (Poland) — ____________
2. רומניה (Romania) — ____________
3. הונגריה (Hungary) — ____________
4. יָוָון (Greece) — ____________
5. בּוּלְגַרְיָה (Bulgaria) — ____________
6. וְיאֶטְנָם (Vietnam) — ____________
7. סִין (China) — ____________
8. גֶרְמַנְיָה (Germany) — ____________

תרגיל ב

מִקְצוֹעוֹת

Based on the list above write the Hebrew for the following subjects:

sociology – ____________

anthropology – ____________

philosophy – ____________

תרגיל ג

In order to fulfill your school's requirements you need to take courses in 5 subjects. Circle 2 science courses, 2 languages, and 1 humanities course from the list above.

Speak מְדַבֵּר

מְדַבֵּר
מְדַבֶּרֶת
מְדַבְּרִים
מְדַבְּרוֹת

אֵיפֹה הַכִּיתָּה*

*כִּיתָּה – class

דן: סְלִיחָה, אֵיפֹה הַכִּיתָּה בְּכִימְיָה?
מִיגֶל: ??
דן: הַכִּיתָּה בְּכִימְיָה. אַתָּה לוֹמֵד כִימְיָה, לֹא?
מִיגֶל: ??
דן: אַתָּה **מְדַבֵּר** עִבְרִית?
מִיגֶל: ??
דן: אַתָּה **מְדַבֵּר** רוּסִית?
מִיגֶל: ??
דן: אַתָּה **מְדַבֵּר** סְפָרָדִית? טוּ אַבְּלֶס אֶסְפַּנְיוֹל?
מִיגֶל: סִי. אִי טוּ?
דן: פּוֹקִיטוֹ. קְצָת*. דוֹנְדֶה אֶסְטָה לָה קְלָאסֶה דֶה כִּימִיקָה – אֵיפֹה הַכִּיתָּה בְּכִימְיָה?
מִיגֶל: אָה! אֶסְטָה אַיִי.
דן: שָׁם? תּוֹדָה!
מִיגֶל: ?? !!

*קְצָת – a little

תרגיל א

השלימו את הפועל והשפה: Complete the verb and the language

1. קְלָרָה מִפּוֹרטוּגל. היא ___מדברת___ ___פורטוגזית___.
2. מִינָה מִטוּרְקִיָה. היא ________ ________.
3. נוֹרמן ולינדה מֵאַרְמֶנְיָה. הם ________ ________.
4. סָעִיד מִלבָנוֹן. הוא ________ ________.
5. רִבקה וּפְרידה מֵאוּקרַיינה. הן ________ ________.
6. ראוּבן מֵהוֹלַנְד. הוּא ________ ________.

תרגיל ב

שיחה

Go around the classroom and ask what languages your classmates speak and what classes they take.

In, In the ...בְּ, בַּ

- הַסְפָרִים **בַּ**סִפְרִיָּיה*.
- הַסִפְרִיָּיה **בְּ**תֵל-אביב.

*סִפְרִיָּיה — library

דִקְדוּק

"In the" in Hebrew is pronounced **בַּ***. Note that the defined article* **הַ** *is absorbed by the preposition* **בְּ** *(in), which retains the "ah" sound.*

בְּ	in —
בְּ+הַ = בַּ	in the —

תרגיל א

קראו ונקדו בְּ / בַּ Read the dialogues and fill in the vowels

1
– דוד **ב**בית?
– לא, הוא **ב**מוזיאון ישראל.

2
– מאיר מדבר **ב**רדיו?
– לא, הוא מדבר **ב**טלויזיה.

3
– מי לא **ב**כיתה היום?
– עדי ומנַחם.
– איפה הֵם?
– **ב**קפיטֶריה.

4
– דני, אֵיפה הסֵפר?
– **ב**תיק*.

*תִיק – bag

5
– אֵיפה משֶה לומד?
– **ב**באֵר שֶבע.
– הוא גר שָם?
– לא, הוא גר **ב**קיבוץ ניר-עם.

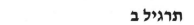

תרגיל ב

Write **בַּ** or **בְּ** according to the context:

פרסאן סטודנט פלסתינאי-ישראלי מכפר*-שעב.
עכשיו* פרסאן לא גר ___ישראל.
הוא גר ___אמריקה.
הוא לומד ___אוניברסיטת ברנדיס.
___אוניברסיטה הוא לומד כַּלְכָּלָה* וסְטָטיסטיקה.

*כְּפָר — village
*עַכְשָיו — now
*כַּלְכָּלָה – economics

The Verbs הַפּוֹעַל

Verbs in Hebrew are divided into 7 groups according to the characteristics or patterns they share. The different groups are called binyanim (**בניינים**, *lit., "buildings" or "structures"*).
The names of the **בִּנְיָינִים** *are:* **פָּעַל, פִּיעֵל, הִפְעִיל, הִתְפַּעֵל, נִפְעַל, פּוּעַל, הוּפְעַל**

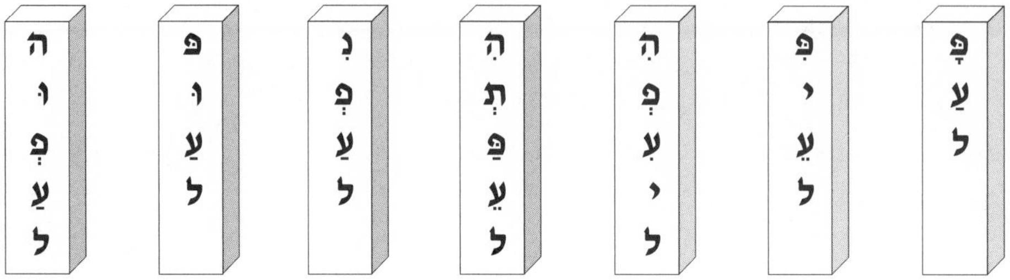

The name of each **בִּנְיָין** *is made up of 3 consonants* (**פ.ע.ל.**) *that represent any given root.*
The root is imbedded in the structure of each **בִּנְיָין**.
The **בִּנְיָינִים** *have different meanings, such as active, passive, causative, reflexive, etc.*
The same root can fit into more than one **בִּנְיָין**. *When that happens, the same root may have different meanings, depending on the* **בִּנְיָין**.

Categories – גְּזָרוֹת

Regular verbs (**שְׁלֵמִים**) are verbs whose three-letter root show up consistently in all verb forms (past, present, future, infinitive, etc.)

Irregular verbs (**גְּזָרוֹת**) are verbs in which one root letter is missing or silent in some of the verb forms.

Irregular verbs are divided into different groups, depending on which root letter is missing.

Infinitive – שֵׁם פּוֹעַל

Every verb has an infinitive form (except certain passive verbs).

The infinitive is made up of **ל** (to) + the root + a few additional letters and vowels, depending on the verb group:

לִלְמוֹד
לְלַמֵּד
לְהִתְלַמֵּד

Tenses – זְמַנִים

Modern Hebrew has 3 tenses – past, present, future, as well as the command form (imperative).

past – **עָבָר**
present – **הוֹוֶה**
future – **עָתִיד**
imperative – **צִיווּי**

Root שׁוֹרֶשׁ

Hebrew words (verbs and nouns) are based on a 3-letter root system that determines their meaning.

Look at the words below and write the three letters that are common to all of them:

☐ ☐ ☐

לוֹמֵד	לוֹמֶדֶת	תַּלְמִיד	מְלַמֵּד	לִימּוּד	תַּלְמוּד

As you can see, all these words have a common root and a related meaning that has to do with learning.

(study) לוֹמֵד

(study) לוֹמֶדֶת

(student) תַּלְמִיד

(instructor) מְלַמֵּד

(learning) לִימּוּד

(Talmud) תַּלְמוּד

Find the roots of the following groups of words:

(book) סֵפֶר	(to love) לֶאֱהוֹב	(the "Shema" prayer) קְרִיאַת שְׁמַע
(library) סִפְרִיָּיה	(in love) מְאוֹהָב	(to hear) לִשְׁמוֹעַ
(librarian) סַפְרָן	(to fall in love) לְהִתְאַהֵב	(hearing) שְׁמִיעָה
(author) סוֹפֵר	(love) אַהֲבָה	(Shimeon-Simon) שִׁמְעוֹן
(school) בֵּית-סֵפֶר	(lover) מְאַהֵב	(discipline) מִשְׁמַעַת
ס פ ר	☐ ☐ ☐	☐ ☐ ☐

פ. ע. ל.

פ' הפועל　　ע' הפועל　　ל' הפועל

The convention of representing any given root in Hebrew is the use of **פ.ע.ל.**
(almost like X, Y, and Z).
Using this formula, the first letter of the root is called **פ' הפועל**, *literally the* Pe (פ') *of the verb.* (**פ**.ע.ל.)
The middle letter of the root is called **ע' הפועל**, *the* A'yin (ע') *of the verb* (**פ**.ע.ל.).
The third letter of the root is called **ל' הפועל**, *the* Lamed (ל') *of the verb* (**פ**.ע.ל.).

תרגיל א

Practice these conventions by identifying the following roots. Write them down and then conjugate them according to the given pronouns. (The order of the consonants has been deliberately changed.)

			השורש	**הפועל (עם שם גוף)**
ע' הפועל מ	פ' הפועל ש	ל' הפועל ע	ש.מ.ע	אני שומֵעַ
פ' הפועל כ	ל' הפועל ב	ע' הפועל ת	______	הוא ______
ל' הפועל ב	ע' הפועל ה	פ' הפועל א	______	את ______
פ' הפועל ק	ל' הפועל א	ע' הפועל ר	______	הם ______
ע' הפועל כ	ל' הפועל ל	פ' הפועל א	______	אתן ______
ל' הפועל ד	פ' הפועל ע	ע' הפועל ב	______	היא ______

תרגיל ב

Find the root of the following verbs **מה השורש של הפעלים:**

אוֹהֶבֶת – א.ה.ב.
קוֹרְאִים – ______
עוֹבֵד – ______
לוֹמְדוֹת – ______
כּוֹתְבִים – ______

שׁוֹמַעַת – ______
רוֹקְדִים – ______
אוֹכְלוֹת – ______
עוֹמֵד – ______

קוֹרְאִים וְכוֹתְבִים *Reading and Writing*

הוּא **קוֹרֵא** מָגָזִין סְפּוֹרְט.

הוּא **כּוֹתֵב** מִכְתָּב[4].

הִיא **קוֹרֵאת** עִיתּוֹן[1].

הִיא **כּוֹתֶבֶת** עֲבוֹדַת-בַּיִת[5].

הֵם **קוֹרְאִים** דּוֹאַר אֶלֶקְטְרוֹנִי[2].

הֵם **כּוֹתְבִים** עֲבוֹדוֹת[6].

הֵן **קוֹרְאוֹת** סֵפֶר[3].

הֵן **כּוֹתְבוֹת** עֲבוֹדַת-בַּיִת[5].

[1] עִיתּוֹן – newspaper
[2] דּוֹאַר אֶלֶקְטְרוֹנִי – e-mail
[3] סֵפֶר – book

[4] מִכְתָּב – letter
[5] עֲבוֹדַת בַּיִת – homework
[6] עֲבוֹדוֹת – papers

Present Tense Conjunction פָּעַל, שְׁלֵמִים – הוֹוֶה

אנחנו אתן לוֹמְדוֹת הן	אנחנו אתם לוֹמְדִים הם	אני את לוֹמֶדֶת היא	אני אתה לוֹמֵד הוא
אנחנו אתן קוֹרְאוֹת הן	אנחנו אתם קוֹרְאִים הם	אני את קוֹרֵאת[1] היא	אני אתה קוֹרֵא[1] הוא
אנחנו אתן כּוֹתְבוֹת הן	אנחנו אתם כּוֹתְבִים הם	אני את כּוֹתֶבֶת היא	אני אתה כּוֹתֵב הוא
אנחנו אתן אוֹהֲבוֹת[2] הן	אנחנו אתם אוֹהֲבִים[2] הם	אני את אוֹהֶבֶת היא	אני אתה אוֹהֵב הוא
אנחנו אתן עוֹבְדוֹת הן	אנחנו אתם עוֹבְדִים הם	אני את עוֹבֶדֶת היא	אני אתה עוֹבֵד הוא

דִּקְדּוּק

[1] *The letter* **א** *is silent* (**א' נחה**) *when it is not followed by a vowel* (**קוֹרֵא, קוֹרֵאת**).

[2] *Note the vowel under the* **הֲ** *in the verbs* **אוֹהֲבִים** *and* **אוֹהֲבוֹת**, *which is a compensation for the* sheva. *(As a guttural letter,* **ה'** *cannot accept a* sheva.*)*

תרגיל א

Parse the following verbs according to the example:

אנגלית	גזרה (type)	שורש (root)	שם הגוף (pronoun)	הפועל
studying (we)	שלמים	ל.מ.ד.	אנחנו	לוֹמְדִים
				כּוֹתְבוֹת
				קוֹרֵא
				אוֹהֶבֶת
				עוֹבֵד

תרגיל ב

1. No'am applied for a summer job in a local newspaper. Read what he wrote about himself:

נוֹעַם

שְׁמִי נוֹעַם. אני גָר בְּעָרָד. אני תַּלמיד בבֵית-סֵפֶר תיכוֹן "אוֹרְט". אני אוֹהֵב בִּיוֹלוֹגְיָה, כִּימְיָה והיסְטוֹרְיָה. אני לא אוֹהֵב מָתֶמטיקה. בהַפסָקוֹת* אני עוֹבֵד בעיתוֹן בֵּית-הַסֵפֶר. אני כּוֹתֵב עַל* פּוֹליטיקָה וְעַל סְפּוֹרְט.

*הַפְסָקוֹת — recess

*עַל — on, about

2. Rewrite the letter above in the feminine voice:

שמי נַעֲמָה. ______________________________

____

____

____

____

____

תרגיל ג

פעילות/שיחה

Complete these statements as they pertain to you and talk about them with a friend:

1. אני אוהב/ת ______________ **סְפָּגֶטי / בְּרוֹקוֹלִי / פִּיצָה / יַיִן ...**
2. אני קורא/ת ______________ **מגזין סְפּוֹרט / עיתוֹן / שֵׁייקספּיר ...**
3. אני עוֹבד/ת ב ______________ **קַמפּוּס / עיתוֹן / בַּנְק ...**
4. אני כותב/ת ______________ **מִכְתָבים לְיִשְׂרָאֵל / סֵפֶר / דוֹאר אֶלֶקְטרוֹני ...**
5. אני לומד/ת ______________ **פִּיזִיקָה / אַנְגְלִית / תַּלְמוּד ...**

תרגיל ד

Conjugate according to the pronouns and roots:

אֲנִי (נ'), כ.ת.ב. ___כּוֹתֶבֶת___

אַתֶּם, א.ה.ב. ________

הֵם, ל.מ.ד. ________

אַתְּ, ק.ר.א. ________

אַתָּה, ע.ב.ד. ________

תרגיל ה

Write the correct form of the verb in the blank:

קוֹרְאִים עַגְנוֹן*

נוֹעם (**ל.מ.ד.**) ________ בבית ספר תיכון. בבית הספר הוא (**ק.ר.א.**) ________ סיפור שֶׁל שְׁמוּאֵל יוֹסֵף עַגְנוֹן. התלמידים (**ק.ר.א.**) ________ אֶת הסיפור בכיתה, ו(**כ.ת.ב.**) ________ עַל הסיפור בבית. נוֹעם (**א.ה.ב.**) ________ אֶת עַגְנוֹן.

דִקְדוּק

***אֶת** is a preposition that marks definite direct objects in Hebrew. It has no equivalent in English. **אֶת** is written as a separate word. It is used in a sentence after a verb and before a noun with the definite article **ה** or a proper noun, like names of people and places.*

- אֲנִי אוֹהֵב **אֶת** הָעִיר הָעַתִּיקָה. I like the Old City.
- אֲנִי אוֹהֵב **אֶת** יְרוּשָׁלַיִם. I love Jerusalem.

> בְּרֵאשִׁית בָּרָא אֱלֹהִים אֵת הַשָּׁמַיִם וְאֵת הָאָרֶץ
>
> "In the beginning God created the heavens and the earth." *Or:* "When God began to create heaven and earth."
>
> Genesis 1:1 **בראשית א, א**

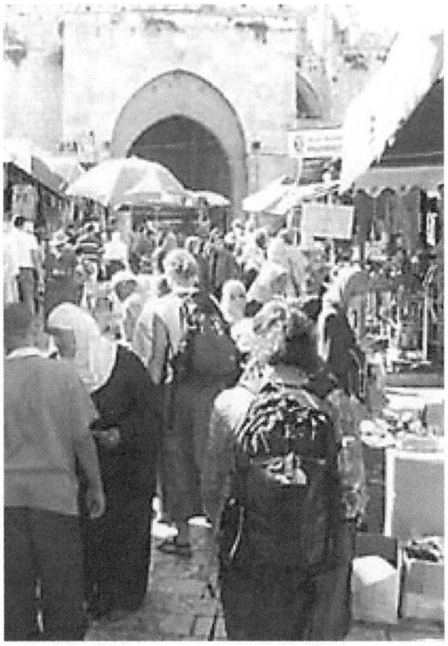

* ראה יחידה עשר – סיפור וביוגרפיה של ש"י עגנון. See unit 10 for biography and a story of S.Y. Agnon.

יוֹדֵעַ   *Know*

- יוֹתָם **יוֹדֵעַ** אִידִיש וְעִבְרִית.
- יוֹתָם **יוֹדֵעַ** הִיסְטוֹרְיָה אָמֶרִיקָאִית.
- יוֹנִינָה **יוֹדַעַת** אֵיפֹה בֵּית-הַכְּנֶסֶת.
- יוֹנִינָה **יוֹדַעַת** מַה יוֹתָם אוֹהֵב.

דִּקְדּוּק

יוֹדֵעַ/ת *is translated in English as "know."*
It is used for information or knowledge.

For knowledge acquaintance with persons or places,
Hebrew uses another verb **מַכִּיר/ה**:
יוֹתָם מַכִּיר אֶת יוֹנִינָה. (Yotam knows Yonina.)

תרגיל א
תַּרְגְּמוּ לְאַנגלית: Translate to English

אֲנִי לֹא יוֹדַעַת אֵיפֹה הַחֲבֵרִים שֶׁלִי מִבֵּית הַסֵּפֶר. אֲנִי לֹא יוֹדַעַת
אֵיפֹה רָחֵל גָּרָה. אֲנִי לֹא יוֹדַעַת אֵיפֹה אוֹרְלִי עוֹבֶדֶת, אֲנִי לֹא יוֹדַעַת
אִם* רוּתִי גָּרָה בְּתֵל אָבִיב אוֹ בְּחֵיפָה. אֲנִי לֹא יוֹדַעַת אֵיפֹה כֻּלָּם.

*אִם — if

_____
_____
_____
_____

תרגיל ב
הַשְׁלִימוּ אֶת הַמִּשְׁפָּטִים: Complete the sentences any way you like

1. אֲנִי יוֹדֵעַ/ת _____
2. אֲנִי לֹא יוֹדֵעַ/ת _____
3. אֲנִי יוֹדֵעַ/ת שֶׁ* _____

*שֶׁ... — that

4. אֲנִי לֹא יוֹדֵעַ/ת מַה _____
5. אֲנִי לֹא יוֹדֵעַ/ת מִי _____
6. אֲנִי לֹא יוֹדֵעַ/ת אֵיפֹה _____
7. אֲנִי יוֹדֵעַ/ת מֵאַיִן _____

תרגיל ג
פעילות/שיחה

Find out which of your fellow students best fits the statements below and write their names next to the statement:

1. אני לוֹמד/ת היסטוריָה אמֶריקָאית. ______
2. אני כּוֹתב/ת בָּעיתוֹן של בֵּית הַספר. ______
3. אני לא קוֹרֵא/ת עיתוֹן. ______
4. אני גר/ה בקמפּוּס. ______
5. אני קוֹרא/ת עיתוֹן סְפּוֹרְט. ______
6. אני לא מֵאמֶריקה. ______
7. אני לוֹמד/ת מָתֶמטיקה ומוּזיקה. ______
8. אני לא אוֹהב/ת פּיצה. ______
9. אני אוֹהב/ת מוּזיקה קלָאסית. ______
10. אני יוֹדע/ת סְפָרָדִית. ______

תרגיל ד
פעילות/כתיבה

The housing office has asked you to write a brief description of yourself in order to match you with a compatible roommate. Write 5–7 sentences.

______
______
______
______
______
______

בַּכִּיתָּה *In the Classroom*

(1) לוּחַ ז׳ (לוּחוֹת)	(10) מַחְבֶּרֶת נ׳ (מַחְבָּרוֹת)
(2) גִּיר ז׳ (גִּירִים)	(11) עֵט ז׳ (עֵטִים)
(3) סֵפֶר ז׳ (סְפָרִים)	(12) עִיפָּרוֹן ז׳ (עֶפְרוֹנוֹת)
(4) תִּיק ז׳ (תִּיקִים)	(13) מַחַק ז׳ (מְחָקִים)
(5) קִיר ז׳ (קִירוֹת)	(14) דֶּלֶת נ׳ (דְּלָתוֹת)
(6) תְּמוּנָה נ׳ (תְּמוּנוֹת)	(15) חַלּוֹן ז׳ (חַלּוֹנוֹת)
(7) מְנוֹרָה נ׳ (מְנוֹרוֹת)	(16) כִּיסֵּא ז׳ (כִּיסְאוֹת)
(8) פַּח ז׳ (פַּחִים)	(17) מַחְשֵׁב ז׳ (מַחְשְׁבִים)
(9) שׁוּלְחָן ז׳ (שׁוּלְחָנוֹת)	(18) טֶלֶפוֹן ז׳ (טֶלֶפוֹנִים)

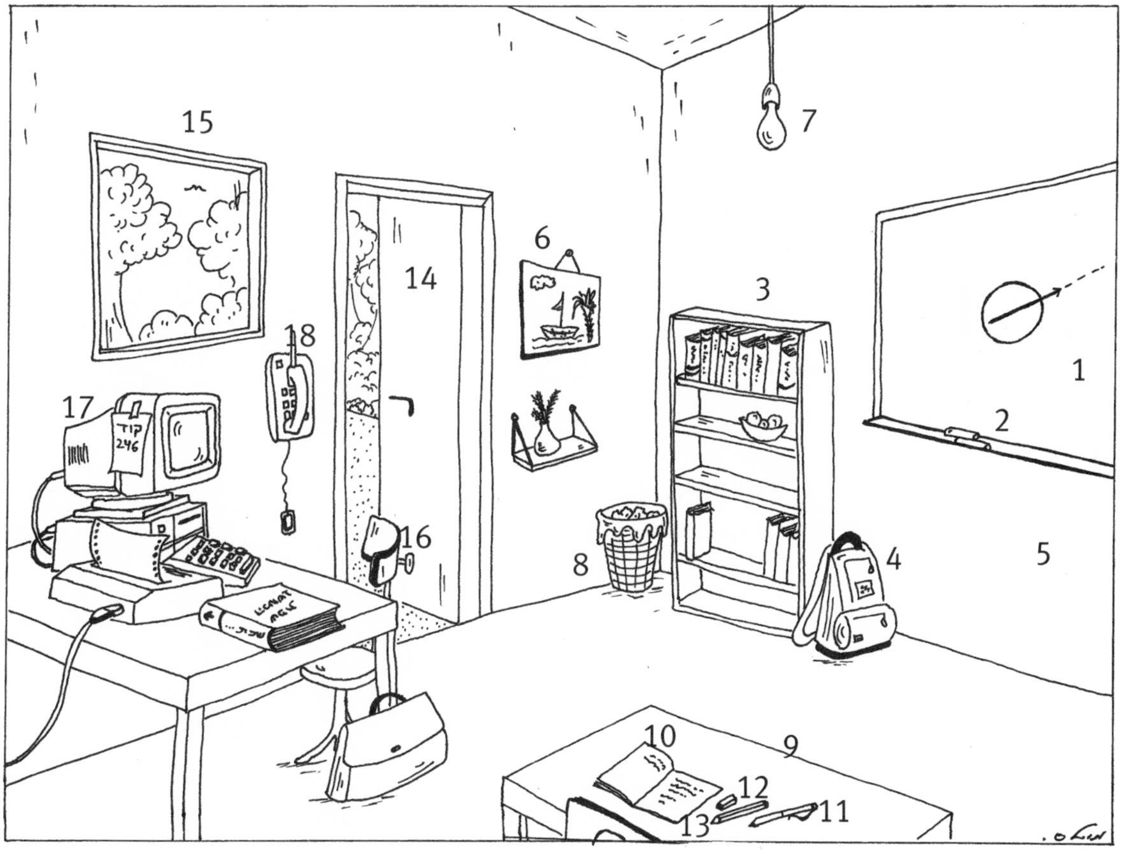

תרגיל א

Sort the following objects according to their gender and write them down next to **זה** or **זאת** below. Remember that **ה**, **ת** and **ית** endings indicate feminine nouns. (See page 52.)

שׁוּלְחָן, תְּמוּנָה, סֵפֶר, מַחְבֶּרֶת, כִּיסֵּא, עֵט, מַחְשֵׁב, עִיפָּרוֹן, דֶּלֶת, מְנוֹרָה, סְטוּדֶנְטִית, תַּלְמִידָה

זה ______________	זאת ______________
זה ______________	זאת ______________
זה ______________	זאת ______________
זה ______________	זאת ______________
זה ______________	זאת ______________
זה ______________	זאת ______________

תרגיל ב

Sort the following plural nouns according to gender and write them down in the correct column. (The **ות** ending indicates feminine nouns, with some exceptions.)

Refer to the chart on page 72 to check your answers:

תְּמוּנוֹת, סְפָרִים, חַלּוֹנוֹת, בָּתִּים, תַּלְמִידִים, מַחבָּרוֹת, מַחְשְׁבִים, כְּלָבִים, מְכוֹנִיּוֹת, שָׁנִים, סִפְרִיּוֹת, עָרִים

נקבה (Feminine)	זכר (Masculine)
אלה ______________	אלה ______________
אלה ______________	אלה ______________
אלה ______________	אלה ______________
אלה ______________	אלה ______________
אלה ______________	אלה ______________
אלה ______________	אלה ______________

תרגיל ג

Write: **זה, זאת, אלה**

_______ לוּחַ.

_______ מַחברת.

_______ טֶלֶוויזיות.

_______ תיקים.

_______ בָּתים.

_______ אִישׁ*.

_______ אֲנָשִׁים*.

_______ אִישָׁה*.

_______ עִיפָּרון.

*אִישׁ — person, man

*אֲנָשִׁים — people

*אִישָׁה — woman

תרגיל ד

פעילות/שיחה

Go around the classroom with another student. Point out different objects and ask your partner what they are. (מה זה? מה זאת? מה אלה?)

שְׁמוֹת עֶצֶם בְּיָחִיד וּבְרַבִּים

Nouns, Singular and Plural

זכר (m.)

	רבים	יחיד
student(s)	תַּלְמִידִים	תַּלְמִיד
teacher(s)	מוֹרִים	מוֹרֶה
book(s)	סְפָרִים	סֵפֶר
newspaper(s)	עִיתּוֹנִים	עִיתּוֹן
trash can(s)	פַּחִים	פַּח
chalk(s)	גִּירִים	גִּיר
pen(s)	עֵטִים	עֵט
computer(s)	מַחְשְׁבִים	מַחְשֵׁב
telephone(s)	טֶלֶפוֹנִים	טֶלֶפוֹן
house(s)	בָּתִּים	בַּיִת
man (men)	אֲנָשִׁים	אִישׁ

נקבה (f.)

	רבות	יחידה
student(s)	תַּלְמִידוֹת	תַּלְמִידָה
teacher(s)	מוֹרוֹת	מוֹרָה
class(es)	כִּיתּוֹת	כִּיתָּה
map(s)	מַפּוֹת	מַפָּה
store(s)	חֲנוּיוֹת	חֲנוּת
door(s)	דְּלָתוֹת	דֶּלֶת
restaurant(s)	מִסְעָדוֹת	מִסְעָדָה
library(ies)	סִפְרִיּוֹת	סִפְרִיָּיה
picture(s)	תְּמוּנוֹת	תְּמוּנָה
notebook(s)	מַחְבָּרוֹת	מַחְבֶּרֶת
television(s)	טֶלֶוִויזְיוֹת	טֶלֶוִויזְיָה

	רבים	יחיד
window(s)	חַלּוֹנוֹת	חַלּוֹן
wall(s)	קִירוֹת	קִיר
chair(s)	כִּיסְאוֹת	כִּיסֵּא
board(s)	לוּחוֹת	לוּחַ
table(s)	שׁוּלְחָנוֹת	שׁוּלְחָן
pencil(s)	עֶפְרוֹנוֹת	עִיפָּרוֹן
closet(s)	אֲרוֹנוֹת	אָרוֹן

	רבות	יחידה
year(s)	שָׁנִים	שָׁנָה
city(ies)	עָרִים	עִיר
word(s)	מִילִּים	מִילָּה
woman (women)	נָשִׁים	אִשָּׁה

בַּמּוּזֵיאוֹן

אורי: מַה זֶה? זֹאת תְּמוּנָה?

רחל: כֵּן, זֹאת תְּמוּנָה מוֹדֶרְנִית.

אורי: זֹאת לֹא תְּמוּנָה. זֶה קִשְׁקוּשׁ!

רחל: זֶה לֹא קִשְׁקוּשׁ. זֹאת תְּמוּנָה אַבְּסְטְרַקְטִית!

לֹא בְּבֵית הַסֵּפֶר

גור: הַלּוֹ, מִי זֶה?

אבישי: זֶה אֲבִישַׁי.

גור: לָמָּה* אַתָּה לֹא בְּבֵית הַסֵּפֶר?

אבישי: כִּי* אֲנִי עוֹבֵד בַּבַּיִת.

גור: עוֹבֵד בַּבַּיִת?

אבישי: כֵּן, עַל הַמַּחְשֵׁב.

גור: אָה.

אבישי: וְאַתָּה?

גור: גַּם אֲנִי בַּבַּיִת.

אבישי: לוֹמֵד?

גור: לֹא. גַּם אֲנִי בַּמַּחְשֵׁב.

*לָמָּה — why

*כִּי — because

תרגיל א

Match the words:

כיסא	דלת
חלון	גיר
ספר	עיפרון
עט	שולחן
לוח	מחברת

תרגיל ב

שנו לרבים :Change to plural

1. זה שׁוּלְחָן. אלה שולחנות. ____________
2. זה כִּיסֵּא. ____________
3. זה בַּיִת. ____________
4. זה עִיפָּרוֹן. ____________
5. זאת מַחְבֶּרֶת. ____________
6. זאת כִּיתָּה. ____________
7. זאת שָׁנָה. ____________
8. זאת עִיר. ____________
9. זאת סִפְרִיָּיה. ____________
10. זה קִיר. ____________

תרגיל ג

Answer the questions, using the words in parentheses:

1. זאת **דֶּלֶת**? (חלון) לא, זה חלון. ____________
2. זה **עִיפָּרוֹן**? (עט) ____________
3. אלה תלמידים **בַּתִיכוֹן**? (באוּניבֶרסיטה) ____________
4. זה **סֵפֶר**? (מַחְבֶּרֶת) ____________
5. אלה סְפָרים **בְּבִיוֹלוֹגְיָה**? (בכימיה) ____________
6. זאת **תְמוּנָה מִבּוֹסטוֹן**? (פּוֹסטֶר מניו-יורק) ____________

קְצָת יַחַס!

in the — **בַּ**
on — **עַל**

תרגיל א

Complete the sentences with the following words:

קִיר, שׁוּלְחָן, לוּחַ, תִּיק, פַּח

1. הַסֵּפֶר **בַּ** ________________
2. הַתְּמוּנָה **עַל** ה________________
3. המחשב **עַל** ה________________
4. הבננה **בַּ** ________________
5. הגיר **עַל** ה________________

דִּקְדּוּק

When several nouns in a sentence relate to the same preposition, that preposition must be repeated before each noun. Here are some examples from Modern Hebrew and Rabbinic Hebrew:

- אֲנִי יוֹשֶׁבֶת* **עַל** הַכִּיסֵּא וְלֹא **עַל** הַשּׁוּלְחָן.
- אֲנִי כּוֹתֶבֶת **בְּ**עֵט **וּבְ**עִיפָּרוֹן.

*יוֹשֵׁב/ת – sit

> [שִׁמְעוֹן הַצַּדִּיק] הָיָה אוֹמֵר: עַל שְׁלוֹשָׁה דְּבָרִים הָעוֹלָם עוֹמֵד: עַל הַתּוֹרָה וְעַל הָעֲבוֹדָה וְעַל גְּמִילוּת חֲסָדִים.
>
> [Shimon the Righteous] used to say: The world depends on three things—on Torah study, on service [of God], and on kind deeds.
>
> **פרקי אבות פרק א׳ משנה ב׳** PIRKEI AVOT 1:2

מַבָּעִים אוֹפְיָינִיִּים בַּכִּיתָּה
Common Classroom Expressions

Try to guess the meaning of these common phrases (in bold):

.1
סְלִיחָה, **אֵיךְ אוֹמְרִים** *door* בְּעִבְרִית? ______________________

.2
יֵשׁ לִי שְׁאֵלָה, מַה זֶה שׁוֹרֶשׁ? ______________________

.3
מַה זֶה, ת׳ אוֹ ח׳? **זֶה לֹא בָּרוּר!** ______________________

.4
הַמּוֹרָה, **אֲנִי לֹא מֵבִין**. מַה זֶה פ׳ הַפּוֹעַל? ______________________

.5
אֵיךְ כּוֹתְבִים *shulḥan*, בְּעִבְרִית: בְּ-ח׳ אוֹ בְּ-כ׳? ______________________

תרגיל א

Match the Hebrew with the English: **התאימו**

אֵיךְ אוֹמְרִים...?	I have a question.
אֵיךְ כּוֹתְבִים...?	How do you spell . . . ?
יֵשׁ לִי שְׁאֵלָה.	I don't understand.
זֶה לֹא בָּרוּר.	How do you say . . . ?
אֲנִי לֹא מֵבִין.	That's not clear.

הראש שלי לא פה...

מִסְפָּרִים Numbers

נקבה		זכר
אֶפֶס	0	אֶפֶס
אַחַת	1	אֶחָד
שְׁתַּיִם (שְׁתֵּי-)	2	שְׁנַיִם (שְׁנֵי-)
שָׁלוֹשׁ	3	שְׁלוֹשָׁה
אַרְבַּע	4	אַרְבָּעָה
חָמֵשׁ	5	חֲמִישָׁה
שֵׁשׁ	6	שִׁישָׁה
שֶׁבַע	7	שִׁבְעָה
שְׁמוֹנֶה	8	שְׁמוֹנָה
תֵּשַׁע	9	תִּשְׁעָה
עֶשֶׂר	10	עֲשָׂרָה

דִּקְדּוּק

Numbers in Hebrew come before objects except for the number one, which comes after the object:

סֵפֶר אֶחָד
שְׁלוֹשָׁה סְפָרִים

The final **ם** *in* **שְׁנַיִם/שְׁתַּיִם** *drops when added to objects. Also, the sound of the* **נ׳** *and* **ת׳** *changes to "ei":*

שְׁתֵּי סְטוּדֶנְטִיּוֹת, שְׁנֵי סְטוּדֶנְטִים.

Numbers also have feminine and masculine forms that correspond to the gender of nouns:

שְׁלוֹשָׁה תַּלְמִידִים
שָׁלוֹשׁ תַּלְמִידוֹת

To count, calculate, tell phone numbers, etc., the feminine form of the number is used.

נְקֵבָה	זָכָר	
כִּיתָּה אַחַת	עֵט אֶחָד	1
שְׁתֵּי כִּיתּוֹת	שְׁנֵי עֵטִים	2
שָׁלוֹשׁ כִּיתּוֹת	שְׁלוֹשָׁה עֵטִים	3
אַרְבַּע כִּיתּוֹת	אַרְבָּעָה עֵטִים	4
חָמֵשׁ כִּיתּוֹת	חֲמִישָׁה עֵטִים	5
שֵׁשׁ כִּיתּוֹת	שִׁישָׁה עֵטִים	6
שֶׁבַע כִּיתּוֹת	שִׁבְעָה עֵטִים	7
שְׁמוֹנֶה כִּיתּוֹת	שְׁמוֹנָה עֵטִים	8
תֵּשַׁע כִּיתּוֹת	תִּשְׁעָה עֵטִים	9
עֶשֶׂר כִּיתּוֹת	עֲשָׂרָה עֵטִים	10

You register for a Hebrew Summer Program in Israel. The administrator asks you for all your phone numbers in case they need to contact you. To practice, dictate your phone numbers to a classmate:

מִסְפְּרֵי טֶלֶפוֹן

home	_____	בַּיִת	dorm	_____	מְעוֹנוֹת
parents	_____	הוֹרִים	cell	_____	נַיָּיד
work	_____	עֲבוֹדָה	emergency	_____	חֵרוּם

תרגיל ב

Write the following numbers and objects:

בַּתִּיק   בַּכְּתָב

_____ (5 סְפָרִים)	(3 מַפּוֹת) שלוש מפות _____
_____ (8 מַחְבָּרוֹת)	_____ (2 לוּחוֹת)
_____ (1 סֶנְדְוִוִיץ׳)	_____ (1 דֶּלֶת)
_____ (2 עֵטִים)	_____ (10 תמונות)
_____ (1 עִיפָּרוֹן)	_____ (4 מַחְשְׁבִים)

תרגיל ג

כתבו מה יש על השולחן וכמה:

Look at the picture and write what's on the desk:

(מנורה)   מנורה אחת _____
(תמונות) _____
(טֶלֶפוֹן) _____
(מַחְשֵׁב) _____
(סְפָרִים) _____

תרגיל ד

Practice saying the numbers in these situations:

1. Call the school's janitor (שָׁרָת) and give him a list of these items to repair:

2 כִּסְאוֹת, 1 לוּחַ, 3 שׁוּלְחָנוֹת, 4 מְנוֹרוֹת

2. Call a youth convention organizer and ask him/her to prepare the following:

7 אוֹטוֹבּוּסִים, 10 כִּיתּוֹת, 1 מַפָּה, 3 מַחְשְׁבִים

תרגיל ה

Practice writing the numbers in these situations:

1. Give a sales report of the items you sold today at the school store:

9 מחבָּרוֹת ______________________

10 עֶפרוֹנוֹת ______________________

5 עֵטִים ______________________

7 מְחָקִים ______________________

2. A colleague from Israel wants to join an educators' tour to several university campuses. Translate this itinerary for him.

three campuses ______________________

one museum ______________________

nine classes ______________________

five libraries ______________________

תרגיל ו

השלימו עם המספר :Complete with the correct number, according to the passage

נתן סטוּדנט. הוא מקוֹסְטָה-רִיקָה. הוא מדבֵּר __________ שָׂפוֹת : סְפָרָדית, אַנְגְלִית וְעִבְרִית.

הוא לוֹמֵד __________ קוּרְסִים : כִּימְיָה אוֹרְגָנִית, עִברית, היסטוֹריה וּמוּזיקה.

נתן קוֹרֵא __________ עיתונים כל יום : עיתוֹן אמריקאי ועיתוֹן מִקוֹסְטָה-ריקָה.

הוּא גר עִם __________ סטוּדֶנטים : גֶ׳יסוֹן וּמִיכָאֵל. הוא אוֹהֵב סטוּדֶנטית _______, שמה לינדה (היא נֶחמדה מאוֹד).

תרגיל ז

השלימו במילים לפי המספרים שבסוגריים :Complete with the correct form of the number

בַּקְיוֹסְק

מוכר* : כֵּן?

אלון : קוֹלָה (1) ________, (2) ________ בֵּייגְלֶה, עִיתּוֹן (1) ________ ו(5) ________ בָּזוּקוֹת.

מוכר : אֵיזֶה עִיתּוֹן, ״מַעֲרִיב״, ״יְדִיעוֹת״, אוֹ ״הָאָרֶץ״?

אלון : ״מַעֲרִיב״, בְּבַקָּשָׁה.

מוכר : בְּבַקָּשָׁה. וְאַתְּ?

סיוון : אַרְטִיק (1) ________, אוֹרַנְגָ׳דָה (1) ________ ו (2) ________ סנדוויצ׳ים.

מוכר : הִנֵּה.

סיוון : כַּמָּה זֶה* בְּבַקָּשָׁה?

מוכר : בְּיַחַד*?

סיוון : לֹא, לְחוּד*.

מוכר : הוּא (8) ________ שְׁקָלִים וְאַתְּ (6) ________ שְׁקָלִים.

סיוון ואלון : תּוֹדָה.

*מוֹכֵר – salesperson

*כַּמָּה זֶה? – How much is this?

*בְּיַחַד – together

*לְחוּד – separately

Adjectives שְׁמוֹת-תֹּאַר

דִּקְדּוּק

Adjectives in Hebrew come after nouns and must agree with them in gender and number. Therefore, every Hebrew adjective can take four forms (m.s., f.s., m.p., f.p.):

- סֵפֶר **חָדָשׁ**
- שָׁנָה **חֲדָשָׁה**
- תַּלְמִידִים **חֲדָשִׁים**
- תְּמוּנוֹת **חֲדָשׁוֹת**

Read the story about Yoram, the wonder-kid, and try to guess the meaning of the adjectives in bold:

יֶלֶד פֶּלֶא*

יוֹרָם יֶלֶד **קָטָן** וְ**חָכָם**. הוּא לוֹמֵד בְּכִיתָּה ד׳. הוּא אוֹהֵב מוּזִיקָה **קְלָסִית** וְכוֹתֵב סִימְפוֹנְיוֹת **יָפוֹת**. הוּא לוֹמֵד מוּזִיקָה בְּאָקָדֶמְיָה לְמוּזִיקָה בִּירוּשָׁלַיִם.

יוֹרָם יֶלֶד-פֶּלֶא!

*יֶלֶד פֶּלֶא – wonder kid

Underline the adjectives in the following dialogues and try to guess their meanings. (There are two different adjectives in each dialogue.)

כִּיסְאוֹת מֵאִיטַלְיָה

– אלה כיסְאות חֲדשים?
– לא. הֵם לא חֲדשים.
– הֵם יָפים מאוד!
– תודָה. הם מֵאיטַליה.

מַה אַתָּה קוֹרֵא?

– מה אתה קוֹרֵא?
– "הָאקֶלְבֶּרִי פִין"
– זה סֵפֶר מְעַניין?
– כן, גָּדול ומְעַניין.

Declension of Adjectives נְטִיַּית שְׁמוֹת הַתּוֹאַר

זכר (m.s.)	**נקבה** (f.s.)	**רבים** (m.p.)	**רבות** (f.p.)	
טוֹב	טוֹבָה	טוֹבִים	טוֹבוֹת	good
חָדָשׁ	חֲדָשָׁה	חֲדָשִׁים	חֲדָשׁוֹת	new
יָשָׁן	יְשָׁנָה	יְשָׁנִים	יְשָׁנוֹת	old
גָּדוֹל	גְּדוֹלָה	גְּדוֹלִים	גְּדוֹלוֹת	big
קָטָן	קְטַנָּה	קְטַנִּים	קְטַנּוֹת	small
יָפֶה	יָפָה	יָפִים	יָפוֹת	pretty
חָכָם	חֲכָמָה	חֲכָמִים	חֲכָמוֹת	smart
מְעַנְיֵין	מְעַנְיֶינֶת	מְעַנְיְינִים	מְעַנְיְינוֹת	interesting
נֶחְמָד	נֶחְמָדָה	נֶחְמָדִים	נֶחְמָדוֹת	nice
אָדוֹם	אֲדוּמָּה	אֲדוּמִּים	אֲדוּמּוֹת	red
כָּחוֹל	כְּחוּלָּה	כְּחוּלִּים	כְּחוּלּוֹת	blue
לָבָן	לְבָנָה	לְבָנִים	לְבָנוֹת	white
שָׁחוֹר	שְׁחוֹרָה	שְׁחוֹרִים	שְׁחוֹרוֹת	black
יָרוֹק	יְרוּקָּה	יְרוּקִּים	יְרוּקּוֹת	green
צָהוֹב	צְהוּבָּה	צְהוּבִּים	צְהוּבּוֹת	yellow

כובע ישן **כובע חדש**

תרגיל א

Complete with the following adjectives: **קְטַנָּה, חֲכָמוֹת, טוֹב, חֲדָשִׁים, מְעַנְיֵין**

1. דן סטודנט ______________.
2. חַיים מוֹרֶה ______________.
3. רָחל ילדה ______________.
4. יָאִיר ויִצחָק מוֹרִים ______________.
5. רָחל ואֶסתר תלמידוֹת ______________.

תרגיל ב

Complete with the following objects: **עִיפָּרוֹן, מַחְבָּרוֹת, טֶלֶפוֹן, תְּמוּנוֹת, טֶלֶוִויזְיָה**

1. זה ______________ חָדָשׁ.
2. זאת ______________ גְּדוֹלָה.
3. אלה ______________ יְשָׁנוֹת.
4. זה ______________ אָדוֹם.
5. אלה ______________ יָפוֹת.

תרגיל ג

Copy the correct form of the adjective: **כתבו את שם התואר המתאים**

בכיתה

1. אני כּוֹתבת בְּמחברת ______________ . **גָּדוֹל/גְּדוֹלָה/גְּדוֹלִים/גְּדוֹלוֹת**
2. המוֹרָה כותבת עַל לוּחַ ______________ . **שָׁחוֹר/שְׁחוֹרָה/שְׁחוֹרִים/שְׁחוֹרוֹת**
3. התלמידים יוֹשבים עַל כִּסְאוֹת ______________ . **קָטָן/קְטַנָּה/קְטַנִּים/קְטַנּוֹת**
4. כל התלמידים בַּכִּיתה ______________ . **טוֹב/טוֹבָה/טוֹבִים/טוֹבוֹת**
5. הכיתה אוֹהֶבֶת מוֹרים ______________ . **מְעַנְיֵין/מְעַנְיֶינֶת/מְעַנְיְינִים/מְעַנְיְינוֹת**

תרגיל ד

Write in the plural: **שנו לרבים**

1. זה כִּיסֵּא גָּדוֹל. אלה כיסאות גדולים.
2. זה שוּלחן יָפֶה. ______________
3. זה ספר טוֹב. ______________
4. זה תלמיד חָכָם. ______________
5. זאת כִּיתָּה קְטַנָּה. ______________
6. זאת מוֹרָה חֲדָשָׁה. ______________
7. זה טֶלֶפוֹן שָׁחוֹר. ______________

תרגיל ה

Rewrite the number phrases with the new numbers:

1. בַּנק אֶחָד גדול (3) שלושה בנקים גדולים
2. שָׁנה אַחַת טובה (7) ______________
3. תלמיד אֶחד חָכָם (10) ______________
4. סֵפר אֶחד חָדָשׁ (2) ______________
5. כיתה אַחַת קטַנָּה (5) ______________
6. מוֹרָה אַחַת מְצוּיֶּנֶת (2) ______________
7. מִכְתָּב אֶחָד יָפֶה (3) ______________

תרגיל ו

פעילות/שיחה

Read the following statements.

Discuss with your classmates what place, country, city, etc., would fit them best:

1. עִיר* יָפָה וּגְדוֹלָה ______________
2. עִיר קְטַנָּה וּמְעַנְיֶינֶת ______________
3. עִיר גְּדוֹלָה וְלֹא מְעַנְיֶינֶת ______________
4. מָקוֹם* מְעַנְיֵין ______________
5. מוּזֵיאוֹן חָדָשׁ ______________
6. בֵּית-סֵפֶר מְצוּיָּן ______________

*עִיר – city

*מָקוֹם – place

תרגיל ז

תרגמו לעברית:

You are visiting your little nephew in Israel. You bring him a children's book as a present, but since he cannot read English yet, he wants you to translate it for him as you read.

This is Rona. Rona is a little girl. This is Ron. Ron is a little boy.
Rona and Ron are little children. Ron and Rona are very clever. They live in a big red house.

____

____

____

____

____

דִּקְדּוּק

Adjectives are not always modifiers. Sometimes they serve as predicates **(נָשׂוּא)** *as well:*

Adjective as Modifier:

- אֲנִי כּוֹתֶבֶת בְּמַחְבֶּרֶת **אֲדוּמָּה**. (I write in a **red** notebook.)
- זֶה סֵפֶר **חָדָשׁ**. (This is a **new** book.)

Adjective as Predicate:

- הַסֵּפֶר **חָדָשׁ**. (The book *is* **new**.)
- הַמַּחְבֶּרֶת **אֲדוּמָּה**. (The notebook *is* **red**.)

תרגיל א

1. David's mother is very curious about her son's new dorm. Complete the missing questions in the following phone conversation David is having with his mother about his new dorm room:

אִמָּא וְדָוִיד

אמא: דָּוִידִי, הַחֶדֶר* גדול?
דויד: החדר לא גדול, אבל לא קטן.
אמא: ________________?
דויד: השולחן לא חדש, אבל גדול וטוב.
אמא: ________________?
דויד: כן, אִמא, החלונות גדולים.
אמא: ________________?
דויד: הקפיטריה לא רעה.
אמא: יופי, אז להתרָאות* יֶלֶד.
דויד: אִמא, אני לא יֶלֶד, אני סטודנט!!

*חֶדֶר – room

*לְהִתְרָאוֹת – good-bye, see you later

2. Continue the conversation (above) in pairs

Which ?אֵיזֶה? אֵיזוֹ? אֵילוּ

1

– **אֵיזֶה** עִיתּוֹן אַתָּה קוֹרֵא?

– אֲנִי קוֹרֵא אֶת הַ"מָיָאמִי הֶרַלְד."

2

– **אֵיזֶה** שׁוֹקוֹלָד אַתָּה אוֹהֵב?

– שׁוֹקוֹלָד שְׁוֵיצָרִי.

3

– **אֵילוּ** קוּרְסִים אַתְּ לוֹמֶדֶת הַסֶּמֶסְטֶר?

– עִבְרִית, כַּלְכָּלָה, מָתֶמָטִיקָה וְסִפְרוּת.

4

– **אֵיזוֹ** כִּיתָּה זֹאת?

– עִבְרִית.

5

– **אֵילוּ** תּוֹכְנִיּוֹת* טֶלֶוִויזְיָה אַתָּה אוֹהֵב?

– אֲנִי אוֹהֵב חֲדָשׁוֹת, סְפּוֹרְט וּבִיוֹגְרַפְיוֹת.

*תּוֹכְנִיּוֹת – programs

6

– **אֵיזוֹ** טֶלֶוִויזְיָה זֹאת?

– סוֹנִי.

7

– **בְּאֵיזוֹ** עִיר הִיא גָּרָה?

– **בְּ**חֵיפָה.

8

– **בְּאֵיזֶה** עַמּוּד אֲנַחְנוּ קוֹרְאִים?

– **בְּ**עַמּוּד עֶשֶׂר.

9

– **בְּאֵילוּ** בָּתֵּי-סֵפֶר אַתָּה עוֹבֵד?

– **בְּ**בָתֵּי סֵפֶר יְסוֹדִיִּים.

דִּקְדּוּק

אֵיזֶה / אֵיזוֹ / אֵילוּ *are used in Hebrew to ask about the nature or kind of something.*

אֵיזֶה *is used for male objects**.*

אֵיזוֹ *is used for female objects.*

אֵילוּ *is used for plural objects, male and female.*

בְּאֵיזֶה *means "in which,"* **עִם אֵיזֶה** *means "with which,"* **מֵאֵיזֶה** *means "from which."*

בְּאֵיזֶה עַמּוּד אנחנו?	What page are we on?
עִם אֵיזוֹ מוֹרָה אַתָּה לוֹמֵד?	With what teacher are you studying?

- **אֵיזֶה** בַּיִת **זֶה**? **זֶה** בַּיִת אַנְגְלִי.
- **אֵיזוֹ** אוּנִיבֶרְסִיטָה **זֹאת**? **זֹאת** אוּנִיבֶרְסִיטָה קְטַנָּה.
- **אֵילוּ** תַּלְמִידִים **אֵלֶּה**? **אֵלֶּה** תַּלְמִידִים טוֹבִים.

* Israeli Hebrew speakers tend to use **איזה** for all three, irrespective of gender or number.

תרגיל א

Write questions about the information in parentheses. Use **איזה / איזו / אילו:**

1. (שולחן קטן) איזה שולחן זה? ______
2. (בַּיִת יָפֶה) ______
3. (כיתה מעַניינת) ______
4. (מוֹרים טובים) ______
5. (כֶּלֶב חָכָם) ______
6. (תלמידוֹת מצוּיָנוֹת) ______

תרגיל ב

Translate into Hebrew: **תרגמו לעברית**

1. What kind of teacher is she?

______

2. Which classes are you taking (studying)?

______

3. What kind of computer is it?

______

4. What place do you work in?

______

5. What book is this? This is a sociology book.

______

6. What kind of pictures are these? These are pictures from Hawaii.

______

7. From which class are you?

______

יֵשׁ, אֵין

- בַּכִּיתָּה **יֵשׁ** לוּחַ גָּדוֹל.
- בַּכִּיתָּה **אֵין** מַחְשֵׁב.

there is (are) – **יֵשׁ**
there is (are) not – **אֵין**

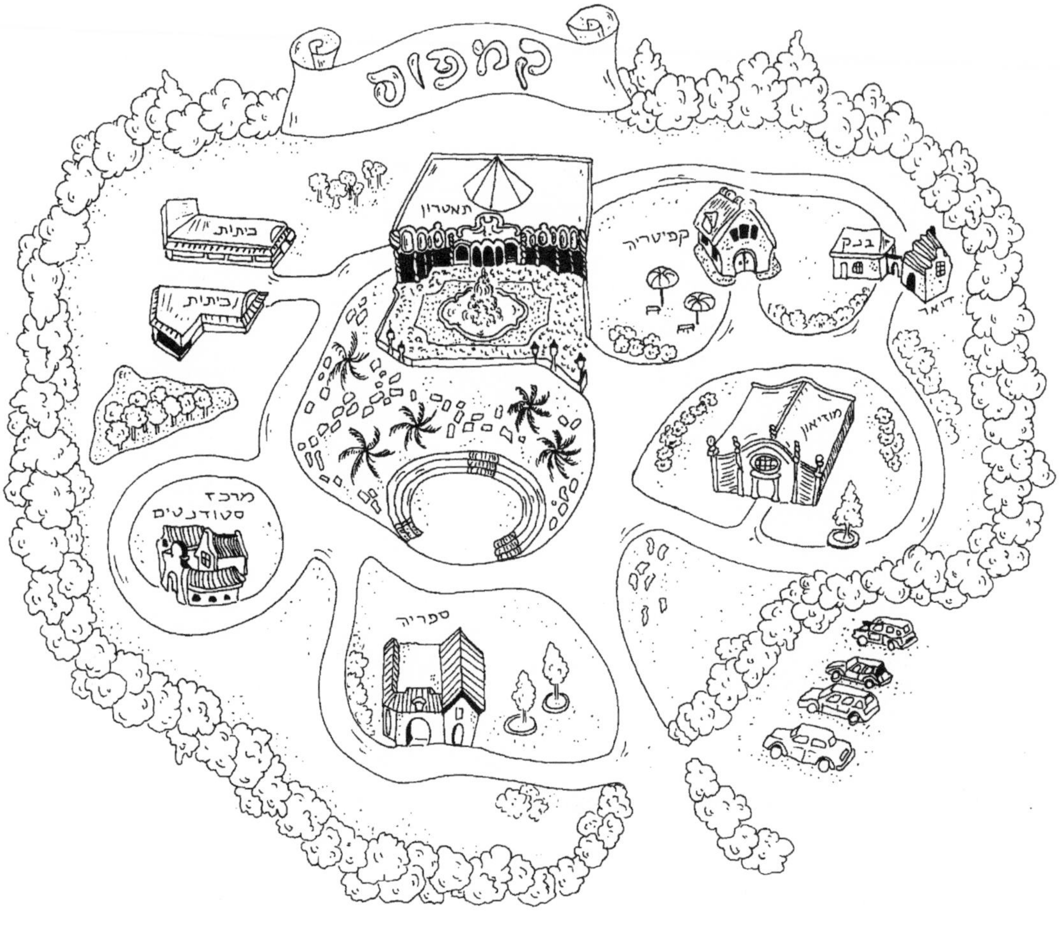

תרגיל

פעילות/שיחה

Look at the picture and practice **יש / אין** by noting the facilities on campus:

דוגמה: בקמפוס יש ספרייה.

בַּסִּפְרִיָּיה

– יֵשׁ בַּסִּפְרִיָּיה עִיתּוֹנִים בְּעִבְרִית?
– כֵּן. יֵשׁ "הָאָרֶץ", "יְדִיעוֹת אַחֲרוֹנוֹת" וּ"מַעֲרִיב".
– יֵשׁ מוּזִיקָה מִיִּשְׂרָאֵל?
– כֵּן. יֵשׁ מוּזִיקָה שֶׁל עוֹפְרָה חָזָה, אָרִיק אַיְינְשְׁטֵיין וְדֵיוִויד בְּרוֹזָה.
– יֵשׁ עִבְרִית בַּמַּחְשֵׁב בַּסִּפְרִיָּיה?
– כֵּן.
– מְצוּיָּן!

תרגיל א

Write **מה יש** and **מה אין** in your school's library (**בספרייה**):

____

____

____

____

תרגיל ב

Write **מה יש** and **מה אין** in your school's cafeteria (**בקפיטריה**):

____

____

____

____

בַּקָּפִיטֶרְיָה

– יֵשׁ פִּיתּוֹת?
– כֵּן.
– יֵשׁ פָלָאפֶל?
– לֹא. אֵין פָלָאפֶל הַיּוֹם.
– יֵשׁ חוּמוּס וּטְחִינָה?
– לֹא.
– יֵשׁ סָלָט?
– לֹא.
– אָז מַה יֵשׁ בְּפִיתָּה, שְׁנִיצֶל?
– לֹא. יֵשׁ רַק צִ'יפְּס.
– צִ'יפְּס בְּפִיתָּה?
– זֶה מַה יֵשׁ...

דִקְדוּק

The structure **...יש ב.../ אין ב** *can be broken up without changing the meaning of the sentence:*

- **יֵשׁ** **בַּ**כִּיתָּה תַּלְמִידִים.
- **בַּ**כִּיתָּה **יֵשׁ** תַּלְמִידִים.
- **יֵשׁ** תַּלְמִידִים **בַּ**כִּיתָּה.

תרגיל א

Rearrange the word order in the sentences below, writing more than one option for each sentence:

1. תמונות / יש / ב / מוזיאון

יש במוזיאון תמונות.   יש תמונות במוזיאון.   במוזיאון יש תמונות.

2. לוח / בַ / כיתה / יש

____

3. בַ / בנק / יש / וְדולרים / שקָלים

____

4. בַ / קפיטריה / אין / פָלָאפֶל

____

5. יש / בַ / ספרים / סִפרִייה / ועיתוֹנים

____

תרגיל ב

שיחה

Interview a partner about the city he/she comes from. Add questions to this list:

הָעִיר שֶׁלְּךָ

1. איפה את/ה גר/ה?
2. יש מוזיאון בָּעִיר?
3. יש אוטובוסים בָּעִיר?
4. יש פְּלָנֶטַרְיוּם?
5. יש קניון*?

*קַנְיוֹן — shopping mall

6. ________________?
7. ________________?
8. ________________?
9. ________________?

Read and note the use of **"אין"** in Pirkei Avot (The Ethics of the Fathers).
The word **אִם**, which opens every phrase, means "if."

רַבִּי אֶלְעָזָר בֶּן עֲזַרְיָה אוֹמֵר:
אִם אֵין תּוֹרָה, אֵין דֶּרֶךְ אֶרֶץ; אִם אֵין דֶּרֶךְ אֶרֶץ, אֵין תּוֹרָה. אִם אֵין חָכְמָה, אֵין יִרְאָה; אִם אֵין יִרְאָה, אֵין חָכְמָה. אִם אֵין בִּינָה, אֵין דַּעַת; אִם אֵין דַּעַת, אֵין בִּינָה. אִם אֵין קֶמַח, אֵין תּוֹרָה; אִם אֵין תּוֹרָה, אֵין קֶמַח.

פרקי אבות ג, כא PIRKEI AVOT 3:21

Rabbi Elazar ben Azariah says: If there is no Torah, there is no worldly occupation; if there is no worldly occupation, there is no Torah. If there is no wisdom, there is no fear of God; if there is no fear of God, there is no wisdom. If there is no knowledge, there is no understanding; if there is no understanding, there is no knowledge. If there is no flour, there is no Torah; if there is no Torah, there is no flour.

הַזֶּה, הַזֹּאת, הָאֵלֶּה

- הַכֶּלֶב **הַזֶּה** חָכָם.
- הַכַּלְבָּה **הַזֹּאת** חֲכָמָה וְנֶחְמָדָה.
- הַכְּלָבִים **הָאֵלֶּה** חֲכָמִים וְיָפִים.

דִּקְדּוּק

Object markers of definite nouns in Hebrew receive the definite article **ה** *as well.*

תרגיל א

השלימו עם הזה/הזאת/האלה :Complete with

1. אני אוהֵב את **הבית** הזה .
   אני גָר **בָּעִיר** ____________.
2. אני לוֹמֵד **בַּכִּיתה** ____________.
   אני לוֹמֵד עִם **המוֹרים** ____________.
3. אני אוהבת אֶת **הַמִּסְעָדָה** ____________.
   הַמִסעדה ____________ מְצוּיֶּנֶת.
4. **הסטודנטים** ____________ נֶחְמָדִים.
   אני לומד עִם **הסטודנטים** ____________.
5. הילדים קוראים אֶת **הספר** ____________.
   הספר ____________ מעַניין.

Note the different uses of **זה** *as a subject or a modifier:*

This is a good book.	**זֶה** סֵפֶר טוֹב.
This book is good.	הַסֵּפֶר **הַזֶּה** טוֹב.
I love this book.	אֲנִי אוֹהֵב אֶת הַסֵּפֶר **הַזֶּה**.

תרגיל ב

Translate to Hebrew: **תרגמו לעברית**

1. This is a new teacher (f.). ____________________
   We study math with this teacher (f.). ____________________
2. These are good lamps. ____________________
   These lamps are from Tiffany. ____________________
3. This is the White House. ____________________
   The President (הַנָּשִׂיא) lives in this house. ____________________

פָּעַל, ל"ה – הוֹוֶה

אִמָּא עֲיֵיפָה*

*עָיֵיף/ה – tired

*רוֹצֶה – want

*אַרְטִיק – popsicle

שקד: אִמָּא, אֲנִי **רוֹצֶה*** גְּלִידָה.

תמר: אִמָּא, אֲנִי **רוֹצָה** גְּלִידָה וְאַרְטִיק*.

אורן: אִמָּא, אֲנִי **רוֹצֶה** גְּלִידָה, אַרְטִיק, שׁוֹקוֹלָד וְגַם בַּלּוֹן אָדוֹם.

אמא: אַתֶּם יוֹדְעִים מַה אֲנִי **רוֹצָה**?

שקד, תמר ואורן: מַה?

אמא: אֲנִי **רוֹצָה** שֶׁקֶט*!!

*שֶׁקֶט – quiet

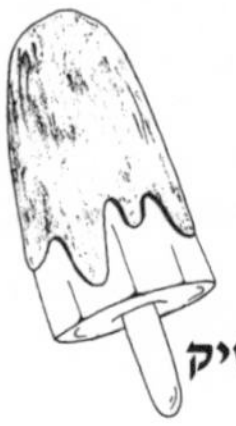
ארטיק

בַּקִּיוֹסְק

*רוֹצֶה – want

– כֵּן אֲדוֹנִי, מַה אַתָּה **רוֹצֶה***?

– עִיתּוֹן, בְּבַקָּשָׁה.

בַּשּׁוּק

*קוֹנָה – buy

– גְּבֶרֶת, אַתְּ **קוֹנָה*** אוֹ לֹא?

– לֹא. תּוֹדָה.

בְּבֵית-קָפֶה

*שׁוֹתֶה – drink

– מַה אַתֶּם **שׁוֹתִים***?

– תֵּה, נֵס קָפֶה וְאֶסְפְּרֶסוֹ אֶחָד.

בַּבַּיִת

*רוֹאֶה – see, watch

– מַה אַתָּה **רוֹאֶה***?

– טֶנִיס מִוּוִימְבֶּלְדוֹן.

דִקְדוּק

*Verbs with **ה׳** as their last root letter are irregular verbs in Hebrew. Since **ה** is a weak letter, it drops in various conjugations. In the present tense, the **ה** drops in the plural of both male and female.*

*In the past tense it is replaced by a **י** in some cases.*
*This group of irregular verbs is called **גִּזְרַת ל״ה / ל״י**.*
*The designation **ל״ה** is derived from the following convention:*

פ. ע. ל.
ר צ ה

ע.שׂ.ה.	ע.ל.ה.	ר.א.ה.	ק.נ.ה.	ר.צ.ה.	שׁ.ת.ה.	
do, make	go up, cost	see, watch	buy	want	drink	
עוֹשֶׂה	עוֹלֶה	רוֹאֶה	קוֹנֶה	רוֹצֶה	שׁוֹתֶה	אני, אתה, הוא
עוֹשָׂה	עוֹלָה	רוֹאָה	קוֹנָה	רוֹצָה	שׁוֹתָה	אני, את, היא
עוֹשִׂים	עוֹלִים	רוֹאִים	קוֹנִים	רוֹצִים	שׁוֹתִים	אנחנו, אתם, הם
עוֹשׂוֹת	עוֹלוֹת	רוֹאוֹת	קוֹנוֹת	רוֹצוֹת	שׁוֹתוֹת	אנחנו, אתן, הן

שַׁחֲרִית לְחוֹל

Read the verse from the Siddur, the Jewish prayer book, and identify the present tense verbs (regular and ל״ה):

Blessed are you, HASHEM, our God, King of the universe, Who forms light and creates darkness, makes peace and creates all.	בָּרוּךְ אַתָּה ה׳ אֱלֹהֵינוּ מֶלֶךְ הָעוֹלָם, יוֹצֵר אוֹר וּבוֹרֵא חֹשֶׁךְ, עֹשֶׂה שָׁלוֹם וּבוֹרֵא אֶת הַכֹּל.

Blessing before reciting the Shema, from the Siddur **ברכות קריאת שמע, מן הסידור**

תרגיל א

Write the correct form of the verbs in the blanks:

בַּבַּיִת

1. יואב **רוֹצֶה** פיצה. יעל וזיוה ____________ צִ׳יפּס.
2. זאב **שׁוֹתֶה** רק מַיִם מינֶרלים. ראובן ושִׁמעוֹן ____________ קוֹקָה קוֹלָה.
3. יהודית **רוֹאָה** סְפּוֹרְט בַּטלוויזיה, ודפנָה ____________ חֲדָשׁוֹת.
4. נַחום **רוֹצֶה** הַמְבּוּרְגֶר ונוֹעה ____________ סְטֵייק.

תרגיל ב

Write the correct form of the verbs in the blanks:

בְּיוֹם הוּלֶדֶת*

*יוֹם הוּלֶדֶת – birthday

1. (ר.צ.ה.) הילד ____________ גלידה וסוּכָּריוֹת.
2. (ש.ת.ה.) אתם ____________ שַׁמפּניה.
3. (ש.ת.ה.) שירי ____________ רק סוֹדָה.
4. (ק.נ.ה.) דני וצבי ____________ מַתָּנָה* מְעַנְיֶינֶת.
5. (ר.א.ה.) חַנה ואילנה ____________ טֶלוויזיה.

*מַתָּנָה – gift

תרגיל ג

Parse the following verbs. Follow the example:

אנגלית	גזרה (שלמים, ל״ה)	שורש	שם הגוף	הפועל
(we) want	ל״ה	ר.צ.ה.	אנחנו	רוֹצִים
				עוֹלוֹת
				שׁוֹתָה
				רוֹאֶה
				קוֹנִים

תרגיל ד

Write the correct form of the verbs in the blanks:

בַּקַּנְיוֹן*

*בַּקַּנְיוֹן — in the mall

1. (ק.נ.ה.) שִׁירָה __________ מוּסיקה קְלָאסית. אילָן וְנָתָן __________ מוּסיקה ישׂרְאלית.
2. (שׁ.ת.ה.) שִׁירָה ואילָן __________ קַפּוּצִ׳ינוֹ. נָתָן __________ תֵּה.
3. (ר.צ.ה.) נָתָן __________ פָלָאפֶל. שירה __________ סָלט וחוּמוּס.
4. (ק.נ.ה.) שִׁירָה __________ סְוֶודר אָדוֹם. נָתן __________ סְוֶודר כָּחוֹל.

תרגיל ה

Fill in the blanks by conjugating the roots in the list below, according to the sentences:

שׁ.ת.ה. ק.נ.ה. ר.צ.ה. ר.א.ה. ע.שׂ.ה.

מַה הֵם אוֹמְרִים?

בְּבֵית קָפֶה: ״מה אתם __________, קפה אוֹ תה?״

בַּקָּפֵיטֶרְיָה: ״דבוֹרה, אַת __________ פיצה?״

בַּטֶּלֶפוֹן: ״ איפה הסטוּדנטיוֹת __________ מְסִיבָּה*?״

*מְסִיבָּה — party

בַּבַּיִת: ״ שֶׁקֶט! אנחנוּ __________ חדשׁוֹת בטלוויזיה.״

בַּקַּנְיוֹן: ״ מה אתה __________?״

תרגיל ו

Read the following phrases and write questions relating to the underlined words.

Use: **מי, מה, איפה**

אֲדָמָה*

*אֲדָמָה – land

<u>ירון</u> קוֹנֶה אדמה בראש-פינה. מי קונה אדמה בראש-פינה? ______

ירון <u>קוֹנֶה</u> אדמה בראש-פינה. ______

ירון קוֹנֶה <u>אדמה</u> בראש-פינה. ______

ירון קוֹנֶה אדמה <u>בראש-פינה</u>. ______

תרגיל ז

פעילות/שיחה

Discuss the following questions with a classmate:

– את/ה שותה קָפֶה?

– איפה את/ה קונה פִּיצָה?

– מה את/ה רואה בַּטֶּלֶוויזיה?

– מה את/ה קונה בַּקַּניון?

– איפה את/ה עוֹשה יוֹגָה?

Vowel Reduction הִתְקַצְּרוּת הַתְּנוּעָה

דִּקְדּוּק

*Vowels in Hebrew are determined by the stress and the location of the stress in a word. When suffixes (such as **ה_**, **ים_**, **ות_**) are added to a word, the stress usually shifts to the suffix and some vowels tend to shorten:*

גָּדוֹל   גְּדוֹלָה

תרגיל א

סמנו את מקום הטעם במילים המודגשות Mark the stress in the following words:

דוגמה: דֶּ-לֶת   דְּלָ-תוֹת

חָ-דָשׁ   חֲדָ-שָׁה

1. יֶ-לֶד   יַלְ-דָּה
2. שָׁ-חוֹר   שְׁחוֹ-רִים
3. מָ-קוֹם   מְקוֹ-מוֹת
4. סֵ-פֶר   סְפָ-רִים

תרגיל ב

סמנו את מקום הטעם במילים המודגשות, ונקדו אותן

Mark the stress in the following words and write their vowels:

1. הוא קורא **סֵפֶר**. הוא קורא **סְפָרִים**.
2. אני **לומד** פְּסיכולוגיה. אנחנו **לומדים** על אֶרִיקְסוֹן.
3. זה בית **גדול**. אלה בתים **גדולים**.
4. אני רוֹצָה ילד **קטן**. אני אוהבת ילדים **קטנים**.
5. אני אוהב צבע **לבן**. אני גר בבית עם קירות **לבנים**.
6. דני **עוֹבד** בספרייה. אורית ויעל **עוֹבדות** במסעדה.
7. בחצר יש שולחן **שחור** וכיסְאות **שחורים**.

Review and Enrichment סִיכּוּם וְהַעֲשָׁרָה

הָאַרְבָּעָה בְּיוּלִי

Tali is throwing a Fourth of July barbecue tomorrow. She left her friend a note asking her to bring a few things. Read the note and mark the statements below true or false:

things – דְּבָרִים*
party – מְסִיבָּה*

שרה,

דברים* למסיבה*:
שולחן אחד גדול
שלוש מפות (אחת כחולה,
אחת לבנה ואחת אדומה)
צ'יפס
קטשופ
קפה שחור

תודה,
טלי

1. Tali needs 3 big chairs. T / F
2. Tali needs black tea. T / F
3. Tali needs a small table. T / F
4. Tali needs 3 tablecloths. T / F
5. Tali doesn't need ketchup. T / F

פְּגִישַׁת מַחְזוֹר*

*פְּגִישַׁת מַחְזוֹר — class reunion

אריה: שָׁלוֹם אֵיתָן, מה נשמָע?
איתן: בסדר, אַרְיֵה. ואתה, מה שלומך?
אריה: מצוין. מה אתה עוֹשֶׂה?
איתן: אני עוֹבד בְּהַיי טֶק. ואתה?
אריה: אני עוֹבד בַּטלוויזיה, בַּחדשוֹת.
איתן: יופי! אתה יוֹדֵעַ איפֹה יְחִיאֵל גר?
אריה: כן. הוּא בְּלוֹס-אַנְגֶ'לֶס.
איתן: מה הוּא עוֹשֶׂה שם?
אריה: עוֹבד בְּמַחשבים. עוֹשֶׂה כֶּסֶף*, אבל הוּא עוֹד לֹא* מיליוֹנֶר...
איתן: ומה עִם יָאִיר?
אריה: אֵיזה יָאִיר?
איתן: יָאִיר אָזוּלַאי, הקטן והחכם.
אריה: הוּא לוֹמד פילוֹסוֹפיה.
איתן: יָאִיר פילוֹסוֹף?
אריה: כן.
איתן: ואתה יוֹדֵעַ מה אורלי הַיָּפָה עוֹשָׂה?
אריה: היא עֲדַיִין* יָפָה, והיא מוֹרָה בבית ספר.
איתן: אוּלַי* אתה יוֹדֵעַ אֶת מִסְפַּר הטלפון שלה?

*כֶּסֶף — money
*עוֹד לֹא — not yet
*עֲדַיִין — still
*אוּלַי — maybe

תרגיל

You have just returned from your first class reunion. Tell an old classmate who could not attend the reunion about it.

טַלְיָה

Talia is taking a continuing education class in home design. During the first class the participants are asked to introduce themselves. Read what Talia says:

שלוֹם. שמי טַליה. אני מוֹרָה בבית ספר יסוֹדי,
בכיתה ב׳. אני גרה ברמת-גן בבית קטן עִם
חבֵרה אמריקאית. אני אוֹהבת כיסְאוֹת
ושוּלחנות עַתיקים. אני לא אוֹהבת תמוּנוֹת
מוֹדֶרְנִיוֹת. אני אוֹהבת מוּזיקה בְּרָזִילאית.

תרגיל

You are joining a painting class. Tell the group about yourself. (You may follow Talia's example.)

תַּרְגִּילֵי תִּרְגּוּם *Translation Exercises*

בְּקָפֶה "אַפְּרוֹפּוֹ"

תרגמו:

1. קפה "אפרופו" הוא בֵּית קפה חדש.
2. בקפה יש קַפּוּצִ'ינוֹ וְאֶספרסוֹ. בקפה אין תה.
3. פנינה, דליה וניצה יוֹשבוֹת בקפה "אפרוֹפוֹ" ושוֹתוֹת.
4. פנינה שוֹתה אספרסוֹ ואוֹכלת שְׁתֵּי עוּגוֹת.
5. דליה שוֹתָה קפּוּצִ'ינוֹ וקוֹרֵאת סֵפר טוֹב.
6. ניצה שוֹתה קפה אמריקאי וכוֹתבת.

תרגמו:

1. One boy sits and reads a magazine.
2. He eats a big bagel.
3. Two girls drink Coke and study.
4. They study French.
5. There are three children in the park.
6. The park is small and beautiful.

מוּזֵיאוֹן בֵּית הַתְּפוּצוֹת*

באוּניבֶרסיטת תל-אביב יש מוּזיאון מְעַניין, מוּזיאון בֵּית הַתְּפוּצוֹת. זה מוּזיאון עַל ההיסטוֹריה של הַיְּהוּדִים בָּעוֹלם*. בַּמוּזיאון יש אינפוֹרמַציה עַל 3000 (שלוֹשת אלפים) קְהילוֹת* יהוּדיוֹת* בָּעוֹלם. יש בְּבֵית הַתפוּצוֹת מוֹדֶלים שֶׁל בָּתֵּי כְּנֶסֶת* באיטַליה, סין, מָרוֹקוֹ, איראן ועוֹד.
בַּמוּזיאון יש גם רֶפליקה שֶׁל שַׁעַר* טיטוּס בּרוֹמא. בַּמַּחְשֵׁב של המוּזיאון יש הַרְבֵּה שֵׁמוֹת שֶׁל אֲנָשִׁים יְהוּדים וּשֵׁמוֹת שֶׁל קְהילוֹת יְהוּדיוֹת.

האתר של בית התפוצות : www.bh.org.il

תְּפוּצוֹת — diaspora

*עוֹלָם — world
*קְהִילוֹת — communities
*יְהוּדִיּוֹת — Jewish
*בֵּית כְּנֶסֶת — synagogue
*שַׁעַר — gate

תרגיל

You have just visited the Diaspora Museum. Tell a friend what you saw there and what the museum features.

____

____

____

____

סֵפֶר טֶלֶפוֹנִים (א)

You were asked to send to the following people information about a new film festival in your area. Look them up in the phonebook and write down their addresses:

הַשֵּׁם	רְחוֹב	מִסְפַּר הַבַּיִת	הָעִיר
דינה ישראלסון	פינסקר	15	רעננה
אסף יתום			
תקווה למדני			
אבי ואורנה נורי			
מזל עזרא			
תום עזריאלי			

ישראלי שלמה, האילן 9 הוד השרון 7746590
ישראלסון דינה, פינסקר 15 רעננה 7741723
ישראלסון תמיר ואירית, האלון 5 הרצליה 9561204
יששכר אביאל, שפרינצק 4 הוד השרון 7407801
יששכר אלי ונורית, האלונים 11 רעננה 7602350
יששכר מירה ויעקב, התמר 12 הרצליה 9567834
יתום אביבה ומשה, ברנר 10 הרצליה 9563214
יתום אסף ושרה, סוקולוב 2 הרצליה 9560888
יתום דניאל ואילנה, חשמונאים 3 רעננה 7745601
יתיר אסתר וערן, הכוכב 4 רשפון 9507801
יתיר ורדה ואמיר, הקשת 14 קדימה 8623408
יתיר שרה ורמי, קרן היסוד 12 רעננה 7745601
כברי אדר ואריאל, התאנה 5 הוד השרון 7401238
כברי אילן ועופרה, גולומב 20 רשפון 9506823
כברי טלי ורפי, הצמחים 10 הוד השרון 7407834
למדן עזרא, מרגנית 1 צור יגאל 7494345
למדן רותי ומרי, השושנה 3 הרצליה 9562314
למדני בתיה ומוטי, השחר 20 רעננה 7421563
למדני ורדית ומיגל, הפועל 10 רעננה 7420025
למדני תקווה ויוסי, המכבים 11 פרדסיה 8944451

מרקוביץ הניה וטולק, אנילביץ 21 רעננה 7423413
מרקוביץ יוסף וסווטלנה, דוד רמז 1 הרצליה 9560023
מרקוביץ פסח ונחמה, דקר 15 פרדסיה 8946601
נורי אבי ואורנה, המפנה 16 רעננה 7423311
נורי חיים ולאה, יהודית 9 הרצליה 7425690
נוריאלי יסמין ויעקב, ספיר 5 כפר הדר 7403322
נוריאל מוטי ונירית, בר כוכבא 3 רשפון 9500357
נוריאלסקי אסתר ויעקוב, הבונים 45 כפר הדר 7400891
נוריאלסקי ירון ומייקל, המחתרת 1 רשפון 9508811
סמית אתי וקובי, ביאליק 3 הרצליה 9560045
סמית רוני ואריק, גדעון 2 פרדסיה 8942281
עזרא אדם ודורותי, ש"י עגנון 6 כפר סבא 7678945
עזרא בטי, הפרחים 11 רעננה 7424500
עזרא מזל ומשה, טשרניחובסקי 1 רעננה 7428711
עזריאלי אדר ותום, הניצחון 123 רעננה 7424598
עזריאלי גאון, נחשון 8 כפר סבא 7677543
עזריאלי פז ודניאל, השועלים 7 כפר סבא 7670040
פדות גדי ושרה, יצחק רבין 7 הרצליה 9586760
פדות חדווה ועמי, המשיח 1 רשפון 9504487
פדות יגאל וצוריה, גאולה 2 הרצליה 9581312

סֵפֶר טֶלֶפוֹנִים (ב)

Here are some important phone numbers. What phone number should be dialed in the following situations?

1. You want to hear the weather forecast. 03-9668855 תַּחֲזִית מֶזֶג הָאֲוִויר
2. Someone stole your purse. ____________________
3. Your friend was injured. ____________________
4. Your neighbor's house is on fire. ____________________
5. You want to know the time. ____________________

מכבי אש  102	מגן דוד אדום  101	משטרה  100
שעון דובר  155	מודיעין  144	תחזית מזג האויר  03-9668855

In her song "Aleph-Bet," Naomi Shemer chose a word to represent each letter of the Hebrew alphabet. Match each letter (at the bottom of the page) with the word in the song:

אָלֶף בֵּית

מילים ומנגינה : נעמי שמר

אָלֶף — אוֹהֶל, בֵּית — זֶה בַּיִת
גִּימֶל זה גָּמָל גָּדוֹל.
מָהִי דָּלֶת — זוֹהִי דֶּלֶת
שֶׁפּוֹתַחַת אֶת הַכֹּל.

(אָלֶף-בֵּית-גִּימֶל-דָּלֶת)

הֵא — הָדָס וּוָו הוּא וֶרֶד
שֶׁפָּרְחוּ לִי בַּחוֹלוֹת.
זַיִן-חֵית שְׁתֵּיהֶן בְּיַחַד
זֶהוּ זֵר חֲבַצָּלוֹת.

(הֵא-וָו-זַיִן-חֵית)

בְּנֵי הַשֵּׁשׁ וּבְנֵי הַשֶּׁבַע...
אָלֶף-בֵּית אָלֶף-בֵּית
מְצַיְּרִים בְּגִיר וָצֶבַע
אָלֶף-בֵּית אָלֶף-בֵּית
וְיוֹצְאוֹת בִּמְחוֹל מַחֲנַיִם
אָלֶף, אָלֶף-בֵּית
אוֹתִיּוֹת עֶשְׂרִים וּשְׁתַּיִם
אָלֶף-בֵּית.

(אָלֶף-בֵּית-גִּימֶל-דָּלֶת
הֵא-וָו-זַיִן-חֵית)

טֵית זֶה טוֹב וְיוּד זֶה יוֹפִי
כַּף זֶה כֵּן וְלָמֶד לֹא.
מֶם וְנוּן זֶה מָן וְנוֹפֶת
קַח לְךָ וְתֵן גַּם לוֹ.

(כַּף-לָמֶד-מֶם-נוּן)

סָמֶךְ — סֵפֶר, עַיִן — עַיִן
פֵּא — פַּרְפָּר וְגַם פָּשׁוֹשׁ,
צָדֵי — צְחוֹק עַד לֵב שָׁמַיִם
קוֹף זֶה קוֹף וְרֵישׁ זֶה —
רֹאשׁ גָּדוֹל עַל הַכְּתֵפַיִם
יֶלֶד טוֹב יְרוּשָׁלַיִם
וּ-בְ-יַ-חַ-ד

בְּנֵי הַשֵּׁשׁ וּבְנֵי הַשֶּׁבַע...

מַה צָּרִיךְ לָבוֹא עַכְשָׁיו ?
אֵיפֹה שִׁין ? וְאֵיפֹה תָּו ?
שִׁין — שָׁלוֹם, וְתָו — תּוֹדָה
וְנִגְמְרָה הָעֲבוֹדָה.
שִׁין — שָׁלוֹם, וְתָו — תּוֹדָה
וְנִגְמְרָה הָעֲבוֹדָה,
ד"ש לְכָל הַמִּשְׁפָּחָה
וְלֵךְ לְךָ לְדַרְכְּךָ.

(סָמֶךְ-עַיִן-פֵּא-צָדֵי-
קוּף-רֵישׁ-שִׁין-תָּו)

בְּנֵי הַשֵּׁשׁ וּבְנֵי הַשֶּׁבַע...

From the 1998 compilation "Asif" (תקליטור **אסיף**, שירי נעמי שמר).

ש	פ	מ	ט	ה	א אוהל
ת	צ	נ	י	ו	ב
	ק	ס	כ	ז	ג
	ר	ע	ל	ח	ד

אוֹצַר מִילִּים יְחִידָה 2

ABBREVIATIONS:

ז׳ – זכר masculine	ז״ר – זכר רבים masc. plural
נ׳ – נקבה feminine	נ״ר – נקבה רבים fem. plural

סְבִיבָה לִימּוּדִית	**Learning environment**
בֵּית-סֵפֶר / בָּתֵּי-סֵפֶר ז׳	grammar school/s (elem.)
בֵּית-סֵפֶר יְסוֹדִי ז׳	grammar school
חֲטִיבַת-בֵּינַיִים נ׳	middle school
בֵּית-סֵפֶר תִּיכוֹן ז׳	high school
כִּיתָּה / כִּיתּוֹת נ׳	class/es
קִיר / קִירוֹת ז׳	wall/s
דֶּלֶת / דְּלָתוֹת נ׳	door/s
חַלּוֹן / חַלּוֹנוֹת ז׳	window/s
תְּמוּנָה / תְּמוּנוֹת נ׳	picture/s
מְנוֹרָה / מְנוֹרוֹת נ׳	lamp/s
לוּחַ / לוּחוֹת ז׳	(black) board/s
גִּיר ז׳	chalk
שׁוּלְחָן / שׁוּלְחָנוֹת ז׳	table/s
כִּיסֵּא / כִּיסְאוֹת ז׳	chair/s
פַּח אַשְׁפָּה / פַּחֵי אַשְׁפָּה ז׳	trash can/s
מַחְבֶּרֶת / מַחְבָּרוֹת נ׳	notebook/s
עֵט ז׳	pen
עִיפָּרוֹן / עֶפְרוֹנוֹת ז׳	pencil/s
סֵפֶר / סְפָרִים ז׳	book/s
מַחְשֵׁב ז׳	computer
יַלְקוּט ז׳	school bag
תִּיק ז׳	bag/s
סִפְרִיָּיה / סִפְרִיּוֹת נ׳	library/libraries
קָפִיטֶרְיָה / קָפִיטֶרְיוֹת נ׳	cafeteria/s
חָצֵר / חֲצֵרוֹת נ׳	yard/s
הַפְסָקָה נ׳	break, recess
יֶלֶד / יְלָדִים	boy/s
יַלְדָּה / יְלָדוֹת	girl/s
אִישׁ / אֲנָשִׁים ז׳	man/people
אִישָּׁה / נָשִׁים נ׳	woman/women
בַּיִת / בָּתִּים ז׳	house/s
בֵּית-קָפֶה ז׳	cafe
קִיוֹסְק ז׳	kiosk
קַנְיוֹן ז׳	shopping mall
שׁוּק ז׳	market
אֲדָמָה	land, soil
עִיר / עָרִים נ׳	city/cities
מָקוֹם / מְקוֹמוֹת ז׳	place/s
עֲבוֹדַת-בַּיִת ז״ר	homework
שִׁיעוּרֵי-בַּיִת ז״ר	homework
דּוֹאַר אֶלֶקְטְרוֹנִי (דוא״ל) ז׳	e-mail
מִכְתָּב ז׳	letter
עִיתּוֹן ז׳	newspaper
חָבֵר / חֲבֵרָה	friend

מִילִּיּוֹת	**Participles**
זֶה ז׳ זֹאת נ׳	this
אֵלֶּה ז״ר נ״ר	these
יֵשׁ	there is/are
אֵין	there isn't/aren't
רַק	only, just
שָׁם	there
אוּלַי	maybe, perhaps
עַכְשָׁיו	now
אוֹ	or
אֵיזֶה, אֵיזוֹ, אֵילוּ	which
כִּי	because

מִילּוֹת יַחַס	**Prepositions**
עַל	on, about
עִם	with

מִסְפָּרִים	**Numbers**
אֶפֶס ז׳	0
אַחַת נ׳ / אֶחָד ז׳	1
שְׁתַּיִים נ׳ / שְׁנַיִים ז׳	2
שָׁלוֹשׁ / נ׳ שְׁלוֹשָׁה ז׳	3
אַרְבַּע נ׳ / אַרְבָּעָה ז׳	4
חָמֵשׁ נ׳ / חֲמִישָּׁה ז׳	5
שֵׁשׁ נ׳ / שִׁישָּׁה ז׳	6
שֶׁבַע נ׳ / שִׁבְעָה ז׳	7
שְׁמוֹנֶה נ׳ / שְׁמוֹנָה ז׳	8
תֵּשַׁע נ׳ / תִּשְׁעָה ז׳	9
עֶשֶׂר נ׳ / עֲשָׂרָה ז׳	10

My head's not here.	הָרֹאשׁ שֶׁלִּי לֹא פֹּה.
See you later.	לְהִתְרָאוֹת
quiet	שֶׁקֶט ז׳

Verbs, regular	**פְּעָלִים**
study	לוֹמֵד
read	קוֹרֵא
write	כּוֹתֵב
like, love	אוֹהֵב
work	עוֹבֵד
hear	שׁוֹמֵעַ
sit	יוֹשֵׁב
stand	עוֹמֵד
say	אוֹמֵר
know	יוֹדֵעַ

Verbs, irregular	**ל״ה**
drink	שׁוֹתֶה
buy	קוֹנֶה
see	רוֹאֶה
rise, cost	עוֹלֶה
want	רוֹצֶה
do, make	עוֹשֶׂה

Grammatical terms	**מוּנָּחִים דִּקְדּוּקִיִּים**
male(m.)	זָכָר (ז׳)
female (f.)	נְקֵבָה (נ׳)
singular	יָחִיד / יְחִידָה
plural (p.)	רַבִּים / רַבּוֹת (ר׳)
noun	שֵׁם-עֶצֶם ז׳
adjective	שֵׁם-תּוֹאַר ז׳
exception	יוֹצֵא-דּוֹפֶן
verb pattern *(binyan)*	בִּנְיָין ז׳
root	שׁוֹרֶשׁ ז׳
tense (lit., time)	זְמַן ז׳
past	עָבָר ז׳
present	הוֹוֶה ז׳
future	עָתִיד ז׳

Adjectives	**שְׁמוֹת תּוֹאַר**
big	גָּדוֹל / גְּדוֹלָה
small	קָטָן / קְטַנָּה
new	חָדָשׁ / חֲדָשָׁה
old	יָשָׁן / יְשָׁנָה
pretty, beautiful	יָפֶה / יָפָה
smart, clever	חָכָם / חֲכָמָה
interesting	מְעַנְיֵין / מְעַנְיֶינֶת
nice	נֶחְמָד / נֶחְמָדָה

Colors	**צְבָעִים**
red	אָדוֹם / אֲדוּמָּה
blue	כָּחוֹל / כְּחוּלָּה
black	שָׁחוֹר / שְׁחוֹרָה
white	לָבָן / לְבָנָה
green	יָרוֹק / יְרוּקָּה
yellow	צָהוֹב / צְהוּבָּה

Subjects of study	**מִקְצוֹעוֹת לִימּוּד**
economics	כַּלְכָּלָה נ׳
literature	סִפְרוּת נ׳
Judaic studies	יַהֲדוּת נ׳
sciences	מַדָּעִים ז״ר
computers	מַחְשְׁבִים ז״ר
art	אוֹמָנוּת נ׳

Languages	**שָׂפוֹת**
Hebrew	עִבְרִית נ׳
English	אַנְגְלִית נ׳
French	צָרְפָתִית נ׳
Arabic	עֲרָבִית נ׳
Italian	אִיטַלְקִית נ׳
Japanese	יַפָּנִית נ׳
Chinese	סִינִית נ׳
Spanish	סְפָרַדִּית נ׳
Russian	רוּסִית נ׳

Expressions	**בִּיטּוּיִים**
I have a question	יֵשׁ לִי שְׁאֵלָה.
I don't understand	אֲנִי לֹא מֵבִין.
How do you say . . . ?	אֵיךְ אוֹמְרִים...?
How do you write . . . ?	אֵיךְ כּוֹתְבִים...?
What page?	בְּאֵיזֶה עַמּוּד?
What's that?	מַה זֶה?

UNIT 3 יְחִידָה

סְבִיבַת מְגוּרִים
Living Environment

Unit 3 יְחִידָה

תּוֹכֶן הָעִנְיָינִים

Unit 3 יְחִידָה

Living Environment סְבִיבַת מְגוּרִים

Goals

Context/Content

Living environment: apartment, dorms, city, stores

Rooms, furniture

Communication/Function

Tell about your living environment

List rooms, furniture, nearby places

Ask for price

Count from 10–1000

Structure/Grammar

Construct phrases (**סמיכות**)

Possessive: have, have not (**יש לי, אין לי**)

I have/I have not ...**יש ל..., אין ל**

Prepositions: to/the (...**לְ..., לַ**)

from/from the ...**מִ..., מֵהַ**

of (...**שלי, שלך**)

et (**את**)

Numbers: 10–1000

Verbs: irregular, present tense (**פעל, ע״ו – הווה**)

Culture

Apartments/houses in Israel

Songs: "**יש לי בית וגיטרה**"

"**יש לנו תיש**"

"**הופה היי**"

Poem: "**עציץ פרחים**" by Ḥaim Naḥman Bialik

Biographies: Aḥad Ha-am, Louis Dembitz Brandeis

Places of interest: Tel-Aviv

Brandeis University

Daliat el Carmel and the Druze

House בַּיִת

הַבַּיִת שֶׁל* נוֹעָה וְיָעֵל

נוֹעָה וְיָעֵל גָּרוֹת בְּתֵל-אָבִיב, בִּרְחוֹב* אַחַד-הָעָם 3.
הֵן גָּרוֹת בְּבַיִת יָשָׁן בְּקוֹמָה* ג׳.
נוֹעָה סְטוּדֶנְטִית וְיָעֵל חַיֶּילֶת*.

of – שֶׁל*

street – רְחוֹב*
floor – קוֹמָה*
soldier – חַיָּיל/חַיֶּילֶת*

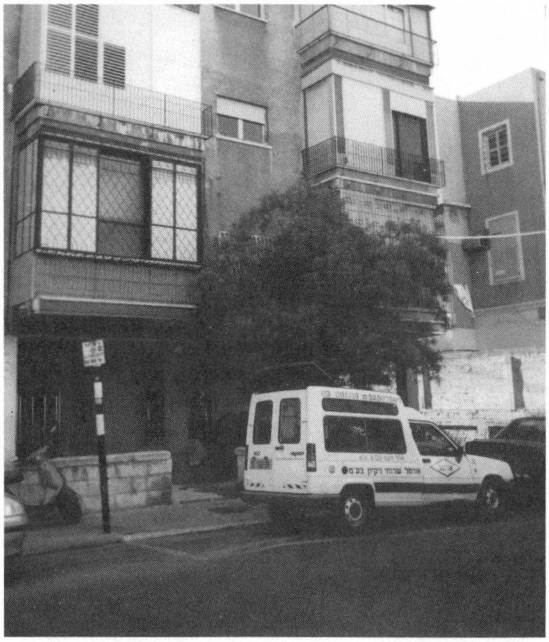

אַחַד-הָעָם (אשר צבי גינצברג)
1856–1927

Aḥad Ha-am was one of the most influential writers, thinkers, and publicists during early Zionism. He advocated the establishment of a spiritual Jewish center in Eretz Yisrael. In 1922, at the age of 66, he came to Palestine and lived in Tel-Aviv until his death. The street he lived on was named after him, like many streets in Israel that are named after prominent Zionist figures.

מַפָּה: תֵּל-אָבִיב

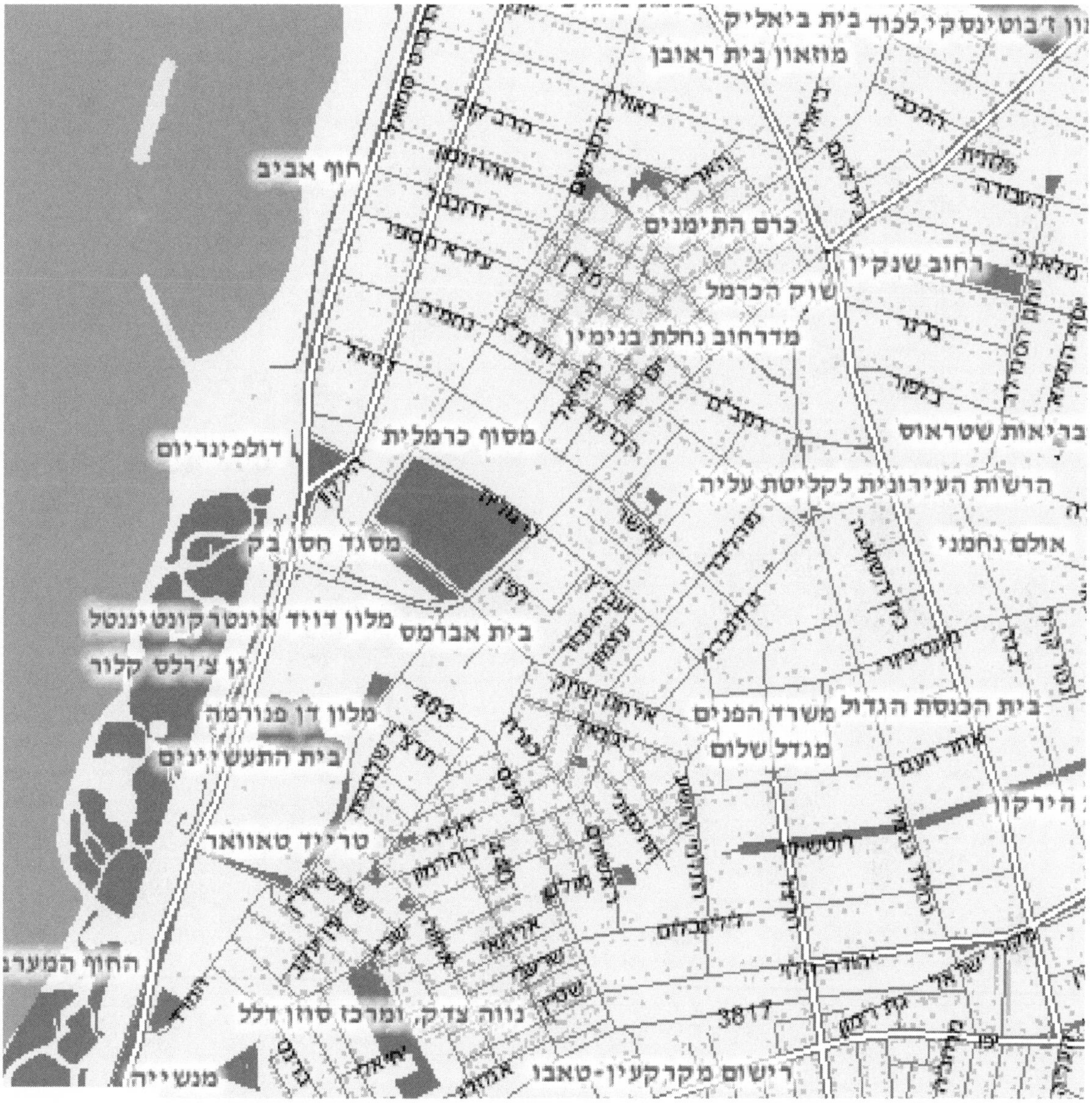

תרגיל א

A. Find Aḥad Ha-am street and highlight it.

B. Find the following sites on the map and write them down in Hebrew:

1. Neve Tzedek neighborhood ______________________
2. Aviv Beach ______________________
3. Bialik's house ______________________
4. The Carmel Market ______________________

Rooms in the House חֲדָרִים בַּבַּיִת

חֲדָרִים[1] בַּדִּירָה* שֶׁל נוֹעָה וְיָעֵל

apartment – דִּירָה*

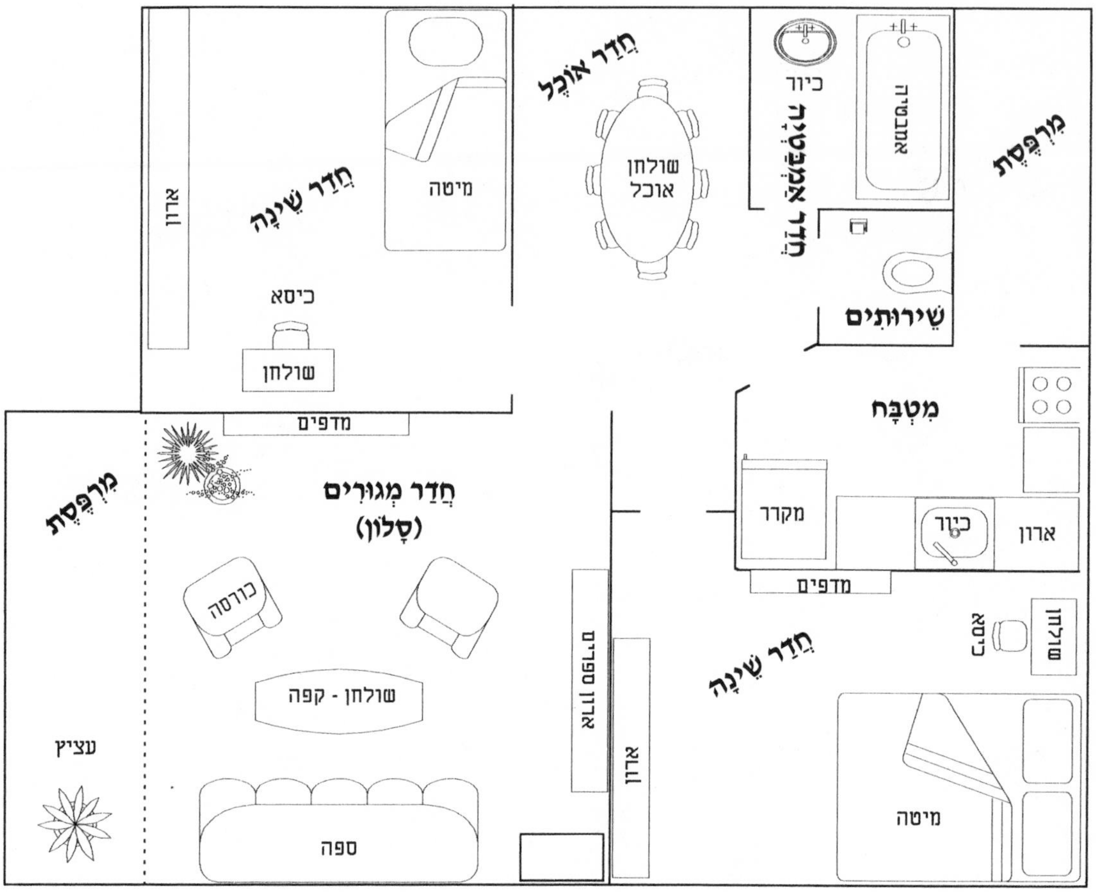

תרגיל א

Noa is excited about her new apartment and describes its layout to her friends. With a partner, try to create the dialogue she has.

1. חֶדֶר, חֲדָרִים. בסמיכות: חֲדַר שֵׁינָה, חַדְרֵי שֵׁינָה. (See unit 7 for more details on the construct form.)

תרגיל ב
שיחה
דברו עם חבר בכיתה על הבית שלכם. אתם יכולים לשאול למשל:

Talk with a friend in your class about your home. You can ask, for example:

1. אֵיפֹה אַת/ה גָּר/ה?
2. בְּאֵיזֶה רְחוֹב אַת/ה גָּר/ה?
3. כַּמָּה חֲדָרִים יֵשׁ בַּבַּיִת?
4. אֵילוּ חֲדָרִים יֵשׁ בַּבַּיִת?
5. יֵשׁ מִרְפֶּסֶת בַּבַּיִת?
6. כַּמָּה חַדְרֵי אַמְבַּטְיָה יֵשׁ בַּבַּיִת?
7. מַה הַחֶדֶר הַגָּדוֹל בַּבַּיִת?
8. כַּמָּה קוֹמוֹת יֵשׁ לַבַּיִת?
9. אֵיפֹה אוֹכְלִים, בַּמִּטְבָּח אוֹ בַּחֲדַר הָאוֹכֶל?
10. אֵיזֶה חֶדֶר אַת/ה אוֹהֵב/ת בַּבַּיִת?

הַיּוֹם הָרִאשׁוֹן* בַּדִּירָה

אמא : נוּ, נוֹעָה'לֶה אֵיךְ* הַדִּירָה הַחֲדָשָׁה?
נועה : קְצָת קְטַנָּה. יֵשׁ שְׁנֵי חַדְרֵי-שֵׁינָה, אֲבָל הֵם קְטַנִּים.
אמא : הַסָּלוֹן גָּדוֹל?
נועה : כָּכָה-כָּכָה.
אמא : וְאֵיךְ הַמִּטְבָּח?
נועה : יָשָׁן, אֲבָל בְּסֵדֶר.
אמא : וְהָאַמְבַּטְיָה?
נועה : בַּחֲדַר הָאַמְבַּטְיָה יֵשׁ אַמְבַּטְיָה עַתִּיקָה מֵאַנְגְלִיָּה. יֵשׁ גַּם מִקְלַחַת* וּבֵית-שִׁימּוּשׁ*.
אמא : יֵשׁ בַּדִּירָה מִרְפֶּסֶת?
נועה : יֵשׁ שְׁתֵּי מִרְפָּסוֹת.
אמא : שְׁתַּיִים?
נועה : כֵּן, מִרְפֶּסֶת אַחַת בַּמִּטְבָּח וְאַחַת בַּסָּלוֹן.
אמא : אָה...

*רִאשׁוֹן — first
*אֵיךְ — how
*מִקְלַחַת — shower
*בֵּית-שִׁימּוּשׁ — toilet

תרגיל א

Based on the dialogue above, circle the correct answer:

1. The apartment is **big / small**.
2. There are **1 / 2 / 3** bedrooms in the apartment.
3. The bedrooms are **small / big**.
4. The **shower / tub / toilet** came from England.
5. There are **0 / 1 / 2** porches in the apartment.

רָהִיטִים בַּבַּיִת *Home Furniture*

מִיטָּה

כּוּרְסָה

שִׁידָּה

עָצִיץ

שׁוּלְחָן

מַדָּף

שָׁטִיחַ

סַפָּה

מְקָרֵר

אָרוֹן

אַחֲרֵי שָׁבוּעַ*

אמא: נוֹעָה'לֶה, מַה נִשְׁמַע?

נועה: בְּסֵדֶר ...

אמא: יֵשׁ רָהִיטִים בַּדִּירָה?

נועה: כֵּן, יֵשׁ רָהִיטִים אֲבָל הֵם יְשָׁנִים וְלֹא נוֹחִים*. יֵשׁ סַפָּה קְטַנָּה וּשְׁתֵּי כּוּרְסוֹת בַּסָּלוֹן וְגַם שׁוּלְחַן-קָפֶה. בַּחֲדַר-הַשֵּׁינָה יֵשׁ מִיטָּה*, שׁוּלְחַן-כְּתִיבָה וְאָרוֹן קָטָן.

אמא: וּמָה עִם הַמִּטְבָּח?

נועה: הַמִּטְבָּח בְּסֵדֶר. הַמְּקָרֵר* יָשָׁן, אֲבָל עוֹבֵד.

אמא: נוֹעָה'לֶה, אִם הַדִּירָה קְטַנָּה וְהָרָהִיטִים יְשָׁנִים וְלֹא נוֹחִים, לָמָּה* אַתְּ גָּרָה שָׁם?

נועה: כִּי הַמָּקוֹם* פַנְטַסְטִי!

*אַחֲרֵי שָׁבוּעַ — after one week

*נוֹחַ(ים) — comfortable

*מִיטָּה — bed

*מְקָרֵר — refrigerator

*לָמָּה — why

*מָקוֹם — place, location

תרגיל א

ענו באנגלית לפי הדיאלוג למעלה Answer in English, based on the dialogue above:

1. What new or better furniture/appliances can Noa's mother buy for her daughter's new apartment?
2. What does Noa like best about the apartment?

____

____

____

תרגיל ב

Before they sign the rental contract, Noa and Yael need to take inventory of the furniture in the apartment. Look at the illustration below and write down the names of the different furniture pieces next to each one.

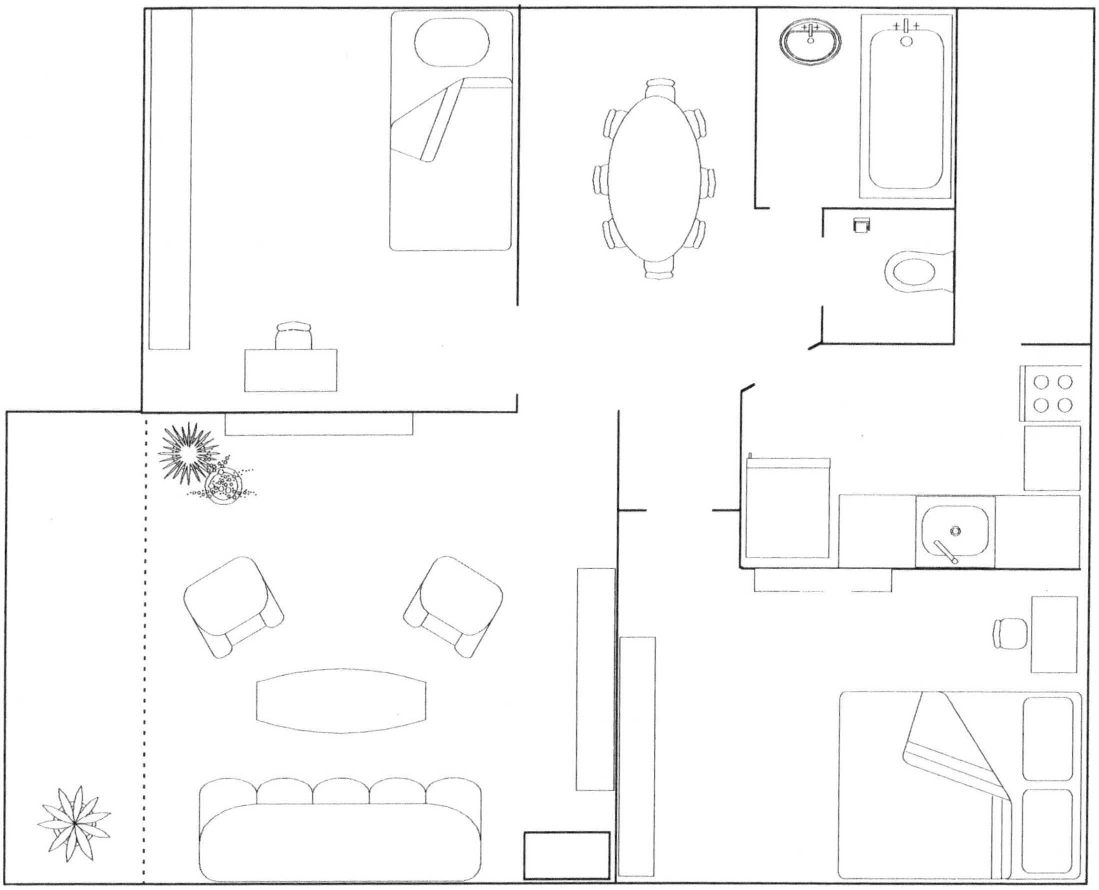

הוֹלֵךְ לְ... Go/Walk to

בָּאוּנִיבֶרְסִיטָה

גלעד: זִיוָה, אַתְּ **הוֹלֶכֶת לַ**סִּפְרִיָּיה עַכְשָׁיו?

זיוה: כֵּן.

גלעד: גַּם אֲנִי **הוֹלֵךְ לְ**שָׁם.

זיוה: מְצוּיָּן.

בַּבַּיִת

רבקה: רְאוּבֵן, **לְאָן*** אַתָּה **הוֹלֵךְ**?

ראובן: **לַ**מַּכּוֹלֶת*, אַתְּ רוֹצָה מַשֶּׁהוּ* מִשָּׁם?

רבקה: לֹא, תּוֹדָה.

*לְאָן — where to

*מַכּוֹלֶת — grocery store

*מַשֶּׁהוּ — something

ה.ל.כ. (לָלֶכֶת)	
אני, אתה, הוא	**הוֹלֵךְ**
אני, את, היא	**הוֹלֶכֶת**
אנחנו, אתם, הם	**הוֹלְכִים**
אנחנו, אתן, הן	**הוֹלְכוֹת**

תרגיל א

כתבו את הפועל ה.ל.כ. **בצורה הנכונה**: Write the correct form of the verb "to go":

1. הוא __________ לָאוּניברסיטה.
2. אנחנו __________ בָּרגל לַים.
3. שׁוֹשַׁנָּה וְרוּתִי __________ לְבֵית קפה בִּרְחוֹב שֵׁינקין.
4. לְאָן הם __________ עכשיו?
5. אני __________ לַשּׁוּק, אתה רוצֶה משהו?
6. מִיכָאֵל וְדָנִי __________ לְבֵית הַכְּנֶסֶת.

לְ – to
לַ – to the

קְצָת יַחַס!

נקדו את ה ל: Put the correct vowel under the ל:

הוֹלְכוֹת לְ... לַ...

נועה הוֹלֶכֶת **ל**״שוק הַכַּרְמֶל.״

נועה הוֹלֶכֶת **לים ול**טַיֶּלֶת.

יעל ונועה הוֹלְכוֹת **ל**בֵית קָפֶה בִּרְחוֹב שֵׁינְקִין.

יעל ונועה הוֹלְכוֹת בָּרֶגֶל **ל**מִדְרְחוֹב בִּרְחוֹב נַחֲלַת בִּנְיָמִין.

לֵב* הָעִיר

אמא : נוֹעָה׳לֶה, אַתְּ אוֹהֶבֶת אֶת הַמָּקוֹם הֶחָדָשׁ?

נועה : כֵּן, הַמָּקוֹם אַחְלָה*. הַבַּיִת מַמָּשׁ בְּלֵב תֵּל-אָבִיב. אֲנַחְנוּ **הוֹלְכוֹת לַ**שּׁוּק* וְלַיָּם*, וְיֵשׁ הַרְבֵּה בָּתֵּי קָפֶה וַחֲנוּיוֹת עַל יַד* הַבַּיִת.

אמא : אַתֶּן **הוֹלְכוֹת בָּרֶגֶל*** לַיָּם?

נועה : כֵּן!

אמא : אֵיזֶה יוֹפִי!

*לֵב – heart

*אַחְלָה – awesome (slang)

*שׁוּק – market

*יָם – sea

*חֲנוּת (חֲנוּיוֹת) – store(s)

*עַל יַד – near, next to

*הוֹלֵךְ בָּרֶגֶל – walk

תרגיל א

נועה אומרת שהמקום החדש שלה הוא ״אַחְלָה״. לָמָּה היא מתכַּוונת?

Noa tells her mother that her new place is awesome. Why?

תרגיל ב

Go back to the map of Tel-Aviv and find the sites that are mentioned in the exercise above and mark them.

Go by Foot / Travel הוֹלֵךְ בָּרֶגֶל / נוֹסֵעַ

בְּשַׁבָּת

שושנה: לָמָּה אַתֶּם **הוֹלְכִים בָּרֶגֶל** לְבֵית הַכְּנֶסֶת?
איציק: כִּי אֲנַחְנוּ לֹא **נוֹסְעִים*** בְּשַׁבָּת.

*נוֹסְעִים – travel

לַיָּם

שוקי: אַתְּ **הוֹלֶכֶת בָּרֶגֶל לַיָּם**?
נורית: כֵּן, זֶה רַק עֶשֶׂר דַּקּוֹת* מֵהַדִּירָה שֶׁלִּי.

*דַּקָּה (דַּקּוֹת) – minute(s)

תרגיל א

שיחה

Do you walk or drive to the following places from your home?

בֵּית-סֵפֶר, חֲנוּת סְפָרִים, סוּפֶּרְמַרְקֶט, פִּיצֶרְיָה, בַּנְק, פַּארְק, מִסְעָדָה, בֵּית-כְּנֶסֶת

– מֵהַבַּיִת שֶׁלִּי אֲנִי הוֹלֵךְ/ת בָּרֶגֶל לְ...
– מֵהַבַּיִת שֶׁלִּי אֲנִי נוֹסֵעַ/ת לְ...

נ.ס.ע. (לִנְסוֹעַ)	
אני, אתה, הוא	**נוֹסֵעַ**
אני, את, היא	**נוֹסַעַת**
אנחנו, אתם, הם	**נוֹסְעִים**
אנחנו, אתן, הן	**נוֹסְעוֹת**

הוֹפָּה הֵיי

נָעֳמִי שֶׁמֶר

אָנוּ[1] הוֹלְכִים בָּרֶגֶל
הוֹפָּה הֵיי, הוֹפָּה הֵיי,
אָנוּ הוֹלְכִים בָּרֶגֶל,
הוֹפָּה הֵיי.

אֵין כָּל סִיסְמָה[2] וָדֶגֶל[3]
הוֹפָּה, הוֹפָּה, הוֹפָּה הֵיי,
אָנוּ הוֹלְכִים בָּרֶגֶל, הוֹפָּה הֵיי.
לָה, לָה, לָה...

(1961)

[1]אָנוּ – אֲנַחְנוּ
[2]סִיסְמָה – slogan
[3]דֶּגֶל – flag

מַה בַּחֲדָרִים?

תרגיל א

סדרו בטבלה את המילים הבאות לפי החדרים:

Arrange the items below according to the rooms you would usually find them in:

מְקָרֵר, טֶלֶוִיזְיָה, נְיַר טוּאָלֶט, מִיקְרוֹגַל, כּוּרְסָה, שׁוּלְחַן קָפֶה, מִיטָה, אַמְבַּטְיָה, סַפָּה, שָׁטִיחַ, רַדְיוֹ, מִקְלַחַת, אֲרוֹן סְפָרִים, טֶלֶפוֹן

מטבח	חדר אמבטיה	חדר שינה	חדר מגורים

תרגיל ב

Write in the plural and add adjectives: **כתבו ברבים והוסיפו שם תואר**

1. שׁוּלְחָן ______ שולחנות ______ אתיקים
2. כּוּרְסָה ______ ______
3. בַּיִת ______ ______
4. רְחוֹב ______ ______
5. מַחְשֵׁב ______ ______
6. חֶדֶר ______ ______
7. כִּיסֵּא ______ ______
8. מִיטָּה ______ ______

תרגיל ג
מצב (סיטואציה)

מְחַפְּשִׂים דִּירָה

A. You have found a potential roommate for next year. In order to find a place you both like, tell each other about the apartments you've already seen. Use some of these questions:

– אֵיפֹה הַדִּירָה?
– כַּמָּה חֲדָרִים יֵשׁ בַּדִּירָה?
– כַּמָּה חַדְרֵי-שֵׁינָה יֵשׁ בַּדִּירָה?
– הַמִּטְבָּח מוֹדֶרְנִי?
– הַדִּירָה יְקָרָה?
– כַּמָּה שֵׁירוּתִים יֵשׁ?
– יֵשׁ מִרְפֶּסֶת?
– מַה יֵשׁ בַּדִּירָה?

B. Based on the information you exchanged, which apartment would you choose?

C. After you decide on an apartment you like, discuss what kind of furniture you need.

הָרָהִיט וְהַסִּיפּוּר

בַּחֶדֶר שֶׁל נוֹעָה יֵשׁ רָהִיטִים עִם סִיפּוּרִים*. הַמִּיטָּה הַגְּדוֹלָה וְהַלְּבָנָה מִשּׁוּק הַפִּשְׁפְּשִׁים* בְּיָפוֹ. הַשָּׁטִיחַ הַבֶּדוּאִי עַל יַד הַמִּיטָּה מֵהַשּׁוּק בִּבְאֵר-שֶׁבַע. הַשִּׁידָּה הָעַתִּיקָה מֵהַשְּׁכֵנָה* הַצָּרְפָתִיָּיה מִקּוֹמָה א'. הַכּוּרְסָה וְהַמַּדָּפִים מֵהַשּׁוּק הַדְּרוּזִי בְּדָלִיַּת אֶל-כַּרְמֶל. הַתְּמוּנוֹת הַיָּפוֹת עַל הַקִּיר מֵהַטִּיּוּל* שֶׁל נוֹעָה בִּדְרוֹם אָמֶרִיקָה.

הַחֶדֶר שֶׁל נוֹעָה מְעַנְיֵין, וְגַם הַסִּיפּוּרִים מְעַנְיְינִים...

*סִיפּוּר – story

*שׁוּק הַפִּשְׁפְּשִׁים – flea market

*שְׁכֵן/ה – neighbor

*טִיּוּל – trip

תרגיל א

סמנו בקו את שמות התואר בסיפור למעלה. Underline all the adjectives in the story above

תרגיל ב

ספרו מה יש בחדר שלכם ומאין החפצים בחדר.

Tell about the stuff in your room, and where it is from.

____

____

____

____

____

____

תרגיל א

קְצָת יַחַס!

Write מִ/מֵ or מֵהַ in the blanks. Refer to the box on the left:

> from — מִ/מֵ
> from the — מֵהַ

בַּחֶדֶר

1. הַפּוֹסְטֶר הַזֶּה ______ אָמֶרִיקָה.
2. השולחן ______ שוק הַפִּשְׁפְּשִׁים.
3. המנורה ______ שוק.
4. הַמַּדָּפִים ______ בַּיִת שֶׁל יָעֵל.
5. הָאַמְבַּטְיָה ______ אִיטַלְיָה.

> in the — בַּ
> to the — לַ
> from the — מֵהַ

תרגיל ב

Write בַּ,לַ or מֵהַ in the blanks. Refer to the box on the left:

1. **נוֹעָה**

נועה הוֹלֶכֶת ______שוק.
נועה קונה פיתות וחומוס ______שוק.
נועה יוֹשֶׁבֶת ______גִּינָּה* על-יד השוק.
היא אוכלת בַּגִּינָּה את הפיתות ______שוק.

garden — גִּינָּה*

2. **אוֹהַד**

אוהַד גָּר ______מְעוֹנוֹת*.
אוהַד הוֹלֵךְ ______סִפְרִיָּה. הוא לוֹקֵחַ* שְׁנֵי
סְפָרִים ______ספרייה.
הוא יושב על הכורסה ______בַּיִת וְקוֹרֵא.

dorms — מְעוֹנוֹת*
takes — לוֹקֵחַ*

3. **רָפִי**

רָפִי הולך בָּרֶגֶל ______יָם.
רפי רוֹאֶה אֶת רָמִי ______יָם.
רמי הוּא חָבֵר ______אוּנִיבֶרְסִיטָה.
רפי ורמי הולכים ______בית של רפי.

גַּם חָכָם וְגַם יָפֶה

הכנה לקריאה:

1. איזה מחשב יש לכם?
2. מה אתם מחפשים במחשב (צֶבע, גודל, שפה...)?

הַיּוֹם יֵשׁ מַחְשֵׁב בְּכָל מִשְׂרָד* וְכִמְעַט* בְּכָל בַּיִת. הַמַּחְשֵׁב הוּא חֵלֶק* מֵהַחַיִּים. אֲנַחְנוּ קוֹנִים מַחְשְׁבִים חֲדָשִׁים כָּל הַזְּמַן. אֲנַחְנוּ רוֹצִים מַחְשְׁבִים חֲכָמִים, אֲבָל גַּם יָפִים. בְּשׁוּק הַמַּחְשְׁבִים הַיּוֹם יֵשׁ מַחְשְׁבִים יָפִים וּמְעַנְיְינִים, מַחְשְׁבִים בְּצֶבַע טוּרְקִיז, אָדוֹם וַאֲפִילוּ* מַחְשְׁבִים שְׁקוּפִים*. הַיּוֹם הַמַּחְשְׁבִים גַּם חֲכָמִים וְגַם יָפִים.

*מִשְׂרָד — office
*כִּמְעַט — almost
*חֵלֶק מ... — part of...
*אֲפִילוּ — even
*שָׁקוּף — transparent

מעובד על פי "שער למתחיל"
ד' בתשרי תשס"א, 3 באוקטובר 2000

תרגיל א

Explain the title of this passage (in English):

____
____
____

תרגיל ב

Based on the passage above, complete with the adjectives in parentheses:

1. אנחנו קונים מחשבים ________. (new)
2. אנחנו רוצים מחשבים ________ ________. (smart, beautiful)
3. היום יש מחשבים ________ ו________. (beautiful, interesting)
4. יש מחשבים בְּצבע ________, ________ ואפילו מחשבים ________.
(turquoise, red, transparent)
5. המחשב הַיּוֹם הוא גם ________ וגם ________. (smart, beautiful)

עֲצִיץ[1] פְּרָחִים

חַיִּים נַחְמָן בִּיאָלִיק

מִן הַחַלּוֹן
פֶּרַח[2] עָצִיץ
כֹּל הַיּוֹם
הַגַּנָּה[3] יָצִיץ[4].
כָּל חֲבֵרָיו[5]
שָׁם בַּגָּן,
הוּא לְבַדּוֹ[6]
עוֹמֵד כָּאן.

[1] עָצִיץ — potted plant
[2] פֶּרַח — flower
[3] הַגַּנָּה — to the garden
[4] יָצִיץ — peak, peep
[5] חֲבֵרָיו — his friends
[6] לְבַדּוֹ — by himself

מתוך: ח״נ ביאליק, **שירים ופזמונות לילדים**.

תרגיל

1. Read the poem twice, once with an Ashkenazic accent, **הברה אשכנזית**, and once with a Sephardic accent, **הברה ספרדית**. See note below.
2. What are the contradictions mentioned in the last stanza?

חיים נחמן ביאליק, 1873–1934

Ḥaim Naḥman Bialik is known as Israel's national poet because his innovative Hebrew poetry eloquently expressed personal and national concerns during Zionism's most formative years. Bialik was born in Russia and settled in Tel-Aviv in 1924, where his house soon became a center of the new Israeli culture. Today the house is a museum of the poet's life and an archive of his writings.

Written ostensibly for children, the poem עציץ פרחים demonstrates Bialik's ability to express a common sense of alienation as both a personal and a larger experience. The plant in the poem feels lonely and jealous of the plants in the garden below. But the plant can also be read as a symbol of the Jewish desire to be like all other nations.

Most Hebrew poetry until the end of the 1800s was written in the Ashkenazic accent, which stresses the beginning of words. One of Bialik's poetic innovations was to write poems that could be read both in Ashkenazic Hebrew and in the more modern Sephardic Hebrew that is common in Israel today.

יֵשׁ לְ.../ אֵין לְ...

לְמִי יֵשׁ כֶּסֶף לַדִּירָה?

אבא : נוּ, אֵיךְ הַדִּירָה שֶׁל נוֹעָה?
אמא : קְטַנָּה, אֲבָל בְּמֶרְכַּז* הָעִיר.
אבא : בְּמֶרְכַּז הָעִיר?! אָז הִיא בֶּטַח* יְקָרָה מְאוֹד!
אמא : זֶה בְּסֵדֶר, **יֵשׁ לְ**נוֹעָה שׁוּתָּפָה*.
אבא : מִי הַשּׁוּתָּפָה?
אמא : שְׁמָהּ יָעֵל, הִיא חַיֶּילֶת.
אבא : אֲבָל **לְ**חַיֶּילֶת **אֵין** הַרְבֵּה כֶּסֶף.
אמא : **לְ**חַיֶּילֶת אוּלַי **אֵין**, אֲבָל **לַ**הוֹרִים* שֶׁל הַחַיֶּילֶת **יֵשׁ**.
אבא : אָהָה...

*מֶרְכָּז – center
*בֶּטַח – certainly
*שׁוּתָּף/ה – roommate
*הוֹרִים – parents

דִּקְדּוּק

"To have" in Hebrew is expressed by the word **יֵשׁ** *and the preposition* **ל**:
יֵשׁ לְגִילָה כֶּלֶב *means: Gila has a dog.* (lit., *There is to Gila a dog.*)
יֵשׁ לַיֶּלֶד חֲבֵרִים *means: The boy has friends.* (lit., *There are to the boy friends.*)

"Not to have" is expressed by the word **אֵין** *and the preposition* **ל**:
אֵין לְגִילָה חָתוּל *means: Gila doesn't have a cat.* (lit., *There is no to Gila cat.*)
אֵין לַיֶּלֶד חֲבֵרִים *means: The boy doesn't have friends.* (lit., *There aren't to the boy friends.*)

Note: *The subjects of these sentences are not the possessors (Gila, the boy), but the objects they possess (the dog, the friends).*

The word order of the sentence is not important. You may either say:

לְגִילָה יֵשׁ כֶּלֶב
or
יֵשׁ לְגִילָה כֶּלֶב

תרגיל א

Answer the questions using the possessive:

בַּמְּעוֹנוֹת

1. לְמִי יש מקָרר בַּחדר? **(ירון)** לירון יש מקרר בחדר./יש לירון מקרר בחדר.
2. למי יש עִברית בַּמחשב? **(אליזבת)** __________
3. למי יש כֶּסֶף לְפיצה? **(מאיה)** __________
4. למי אין שותף בַּמעוֹנוֹת? **(דן)** __________
5. למי אין אוֹטוֹ בַּקמפוס? **(אילן)** __________
6. למי יש מִבְחָן בְּמָתמטיקה? **(טוביה)** __________
7. למי יש כֶּסֶף יִשְׂרְאֵלִי? **(ליאורה)** __________

יֵשׁ לִי / אֵין לִי

- **יֵשׁ לְ**אוּרִי דִּירָה גְּדוֹלָה. **יֵשׁ לוֹ** אַרְבָּעָה חֲדָרִים וְסָלוֹן.
- אוּרִי וְדָנָה אוֹהֲבִים פְּרָחִים. **יֵשׁ לָהֶם** הַרְבֵּה פְּרָחִים בַּגִּינָה.

דִקְדוּק

"I have" is expressed by **יֵשׁ לִי** (lit. *There is / are to me*)
"I don't have" – **אֵין לִי** (lit. *There is / are not to me*)

יֵשׁ לִי = יש ל + אני	**אֵין לִי** = אין ל + אני
יֵשׁ לְךָ = יש ל + אתה	**אֵין לְךָ** = אין ל + אתה
יֵשׁ לָךְ = יש ל + את	**אֵין לָךְ** = אין ל + את
יֵשׁ לוֹ = יש ל + הוא	**אֵין לוֹ** = אין ל + הוא
יֵשׁ לָהּ = יש ל + היא	**אֵין לָהּ** = אין ל + היא
יֵשׁ לָנוּ = יש ל + אנחנו	**אֵין לָנוּ** = אין ל + אנחנו
יֵשׁ לָכֶם = יש ל + אתם	**אֵין לָכֶם** = אין ל + אתם
יֵשׁ לָכֶן = יש ל + אתן	**אֵין לָכֶן** = אין ל + אתן
יֵשׁ לָהֶם = יש ל + הם	**אֵין לָהֶם** = אין ל + הם
יֵשׁ לָהֶן = יש ל + הן	**אֵין לָהֶן** = אין ל + הן

1. בַּפַּארְק

רינה : **יֵשׁ לְךָ** כֶּלֶב*?
בן : לֹא, **יֵשׁ לִי** רַק חָתוּל*.

*כֶּלֶב – dog
*חָתוּל – cat

2. בַּחֲנוּת

דני : **יֵשׁ לָכֶם** מַחְבָּרוֹת?
נורית : לֹא, אֲנִי מִצְטַעֶרֶת*, **יֵשׁ לָנוּ** רַק סְפָרִים.
דני : טוֹב, תּוֹדָה.

*אֲנִי מִצְטַעֵר/ת – I'm sorry

3. בַּבַּיִת

אבא : שׁוּלִי וְדוֹר, **יֵשׁ לָכֶם** שִׁיעוּרֵי-בַּיִת הַיּוֹם?
שולי ודור : לֹא, **אֵין לָנוּ** שִׁיעוּרִים הַיּוֹם.

4. בַּכִּיתָּה

אלון : **יֵשׁ לְךָ** סֵפֶר מָתֶמָטִיקָה?
אייל : לֹא, **אֵין לִי**.
אלון : אֵין שִׁיעוּר מָתֶמָטִיקָה הַיּוֹם?
אייל : אֵין.

5. בַּמִּטְבָּח

חיים : מַה **יֵשׁ לָנוּ** בַּמְּקָרֵר? יֵשׁ מַשֶּׁהוּ טוֹב?
דינה : רַק קוֹלָה.
חיים : **אֵין לָנוּ** בִּירָה?
דינה : לֹא.

תרגיל א

Read the previous dialogues and identify the name(s) who best fit the following descriptions:

1. Doesn't have a math class today. ______________________
2. Don't have beer. ______________________
3. Doesn't sell notebooks. ______________________
4. Doesn't have a dog. ______________________
5. Don't have homework. ______________________

תרגיל ב

Combine **ל** + the given pronoun/name to make correct sentences:

1. יש **ל/אני** גִיטָרָה. יש לי גיטרה.
2. יש **ל/היא** ספר מְעַניין. ______________________
3. יש **ל/אנחנו** אַקְוַוריוּם עִם דָגים. ______________________
4. אין **ל/הֵם** דירה בְּתֵל-אָבִיב. ______________________
5. יש **ל/אַתָּה** אוטו? ______________________
6. אין **ל/הוּא** כֶּלֶב בַּקַמְפּוּס. ______________________
7. אין **ל/אַתְּ** שיעוּר עִבְרִית הַיוֹם? ______________________
8. יש **ל/מרים** עבודת בית. ______________________

תרגיל ג

Fill the blanks with the correct declension of **ל**...:

1. לנועה יש ארון חדש. יש לה גם מיטה חדשה.
2. לְדָן וּלְרִבְקָה אין מִרפסת בדירה, אבל יש ______ סלון גדול.
3. יש לַתַּלְמִידים חֲדָרִים גדולים, אבל אין ______ שֵירוּתים בחדרים.
4. אין לְדְבוֹרָה שָטִיחַ בַּחֶדֶר הֶחָדָש. אין ______ גם תמונות.
5. הָעֶרֶב אֲנִי כותב בַּמַּחְשֵב הֶחָדָש. יש ______ הַרְבֵּה עֲבוֹדָה.
6. אנחנו גרים בחדר יפה. יש ______ תמונות יפות על הקירות.

תרגיל ד

1. תרגמו לעברית. שימו לב להבדלים בין יֵשׁ בְּ... **ו** יֵשׁ לְ...

Translate into Hebrew. Note the difference between **יֵשׁ לְ**... and **יֵשׁ בְּ**...

1. David has a nice apartment. ____________________
2. She has a comfortable sofa. ____________________
3. The students do not have a bathtub. ____________________
4. There is no bus stop on (in) my street. ____________________
5. There are three bedrooms in the house. ____________________
6. There is a nice shopping mall there. ____________________

2. תרגמו את המשפטים לעברית: Translate the sentences into Hebrew:

1. Do you (f.s.) have a pen? ____________________
2. He has a new notebook. ____________________
3. They (m.) do not have homework. ____________________
4. The teacher (f.) has a beautiful bag. ____________________
5. Don't you (m.p.) have a computer? ____________________

תרגיל ה
מצבים

קראו את המשפטים הבאים והרחיבו אותם לדיאלוגים קצרים:

Improvise short dialogues, using one or more of the following sentences:

בְּבֵית-הַסֵּפֶר, בַּהַפְסָקָה

– יֵשׁ לך סֶנְדְוִויץ'?
– למי יֵשׁ כַּדּוּר?
– יֵשׁ לָנוּ הַפְסָקָה גְּדוֹלָה.
– אֵין לָהֶם שִׁיעוּר מָתֶמָטִיקָה הַיּוֹם.
– לְרָפִי אֵין כֶּסֶף לְפִּיצָה.
– יֵשׁ לך כֶּסֶף?

תרגיל ו

Conduct a class survey asking your classmates who has the following.
Use the structure **למי יש**:

1. A car ____ למי יש מכונית?
2. A roommate ____
3. A computer ____
4. A house in the center of the city ____
5. A big bedroom ____
6. A balcony ____
7. Antique furniture ____

מְעוֹנוֹת *Dorms*

אוֹהַד, סְטוּדֶנְט שָׁנָה* א':

*שָׁנָה — year

אֲנִי גָּר בַּמְּעוֹנוֹת* עִם מִיכָאֵל. הַחֶדֶר קָטָן לִשְׁנֵי אֲנָשִׁים*. הַמִּיטוֹת יְשָׁנוֹת, הַשּׁוּלְחָנוֹת בְּסֵדֶר, אֲבָל **יֵשׁ** רַק מַדָּף אֶחָד לְכָל סְטוּדֶנְט וְאֵין מָקוֹם לִסְפָרִים. **אֵין** שֵׁירוּתִים בַּחֶדֶר, יֵשׁ רַק חֲדַר שֵׁירוּתִים אֶחָד בַּקּוֹמָה. אֲבָל **יֵשׁ לִי** מַזָּל, כִּי מִיכָאֵל הַשּׁוּתָּף נֶחְמָד.

*מְעוֹנוֹת — dorms
*אֲנָשִׁים — people

רָפִי, סְטוּדֶנְט שָׁנָה ג':

הַשָּׁנָה* **יֵשׁ לִי** הַכֹּל!
אֲנַחְנוּ אַרְבָּעָה שׁוּתָּפִים בִּסְוִויטָה אַחַת. בַּסְּוִויטָה **יֵשׁ לָנוּ** אַרְבָּעָה חֲדָרִים גְּדוֹלִים. **אֵין לָנוּ** הַרְבֵּה רָהִיטִים. בְּכָל חֶדֶר יֵשׁ מִיטָּה גְּדוֹלָה, שׁוּלְחָן מוֹדֶרְנִי, אָרוֹן לַבְּגָדִים* וְיֵשׁ גַּם מָקוֹם לַסְּפָרִים עַל הַמַּדָּפִים. הַמִּטְבָּח שֶׁל כּוּלָּם. יֵשׁ מְקָרֵר גָּדוֹל, שְׁנֵי שֵׁירוּתִים, שְׁתֵּי מִקְלָחוֹת, אַמְבַּטְיָה וַחֲדַר מְגוּרִים עִם טֶלֶוִיזְיָה לְכוּלָּם. זֶה כִּמְעַט* כְּמוֹ בַּבַּיִת.

*הַשָּׁנָה — this year
*בְּגָדִים — clothes
*כִּמְעַט — almost

תרגיל א

כתבו מה יש בסוויטה של רפי ואין במעונות של אוהד.

____

____

____

יֵשׁ לִי בַּיִת וְגִיטָרָה

מילים: מיקי גבריאלוב
מנגינה: מיקי גבריאלוב
1995

יֵשׁ לִי בַּיִת וְגִיטָרָה,
יֵשׁ לִי שִׁיר שֶׁכָּל הָאָרֶץ שָׁרָה,
וְגַם יֵשׁ לִי שֶׁמֶשׁ וְיָם שֶׁל חֲבֵרִים.
אֲנִי חַי בִּשְׁבִיל לִחְיוֹת וְאוֹהֵב אֶת הַחַיִּים.

יֵשׁ אֶחָד, יֵשׁ לוֹ הַכֹּל,
הַשֵּׁנִי, יֵשׁ לוֹ בְּקֹשִׁי לֶאֱכוֹל,
וַאֲנִי מַה שֶׁתִּתֵּן לִי אַגִּיד עַל הָרָאשִׁי וְעַל הָעֵינַיִ.
יֵשׁ לִי מִשְׁפָּחָה בְּרוּכָה,
יֵשׁ לִי גַּם צָרוֹת כְּמוֹ לְךָ,
אֲבָל מִי עוֹשֶׂה חֶשְׁבּוֹן, שֶׁיֵּשׁ לוֹ יְלָדִים כָּל אֶחָד שִׁגָּעוֹן.

יֵשׁ לִי בַּיִת וְגִיטָרָה...

יֵשׁ אֶחָד הוּא דוֹן ז׳וּאן,
חֲתִיכָה תְּלוּיָה לוֹ מִכָּאן וְגַם מִכָּאן,
וַאֲנִי יֵשׁ לִי אִשָּׁה, בִּשְׁבִילִי כָּל הַזְּמַן כְּמוֹ חֲדָשָׁה.
וַאֲנִי אוֹמֵר פָּשׁוּט, תֵּן לִי חוּמוּס עִם חָרִיף אֲנִי מַבְסוּט.
הַחַיִּים הֵם כֵּיף חַיִּים, אִם אוֹכְלִים אוֹתָם נָכוֹן הֵם טְעִימִים.

יֵשׁ לִי בַּיִת וְגִיטָרָה...

מַה יִּהְיֶה כָּל אֶחָד שׁוֹאֵל,
מִפּוֹעֵל פָּשׁוּט עַד מְנַהֵל.
לֹא חָשׁוּב מֵאֵיזוֹ עֵדָה, אִם הוּא דּוֹקְטוֹר אוֹ בְּלִי תְּעוּדָה.
הָעִקָּר הַבֵּן אָדָם, אֵיךְ הוֹלֵךְ לִישׁוֹן וְאֵיךְ הוּא קָם,
וּבָאֶמְצַע אֵיךְ הוּא חַי, רַק תָּבוֹא לְכָאן, הַקָּפֶה עָלַי.

יֵשׁ לִי בַּיִת וְגִיטָרָה...

(ניתן למצוא את השיר באלבום "**גדלנו יחד**", הד ארצי)

יֵשׁ לָנוּ תַּיִשׁ

שִׁיר עֲמָמִי

יֵשׁ לָנוּ תַּיִשׁ
לַתַּיִשׁ יֵשׁ זָקָן
וְלוֹ אַרְבַּע רַגְלַיִם
וְגַם זָנָב קָטָן
יוֹלָה לָה, יוֹלָה לָה, יוּ ,לָה, לָה } 3x

שֶׁל

1.
הַסֵּפֶר שֶׁלְּךָ?
– דָּוִיד, זֶה הַסֵּפֶר **שֶׁלְּךָ**?
– לֹא, הוּא **שֶׁל** נַעֲמָה.

2.
שֶׁל מִי* הָעֵט?
– זֶה לֹא הָעֵט **שֶׁלִּי**, **שֶׁל מִי** זֶה?
– זֶה **שֶׁל** אֵיתָן.

*שֶׁל מִי — whose

3.
בַּתְּמוּנָה
– זֶה הַבַּיִת **שֶׁלָּנוּ** בְּיִשְׂרָאֵל.
– וְ**שֶׁל מִי** הַבַּיִת הַזֶּה?
– **שֶׁל** דָּלְיָה וּצְבִיקָה.

שֶׁל	
שֶׁלִּי	= של + אני
שֶׁלְּךָ	= של + אתה
שֶׁלָּךְ	= של + את
שֶׁלּוֹ	= של + הוא
שֶׁלָּהּ	= של + היא
שֶׁלָּנוּ	= של + אנחנו
שֶׁלָּכֶם	= של + אתם
שֶׁלָּכֶן	= של + אתן
שֶׁלָּהֶם	= של + הם
שֶׁלָּהֶן	= של + הן

תרגיל א

Talk about the following subjects in relation to you:

חבר — החבר שלי חכם, החבר שלי עובד בספרייה.

חדר ____________

מורה ____________

אוניברסיטה ____________

שותף ____________

הַחַיִּים הַמּוֹדֶרְנִיִּים

לְעִנְבָּל יֵשׁ חֲנוּת סְפָרִים. כָּל הַיּוֹם הִיא עוֹבֶדֶת בַּחֲנוּת **שֶׁלָּהּ**. הַבַּעַל* שֶׁל עִנְבָּל, אוּרִי, הוּא פְּסִיכוֹלוֹג וְגַם הוּא כָּל הַיּוֹם בָּעֲבוֹדָה **שֶׁלּוֹ**. מָתַי* הֵם רוֹאִים אֶת הַיְּלָדִים **שֶׁלָּהֶם**?
זֹאת לֹא הַבְּעָיָה* **שֶׁלָּנוּ**...
טוֹב, זֹאת לֹא רַק הַבְּעָיָה **שֶׁלָּהֶם**. זֹאת גַּם הַבְּעָיָה **שֶׁלָּנוּ** בַּחַיִּים הַמּוֹדֶרְנִיִּים.

*בַּעַל — husband
*מָתַי? — when?
*בְּעָיָה — problem

תרגיל א

כתבו נכון / לא נכון:

1. Uri and Inbal work at the store all day long. T / F
2. They have a family. T / F
3. The narrator is the son or daughter of Uri and Inbal. T / F
4. The narrator is concerned with the kids. T / F
5. The problem in the text is a common one. T / F

תרגיל ב

Substitute the name/pronoun with the correct form of "שֶׁל":

1. בַּבַּיִת **שֶׁל דָּוִיד** יֵשׁ 5 חֲדָרִים. הַבַּיִת ___שלו___ גָּדוֹל.
2. בַּחֶדֶר **שֶׁל נוֹעָה** יש ארון חדש. הארון ________ חום.
3. בַּבִּנְיָין **שֶׁל עֶרֶן וּבוֹעַז** יֵשׁ 8 קומות. הַבִּנְיָין ________ מוֹדֶרְנִי.
4. הַדִּירָה **שֶׁל רוֹנֵן** חֲדָשָׁה. הדירה ________ בְּחֵיפָה.
5. **אנחנו** גרים בתל-אביב. הדירה ________ נֶחמדה.

תרגיל ג

כתבו שֶׁל **בצורה הנכונה:** Write the correct form of **של** in the blank

1. בַּדִּירָה
– נוֹעה, איפה העיתון שֶׁלָּךְ?
– הָעִיתּוֹן ________ בַּמִּטְבָּח.

2. בַּקָּפִיטֶרְיָה
– סְלִיחָה, זה השולחן שֶׁלָּכֶם?
– כֵּן, הַשּׁוּלְחָן________ .

3. בְּקוֹנְצֶרְט
– אֲנִי אוֹהֵב אֶת הַמּוּסִיקָה שֶׁל בָּאךְ.
– בקוֹנְצֶרְט היום יֵשׁ מוּזִיקָה ________.

4. בַּמְּעוֹנוֹת
– יוֹסֵף, מה מִסְפַּר הַחֶדֶר ________?
– שְׁמוֹנֶה.

5. בְּבֵית הַסֵּפֶר
– אֵיפֹה הַמּוֹרוֹת שֶׁל כִּיתָּה י״ב?
– הֵן בַּמּוּזֵיאוֹן עִם הַתַּלְמִידוֹת ________.

6. בָּרְחוֹב
– הֵם לֹא גָּרִים פֹּה יוֹתֵר*.
– בֶּאֱמֶת? אֵיפֹה הַבַּיִת הֶחָדָשׁ ________?

*יוֹתֵר – anymore

תרגיל ד

Rewrite the sentences with **של** in the plural:

1. הבית **שלי** במרכז העיר. ___הבית שלנו במרכז העיר.___
2. ברחוב **שלה** יש תַּחֲנַת אוטובוס*. ________
3. זה לא הספר **שלו.** ________
4. יש בית-כנסת בשכונה **שלךָ**? ________
5. הדירה **שלךְ** גדולה? ________
6. הסלון **שלי** מודרני. ________

*תַּחֲנַת אוטובוס – bus stop

תרגיל ה

Write in the singular: **כתבו ביחיד**

1. הם אוהבים אֶת הבית שלהם. ‏ הוא אוהב את הבית שלו.
2. הן קוראות בחדר שלהן. ‏ ______
3. הקיר בַּחֲדַר-הַשֵּׁינָה שלהם כחול. ‏ ______
4. אנחנו לא אוהבים אֶת הַמִּטְבָּח שלנו. ‏ ______
5. מי המוֹרֶה שלכם? ‏ ______
6. הכיתה שלכן קטנה. ‏ ______

> אַרְבַּע מִדּוֹת בָּאָדָם:
> הָאוֹמֵר: שֶׁלִּי שֶׁלִּי וְשֶׁלָּךְ שֶׁלָּךְ – זוֹ מִדָּה בֵּינוֹנִית,
> וְיֵשׁ אוֹמְרִים זוֹ מִדַּת סְדוֹם;
> שֶׁלִּי שֶׁלָּךְ וְשֶׁלָּךְ שֶׁלִּי – עַם הָאָרֶץ;
> שֶׁלִּי שֶׁלָּךְ וְשֶׁלָּךְ שֶׁלָּךְ – חָסִיד;
> שֶׁלִּי שֶׁלִּי וְשֶׁלָּךְ שֶׁלִּי – רָשָׁע.
>
> **פרקי אבות, פרק ה משנה ט**

Note that the masculine form of שֶׁל (שֶׁלְּךָ) in Mishnaic Hebrew is שֶׁלָּךְ.

אֶת

- רוּת שׁוֹתָה קָפֶה.
- הִיא אוֹהֶבֶת רַק **אֶת** הַקָּפֶה שֶׁל "סְטַארְבַּקְס".

- רוּת אוֹהֶבֶת עִיר גְּדוֹלָה.
- הִיא אוֹהֶבֶת **אֶת** תֵּל-אָבִיב.

(For explanation of **אֶת** see Unit 2)

תרגיל א

Write the preposition **אֶת** only where needed:

1. דן ורונית גרים בתל-אביב. הם אוהבים ____ העיר. הם אוהבים ____ הדירה שלהם. הם אוהבים ____ הרהיטים שלהם, אבל הם לא אוהבים ____ הרחוב שלהם. זה רחוב ראשי, ויש שם הרבה רעש. חבל!

2. רונית עובדת בחנות ספרים. היא מוכרת ____ ספרים לסטודנטים. הסטודנטים אוהבים ____ ספרים פופולארים, אבל הם קונים ____ הספרים לקורסים שלהם באוניברסיטה.

3. דן לא עובד. הוא סטודנט. כל בוקר הוא שותה ____ קפה וקורא ____ העיתון. לפעמים הוא לומד לקורסים שלו, אבל כל יום הוא עושה ____ עבודות בית.

תרגיל ב

השלימו את המשפטים:

1. אני אוהב/ת ________________
2. אני אוהב/ת את ________________
3. אני אוכל/ת ________________
4. אני אוכל/ת את ________________
5. אני קורא/ת ________________
6. אני קורא/ת את ________________

כַּמָּה זֶה עוֹלֶה?

בַּשּׁוּק הַדְּרוּזִי בְּדָלְיַית אֶל כַּרְמֶל

א: הַשָּׁטִיחַ הַזֶּה יָפֶה!
ב: אֵיזֶה? הַגָּדוֹל?
א: לֹא, הַשָּׁטִיחַ הַקָּטָן עַל יַד הַכִּיסֵּא.
ב: סְלִיחָה, אֲדוֹנִי, **כַּמָּה** הַשָּׁטִיחַ **עוֹלֶה**?
ג: מֵאָה וַחֲמִישִּׁים (150) שְׁקָלִים.
ב: חֲבָל, יֵשׁ לִי רַק מֵאָה (100) שְׁקָלִים.

דִּקְדּוּק

The verb **עולה** *(to ascend, go up) also means "to cost."*
To ask how much something costs you say: **כַּמָּה זֶה עוֹלֶה?**
To answer, conjugate the verb according to the gender and number of the item you want to buy:

- שָׁטִיחַ אֶחָד **עוֹלֶה** 100 שְׁקָלִים.
- שְׁנֵי שְׁטִיחִים **עוֹלִים** 180 שְׁקָלִים.

- מִיטָּה אַחַת **עוֹלָה** 200 שְׁקָלִים.
- שְׁתֵּי מִיטּוֹת **עוֹלוֹת** 380 שְׁקָלִים.

תרגיל א

Practice by writing the correct form of **עולה:**

1. הספר ___עוֹלֶה___ 18 שקלים.
2. המיטות ______ 425 שקלים.
3. סַפָּה ______ 1531 שקלים.
4. רָהיטים טובים ______ הַרְבֵּה כֶּסֶף.
5. כַּמָּה ______ הדירה?
6. כמה ______ המקָרר?
7. כמה ______ הכיסאות?
8. כמה ______ המיטות?

Druze – A religious sect deriving from Islam with communities in Syria, Lebanon, and Israel. In Israel there are about 70,000 Druze who represent 1.5% of the general population and 8% of the non-Jewish population. Most of the Druze in Israel live on the Carmel mountain range, in the Galilee, and in the Golan Heights.

תרגיל ב

שאלו כמה עולים הדברים :Ask how much these items cost

1. העיתון – כמה עולה העיתון? ______
2. המחברת – ______
3. הספרים בכימייה – ______
4. עֶפרונות אדומים – ______
5. השולחן – ______
6. הכיסאות – ______
7. השטיח – ______
8. המיטה – ______

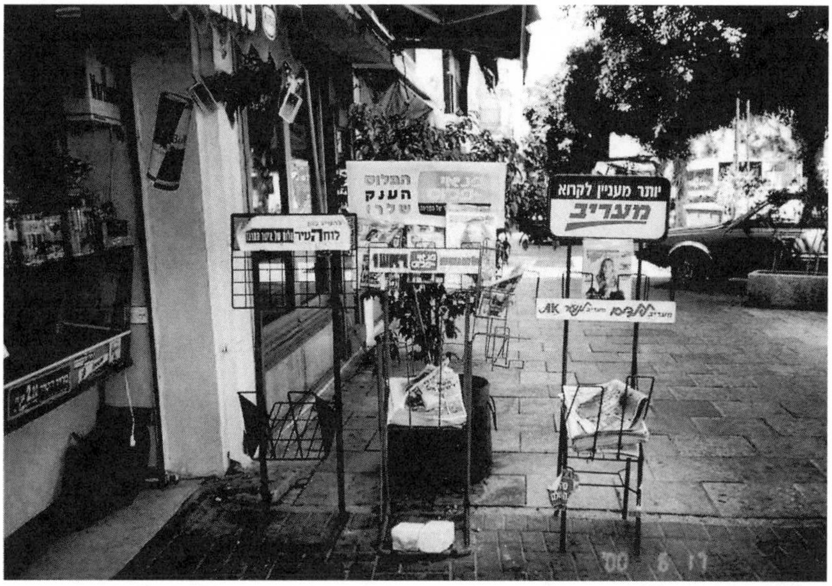

מִסְפָּרִים 10–1000

10 – 20		
נקבה		**זכר**
עֶשֶׂר	10	עֲשָׂרָה
אַחַת-עֶשְׂרֵה	11	אַחַד-עָשָׂר
שְׁתֵּים-עֶשְׂרֵה	12	שְׁנֵים-עָשָׂר
שְׁלוֹשׁ-עֶשְׂרֵה	13	שְׁלוֹשָׁה-עָשָׂר
אַרְבַּע-עֶשְׂרֵה	14	אַרְבָּעָה-עָשָׂר
חֲמֵשׁ-עֶשְׂרֵה	15	חֲמִישָּׁה-עָשָׂר
שֵׁשׁ-עֶשְׂרֵה	16	שִׁישָּׁה-עָשָׂר
שְׁבַע-עֶשְׂרֵה	17	שִׁבְעָה-עָשָׂר
שְׁמוֹנֶה-עֶשְׂרֵה	18	שְׁמוֹנָה-עָשָׂר
תְּשַׁע-עֶשְׂרֵה	19	תִּשְׁעָה-עָשָׂר
עֶשְׂרִים	20	עֶשְׂרִים

20 – 100	
זכר ונקבה	
20	עֶשְׂרִים
30	שְׁלוֹשִׁים
40	אַרְבָּעִים
50	חֲמִישִּׁים
60	שִׁישִּׁים
70	שִׁבְעִים
80	שְׁמוֹנִים
90	תִּשְׁעִים
100	מֵאָה

200 – 1000	
זכר ונקבה	
200	מָאתַיִים
300	שְׁלוֹשׁ מֵאוֹת
400	אַרְבַּע מֵאוֹת
500	חֲמֵשׁ מֵאוֹת
600	שֵׁשׁ מֵאוֹת
700	שְׁבַע מֵאוֹת
800	שְׁמוֹנֶה מֵאוֹת
900	תְּשַׁע מֵאוֹת
1000	אֶלֶף

21, 22, 23		
נקבה		**זכר**
עֶשְׂרִים וְאַחַת	21	עֶשְׂרִים וְאֶחָד
עֶשְׂרִים וּשְׁתַּיִים	22	עֶשְׂרִים וּשְׁנַיִים
עֶשְׂרִים וְשָׁלוֹשׁ	23	עֶשְׂרִים וּשְׁלוֹשָׁה

תרגיל א

Present the following facts from your university's annual report. Read and write:

בָּאוּנִיבֶרְסִיטָה שֶׁלִּי יֵשׁ...

300 תלמידים עברית — באוניברסיטה יש שלוש מאות תלמידים לעברית.

1034 סטודנטים ל-BA

755 סטודנטים ל-MA

89 פְּרוֹפֶסוֹרִים לשָׂפוֹת

786 חדרים במעונות

21 בִּנְיָינִים חֲדָשִׁים

תרגיל ב

Review your math homework with a classmate over the phone:

מָתֶמָטִיקָה

1+1=2 — אחת ועוד אחת הם שתיים.

7+3=10

5-4=1

6+2=8

3x3=9

12+1=13

15+5=20

12:3=4

11+6=17

60:6=10

20x4=80

80-12=68

+	וְעוֹד
–	פָּחוֹת
x	כָּפוּל
:	לְחַלֵּק לְ...
=	שָׁוֶה/הֵם/זֶה

תרגיל ג

Find out how much the following items cost by asking your classmates. Write the questions and the answers:

1. הַשָּׁטִיחַ — כמה השטיח עולה? — השטיח עולה 150 שקלים.
2. מַחשב
3. הספר
4. טֶלֶפוֹן נַיָּיד
5. שלוש מחברוֹת
6. התיק
7. עֵט

פָּעַל, ע"ו/ע"י – הווה

.1
– אַתְּ **גָּרָה** לְבַד?
– לֹא, יָעֵל וְשִׁירָה גַּם **גָּרוֹת** פֹּה.

.2
– יָרוֹן, אַתָּה **בָּא** לַיָּם?
– לֹא, לֹא **בָּא** לִי*.

.3
– מָתַי אַתֶּם **קָמִים** בַּבּוֹקֶר?
– בִּשְׁמוֹנֶה.

.4
– מִי **שָׂם** סוּכָּר בַּקָּפֶה שֶׁלִּי?
– אֲנִי. מה, אַתָּה לֹא אוֹהֵב קָפֶה עִם סוּכָּר?

.5
– לְאָן אַתָּה **רָץ**?
– אֲנִי **רָץ** לְשִׁיעוּר גִּיטָרָה.

*לֹא בָּא לִי – I don't feel like it

דִּקְדּוּק

For verbs whose roots have ו *or* י *as their middle consonant, the* ו *or* י *is dropped in the present tense* (בָּא, בָּאָה, בָּאִים, בָּאוֹת).

פ	ע	ל
ג.	ו.	ר.

אני	אני	אנחנו	אנחנו
אתה **גָּר**	את **גָּרָה**	אתם **גָּרִים**	אתן **גָּרוֹת**
הוא	היא	הם	הן

פ	ע	ל
ש.	י.	ר.

אני	אני	אנחנו	אנחנו
אתה **שָׁר**	את **שָׁרָה**	אתם **שָׁרִים**	אתן **שָׁרוֹת**
הוא	היא	הם	הן

תרגיל א

Complete the chart in the present tense:

rise, get up	קָמוֹת	קָמִים	קָמָה	קָם	ק.ו.מ.
run				רָץ	ר.ו.צ.
come			בָּאָה		ב.ו.א.
sing		שָׁרִים			ש.י.ר.
put	שָׂמוֹת				ש.י.מ.

תרגיל ב

כתבו את הפעלים בצורה הנכונה:

Write the correct form of the verb in the blank:

בְּמֶשֶׁךְ הַשָּׁבוּעַ*

*בְּמֶשֶׁךְ הַשָּׁבוּעַ – during the week

1. (**ר.ו.צ.**) יעל ________ לָאוֹטוֹבּוּס.
2. (**ש.י.מ.**) הן ________ ספרים בַּתיק.
3. (**ב.ו.א.**) יָרוֹן וְאִילָן ________ לַכִּיתָּה בַּזְּמַן.

בְּסוֹף הַשָּׁבוּעַ*

*בְּסוֹף הַשָּׁבוּעַ – on the weekend

4. (**נ.ו.ח.**) אנחנו ________ בבית.
5. (**ש.י.ר.**) נָעֳמִי ________ בְּתֵיאַטְרוֹן יְרוּשָׁלַיִם.
6. (**ט.ו.ס.**) נוֹעה ויעל ________ לְאֵילַת.
7. (**ב.ו.א.**) הַחַייל ________ הַבַּיְתָה.

תרגיל ג

כתבו את הפעלים בצורה הנכונה:

Write the correct form of the verb in the blank:

מַה הֵם עוֹשִׂים?

1. בקיץ תמר **טָסָה** לישראל, וירון ________ לאיטליה.
2. חיים **צָם** ביוֹם כיפור. פּוֹרְסַאן וְטַארֶק ________ בְּרָמָדָאן.
3. בבוקר חיים **קָם** בשבע, ודפנה ________ בשמונה.
4. רענן וגלית חיילים. גלית **בָּאָה** הַביתה כל יום; רענן ________ הביתה רק לְשַׁבָּת.
5. דנה ונועה **רָצוֹת** על חוף הים; גיל ורון ________ בַּפַּארְק.

תרגיל ד

כתבו את הפועל בצורה הנכונה:

Write the correct form of the verb in the blank:

1. בְּחֲנוּת הַסְּפָרִים

– מה את (ק.נ.ה.) ______________?

– סִפְרֵי-בִּיוֹלוֹגְיָה.

2. בְּמוֹעֲדוֹן הַסְּפּוֹרְט

*בְּמוֹעֲדוֹן הַסְּפּוֹרְט – in the sports club

– מה אתה (ע.ש.ה.) ______________?

– אני (ר.ו.צ.) ______________ ו(ה.ל.כ.) ______________.

3. בַּקָּפִיטֶרְיָה

– אתם (א.כ.ל.) ______________ המבורגר?

– כן. אבל אנחנו גם (ש.ת.ה.) ______________ קוֹלָה.

תרגיל ה

טבלת פעלים

שורש	שם הגוף	הפועל	הגזרה	באנגלית
ל.מ.ד.	אני (זכר)	לוֹמֵד	שְׁלֵמִים	to study
ר.צ.ה.	היא			
ק.ר.א.	אתם			
ג.ו.ר.	הוא			
א.כ.ל.	אתה			
		עוֹבְדוֹת		
		אוֹהֶבֶת		
		שָׁרִים		
		כּוֹתְבִים		
		קוֹנָה		
		רָצוֹת		

סִיכּוּם וְהַעֲשָׁרָה *Review and Enrichment*

בַּמּוּזֵיאוֹן

שומר*: אָדוֹן, פֹּה לֹא יוֹשְׁבִים.

מבקר*: אֲבָל אֲנִי עָיֵיף*, וְהַכִּיסֵּא נוֹחַ.

שומר: זֶה כִּיסֵּא שֶׁל לוּאִי ה-14; זֶה כִּיסֵּא עַתִּיק.

מבקר: אוֹי, סְלִיחָה.

*שׁוֹמֵר — guard

*מְבַקֵּר — visitor

*עָיֵיף — tired

לוּחַ מוֹדָעוֹת שֶׁל סְטוּדֶנְטִים

חדר+מרפסת על-יד
האוניברסיטה

טלפון 03-544-1363

פרופסור לביולוגיה מחפש[1]
בית עם חדר עבודה גדול.

טלפון 052-698-776

סטודנטית מחפשת
שותפה לדירה קומה
ג' מטבחון, שני חדרי
שינה.

טל' 04-342-5798

דירה מרוהטת[2] בלב העיר
4 חדרים
סלון
3 חדרי שינה
שירותים
על יד כיכר רבין
טלפון 052-123-776

רהיטים בזול!
ספה כחולה
שטיח 3x2 מ'
מקרר קטן
שידה
שולחן מחשב
ברחוב רמב"ם 12
חיפה טל' 04-857-0913

---

[1] מְחַפֵּשׂ — looking for

[2] מְרוֹהָט/ת — furnished

a. Call the people in the ads and ask for more information such as price, size, convenience, etc.
b. Tell a friend about the information you found out.
c. Fill out a rental questionnaire according to your rental requirements.
d. Write your own ad advertising something for sale or rent.

שְׁאֵלוֹן* לַדִּירָה

*שְׁאֵלוֹן – questionnaire

You are looking for a roommate to share an apartment you are renting in Jerusalem. The university housing office is willing to help you. Fill out the following questionnaire together with a classmate:

*כְּתוֹבֶת – address

*מִיקוּד – zip code

שם : ______________________________

כתובת* : ____________________ מספר ______

עיר : ______________ מיקוד * : ______________

טלפון בבית : (   )__________ טלפון נייד (   )__________

דואר אלקטרוני : ______________________________

1. באיזו קומה הדירה? ______________

2. על יד מה הדירה? ______________

3. כמה חדרים יש בדירה? ______________

4. כמה חדרי-שינה יש בדירה? ______________

5. החדרים גדולים או קטנים? ______________

6. אילו רהיטים יש בחדרי-השינה?

______________ ______________ ______________

______________ ______________ ______________

7. מה יש בחדר-המגורים?

______________ ______________ ______________

______________ ______________ ______________

______________ ______________ ______________

8. יש מרפסת? ______________

9. מה יש במטבח? ______________ ______________

10. מה יש בחדר-האמבטיה, מקלחת או אמבטיה? __________

11. כמה הדירה עולה? ______________________

הָרְחוֹב הָרָאשִׁי*

בְּכָל עִיר יֵשׁ רְחוֹב רָאשִׁי*. בָּרְחוֹב הָרָאשִׁי יֵשׁ מְקוֹמוֹת מֶרְכָּזִיִּים וִידוּעִים. לְדוּגְמָה: בָּרְחוֹב הָרָאשִׁי בְּתֵל-אָבִיב, רְחוֹב דִּיזֶנְגּוֹף, יֵשׁ הַרְבֵּה חֲנוּיוֹת בְּגָדִים, כִּיכַּר* דִּיזֶנְגּוֹף, וְקַנְיוֹן גָּדוֹל וּמְפוּרְסָם, ״דִּיזֶנְגּוֹף סֶנְטֶר״.

בָּרְחוֹב הָרָאשִׁי שֶׁל פֶּתַח-תִּקְוָה, רְחוֹב חַיִּים עוֹזֶרִי, יֵשׁ כִּיכָּר מֶרְכָּזִית וְסִפְרִיָּיה עִירוֹנִית.

בָּרְחוֹב הָרָאשִׁי שֶׁל בַּת-יָם, רְחוֹב בַּלְפוּר, יֵשׁ גַּן חָשׁוּב*, ״גַּן הָעִיר״.

בָּרְחוֹב הָרָאשִׁי שֶׁל חֲדֵרָה, רְחוֹב הֶרְצְל, יֵשׁ בֵּית כְּנֶסֶת גָּדוֹל וּבֵית מָלוֹן.

בָּרְחוֹב הָרָאשִׁי שֶׁל יְרוּשָׁלַיִם, רְחוֹב יָפוֹ, יֵשׁ תַּחֲנַת אוֹטוֹבּוּסִים מֶרְכָּזִית*. בִּרְחוֹב יָפוֹ יֵשׁ גַּם שׁוּק, שׁוּק ״מַחֲנֵה יְהוּדָה״.

אֲבָל הַיּוֹם, בְּכָל עִיר יֵשׁ קַנְיוֹן גָּדוֹל וְהַרְבֵּה אֲנָשִׁים כְּבָר לֹא אוֹכְלִים וְקוֹנִים בָּרְחוֹב הָרָאשִׁי, הֵם מְבַלִּים* בַּקַּנְיוֹנִים.

*רָאשִׁי — main
*כִּיכָּר — square
*מְפוּרְסָם/ת — famous
*חָשׁוּב — important
*תַּחֲנָה מֶרְכָּזִית — central station
*מְבַלִּים — spend time

תרגיל א

מה יש ברחוב הראשי בעיר שלכם?

Check the main landmarks in the main street in your city:

קַניון	כִּיכָּר
בֵּית מלון	גן
בֵּית כנסת	תחנת אוטובוס
מסעדות	שוק
בָּתֵי קפה	ספרייה
חנויות	בֵּית-ספר
תֵיאטרון	

תרגיל ב

ספרו / כתבו על רחוב ראשי שאתם אוהבים: Tell/write about a main street that you like:

מצבים (סיטואציות)

1. מְעוֹנוֹת

The university's housing committee would like to improve student housing. Make a wish list of things you would like to have.

2. הָאַרְכִיטֶקְט

You are participating in a house designing contest. You need to design a house for one of these people. Make a list of amenities and rooms, and then draw a floor-plan.

1. A family of four people
2. An artist

3. עוֹבְרִים דִּירָה

You are moving to a new house/apartment. Tell the movers where to put each piece of furniture.

אוּנִיבֶרְסִיטַת בְּרַנְדֵייס

באוניברסיטת בְּרַנְדֵייס לוֹמדים 3,175 סטוּדנטים לְתוֹאַר רִאשׁוֹן* וְיוֹתֵר* מ-1,500 לְתוֹאַר שֵׁנִי* וּשְׁלִישִׁי*.

77 אָחוּז* מהסטוּדנטים לְתוֹאַר רִאשׁוֹן בָּאִים מִחוּץ* למסאצ'וּסטס. הם באים מניו-יורק, מניו-ג'רסי, מקליפוֹרניה וְעוֹד*. יש גם סטוּדנטים מחוּץ* לאמריקה.

הרבה סטוּדנטים בברנדייס לוֹמדים כלכלה, ביוֹלוֹגיה ופסיכוֹלוֹגיה. בברנדייס לוֹמדים גם מַחשבים, פיסיקה, מוּזיקה, תיאטרוֹן, לימוּדי יהדוּת, עברית, סינית ועוֹד.

בַּספרייה של ברנדייס יש יוֹתר* ממיליוֹן סְפָרִים.

הַשֵּׁם של הָאוּניברסיטה הוּא עַל שֵׁם הַשּׁוֹפֵט* לוּאִיס דֶמְבִּיץ בְּרַנְדֵייס.

*תּוֹאַר רִאשׁוֹן — bachelor's degree
*יוֹתֵר מ... — more than
*תּוֹאַר שֵׁנִי — master's degree
*תּוֹאַר שְׁלִישִׁי — doctorate
*אָחוּז — %
*מִחוּץ ל... — outside of
*וְעוֹד — and more
*שׁוֹפֵט — judge

Louis Dembitz Brandeis, American jurist.
Born November 13, 1856, Louisville, Kentucky.
Died October 5, 1941.
Brandeis was the first Jewish American appointed to the United States Supreme Court. Brandeis was also a prominent leader of American Zionism. He believed that American Jews could support the establishment of a Jewish state in Palestine and be loyal to the United States at the same time.

תרגיל

כתבו או שוחחו:

ציינו מספר עובדות על בית הספר שלכם: List a few facts about your school

אוֹצַר מִילִּים יְחִידָה 3

בַּיִת וּסְבִיבָה	**House and environment**
בַּיִת / בָּתִּים ז׳	house/s
דִּירָה נ׳	apartment
בֵּית דִּירוֹת ז׳	apartment building
בִּנְיָין ז׳	building
קוֹמָה נ׳	floor
רְחוֹב / רְחוֹבוֹת ז׳	street/s
כִּיכָּר נ׳	square
עִיר / עָרִים נ׳	city/ies
לֵב הָעִיר ז׳	the heart of the city
מָקוֹם / מְקוֹמוֹת ז׳	place/s
יָם ז׳	sea
חוֹף הַיָּם ז׳	the sea shore/beach
בֵּית קָפֶה / בָּתֵּי קָפֶה ז׳	coffee house/s
שׁוּק ז׳	market
חֲנוּת / חֲנוּיוֹת נ׳	store/s
קַנְיוֹן ז׳	mall
טִיּוּל ז׳	trip
מִסְעָדָה נ׳	restaurant
שׁוּתָּף / שׁוּתָּפָה	roommate
תַּחֲנָה נ׳	station
מֶרְכָּז ז׳	center
מֶרְכַּז הָעִיר	city center, downtown
פֶּרַח ז׳	flower
עָצִיץ ז׳	potted plant
חָתוּל / חֲתוּלָה	cat
כֶּלֶב / כַּלְבָּה	dog
חַיָּיל / חַיֶּילֶת	soldier

חֲדָרִים ז׳	**Rooms**
חֲדַר שֵׁינָה / חַדְרֵי שֵׁינָה	bedroom/s
חֲדַר מְגוּרִים, סָלוֹן ז׳	livingroom
חֲדַר אַמְבַּטְיָה ז׳	bathroom
מִקְלַחַת נ׳	shower
חֲדַר עֲבוֹדָה ז׳	study, office
חֲדַר אוֹכֶל ז׳	dining room
חֲדַר מִשְׁפָּחָה ז׳	family room
מִטְבָּח ז׳	kitchen
מִטְבָּחוֹן ז׳	kitchenette
שֵׁירוּתִים ז״ר	restroom
בֵּית-שִׁימּוּשׁ ז׳	restroom
מִרְפֶּסֶת נ׳	balcony, porch

רָהִיטִים ז׳	**Furniture**
מְקָרֵר / מְקָרְרִים ז׳	refrigerator/s
סַפָּה נ׳	sofa
שָׁטִיחַ ז׳	carpet
טֶלֶוִויזְיָה נ׳	television
כּוּרְסָה / כּוּרְסוֹת נ׳	armchair/s
מִיטָּה נ׳	bed
שִׁידָּה נ׳	dresser
מַדָּף ז׳	shelf
אָרוֹן / אֲרוֹנוֹת ז׳	closet/s, cabinet/s
מִיקְרוֹגַל ז׳	microwave oven
מַחְשֵׁב ז׳	computer
טֶלֶפוֹן נַיָּיד ז׳	cell phone

שְׁמוֹת תּוֹאַר	**Adjectives**
נוֹחַ / נוֹחָה	comfortable
יָשָׁן / יְשָׁנָה	old
עַתִּיק / עַתִּיקָה	antique
מוֹדֶרְנִי / מוֹדֶרְנִית	modern
מְעַנְיֵין / מְעַנְיֶינֶת	interesting
נֶחְמָד / נֶחְמָדָה	nice
יָקָר / יְקָרָה	expensive

Pa'al irregulars	פָּעַל ע"ו/ ע"י
rise, wake up	קָם
run	רָץ
put	שָׂם
come	בָּא
sing	שָׁר
rest	נָח
reside, live	גָּר
fly	טָס
fast	צָם

Piel	פִּיעֵל
to search, look for	מְחַפֵּשׂ (לְחַפֵּשׂ)

Prepositions	מִילּוֹת-יַחַס
with	עִם
near, by	עַל יַד
to..., to the	לְ...‚ לַ...
to me, to you...	לִי, לְךָ...
from, from the	מִ / מֵ...‚ מֵהַ...
of (mine, yours...)	שֶׁל (שֶׁלִּי, שֶׁלְּךָ...)
whose?	שֶׁל מִי?
I have / I don't have	יֵשׁ לִי / אֵין לִי
who has / doesn't have	לְמִי יֵשׁ / לְמִי אֵין

Expressions	בִּיטוּיִים
I don't feel like it	לֹא בָּא לִי
excuse me	סְלִיחָה
what a shame, pity	חֲבָל
I am sorry	אֲנִי מִצְטַעֵר/מִצְטַעֶרֶת
really	בֶּאֱמֶת
almost	כִּמְעַט
many, a lot	הַרְבֵּה

Verbs	פְּעָלִים
Pa'al	פָּעַל
go	הוֹלֵךְ
sit	יוֹשֵׁב
say	אוֹמֵר
sell	מוֹכֵר

UNIT 4 יְחִידָה

אוֹכֶל
Food

Unit 4 יְחִידָה

תּוֹכֶן הָעִנְיָינִים

Unit 4 יְחִידָה

Food אוֹכֶל

Goals

Context/Content

Food

Grocery store, restaurant

Eating habits

Meals, recipe

Communication/Functions

Telling about your eating habits

Shopping for food

Ordering food at a restaurant

Structure/Grammar

Need, have to (**צריך**)

Can/able to (**יכול**)

Infinitives (**שם הפועל – גזרת השלמים, ל"ה/ל"י, ע"ו/ע"י**)

Give me (**תן לי**)

Culture

Israeli food, eating culture

Buying food in Israel

Receipt

Advertisements (**פרסומות**)

Excerpt from Eli Amir's story: **"תרנגול כפרות"**

Songs: **"גברת עם סלים", "שיר הפלאפל"**

At the Grocery Store בַּמַּכֹּלֶת

מינימרקט - מחירון*			
חלב –	**5 ₪***	**יוגורט –**	**3 ₪**
שוקו –	**2 ₪**	**לחם –**	**4 ₪**
גבינה לבנה 5% –	**6 ₪**	**12 בֵּיצים –**	**4 ₪**
גבינה צהובה 100 גר' –	**8 ₪**	**1 ק"ג* זֵיתים –**	**10 ₪**

*מחירון – price list

*₪ (ש"ח) = שְׁקָלִים חֲדָשִׁים

*ק"ג = קִילוֹגְרָם

מוכר: גְּבֶרֶת*, מַה אַתְּ רוֹצָה?
קונה: שְׁנֵי שׁוֹקוֹ, חָלָב*, לֶחֶם* לָבָן, 500 גְּרָם זֵיתִים*, 50 גְּרָם גְּבִינָה* צְהוּבָּה וְשֵׁשׁ בֵּיצִים*.
מוכר: אֵין הַיּוֹם לֶחֶם לָבָן, רַק שָׁחוֹר. אַתְּ רוֹצָה לֶחֶם שָׁחוֹר?
קונה: לֹא, תּוֹדָה.
מוכר: לָמָּה, גְּבֶרֶת? לֶחֶם שָׁחוֹר זֶה בָּרִיא*.
קונה: בְּסֵדֶר, תֵּן לִי* לֶחֶם שָׁחוֹר.

*גְּבֶרֶת – Madam, Miss, Lady
*חָלָב – milk
*לֶחֶם – bread
*זֵיתִים – olives
*גְּבִינָה – cheese
*בֵּיצִים – eggs
*בָּרִיא – healthy
*תֵּן לִי – give me

תרגיל א

כמה עולה האוכל לקונה? Figure out how much the buyer spent at the minimarket.

מוצר – Product	מחיר – Price
2 שוקו	4 ש"ח
	ש"ח
	ש"ח
	ש"ח
	ש"ח
	ש"ח
סך הַכֹּל (Total)	ש"ח

תרגיל ב

כתבו את שם המוצר ליד המחיר שלו:

Write down the name of the items below next to the prices:

שִׁבעה עָשר ש״ח ______ נס קפה

תִּשעים ושישה ש״ח ______

מאה שבעים וחמישה ש״ח ______

שישים ושבעה ש״ח ______

מאה ש״ח ______

חמישים ותשעה ש״ח ______

גְּבִינָה צְהוּבָּה – 175 ש״ח (ק״ג)

יַיִן – 67 ש״ח (בַּקְבּוּק)

נֵס קָפֶה – 17 ש״ח (קוּפְסָה)

תַּפּוּזִים – 100 ש״ח (אַרְגָּז)

רִימּוֹנִים – 59 ש״ח (ק״ג)

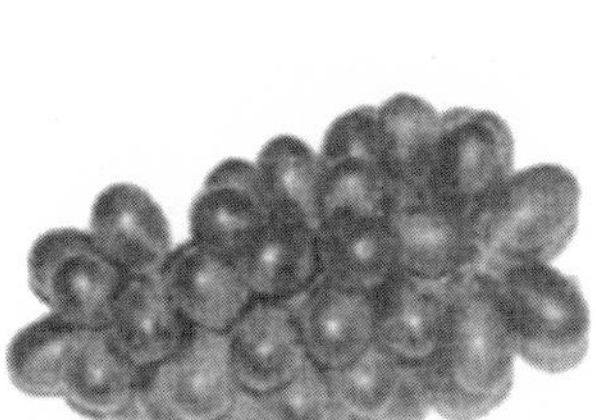

עֲנָבִים – 96 ש״ח (ק״ג)

Fruits, Vegetables פֵּירוֹת, יְרָקוֹת

מֶלוֹן

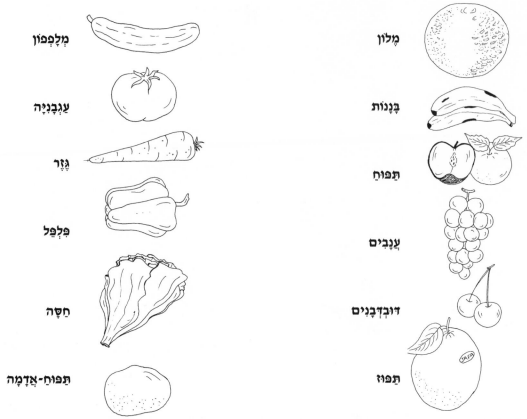

מְלָפְפוֹן

בָּנָנוֹת

עַגְבָנִיָּה

תַּפּוּחַ

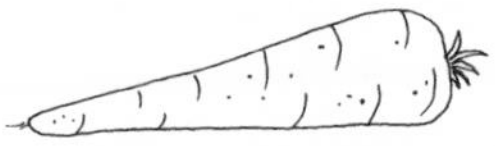

גֶּזֶר

עֲנָבִים

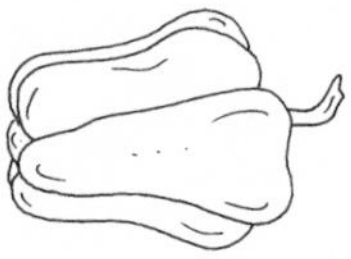

פִּלְפֵּל

דּוּבְדְּבָנִים

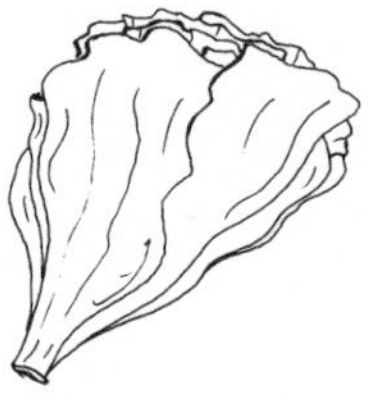

חַסָּה

תַּפּוּז

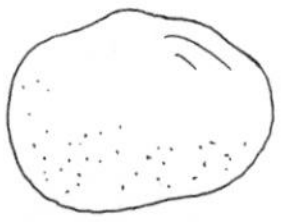

תַּפּוּחַ-אֲדָמָה

תרגיל א

הסתכלו על המוצרים ועשו רשימה של דברים שאתם אוהבים לאכול:

Look at the produce and make a list of things you like to eat:

______________ ______________ ______________

____

תרגיל ב

Your friends are coming over and you want to surprise them with a rich tropical drink (smoothie). Make a list of fruits and vegetables you need:

______________ ______________ ______________

____

קַבָּלָה

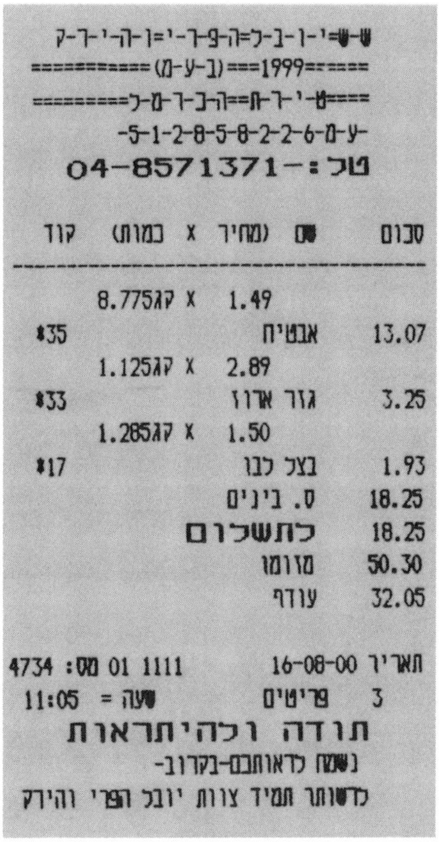
ש-ש=י-ו-ב-ל=ה-פ-ר-י=ו-ה-י-ר-ק
============(ב-ע-מ)===1999======
====ט-י-ר-ת==ה-כ-ר-מ-ל=========
-ע-מ-6-2-2-8-5-8-2-1-5-
טל:-04-8571371

סכום	שם (מחיר	X	כמות)	קוד
	1.49	X	8.775 קג	
13.07	אבטיח			35#
	2.89	X	1.125 קג	
3.25	גזר ארוז			33#
	1.50	X	1.285 קג	
1.93	בצל לבן			17#
18.25	ס. בינים			
18.25	לתשלום			
50.30	מזומן			
32.05	עודף			

תאריך 16-08-00   1111 01 מס: 4734
3 פריטים   שעה = 11:05
תודה ולהיתראות
נשמח לראותכם-בקרוב-
לשרותך תמיד צוות יובל הפרי והירק

תרגיל א

1. מצאו את האינפורמציה בקבלה   Find the following information in the receipt:

Place issued: ______________________

Phone number of business: ______________________

Time and date of purchase: ______________________

Fruits & vegetables bought: 1) ______________________

2) ______________________

3) ______________________

Cash paid: ש״ח __________

Change: ש״ח __________

2. האבטיח עולה __________ ש״ח.
3. ק״ג אחד אבטיח __________ ש״ח.

צָרִיךְ

א. בַּחֲנוּת יְרָקוֹת

– יֵשׁ בָּנָנוֹת?
– כֵּן, כַּמָּה אַתְּ **צְרִיכָה***?
– שְׁנֵי קִילוֹ, בְּבַקָּשָׁה.

*צָרִיךְ – need, have to, must
*לַחְמָנִיּוֹת – rolls

ב. בַּמַּכּוֹלֶת

– מָה אַתֶּם **צְרִיכִים**?
– שְׁתֵּי לַחְמָנִיּוֹת*
וּמַרְגָּרִינָה.
– אַתֶּם **צְרִיכִים** עוֹד מַשֶּׁהוּ?
– לֹא, תּוֹדָה.

ג. בַּשּׁוּק

– תַּפּוּחִים! תַּפּוּחִים! רַק הַיּוֹם!
חֲמִישָּׁה שְׁקָלִים הַקִּילוֹ!
אַתֶּן רוֹצוֹת תַּפּוּחִים?
– לֹא, אֲנַחְנוּ **צְרִיכוֹת** תַּפּוּזִים. יֵשׁ לְךָ?
– לֹא. תַּפּוּחִים! תַּפּוּחִים! רַק חֲמִישָּׁה
שְׁקָלִים הַקִּילוֹ!

צָרִיךְ	**צְרִיכָה**
צְרִיכִים	**צְרִיכוֹת**

תרגיל א

Circle the food items that were bought, according to the three dialogues above:
bananas, tomatoes, milk, apples, grapes, rolls, oranges, cheese, margarine

תרגיל ב

Read the sentences, and add the correct form of **צריך** and/or the name of the salad being prepared:

סָלָטִים

1. אורית עוֹשָׂה **סלט ישרְאלי**.
היא ________ עַגבניות, מלפפונים ובצל*.

*בָּצָל – onion

2. אנחנו עוֹשים **סלט מלפפונים קר**.
אנחנו ________ מלפפונים, יוגורט ומלח.

3. אֶנריקוֹ עוֹשֶׂה **סלט יְוָונִי**.
הוּא ________ חסה, זֵיתים, עַגבניות וגבינה מְלוּחה*.

*מָלוּחַ/ה – salted

4. ישראלה ועדנה עוֹשׂוֹת **סלט בֵּיצים**.
הן ________ בֵּיצים ומיונז.

5. מירה ________ מלון, אבטיח, ענבים ותפוזים.
היא עוֹשׂה סלט ________.

6. ג'ייקוב ________ תפוחי-אדמה, בֵּיצים ומיונז.
הוא עוֹשׂה סלט ________.

אֲרוּחוֹת

מָה אוֹכֶלֶת מִשְׁפַּחַת כֹּהֵן הַיּוֹם?

אֲרוּחַת בּוֹקֶר[1]
קוֹרְנְפְלֶקְס
לֶחֶם / לַחְמָנִיָּיה
גְּבִינָה לְבָנָה
קָפֶה / תֵּה / שׁוֹקוֹ

אֲרוּחַת צוֹהֳרַיִים[2]
מְרַק[4] יְרָקוֹת
שְׁנִיצֶל
תַּפּוּחֵי-אֲדָמָה
סָלָט

אֲרוּחַת עֶרֶב[3]
בֵּיצִים
חוּמוּס בְּפִיתָה
זֵיתִים
סָלָט

[1]אֲרוּחַת בּוֹקֶר — breakfast
[2]אֲרוּחַת צוֹהֳרַיִים — lunch
[3]אֲרוּחַת עֶרֶב — dinner
[4]מָרָק — soup

תרגיל א

כתבו תפריט של ארוחה* רגילה בבית שלכם:

Describe the "menu" of a typical meal at your house:

*אֲרוּחָה — meal

טָעִים* אוֹ בָּרִיא*

*טָעִים — tasty
*בָּרִיא — healthy

רוני: מָה אוֹכְלִים הַיּוֹם?
אמא: פַּסְטָה וּמְרַק יְרָקוֹת.
רוני: מָה יֵשׁ בַּמָּרָק?
אמא: כָּל מִינֵי* יְרָקוֹת: גֶּזֶר, בָּצָל, סֶלֶרִי, כְּרוּב* וְעַגְבָנִיּוֹת.
רוני: זֶה **טָעִים**?
אמא: אֲנִי לֹא יוֹדַעַת אִם זֶה **טָעִים**, אֲבָל זֶה **בָּרִיא**.

*כָּל מִינֵי — different kinds
*כְּרוּב — cabbage

תרגיל א

Complete the chart with your own preferences:

אוכל טָעִים	אוכל טָעִים וּבָרִיא
______	______
______	______
______	______

אוכל לא טָעִים	אוכל לא טָעִים ולא בָּרִיא
______	______
______	______
______	______

תרגיל ב

קראו את האימרה הבאה וכתבו אימרה חדשה:

Read the talmudic saying below, and try to add another sentence to it:

> אֶפְשָׁר לָעוֹלָם לִחְיוֹת בְּלֹא יַיִן, אִי אֶפְשָׁר לָעוֹלָם בְּלֹא מַיִם; אֶפְשָׁר לָעוֹלָם לִחְיוֹת בְּלֹא פִּלְפְּלִין, אִי אֶפְשָׁר לָעוֹלָם לִחְיוֹת בְּלֹא מֶלַח.
>
> **תלמוד ירושלמי, מסכת הוריות, פרק ג׳, הלכה ה׳**

*אֶפְשָׁר — it's possible
*אִי אֶפְשָׁר — it's impossible

אֶפְשָׁר לָעוֹלָם לִחְיוֹת בְּלֹא ________, אִי אֶפְשָׁר לָעוֹלָם בְּלֹא ________.

מִסְעֲדוֹת

אֵיזוֹ מִסְעָדָה*?

*מִסְעָדָה – restaurant

*לֶאֱכוֹל – to eat

טוביה: אַתְּ רוֹצָה לֶאֱכוֹל* הַיּוֹם בְּמִסְעָדָה?
ברוריה: כֵּן, אֵיפֹה?
טוביה: אוּלַי **בַּמִּסְעָדָה הַסִּינִית** עַל-יַד הַבַּיִת?
ברוריה: כָּל הַזְּמַן אֲנַחְנוּ אוֹכְלִים שָׁם.
טוביה: אָז אוּלַי **בַּמִּסְעָדָה הָאִיטַלְקִית** עַל-יַד הַסּוּפֶּרְמַרְקֶט?
ברוריה: אֲנִי לֹא אוֹהֶבֶת **אוֹכֶל אִיטַלְקִי**.
טוביה: אַתְּ רוֹצָה **מִסְעָדָה יִשְׂרְאֵלִית**?
ברוריה: יִשְׂרְאֵלִית? מַה אוֹכְלִים שָׁם?
טוביה: סָלָטִים טוֹבִים.
ברוריה: אֲנִי רוֹצָה סְטֵייק טוֹב.
טוביה: אִם אַתְּ רוֹצָה סְטֵייק, אוּלַי **מִסְעָדָה אָמֶרִיקָאִית**?
ברוריה: בְּסֵדֶר, מָתַי הוֹלְכִים?

תרגיל א

מי הברכן* – טוביה או ברוריה? למה?

*בַּרְרָן/ית – picky

תרגיל ב

סמנו את האוכל שאתם אוהבים:

Mark the kinds of food you like from the list below:

[ ] אוכל סיני
[ ] אוכל יפני
[ ] אוכל איטלקי
[ ] אוכל אמריקאי
[ ] אוכל תאילנדי
[ ] אוכל מקסיקני
[ ] אוכל צרפתי
[ ] אוכל ישראלי
[ ] אוכל צמחוני
[ ] אוכל טבעוני

תרגיל ג

השלימו לפי הדוגמה :Complete according to the example

סוּגֵי אוֹכֶל

1. עוֹף בסויה – אוכל סיני
2. רביוֹלי עם גבינה – ______
3. בּוּריטוֹ – ______
4. מרק סֶלֶק (בּוֹרשט) – ______
5. מרק בצל – ______
6. מרק ירקות (מינסטרוֹני) – ______

7. ______ – אוכל יפני
8. ______ – אוכל ישראלי
9. האמבורגר – אוכל אמריקאי
10. ______ – אוכל אנגלי
11. ______ – אוכל יהוּדי
12. ______ – אוכל הוֹדי

תרגיל ד

השלימו עם שם הארץ לפי הדוגמה

Complete with a name of the country that fits the statements below:

אֶרֶץ, אוֹכֶל...

1. ב צרפת יש גבינות מצוּיינות.
2. ב ______ יש זיתים טוֹבים.
3. ב ______ שוֹתים הרבה תה.
4. ב ______ יש סוּשי טעים.
5. ב ______ יש תפוּזים טוֹבים.
6. ב ______ יש פסטה טוֹבה.
7. ב ______ יש יין טוֹב.
8. ב ______ אוֹהבים לאכוֹל תפוּחי אדמה.

תרגיל ה

Young adults need about 2000 calories per day. Use this chart to talk about your diet habits with a friend:

סוֹפְרִים קָלוֹרְיוֹת*

*סוֹפְרִים קָלוֹרְיוֹת – counting calories

ארטיק שוקולד	250 קלוריות
שוקו עם קצפת	178 קלוריות
כוס תה עם סוכר וחלב	50 קלוריות
פרוסת מלון וקיווי	49 קלוריות
פחית דאייט קולה	2 קלוריות
לחמניה	110 קלוריות
פלאפל עם חומוס, טחינה וסלט	700 קלוריות
תפוח-אדמה אפוי עם חמאה וגבינה	409 קלוריות
יוגורט דל-שומן	84 קלוריות
ספגטי אלפרדו	539 קלוריות
5 זיתים קטנים	22 קלוריות
כוס חלב (2% שומן)	130 קלוריות

תֵּן לִי

בַּקִּיוֹסְק

לקוח:	**תֵּן לִי*** בֵּייגֶלֶה אֶחָד, בְּבַקָּשָׁה.
מוכר:	בְּלִי* מֶלַח אוֹ עִם מֶלַח?
לקוח:	עִם מֶלַח.
מוכר:	בְּבַקָּשָׁה, 6 שְׁקָלִים.
לקוח:	תּוֹדָה.

*תֵּן לִי — give me, let me have
*בְּלִי — without

אֲרוּחָה מִשְׁפַּחְתִּית

אמא:	תָּמָר, אַתְּ רוֹצָה סְפָּגֶטִי?
תמר:	לֹא, אֲנִי לֹא רְעֵבָה*.
אבא:	אַתְּ רוֹצָה מִיץ* תַּפּוּחִים אוֹ כּוֹס מַיִם?
תמר:	לֹא, אֲנִי לֹא צְמֵאָה*.
אמא:	תָּמָר, אַתְּ צְרִיכָה לֶאֱכוֹל מַשֶּׁהוּ.
תמר:	טוֹב, **תְּנוּ לִי** קְצָת* סְפָּגֶטִי.

*רָעֵב/ה — hungry
*מִיץ — juice
*צָמֵא/ה — thirsty
*קְצָת — a little

נ.ת.ן. — לָתֵת (To give)	
תֵּן לִי	(You, m.s.) give me
תְּנִי לִי	(You, f.s.) give me
תְּנוּ לִי	(You, p.) give me

תרגיל א

Complete with תֵּן לִי or תְּנִי לִי :

1. בְּבֵית קָפֶה

לקוח : סליחה, ______ ______ קָפֶה הָפוּךְ, בבקשה.

מלצר* : אתה רוֹצֶה עוגה* עִם הַקָּפֶה?

לקוח : יש לָכֶם עוגת פֵּירוֹת?

מלצר : כן. תפוּחים.

לקוח : טוֹב, אז ______ ______ גם עוגה, בבקשה.

*מֶלְצַר — waiter

*עוּגָה — cake

2. אֵיךְ הָאוֹכֶל?

מירה : הסלט שלי טעים.

דני : אז ______ ______ קְצָת* מהסלט שלָךְ.

מירה : איך הַדָּג* שלךָ?

דני : מצוּין.

מירה : אז ______ ______ חֲתִיכָה* קטנה.

*דָּג — fish

*חֲתִיכָה — piece

אוֹכְלִים בַּחוּץ

שיחה

.1 ספרו על מסעדה שאתם אוהבים, והמנות שאתם אוהבים לאכול שם:

Tell about your favorite restaurant and the different courses you like to eat there:

מָנוֹת

.1 איזו **מִסעדה** את/ה אוהב/ת?

____

.2 מה את/ה אוהב/ת לאכול שם ל**מָנָה רִאשׁוֹנָה***?

____

.3 מה את/ה אוהב/ת לאכול שם ל**מָנָה עִיקָּרִית***?

____

.4 איזה **קִינּוּחַ*** את/ה אוהב/ת לאכול שם?

____

*מָנָה רִאשׁוֹנָה — first course

*מָנָה עִיקָּרִית — main course

*קִינּוּחַ — dessert

מִסְעֶדֶת "הַמִּפְגָּשׁ"

א.

מלצרית: כַּמָּה אַתֶּם?

גדעון: שְׁנַיִים.

מלצרית: יֵשׁ שׁוּלְחָן עַל יַד הַחַלּוֹן, בְּסֵדֶר?

לימור: יוֹפִי.

ב.

מלצרית: הִנֵּה הַתַּפְרִיט*.
הַיּוֹם יֵשׁ לָנוּ גַּם מְרַק בָּשָׂר* וְקוּסְקוּס עִם
עוֹף* וְקִינָּמוֹן.
אֲנִי כְּבָר חוֹזֶרֶת*.

*תַּפְרִיט — menu
*בָּשָׂר — beef
*עוֹף — chicken
*אֲנִי כְּבָר חוֹזֶרֶת — I'll be right back

ג.

מלצרית: אַתֶּם יוֹדְעִים מָה אַתֶּם רוֹצִים?

גדעון: כֵּן, לְמָנָה רִאשׁוֹנָה אֲנַחְנוּ רוֹצִים סָלָטִים.
תְּנִי לָנוּ חוּמוּס, טְחִינָה, סָלָט טוּרְקִי,
סָלַט גֶּזֶר וַחֲצִילִים*.

לימור: לְמָנָה עִיקָּרִית אֲנִי רוֹצָה שְׁווּאַרְמָה עִם צִ׳יפְּס
וְהוּא רוֹצֶה עוֹף בְּגְרִיל עִם אוֹרֶז* וִירָקוֹת.

מלצרית: מָה אַתֶּם רוֹצִים לִשְׁתּוֹת?

גדעון: לִימוֹנָדָה עִם נַעְנַע*.

לימור: אֲנִי רוֹצָה מַיִם קָרִים*.

*חֲצִילִים — eggplants
*אוֹרֶז — rice
*נַעְנַע — mint
*מַיִם קָרִים — cold water

ד.

מלצרית: הַכֹּל בְּסֵדֶר?

לימור: כֵּן.

מלצרית: אַתֶּם רוֹצִים קִינּוּחַ?

גדעון: לֹא, תּוֹדָה.

לימור: תְּנִי לִי אֶת הַחֶשְׁבּוֹן* בְּבַקָּשָׁה.

גדעון: לֹא, לֹא, תְּנִי לִי אֶת הַחֶשְׁבּוֹן...

*חֶשְׁבּוֹן — check, bill

תרגיל א

איזה אוכל יש ב"מסעדת המפגש"?

סיני / ישראלי / יְוָונִי / צרפתי / מָרוֹקָאִי / אמריקאי / מֶקְסִיקָנִי

תרגיל ב

כתבו דיאלוג אחר שמתרחש במסעדה אמריקאית.

Write a dialogue that takes place in an American restaurant.

תרגיל ג

מצבים

מה אתם אומרים בסיטואציות האלה?

What would you say in Hebrew in the following situations?

1. Ask to see the menu.

____

2. Order a three-course meal in a restaurant (appetizer, entree, dessert).

____

____

3. Tell the host/ess how many people are in your party and where you want to sit.

____

4. You want to pay the bill. What do you say?

____

5. The soup is cold and not very tasty. Complain about it to your server.

____

תרגיל ד

Complete the following statements with the correct form of the adjective:

מִסְעָדָה לֹא טוֹבָה

1. התה לא ______חם______. **(חם)**
2. איזה תַּפריט ______________! **(משעמם)**
3. הסלטים לא ______________ פה. **(טעים)**
4. למה אין פה אוכל ______________? **(איטלקי)**
5. אין לָכם מים ______________? **(קר)**
6. השווארמה לא ______________. חבל. **(חריף*)**

*חָרִיף – hot, spicy

פִּיצוּצִיָּה

7:00
״תֵּן לִי שׁוֹקוֹ קַר, מַיִם מִינֶרָלִיִּים וְסוֹדָה בְּבַקָּשָׁה.״

10:00
״אֵיךְ בָּא לִי גַּרְעִינִים...אוּלַי גַּם שׁוֹקוֹלָד, אוֹ סוּכָּרִיּוֹת לִימוֹן...?״

12:00
״אַרְטִיק וָנִיל וּמַסְטִיק בְּבַקָּשָׁה.״

20:00
״תֵּן לָנוּ יַיִן אָדוֹם, פְּרָחִים וּבוֹנְבּוֹנְיֶירָה אַחַת בְּבַקָּשָׁה.״

תרגיל א

What would you buy in this store, and when? **מה אתם הייתם קונים בפיצוצייה ומתי?**

שֵׁם הַפּוֹעַל *Infinitive*

דִקְדוּק

The infinitive expresses the basic idea of the verb root. It has no tense, gender, or number. Infinitives in Hebrew are created by the preposition **ל** *(to) + the root + additional letters, depending on the verb group.*

** Note that in the case of some letters (when* **א** *or* **ע** *is the first letter of the root), a slight difference in vocalization occurs.*

בִּנְיַין פָּעַל – שְׁלֵמִים	
□.□.□.	לִ□ְ□וֹ□
ל.מ.ד.	**לִלְמוֹד**
ק.ר.א.	**לִקְרוֹא**
כ.ת.ב.	**לִכְתּוֹב**
□.□.□.	לַ□ֲ□וֹ□
ע.ב.ד.	**לַעֲבוֹד***
□.□.□.	לֶ□ֱ□וֹ□
א.כ.ל.	**לֶאֱכוֹל***

בָּעִידָן הָאֶלֶקְטְרוֹנִי

.1

– אוּרִי, אַתָּה **לוֹמֵד** מַחְשְׁבִים?

– כֵּן, כָּל אֶחָד **צָרִיךְ לִלְמוֹד** מַחְשְׁבִים הַיּוֹם.

.2

– לִיאַת, אַתְּ **קוֹרֵאת** עִיתּוֹן "מַעֲרִיב"?

– כֵּן, אֲנִי **אוֹהֶבֶת לִקְרוֹא** אֶת הָעִיתּוֹן בָּאִינְטֶרְנֶט.

.3

– אַתֶּם **כּוֹתְבִים** בַּמַּחְשֵׁב בְּעִבְרִית?

– לֹא, בַּמַּחְשֵׁב שֶׁלָּנוּ אֲנַחְנוּ לֹא **יְכוֹלִים לִכְתּוֹב** בְּעִבְרִית.

.4

– אַתָּה **עוֹבֵד** אוֹ **לוֹמֵד**?

– אֲנִי **רוֹצֶה לִלְמוֹד** מַחְשְׁבִים, אֲבָל אֲנִי **צָרִיךְ לַעֲבוֹד**.

דִּקְדּוּק

If there is more than one verb in the same sentence, the second verb will usually be an infinitive:
The verbs **רוצה, אוהב, צריך, יכול** *commonly precede the infinitive.*

- הוּא רוֹצֶה לִקְרוֹא. He wants to read.
- הִיא אוֹהֶבֶת לִכְתּוֹב. She likes to write.
- הֵם צְרִיכִים לִלְמוֹד. They need to study.
- הֵן יְכוֹלוֹת לַעֲבוֹד. They can/are able to work.

can, able to יָכוֹל

יָכוֹל	**יְכוֹלָה**
יְכוֹלִים	**יְכוֹלוֹת**

הַחוּקִים שֶׁל כִּיתָּה ו' ("Class Rules" for a sixth grade class)

החוקים של כיתה ו'

- אתם יכולים לכתוב בספר רק בעיפרון.
- אתם יכולים לעבוד עם חבר/ה.
- אתם לא יכולים ללעוס מסטיק* בבית הספר.
- אתם לא יכולים לדבר עם חברים בשיעור.
- אתם לא יכולים לכתוב מכתבים באינטרנט, אבל אתם יכולים לקרוא חדשות במחשב.

*לִלְעוֹס מַסְטִיק — to chew gum

תרגיל א

השלימו עם הצורה הנכונה של יכול Complete with the correct form of:

שָׂפוֹת

1. שרה יכולה לדבר הונגרית, אבל האח* שלה __________ גם לדבר וגם לקרוא הונגרית.
2. אייל וירון יכולים לקרוא יידיש, אבל הם לא __________ לְהָבִין* מה שהם קוראים.
3. לא כל מי שלומד רוסית __________ גם לדבר רוסית. זאת שפה קשה*.
4. מנחם יכול לדבר עברית, אבל אימא שלו __________ לדבר גֶרמנית, רוסית ופולנית.

*אָח — brother

*לְהָבִין — to understand

*קָשָׁה — difficult

תרגיל ב

כתבו את שם-הפועל של השורשים הבאים Create infinitives out of these roots:

1. פ.ג.שׁ. __________ (to meet)
2. שׁ.א.ל. __________ (to ask)
3. ל.ב.שׁ. __________ (to wear)
4. ג.ל.שׁ. __________ (to surf)
5. ע.ז.ר. __________ (to help)
6. ע.מ.ד. __________ (to stand)
7. ע.צ.ר. __________ (to stop)
8. א.ה.ב. __________ (to love/like)

תרגיל ג

כתבו את שם-הפועל Complete with the infinitives:

גַּל וְהַחֲבֵרִים

1. גל צָריך (**פ.ג.שׁ.**) __________ חבֵרים בקפיטֶריה.
2. הם אוהבים (**ל.מ.ד.**) __________ בְּיַחַד.
3. בקפיטֶריה הם יכולים (**א.כ.ל.**) __________ וְ(**ל.מ.ד.**) __________.

תרגיל ד

כתבו את הפועל בצורה הנכונה Conjugate the roots:

1. בחנות: סְליחה, אתה **(י.כ.ל.)** __________ **(ע.ז.ר.)** __________ לי?
2. בכיתה: מה אתה **(ר.צ.ה.)** __________ **(שׁ.א.ל.)** __________ ?
3. במסעדה: אתה **(א.ה.ב.)** __________ **(א.כ.ל.)** __________ גלידַת שוֹקוֹלד?
4. בבית: למה הוא לא **(ר.צ.ה.)** __________ **(ל.מ.ד.)** __________ מָתֶמטיקה?
5. בקיבוץ: איפה אנחנו **(צ.ר.כ.)** __________ **(ע.ב.ד.)** __________ היום?

תרגיל ה

תרגמו לעברית Translate into Hebrew:

1. Do you want to eat fruit?

____

2. He can work in a vegetable store.

____

3. She has to eat carrots.

____

4. I like to meet friends at the kiosk.

____

5. They like to read about restaurants.

____

הַמְּאַבְטֵחַ*

*מְאַבְטֵחַ — security guard

אני לומד בַּיּוֹם ושוֹמֵר* בַּלילה. זֹאת עבוֹדה טוֹבה לסטוּדנט, כי אני יכוֹל לקרוֹא בִּזמן העבוֹדה. אני צָריך לַעֲצוֹר* אֶת מי שבא לְפֹּה ואני צָריך לִשְׁאוֹל* שאֵלוֹת. אבל אין הַרְבֵּה אֲנָשים בַּלילה, ואני יָכוֹל לִלְמוֹד לַקוּרסים שלי.

*שׁוֹמֵר — guard
*לַעֲצוֹר — to stop
*לִשְׁאוֹל — to ask

תרגיל א

כתבו נכון / לא נכון.

Circle True/False according to the dialogue above.

1. המאַבטֵחַ צריך לשמור גם ביוֹם וגם בלילה. **נכון / לא נכון**
2. המאַבטֵחַ אוהב אֶת העבוֹדה שלו. **נכון / לא נכון**
3. המאַבטֵחַ לא מדבֵּר עִם אֲנָשים. **נכון / לא נכון**
4. בלילה המאַבטֵחַ שומר ולומד. **נכון / לא נכון**

הַגַּלְשָׁנִים*

*גַּלְשָׁן — surfer, surfboard

ישראל: אתה בא לִגְלוֹשׁ* היום?
יוני: אני רוצה לִגְלוֹשׁ, אבל אני לא יכול.
ישראל: למה?
יוני: הַגַּלְשָׁן* שלי לא בסדר.
ישראל: אז מה עושים? הולכים לגלוש מחר*?
יוני: סַבַּבָּה*!

*לִגְלוֹשׁ — to surf
*מָחָר — tomorrow
*סַבַּבָּה — great (slang)

פעילות/שיחה

בקשו מחברים שלכם לעזור לכם באחת מן הפעילויות הבאות

Ask your friends to help you with activities you would like to do. Use infinitives such as:

לקרוא, לאכול, ללמוד, לגלוש, לכתוב

פָּעַל, ע"ו/ע"י – שֵׁם הַפּוֹעַל

א. בַּבַּיִת

– יוֹסִי, אַתָּה **בָּא**? הָאוֹכֶל עַל הַשּׁוּלְחָן.

– אֲנִי לֹא רָעֵב, אֲנִי לֹא **רוֹצֶה לָבוֹא**.

ב. בָּאוּנִיבֶרְסִיטָה

– אַתְּ **גָּרָה** בַּקַּמְפּוּס?

– אֲנִי סְטוּדֶנְטִית חֲדָשָׁה, אֲנִי **צְרִיכָה לָגוּר** בַּקַּמְפּוּס.

ג. בַּפַּארְק

– אַתָּה אוֹהֵב סְפּוֹרְט?

– כֵּן, אֲנִי **רָץ**. גַּם אַתָּה **אוֹהֵב לָרוּץ**?

– לֹא, אֲנִי אוֹהֵב לָלֶכֶת*.

*לָלֶכֶת — to go, walk

ד. בַּדִּירָה

– מִיכַל אַתְּ **קָמָה**? אַתְּ צְרִיכָה לִלְמוֹד!

– לֹא, אֲנִי לֹא **רוֹצָה לָקוּם**.

ה. בַּטֶּלֶפוֹן

– סְלִיחָה, וַרְדָּה, אַתְּ **נָחָה** עַכְשָׁיו?

– אַתְּ יוֹדַעַת שֶׁאֲנִי **אוֹהֶבֶת לָנוּחַ** בֵּין* שְׁתַּיִים לְאַרְבַּע.

*בֵּין — between

ו. בָּרְחוֹב

– אַתָּה **טָס** לְאָמֶרִיקָה הַקַּיִץ*?

– לֹא, אֲנִי לֹא **אוֹהֵב לָטוּס** כָּל-כָּךְ* רָחוֹק*.

*הַקַּיִץ — this summer

*כָּל-כָּךְ — so

*רָחוֹק — far

בִּנְיַין פָּעַל – ע"ו/ע"י	
□.□.□	**לָ□וּ□**
ק.ו.מ.	**לָקוּם**
ג.ו.ר.	**לָגוּר**
ר.ו.צ.	**לָנוּחַ**
□.□.□	**לָ□וֹ□**
ב.ו.א.	**לָבוֹא**
□.□.□	**לָ□ִי□**
ש.י.מ.	**לָשִׂים**
ש.י.ר.	**לָשִׁיר**

תרגיל א

כתבו את שם הפועל של השורשים הבאים Write infinitives out of the following roots:

1. ד.ו.ג. __________ (to fish)
2. שׁ.ו.ט. __________ (to sail/cruise)
3. מ.ו.ת. __________ (to die)
4. צ.ו.מ. __________ (to fast)
5. שׁ.י.ר. __________ (to sing)

תרגיל ב

קראו על יוסי וכתבו את שם הפועל Read about Yossi and write the infinitive:

יוֹסִי מֵעֲרָד

יוסי גר בְּעֲרָד. הוא אוֹהֵב (ג.ו.ר.) __________ בְּמָקוֹם שָׁקֵט.

יוסי אוֹהֵב (ק.ו.מ.) __________ מוקדם בַּבּוֹקר ולָרוּץ בפארק.

יוסי גם אוֹהֵב (נ.ו.ח.) __________ אחר הצוהריים.

בחופשה* יוסי אוֹהֵב (ד.ו.ג.) __________ בַּכִּינֶּרֶת או בַּירדן.

*חוּפְשָׁה – vacation

תרגיל ג

ספרו על מישהו אחר

Use the pattern in the previous exercise to tell about another person:

____

____

____

____

תרגיל ד

כתבו את הפעלים Conjugate the verbs and write infinitives when necessary:

מַחֲנֶה קַיִץ

המדריך אומר:

אתם (י.כ.ל.) __________ (ג.ו.ר.) __________ באוהל* או בצְרִיף*.

אתם (צ.ר.כ.) __________ (שׂ.י.מ.) __________ אֶת הבגָדים* בארון.

כל בוקר אתם (צ.ר.כ.) __________ (ק.ו.מ.) __________ בשֶׁבע.

אתם (י.כ.ל.) __________ (נ.ו.ח.) __________ בֵּין שְׁתַּיִים לְאַרְבַּע.

בעֶרב אתם (י.כ.ל.) __________ (שׁ.י.ר.) __________ בַּמּוֹעֲדוֹן*.

אם אתם רוצים, אתם (י.כ.ל.) __________ (שׁ.ו.ט.) __________ או

(ד.ו.ג.) __________ דגים.

*אוֹהֶל – tent

*צְרִיף – cabin

*בְּגָדִים – clothes

*מוֹעֲדוֹן – club house

תרגיל ה

השלימו את המשפט Change the infinitive expressions in bold to fit the new sentence:

דָּנִיאֵל וְדָנִיאֵלָה (א)

1. דניאל **צָרִיךְ לָקוּם** בשבע, אבל דניאלה לא צְרִיכָה לָקוּם לפני* שמונה.
2. דניאל **אוֹהֵב לָרוּץ** בבוקר. דניאלה לא _________ _________, לא בבוקר, לא בצוהריים ולא בערב.
3. דניאל **אוֹהֵב לָנוּחַ** בערב, אחרי* העבודה. דניאלה _________ _________ בצהריים.
4. דניאל **רוֹצֶה לָגוּר** בישראל, אבל דניאלה עדיין לא יודעת אִם היא _________ _________ שם.

*לִפְנֵי — before

*אַחֲרֵי — after

דָּנִיאֵל וְדָנִיאֵלָה (ב)

דניאלה _________ _________ היא _________ _________ בַּמַקהלה*.

(א.ה.ב.) (שׁ.י.ר.) (ר.צ.ה.) (שׁ.י.ר.)

דניאל לא _________ _________, לא בַּמַקהלה ולא בִּמְקלחת.

(א.ה.ב.) (שׁ.י.ר.)

דניאל _________ ספורט. הוא _________ _________ מוקדם* ו _________ בפארק.

(א.ה.ב.) (א.ה.ב.) (ק.ו.מ.) (ר.ו.צ.)

דניאלה לא _________ ספורט, אבל בבוקר היא _________ _________

(א.ה.ב.) (צ.ר.כ.) (ר.ו.צ.)

לעבודה, כי היא לא _________ _________ מוקדם.

(א.ה.ב.) (ק.ו.מ.)

* מַקְהֵלָה — choir

*מוּקְדָם — early

פָּעַל, ל״ה/ל״י – שֵׁם הַפּוֹעַל

א. בַּבּוֹקֶר
– מָה אַתְּ **שׁוֹתָה**?
– מִיץ תַּפּוּזִים. גַּם אַתְּ **רוֹצָה לִשְׁתּוֹת**?

ב. בַּשּׁוּק
– כַּמָּה **עוֹלֶה** הָאֲבַטִּיחַ?
– אֲבַטִּיחַ **צָרִיךְ לַעֲלוֹת** 10 שְׁקָלִים, אֲבָל בִּשְׁבִילֵךְ רַק 5 ש״ח.

ג. בַּחֲנוּת יַיִן
– מָה אַתֶּם **קוֹנִים**?
– אֲנַחְנוּ **רוֹצִים לִקְנוֹת** יַיִן צָרְפָתִי טוֹב.

ד. בַּמִּטְבָּח
– מָה אַתְּ **עוֹשָׂה**, עוּגַּת גְּבִינָה?
– כֵּן, גַּם אַתְּ **יְכוֹלָה לַעֲשׂוֹת**, זֶה פָּשׁוּט* מְאוֹד.

* פָּשׁוּט – simple

ה. בַּבַּיִת
– אִמָּא, אֲנַחְנוּ **רוֹצִים** הַמְּבּוּרְגֶר וְצִ׳יפְּס.
– בֶּאֱמֶת? אַתֶּם **יְכוֹלִים לִרְצוֹת**...

דִּקְדּוּק

All ל״ה verbs end with ות_ in the infinitive form:

בִּנְיַין פָּעַל – ל״ה	
☐.☐.☐	לְ☐☐וֹת
ק.נ.ה.	**לִקְנוֹת**
שׁ.ת.ה.	**לִשְׁתּוֹת**
ר.צ.ה.	**לִרְצוֹת**
ר.א.ה.	**לִרְאוֹת**
☐.☐.☐	לַ☐ֲ☐וֹת
ע.ל.ה.	**לַעֲלוֹת**
ע.שׂ.ה.	**לַעֲשׂוֹת**

תרגיל א

Create infinitives out of the following roots: **כתבו את שם הפועל**

1. ב.נ.ה. ______________ (to build)
2. ב.כ.ה. ______________ (to cry)
3. ע.נ.ה. ______________ (to reply, answer)
4. שׂ.ח.ה. ______________ (to swim)
5. ה.י.ה. ______________ (to be)

תרגיל ב

Write in the infinitive: **כתבו את שם הפועל**

הַטִּיּוּל שֶׁל מָאיָה לְסִינַי

1. מאיה אוֹהֶבֶת (**ה.י.ה.**) ______________ בְּסִינַי.
2. היא רוֹצָה (**ר.א.ה.**) ______________ את הַבֶּדוּאִים בַּמִּדְבָּר.
3. היא רוֹצָה (**ע.ל.ה.**) ______________ על הר-סִינַי.
4. היא רוֹצָה (**שׂ.ח.ה.**) ______________ עם הדוֹלְפִינִים בְּיַם-סוּף.

תרגיל ג

נקדו את הסיסמה

Vocalize this popular bumper sticker of the Israeli Animals' Rights Organization (animal = חַיָּה):

תנו לחיות לחיות!

תרגיל ד

כתבו את הפעלים ואת שם הפועל בצורה הנכונה

Conjugate the verbs and write infinitives as necessary:

בְּקֵיסָרְיָה

1. אתם (צ.ר.כ.) ___________ (ר.א.ה.) ___________ את העתיקוֹת.
2. אתם (י.כ.ל.) ___________ (שׂ.ח.ה.) ___________ בים.
3. אתם (י.כ.ל.) ___________ (שׁ.ת.ה.) ___________ מַשהו בבֵית קפה.
4. אם אתם (ר.צ.ה.) ___________, אתם (י.כ.ל.) ___________ (ק.נ.ה.) ___________ מַזְכָּרוֹת* בחנות תַּיָּרים*.

* מַזְכָּרוֹת — souvenirs
* תַּיָּר/ים — tourist/s

תרגיל ה

השלימו את הטבלה Complete the chart:

שם הפועל	השורש	הגזרה
לִכְתּוֹב	כ.ת.ב.	שלמים
לִקְנוֹת		
לָגוּר		
לַעֲבוֹד		
לִרְקוֹד		
לִשְׁתּוֹת		
לִקְרוֹא		
לָקוּם		
לִמְכּוֹר		
לָבוֹא		
לָנוּחַ		
לֶאֱכוֹל		
לָשִׁיר		
לָשִׂים		

תרגיל ה

השלימו עם הפעלים בצורה הנכונה: Write the appropriate form of the verbs in the blanks:

1. מִשְׁפַּחַת סִימְפְּסוֹן

בָּרְט סימפסון **(ג.ו.ר.)** __________ בבית בספרינגפילד. ברט קטן וחכם, אבל הוא לא **(א.ה.ב.)** __________ **(ל.מ.ד.)** __________. ברט **(א.ה.ב., ר.ו.צ.)** __________ __________ בפארק. הוא גם **(א.ה.ב.)** __________ **(א.כ.ל.)** __________ המבורגרים. הוֹמֶר, אבא של בָּרְט **(ע.ב.ד.)** __________, אבל הוא לא **(א.ה.ב., ע.ב.ד.)** __________ __________. הוא רק **(ר.צ.ה., ר.א.ה.)** __________ טלויזיה. הוא אומר: אני **(צ.ר.כ., נ.ו.ח.)** __________ __________ ואני **(ר.צ.ה., שׁ.ת.ה.)** __________ __________ בירה.

2. אַבְנֵר מִתֵּל-אָבִיב כּוֹתֵב

A. Complete the verbs in Avner's letter:

שלום,
אני סטודנט לפיזיקה. אני גר במעונות הסטודנטים.
אני לא **(י.כ.ל., ל.מ.ד.)** __________ __________
בחדר שלי, כי השותף שלי **(א.ה.ב., ע.שׂ.ה.)** __________
__________ *הרבה רעש. הוא סטודנט לספרות.*
הוא **(צ.ר.כ., ק.ר.א.)** __________ __________ *הרבה,*
אבל הוא רק **(ר.צ.ה., פ.ג.שׁ.)** __________ __________
*חברים ו***(שׁ.מ.ע.)** __________ *מוסיקה.*
מה אני **(י.כ.ל, ע.שׂ.ה.)** __________ __________*?*

תודה,
אבנר

B. Describe a better roommate than Avner's:

____

____

____

____

3. נָעֳמִי מִמִּצְפֶּה-רָמוֹן כּוֹתֶבֶת (לְפִי עִיתּוֹן "לַמַּתְחִיל", 1993)

A. Read Naomi's letter, and fill in the blanks with the correct form of the verbs:

שלום רב,
אני עולה חדשה מאתיופיה ואני **(ר.צ.ה., ח.י.ה.)**
________ ________ בישראל עם המשפחה שלי.
המשפחה שלי עדיין באתיופיה. הם לא **(ר.צ.ה., ג.ו.ר.)**
________ ________ שם, הם **(ר.צ.ה., ב.ו.א.)**
________ ________ לישראל, אבל הם לא
(י.כ.ל., ע.ל.ה.) ________ ________ לפה כי אין
להם כסף. מה אני **(י.כ.ל., ע.שׂ.ה.)** ________
________?

נעמי
מצפה רמון

B. Write a letter to Naomi advising her what to do:

____
____
____
____
____

תרגיל ו

פעילות

Walk around the classroom and find people who fit the following statements:

1. אני אוהב/ת לנוח בצהריים. ______________
2. אני צריך/ה לקום מוקדם* בבוקר. ______________
3. אני יודע/ת לְדַבֵּר רוסית. ______________
4. אני רוצה לגור בניו-יורק. ______________
5. אני אוהב/ת לֶאֱכול סלט בבוקר. ______________
6. אני יכול/ה לקרוא תַּפריט בספרדית. ______________
7. אני אוהב/ת לֶאֱכול במסעדות יפניות. ______________
8. אני יודע/ת לָשיר יָפֶה. ______________
9. אני אוהב/ת לֶאֱכול אוכל עִם הרבֵּה מֶלַח. ______________
10. אני יכול/ה לָרוּץ בְּמָרָתוֹן (26 מייל) . ______________
11. אני רוצה לִלמוד רְפוּאָה*. ______________

*מוּקְדָם — early

*רְפוּאָה — medicine

פִּרְסוֹמֶת

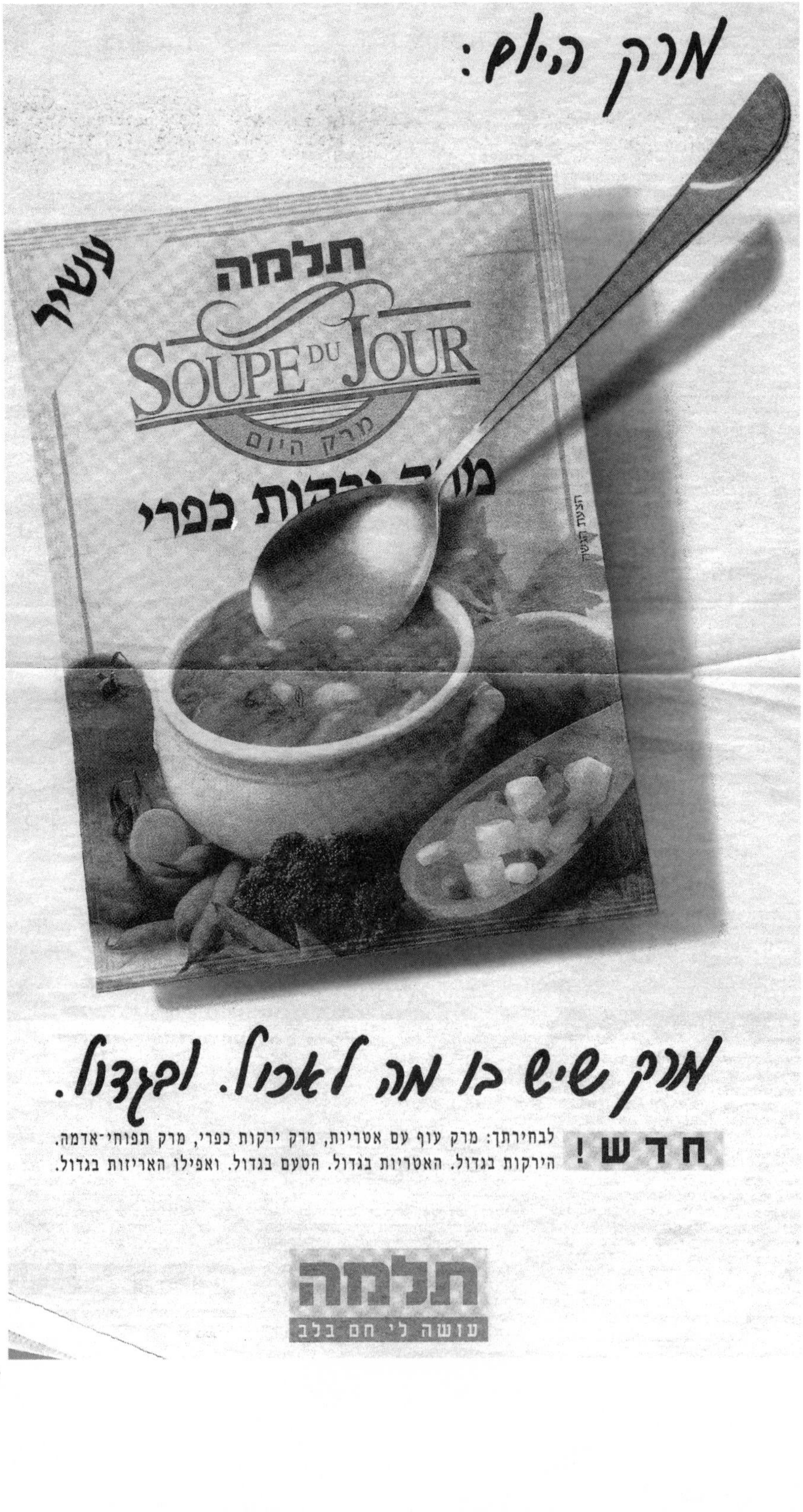
מרק היום:
עשיר
תלמה
SOUPE DU JOUR
מרק היום
כפרי
מרק שיש בו מה לאכול. ובגדול.
חדש!
לבחירתך: מרק עוף עם אטריות, מרק ירקות כפרי, מרק תפוחי-אדמה.
הירקות בגדול. האטריות בגדול. הטעם בגדול. ואפילו האריזות בגדול.
תלמה
עושה לי חם בלב

תרגיל א

Find the following expressions in the ad: **מצאו את המבעים הבאים בפרסומת**

1. soup of the day ______________________
2. vegetable soup ______________________
3. potato soup ______________________
4. chicken-noodle soup ______________________

תרגיל ב

Read aloud the following expressions this ad uses to advertise the soup, as if you were an announcer:

עשיר!

חדש!

מרק שיש בו מה לאכול!

הטעם בגדול!

תֶלְמָה עושה לי חם בלב!

תרגיל ג

פעילות

Write an ad for another food product **: כתבו פרסומת למוצר מזון אחר**

מַה הַבְּעָיָה*?

מלצרית: כן אדוֹנִי, מה הַבְּעָיָה?

לקוח: המרק קר, הקולה חמה, הבשר חָרִיף, האוֹרֶז מָלוּחַ*, הַסַכּוּ"ם לא נָקִי* והשולחן מְלוּכְלָך*.

מלצרית: עוֹד מַשהוּ?

לקוח: כן. האוֹכל יָקָר!

*בְּעָיָה — problem

*מָלוּחַ — salty

*סַכּוּ"ם — cutlery

*נָקִי — clean

*מְלוּכְלָך — dirty

סַכּוּ"ם:

knife — סַכִּין

spoon — כַּף

fork — מַזְלֵג

תרגיל א

Complain to your waiter or waitress about a bad dining experience.

אוֹכְלִים בַּקִּיבּוּץ

חברת קיבוץ: מה יש הַיוֹם?

מגישה*: עוֹף צָלוּי* וּתַפּוּחֵי-אדמה.

חברת קיבוץ: מה, שוּב פַּעַם* עוֹף?

מגישה: יש גם דָּגִים. אַת רוֹצָה דָגִים?

חברת קיבוץ: לא, אני לא אוהבת דָגים. איזה אוֹכל צמחוֹני* יש?

מגישה: פסטה וסלט חצילים.

חברת קיבוץ: טוֹב, לא צריך כלוּם*. תוֹדה.

*מַגִּישׁ/ה — server

*צָלוּי — roasted

*שוּב פַּעַם — again

*צִמְחוֹנִי — vegetarian

*כְּלוּם — anything, nothing

תרגיל ב

Circle the food items that appear in the text. **אילו שמות של מאכלים יש בטקסט?**

eggplant salad, omelet, roast chicken, noodles, rice, fish, potatoes, pasta

"תַּרְנְגוֹל כַּפָּרוֹת", אֱלִי עָמִיר

Eli Amir was born in Baghdad, Iraq, and immigrated to Israel in 1950, at the age of 12. Amir spent his high school years on a kibbutz, separated from his family, who lived in a transitional immigration camp (מעברה). This was the fate of many Jewish families, displaced after their immigration to Israel from Muslim countries. Amir's first novel, תרנגול כפרות (Scapegoat), based on this experience, records the hardships of assimilating into the secular and socialistic culture of 1950s Israel. In this excerpt, the narrator and other members of his youth group enter the dining room of the kibbutz for the first time. Sonia and Ofer are the two counselors assigned to the group.

Read and try to find the differences between the kibbutzniks and the kids from the youth group.

הַיּוֹם הָרִאשׁוֹן בַּקִּיבּוּץ

מתוך: אֱלִי עָמִיר, **תַּרְנְגוֹל כַּפָּרוֹת**.

אֲנַחְנוּ הוֹלְכִים לַחֲדַר-הָאוֹכֶל עִם סוֹנְיָה וְיִשַׁי. הֵם אוֹמְרִים לָנוּ אֵיךְ אוֹכְלִים עִם סַכּוּ"ם, אֵיךְ עוֹשִׂים סָלָט, מַהִי "מָנָה עִיקָּרִית" וּמַה זֶה "בִּמְקוֹם*", מַה חוֹפְשִׁי* וּמַה מוּגְבָּל*.

אֲנִי יוֹשֵׁב וְהַיְּלָדִים לוֹקְחִים אֶת כָּל הָאוֹכֶל שֶׁיֵּשׁ עַל הַשּׁוּלְחָן.

"לֹא צָרִיךְ לַחֲטוֹף*", אוֹמֵר יִשַׁי, וּמֵבִיא עוֹד יְרָקוֹת וְלֶחֶם.

הַבָּנִים* אוֹכְלִים בְּרַעַשׁ וְעוֹשִׂים לִכְלוּךְ.

הַבָּנוֹת* מִתְבַּיְּישׁוֹת*. "בַּבַּיִת שֶׁלָּנוּ אוֹכְלִים בַּבַּיִת, וְלֹא עִם כּוּלָּם", אוֹמֶרֶת אִילָנָה.

"בַּקִּיבּוּץ אוֹכְלִים בַּחֲדַר-הָאוֹכֶל", מַסְבִּירָה* סוֹנְיָה.

"כּוּלָּם מִסְתַּכְּלִים*", אוֹמֶרֶת רִינָה.

"אָז מַה?" אוֹמֶרֶת סוֹנְיָה.

הַבָּנוֹת לֹא אוֹכְלוֹת. הֵן שׁוֹתוֹת קְצָת תֵּה.

"אֵיפֹה הַיְּלָדִים שֶׁל הַקִּיבּוּץ?" שׁוֹאֶלֶת אִילָנָה.

"בַּחֲדַר-הָאוֹכֶל שֶׁלָּהֶם", אוֹמֶרֶת סוֹנְיָה.

"לָמָּה יֵשׁ לָהֶם חֲדַר-אוֹכֶל מְיוּחָד*?"

"אַסְבִּיר* לָכֶם בְּפַעַם אַחֶרֶת*", עוֹנָה סוֹנְיָה.

*בִּמְקוֹם — instead of
*חוֹפְשִׁי — free
*מוּגְבָּל — limited
*לַחֲטוֹף — to grab
*בָּנִים — boys
*בָּנוֹת — girls
*מִתְבַּיְּישׁוֹת — shy, embarrassed
*מַסְבִּירָה — explain
*מִסְתַּכְּלִים — watching

*מְיוּחָד — special
*אַסְבִּיר — I will explain
*בְּפַעַם אַחֶרֶת — another time

מצבים (סיטואציות)
שיחה

1. מִסְעָדָה חֲדָשָׁה
ספרו לחבר/ה על מסעדה חדשה שנפתחה בשכונה שלכם.

Tell a friend about a new restaurant that recently opened in your neighborhood.

2. דִיאָטִיקָנִית
שחקו במשחק-תפקידים בין תזונאי/ת לבין אדם שאוכל רק "ג'אנק פוּד".

Role-play a session between a nutritionist and a junk-food addict.

מצבים (סיטואציות)
כתיבה

1. מִסְעָדָה טוֹבָה?
After a dinner at a restaurant you and your friends fill out an evaluation card about your dining experience. Cover the following categories, using some of the following adjectives:

טָעִים, בָּרִיא, מָתוֹק, מָלוּחַ, קַר, חַם, כָּשֵׁר, יָקָר, זוֹל, חָרִיף, נָקִי, מְלוּכְלָךְ, נָעִים

אוֹכֶל	
שְׁתִיָּיה	
שֵׁירוּת*	
אֲוִוירָה*	

*שֵׁירוּת — service

*אֲוִוירָה — ambience, atmosphere

2. מַה לֶאֱכוֹל בְּיִשְׂרָאֵל?
In preparation for your visit, your host family in Israel wants you to write them a letter specifying what you like to eat for breakfast, lunch, and dinner.

גְּבֶרֶת עִם סַלִּים

מילים: חיה שנהב
לחן: יוני רכטר

לָאוֹטוֹבּוּס נִכְנֶסֶת
גְּבֶרֶת עִם סַלִּים,
רְאוּ אֵיךְ הִיא תּוֹפֶסֶת
אֶת כָּל הַסַּפְסָלִים:
עַל סַפְסָל אֶחָד – סַל עִם לַחְמָנִיּוֹת
עַל סַפְסָל אֶחָד – סַל עִם עַגְבָנִיּוֹת
עַל סַפְסָל אֶחָד – סַל עִם גַּרְעִינִים
עַל סַפְסָל אֶחָד – סַל עִם מְלָפְפוֹנִים.

עַל סַפְסָל אֶחָד – סַל עִם מַרְגָּרִינָה
עַל סַפְסָל אֶחָד – סַל עִם חוּמוּס-טְחִינָה
עַל סַפְסָל אֶחָד – סַל עִם כָּל מִינֵי
עַל סַפְסָל אֶחָד – סַל עִם עִיתּוֹנֵי.

יֶלֶד, מַה פִּתְאוֹם אַתָּה יוֹשֵׁב?
בְּבַקָּשָׁה תָּקוּם מִיָּד!
הֲלֹא גַּם הַגְּבֶרֶת
צְרִיכָה סַפְסָל אֶחָד!

ניתן למצוא הקלטה של השיר בקלטת הוידאו "כמו גדולים" בביצוע אריק איינשטיין ויוני רכטר.

שִׁיר הַפָּלָאפֶל

מילים: דן אלמגור
לחן: משה וילנסקי
(1957)

לְכָל מְדִינָה כָּאן בָּעוֹלָם
מַאֲכָל לְאוּמִי הַמֻּכָּר לְכֻלָּם,
וְכָל יֶלֶד בַּגַּן יוֹדֵעַ כִּי
הָאוֹכֶל מָקָרוֹנִי הוּא אִיטַלְקִי.
לָאוֹסְטְרִים בְּוִינָה שְׁנִיצֶל טָעִים
הַצָּרְפָתִים אוֹכְלִים צְפַרְדְּעִים,
הַסִּינִים אוֹכְלִים אֹרֶז דַּק וְרָזֶה
הַקָּנִיבָּלִים אוֹכְלִים זֶה אֶת זֶה

פזמון:
וְלָנוּ יֵשׁ פָּלָאפֶל, פָּלָאפֶל, פָּלָאפֶל
לְאַבָּא מַתָּנָה גַּם אִמָּא כָּאן קוֹנָה
לְסַבְתָּא הַזְּקֵנָה נִקְנֶה חֲצִי מָנָה.
וְגַם הַחוֹתֶנֶת הַיּוֹם תְּקַבֵּל פָּלָאפֶל, פָּלָאפֶל
עִם הַרְבֵּה הַרְבֵּה פִּלְפֵּל.

הקלטה של השיר בביצוע "רביעיית איילון" ניתן למצוא באוסף "גדלנו ביחד", תקליטור שני ("1948 – 1960 השנים הראשונות, שירי הווי וריקודים סלונים").

אוֹצַר מִילִּים יְחִידָה 4

אוֹכֶל ז׳	**Food**
לֶחֶם ז׳	bread
לַחְמָנִיָּה נ׳	roll
גְּבִינָה נ׳	cheese
בֵּיצָה / בֵּיצִים נ׳	egg/s
דְּגָנִים ז״ר	cereal
זַיִת / זֵיתִים ז׳	olive/s
גְּלִידָה נ׳	ice cream
עוּגָה נ׳	cake/pastry
עוּגַת-שׁוֹקוֹלָד נ׳	chocolate cake
עוּגִיָּה / עוּגִיּוֹת נ׳	cookie/s
אוֹרֶז ז׳	rice
אִטְרִיּוֹת, פַּסְטָה נ״ר	noodles, pasta
מָרָק ז׳	soup
מְרַק-יְרָקוֹת ז׳	vegetable soup
מֶלַח ז׳	salt
סוּכָּר ז׳	sugar
קֶמַח ז׳	flour
שֶׁמֶן ז׳	oil
מַרְגָּרִינָה נ׳	margarine
חֶמְאָה נ׳	butter
חֶמְאַת-בּוֹטְנִים נ׳	peanut butter
בָּשָׂר ז׳	**Meat**
בָּקָר ז׳	beef
עוֹף ז׳	chicken
דָּג ז׳	fish
יְרָקוֹת ז״ר	**Vegetables**
יֶרֶק ז׳	vegetable
עַגְבָנִיָּה נ׳	tomato
מְלָפְפוֹן ז׳	cucumber
בָּצָל ז׳	onion
גֶּזֶר ז׳	carrot
חַסָּה נ׳	lettuce
פִּלְפֵּל ז׳	pepper
פִּטְרִיּוֹת נ״ר	mushrooms
פֶּטְרוֹזִילְיָה נ׳	parsley
חֲצִיל ז׳	eggplant
תַּפּוּחַ-אֲדָמָה ז׳	potato
פֵּירוֹת	**Fruits**
פְּרִי ז׳	fruit
תַּפּוּז ז׳	orange
תַּפּוּחַ-עֵץ ז׳	apple
עֲנָבִים ז״ר	grapes
אֲבַטִּיחַ ז׳	watermelon
לִימוֹן ז׳	lemon
מֶלוֹן ז׳	melon
שְׁזִיף ז׳	plum
תּוּת-שָׂדֶה ז׳	strawberry
אֶשְׁכּוֹלִית נ׳	grapefruit
רִימּוֹן ז׳	pomegranate
מַשְׁקָאוֹת	**Beverages**
מַיִם ז״ר	water
חָלָב ז׳	milk
שׁוֹקוֹ ז׳	chocolate milk
מִיץ תַּפּוּחִים ז׳	apple juice
מִיץ תַּפּוּזִים ז׳	orange juice
לִימוֹנָדָה נ׳	lemonade
יַיִן ז׳	wine
קָפֶה ז׳	coffee
תֵּה ז׳	tea
אֲרוּחוֹת	**Meals**
אֲרוּחָה נ׳	meal
אֲרוּחַת בּוֹקֶר נ׳	breakfast
אֲרוּחַת עֶרֶב נ׳	dinner
אֲרוּחַת צוֹהֳרַיִים נ׳	lunch

Particles	**מִילִּיוֹת**
without	בְּלִי
because	כִּי
why	לָמָּה
how	אֵיךְ

Expressions	**בִּיטוּיִים**
What is the problem?	מַה הַבְּעָיָה?
give me, let me have	תֵּן / תְּנִי / תְּנוּ לִי
How much does it cost?	כַּמָּה זֶה עוֹלֶה?
please	בְּבַקָּשָׁה
I am sorry	אֲנִי מִצְטַעֵר / מִצְטַעֶרֶת

Verbs	**פְּעָלִים**
to ask	לִשְׁאוֹל
to stand	לַעֲמוֹד
to meet	לִפְגּוֹשׁ
to surf	לִגְלוֹשׁ
to help	לַעֲזוֹר
need, must	צָרִיךְ
can, able to	יָכוֹל

שֵׁם-הַפּוֹעַל, שְׁלֵמִים

Infinitive, regular verbs

לִלְמוֹד, לִכְתּוֹב, לַעֲבוֹד, לֶאֱכוֹל...

שֵׁם-הַפּוֹעַל, ע״ו/ע״י

Infinitive, irregular verbs

לָגוּר, לָבוֹא, לָטוּס, לָרוּץ, לָשִׁיר...

שֵׁם-הַפּוֹעַל, ל״ה /ל״י

Infinitive, regular verbs

לִשְׁתּוֹת, לִקְנוֹת, לִרְאוֹת, לִהְיוֹת...

course	מָנָה נ׳
first course	מָנָה רִאשׁוֹנָה נ׳
main course	מָנָה עִיקָּרִית נ׳
last course, dessert	מָנָה אַחֲרוֹנָה, קִינּוּחַ

Restaurant	**מִסְעָדָה** נ׳
Italian restaurant	מִסְעָדָה אִיטַלְקִית נ׳
waiter/ess	מֶלְצַר / מֶלְצָרִית
menu	תַּפְרִיט ז׳
bill, check	חֶשְׁבּוֹן ז׳

problem	בְּעָיָה נ׳
plate	צַלַּחַת נ׳
cup	כּוֹס נ׳
cutlery = knife	סַכּוּ״ם = **סַכִּין**
spoon	**כַּף**
fork	**וּמַזְלֵג**

Adjectives	**שְׁמוֹת-תּוֹאַר**
healthy	בָּרִיא / בְּרִיאָה
tasty	טָעִים / טְעִימָה
sweet	מָתוֹק / מְתוּקָה
salty	מָלוּחַ / מְלוּחָה
hot/spicy	חָרִיף / חֲרִיפָה
vegetarian	צִמְחוֹנִי / צִמְחוֹנִית
vegan	טִבְעוֹנִי / טִבְעוֹנִית
hot	חַם / חַמָּה
cold	קַר / קָרָה
roasted	צָלוּי / צְלוּיָה
clean	נָקִי / נְקִיָּה
dirty	מְלוּכְלָךְ / מְלוּכְלֶכֶת
hungry	רָעֵב / רְעֵבָה
thirsty	צָמֵא / צְמֵאָה

UNIT 5 יְחִידָה

הַמִּשְׁפָּחָה
The Family

Unit 5 יְחִידָה

תּוֹכֶן הָעִנְיָינִים

Unit 5 יְחִידָה

The Family הַמִּשְׁפָּחָה

Goals

Context/Content

Family

Life cycle (birthdays, childbirth, weddings . . .)

Communication/Function

Tell about your family

Simple descriptions of family members (age, date/place of birth, marital status . . .)

Structure/Grammar

"How old are you?" (**בן, בת, בני, בנות כמה...?**)

"I was born . . ." (**נולדתי, נולדת...**)

Pronominal possessive suffixes, singular (**דודי, דודך...**)

Past tense, regular verbs (**פעל, עבר, שלמים**)

Past tense, ע״ו/ע״י verbs (**פעל, עבר, ע״ו/ע״י**)

Culture

Common expressions in the family

Family stories

Biblical passages (Ruth, Noah)

Rabbinic quotes

Places of interest (Kibbutz Degania)

Announcements (congratulations, weddings, births)

Newspaper articles (longevity, working women)

Songs: **"כאן", "נולדתי לשלום"**

עֵץ מִשְׁפָּחָה

הַמִּשְׁפָּחָה שֶׁל הָגָר

הגר גרה בקיבוץ עם המשפחה שלה

Study the names and relationships in **Hagar**'s family tree:

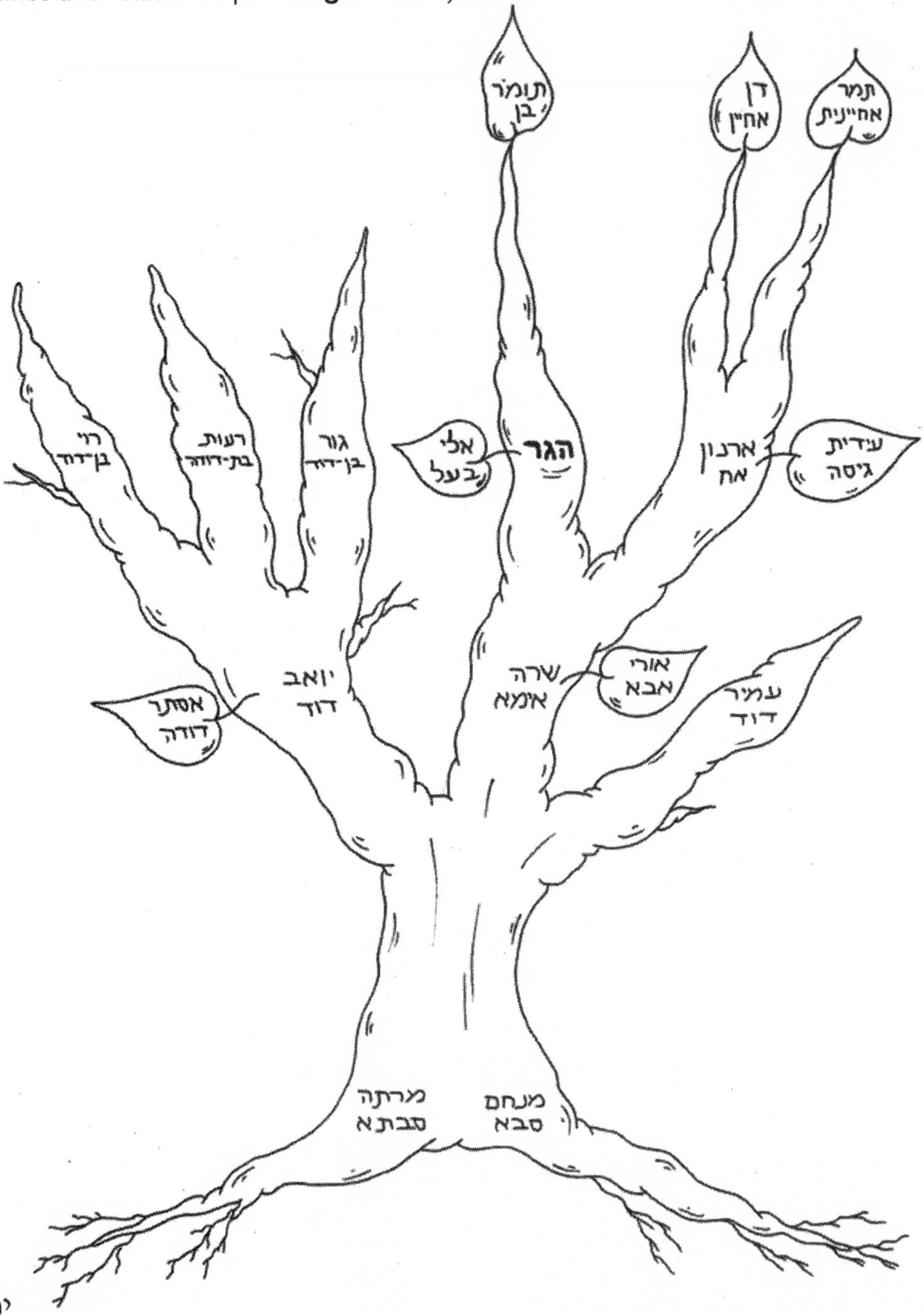

תרגיל א

Look at the tree again and note the relationship of each family member to **Yoav**.
Now write these relationships next to each name in the chart (choose from the words below):

אִמָּא אַבָּא סַבָּא סַבְתָּא בַּעַל אִישָׁה דּוֹד דּוֹדָה אָח אָחוֹת
בֵּן בַּת נֶכֶד נֶכְדָּה אַחְיָין אַחְיָינִית בֶּן-דּוֹד בַּת-דּוֹדָה גִּיס נִין

מַרְתָּה	אמא
מְנַחֵם	
אוּרִי	
הָגָר	
אֶסְתֵּר	
אַרְנוֹן	
רֵעוּת	

תרגיל ב

מִשְׁפַּחַת פֶּלֶג

מה הקשר בין האנשים האלה?

1. תּוֹמֶר ← מַרְתָּה תומר הוא הנין של מרתה.
2. שָׂרָה ← יוֹאָב שרה היא
3. מְנַחֵם ← יוֹאָב
4. מְנַחֵם ← גּוּר
5. עָמִיר ← אַרְנוֹן
6. אוּרִי ← יוֹאָב
7. רוֹי ← הָגָר
8. אֶסְתֵּר ← יוֹאָב
9. אַרְנוֹן ←אֶסְתֵּר

תרגיל ג

ספרו על קשרים במשפחה שלכם.

Talk about members of your family and how they are related to you.

תרגיל ד

מַזָּל טוֹב – נֶכְדָּה חֲדָשָׁה

Sara and Uri published the following announcement in the newspaper about the birth of their grandchild, Tamar. Look at the family tree on page 204 and complete the missing information by writing the correct relationship of the family members to Tamar.

הזמנה להולדת
הנכדה

מזל טוב

יש לנו נכדה חדשה

שמה בישראל: **תמר**

נינה____ למרתה ולמנחם

________ לעידית ולארנון

________ להגר ולאלי

________ לדן

אורי ושרה פלג

תל-אביב, 6 ביוני 2000

גִּיל *Age*

בֵּן, בַּת, בְּנֵי, בְּנוֹת...

- דָּנִי **בֵּן** 18; הוּא הוֹלֵךְ לַצָּבָא*.
- מַיְיקֶל וְדֵייוִיד **בְּנֵי** 18; הֵם הוֹלְכִים לַקּוֹלֶג׳.
- גַּלִּי **בַּת** 5; הִיא הוֹלֶכֶת לַגַּן*.
- אֲרִיאֵלָה וּמִיכַל **בְּנוֹת** 6; הֵן הוֹלְכוֹת לְכִיתָּה א׳.

*צָבָא — army

*גַּן — kindergarten

יחיד (Singular)	**רבים** (Plural)
יוֹאֵל **בֶּן** אַרְבָּעִים וְחָמֵשׁ.	יוֹאֵל וְאַבְנֵר **בְּנֵי** אַרְבָּעִים וְחָמֵשׁ.
שָׂרָה **בַּת** שְׁלוֹשִׁים.	שָׂרָה וְרָחֵל **בְּנוֹת** שְׁלוֹשִׁים.

תרגיל א

Write the ages of the people below using **בֵּן, בַּת, בְּנֵי, בְּנוֹת**:

1. שָׂרָה (70) — שרה בַּת שבעים.
2. אוּרִי (75) — אורי בן שבעים וחמש.
3. הָגָר (35) **נ׳** — ____________________
4. אֵלִי (40) **ז׳** — ____________________
5. תּוֹמֶר (11) **ז׳** — ____________________
6. רֵעוּת (21) **נ׳** — ____________________
7. אַרְנוֹן (37), עִידִית (37) — ____________________

בֶּן כַּמָּה אַתָּה?

חֲמוּדִי

– **בֶּן כַּמָּה** אַתָּה, חֲמוּדִי?
– בֶּן שֵׁשׁ.

– **בַּת כַּמָּה** אִמָּא שֶׁלְּךָ?
– גְּדוֹלָה.

– כַּמָּה אֲחָיוֹת יֵשׁ לְךָ?
– שְׁתַּיִם.
– **בְּנוֹת כַּמָּה** הֵן?
– הַגְּדוֹלָה בַּת עֶשֶׂר, וְהַקְּטַנָּה בַּת שְׁנָתַיִים.*

– **בְּנֵי כַּמָּה** סַבָּא וְסַבְתָּא שֶׁלְּךָ?
– סַבְתָּא בַּת 80, וְסַבָּא בֶּן 79.

*שְׁנָתַיִים=שְׁתֵּי שָׁנִים

טָסִים לְאָמֶרִיקָה

סוכנת*: שָׁלוֹם!
נוסע: שָׁלוֹם, אֲנִי רוֹצֶה לִקְנוֹת חֲמִישָּׁה כַּרְטִיסֵי* טִיסָה לְאָמֶרִיקָה. שְׁנֵי מְבוּגָּרִים*, שְׁנֵי יְלָדִים וְתִינוֹקֶת* אַחַת.
סוכנת: **בְּנֵי כַּמָּה** הַיְלָדִים?
נוסע: הַתִּינוֹקֶת **בַּת** שָׁנָה וָחֵצִי*, הַיֶּלֶד **בֶּן** עֶשֶׂר וְהַיַּלְדָּה **בַּת** חֲמֵשׁ-עֶשְׂרֵה.
סוכנת: סְלִיחָה, **בַּת כַּמָּה** הַתִּינוֹקֶת?
נוסע: **בַּת** שָׁנָה וָחֵצִי.
סוכנת: אָהּ, אָז הִיא יְכוֹלָה לָטוּס בְּחִינָּם*.
נוסע: יוֹפִי, מְצוּיָּן!

*סוֹכֵן – agent
*כַּרְטִיס – ticket
*מְבוּגָּר – adult
*תִּינוֹק/ת – baby
*חֵצִי – half
*בְּחִינָּם – for free

תרגיל א

ענו על השאלות לפי הדיאלוג שלמעלה Answer according to the dialogue above:

1. כמה אנשים נוסעים לאמריקה? ________
2. כמה ילדים נוסעים? ________
3. בן כמה הילד? ________
4. בת כמה התינוקת? ________

תרגיל ב

At an orientation meeting before summer camp, a group of youth counselors need to give their ages in order to be assigned to different groups. Ask about the ages and answer according to the given information:

	השאלה	התשובה
1. משה ורונית (17.5)	בני כמה אתם?	אנחנו בני שבע עשרה וחצי.
2. נעמי (16)		
3. מיכל (17)		
4. אוריאל (16)		
5. יצחק ויאיר (16.5)		
6. תמרה ורחל (18)		

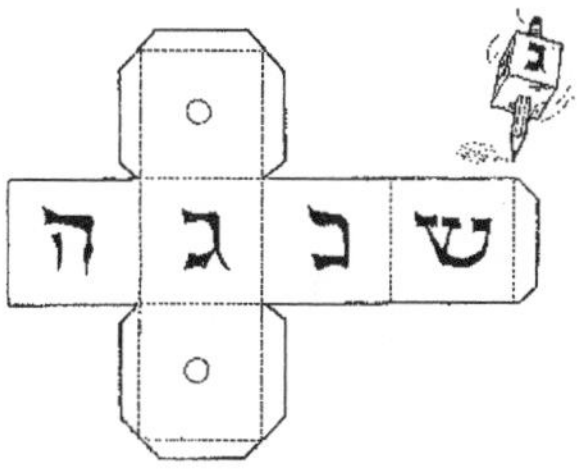

תרגיל ג
מצב

מַתְּנוֹת חֲנוּכָּה

You're invited to a Ḥanukah party (**מְסִיבָּה**) at a friend's family.
Role-play a telephone conversation with him. Ask about the ages of his nieces and nephews, and discuss ideas for an appropriate present (**מַתָּנָה**) for each one.

תרגיל ד
פעילות

עֵץ מִשְׁפָּחָה

Exchange information with a friend about your immediate and extended families. Draw his/her family tree below. Write names, relations, and other interesting information.

הַיְּהוּדִי הַנּוֹדֵד*

בטקס בר המצווה שלו, **יהונתן** מספר על המשפחה שלו :

סבא שלי מצַד* אבא הוא מהונגריה,
אבל עכשיו הוא גר באַרגֶנטינה.
סבתא שלי מִצַד אבא היא מפולין,
גם היא גרה באַרגֶנטינה.

סבא וסבתא שלי מצד אמא הם מצֶ'כיה,
עכשיו הם גרים בישראל.

אמא שלי בַּמָּקוֹר* היא מישראל,
עכשיו היא גרה באמריקה.
אבא שלי בַּמָּקוֹר הוא מאַרגנטינה,
גם הוא גר באמריקה.

אחי הגדול גר באמריקה,
אבל בַּמָּקוֹר הוא מישראל.

אני מאמריקה ואני גר באמריקה,
אבל מי יודעַ איפה יָגוּרוּ* הילדים שלי והנכָדים שלי?

*הַיְּהוּדִי הַנּוֹדֵד — The Wandering Jew

*מִצַּד — on the side of

*בַּמָּקוֹר — originally

*יָגוּרוּ — will live

תרגיל א

עקוב אחרי הנדודים של בני המשפחה של יהונתן:

Follow the migratory routs of Yehonatan's family members:

סבא (מצד אבא)	מ הונגריה	ל ארגנטינה
סבתא (מצד אבא)	מ ______	ל ______
סבא וסבתא (מצד אמא)	מ ______	ל ______
אמא	מ ______	ל ______
אבא	מ ______	ל ______
אח	מ ______	ל ______

תרגיל ב

ספרו לחבר בכיתה מאין הקרובים שלכם ואיפה הם עכשיו.

Tell a classmate where your relatives came from and where they are now.

הַמִּשְׁפָּחָה שֶׁל פֹּרְסַאן

Forsan shows Yaron pictures of his family. Read the conversation between them:

ירון: זאת המשפחה שלך?
פרסאן: כן.
ירון: איפה זה?
פרסאן: בבית של ההורים* שלי, ביום ההולדת של סבא שלי.
ירון: בן כמה הוא?
פרסאן: בן תשעים.
ירון: יש לו הרבה ילדים?
פרסאן: כן, יש לו ילדים, נכדים וגם נינים.
ירון: אה, יש לך משפחה גדולה.
פרסאן: כן. יש לי אח יאחות, שמוֹנָה דודים, חמש דודות ויש להם הרבה בנים ובנות.
ירון: זאת משפחה גדולה, ממש חֲמוּלָה*. איך אתה זוֹכֵר* את יְמֵי ההולדת של כולם?
פרסאן: אני לא זוכֵר, הם כְּבָר מַזְכִּירִים* לי.

*הוֹרִים — parents
*חֲמוּלָה — clan (Arabic)
*זוֹכֵר — remember
*מַזְכִּירִים — remind

תרגיל א

אילו שאלות נוספות הייתם רוצים לשאול את פרסאן?

Formulate 4–5 additional questions you would like to ask Forsan:

1. ______
2. ______
3. ______
4. ______
5. ______

I Was Born in... ...נוֹלַדְתִּי בְּ

רָחֵל

מלכה: רָחֵל, אַתְּ **נוֹלַדְתְּ** בְּיִשְׂרָאֵל, נָכוֹן?

רחל: לֹא, **נוֹלַדְתִּי** בְּפּוֹלַנְיָה.

מלכה: בֶּאֱמֶת? אַתְּ מְדַבֶּרֶת כְּמוֹ צַבָּרִית!

רחל: כֵּן? תּוֹדָה, מַלְכָּה.

תרגיל א

מדוע מלכה חושבת שרחל נולדה בישראל?

הַסִּיפּוּר שֶׁל חֶדְוָוה

אֲנִי **נוֹלַדְתִּי** בְּצֶ'כְיָה בְּאוֹגוּסְט 1927, אֲבָל אֲנִי חוֹגֶגֶת* אֶת יוֹם הַהוּלֶדֶת בְּט"ו בִּשְׁבָט.
וְלָמָּה?
בְּט"ו בִּשְׁבָט 1946 בָּאתִי לְאֶרֶץ יִשְׂרָאֵל אַחֲרֵי* הַשּׁוֹאָה. אָז אֲנִי **נוֹלַדְתִּי** מֵחָדָשׁ. מֵאָז* יוֹם הַהוּלֶדֶת שֶׁלִּי הוּא בְּט"ו בִּשְׁבָט[1].

*חוֹגֶגֶת — celebrate
*אַחֲרֵי — after
*מֵאָז — since then

תרגיל ב

למה יש לחדווה שני ימי הולדת?

דִּקְדּוּק

The root of the verb **נולד** *(was born) is* **י.ל.ד.** *(like* **ילד**, *child). Originally, the root of this verb was* **ו.ל.ד.** *The* **ו** *was eventually replaced with a* **י** *(***ילד ← ולד***), like other roots whose first consonant was* **ו***. This conjugation still has a trace of the original* **ו** *(***נולד***).*

The past tense is marked by certain suffixes (in bold). (Past tense is discussed in more detail later in this unit.)

נוֹלַד – עָבָר	
אני	נוֹלַדְ**תִּי**
אתה	נוֹלַדְ**תָּ**
את	נוֹלַדְ**תְּ**
הוא	נוֹלַד
היא	נוֹלְדָ**ה**
אנחנו	נוֹלַדְ**נוּ**
אתם	נוֹלַדְ**תֶּם**
אתן	נוֹלַדְ**תֶּן**
הם, הן	נוֹלְדוּ

1. חוגגים את חג ט"ו בשבט (חג האילנות) בדרך-כלל בינואר או בפברואר.
Tu B'shvat is usually celebrated around January or February.

נְתַנְאֵל וְאוּרִיאֵל

אוריאל: נתנאל, מתי **נוֹלַדְתָּ**?
נתנאל: **נוֹלַדְתִּי** ב-1985.
אוריאל: בֶּאֱמֶת? גם אני!
נתנאל: באיזה חוֹדֶשׁ* **נוֹלַדְתָּ**?
אוריאל: **נוֹלַדְתִּי** בְּאַפְּרִיל.
נתנאל: גם אני! באיזה יוֹם בְּאַפְּרִיל? אני **נוֹלַדְתִּי** בַּעֲשָׂרָה בְּאַפְּרִיל.
אוריאל: וואו, גם אני!
נתנאל: איפה **נוֹלַדְתָּ**?
אוריאל: בניו יוֹרק.
נתנאל: בֶּאֱמֶת? גם אני! איפה בניו יוֹרק?
אוריאל: בברוּקְלִין.
נתנאל: אה... אני **נוֹלַדְתִּי** במנהטן...

*חוֹדֶשׁ — month

תרגיל א

כתבו/שוחחו: Write/discuss

1. מתי אתם נולדתם?
2. האם אתם מכירים* אנשים שנוֹלדוּ ביוֹם ובמקוֹם שאתם נוֹלדתם? סַפרוּ.

*מַכִּיר/ה — know, acquainted with

תרגיל ב

השלימו עם הפועל נולד **בעבר:** Complete the sentences with the verb "to be born" in the past

1. רחל __________ בפוֹלַניה.
2. ריקי וטוֹבה __________ בְּמָרוֹקוֹ.
3. נוּרית, איפה אַתְּ __________?
4. אריה, איפה אתה __________?
5. טליה ואוֹפיר, אתם __________ בארצוֹת הברית?
6. אני __________ ב-1980.
7. אתם __________ אחרי המלחמה?
8. — תמר, את __________ בירוּשלים?
— כן, אני __________, אבל האח שלי __________ בְּחֵיפה.
9. — אהוּד, אתה __________ ב-1945?
— לא, אני __________ ב-1943.

תרגיל ג

מַבָּעִים אוֹפְיָינִיִּים בַּמִּשְׁפָּחָה

Read the sentences and determine who says each of them. Choose from the family members below:

הבעל, סבא, אמא, הבן, סבתא, אבא, הבת, הנכד, האישה

1. אבא: "נדב, אני חוֹשֵׁב שאתה צָרִיךְ לָלֶכֶת למיטה; מחר אתה הוֹלֵךְ לְבֵית הַסֵּפֶר!"

2. ______ "הלוֹ, שלום דני! מה שְׁלוֹמְךָ? מה שְׁלוֹם אבא ואמא... מתי אתם בָּאִים? ... רק רגע, גם סבא רוֹצֶה לְדַבֵּר..."

3. ______ "אתם לא מְבִינִים, אני כְּבָר לא התינוֹק שלכם!"

4. ______ "רוּתי, אנחנו יכולים לָלֶכֶת לְסֶרֶט הערב? יש לָנו בֵּייבִּיסיטר?"

5. ______ "דָוִיד, אני רוֹצֶה לְסַפֵּר לְךָ על החיים באמריקה ב-1929."

6. ______ "דינה, אני רוֹצָה לָדַעַת עִם מי את הולכת למסיבה ומתי את חוזרת*."

*חוֹזֵר/ת — coming back

*שׁוֹכֵחַ — forget

7. ______ "יוֹסי, למה אתה תמיד שׁוֹכֵחַ* את יום ההולדת שלי?!"

8. ______ "אני יוֹדַעַת מה אני עוֹשָׂה, אתם לא צריכים לוֹמר לי מה לעשוֹת!"

9. ______ "אני לא רוֹצֶה לִשְׁמוֹעַ עוֹד סיפוּרים עַל המִשפחה!"

תרגיל ד

מִשְׁפָּחָה שֶׁל סְטוּדֶנְט

השלימו עם המילים מהרשימה למטה

Fill in the blanks with words from the list below:

לומד / גרה / אמא / עשר / סבתא / קטנה / בן / דודות / קטן / הורים /
שלי / רוסיה / אח / גרים / דודים / בת

יש לי משפחה ________. המשפחה שלי ________ בניו-יורק. שני ה________ שלי עובדים. אבא ________ עובד במשרד ו________ שלי עובדת בבית-ספר תיכון. אבא שלי ________ חמישים ואמא שלי ________ ארבעים ושמונה. יש לי ________ גדול, שמו דניאל. הוא בן עשרים והוא ________ בבוסטון. יש לי גם אח ________, הוא בן ________ ושמו משה. סבא ו________ שלי ________ בפלורידה. הם באו לאמריקה מ________. יש לי גם דודים ו________ בישראל, אבל אין לי בני-________.

"אֲנִי הָיִיתִי שָׁם"

בשנת 1939 היתה לי משפחה גדולה.
אבא ואמא
אני, אחי (האח הבכור* עלה ארצָה ב-1935)
וסבא, אבא של אבא.
לאבא היו שתי אחָיות ושני אחים.
לכולם היו שלושה או ארבעה ילדים.
לאמא היתה אחות ולה היו ארבעה ילדים.
(אחיהָ הבכור ושתי אחיותֶיהָ הצְעירות*
באו לישראל לִפְנֵי המִלחמה*.)
זוֹ היתה המשפחה הקרובה ולכל אחת מהמשפחות
היו משפחות משלהן וכן דודים, בנֵי דודים, מחותָנים* וכו׳*.
אִישׁ מֵהֶם לֹא נִשְׁאַר בַּחַיִּים*.

*בְּכוֹר – first born
*צָעִיר — young
*מִלְחָמָה — war
*מְחוּתָּנִים — in laws
*וכו׳ (וְכוּלֵי) — etc.
*אִישׁ מֵהֶם לֹא נִשְׁאַר בַּחַיִּים — none of them survived

Yisrael Hadari, a Holocaust survivor who now lives in Israel, wrote this passage in his book, "אני הייתי שם" (*I Was There*, [Tel-Aviv: Akad Publishing, 1991], p. 144). Mr. Hadari was born and raised in a small Polish town. When World War II began in 1939, he was thirteen years old. In his book he describes the horrors of that period in poetry and in prose. In this excerpt he tells about the many members of his family who were murdered in Poland and Germany during the years 1939–1945.

שֵׁם הָעֶצֶם בִּנְטִיָּיה, יָחִיד

Pronominal Possessive Declension – Singular

דּוֹד

הדוד שלי	דּוֹדִי	הדוד שלנו	**דּוֹדֵנוּ**
הדוד שלךָ	**דּוֹדְךָ**	הדוד שלכם	**דּוֹדְכֶם**
הדוד שלךְ	**דּוֹדֵךְ**	הדוד שלכן	**דּוֹדְכֶן**
הדוד שלו	**דּוֹדוֹ**	הדוד שלהם	**דּוֹדָם**
הדוד שלה	**דּוֹדָהּ**	הדוד שלהן	**דּוֹדָן**

תרגיל א

השלימו את נטיית אֵם (אִמָּא) Decline the following noun:

אמא שלי	________	אמא שלנו	אִמֵּנוּ
אמא שלךָ	________	אמא שלכם	________
אמא שלךְ	________	אמא שלכן	________
אמא שלו	________	אמא שלהם	________
אמא שלה	________	אמא שלהן	________

תרגיל ב

ספרו על בני המשפחה שלכם

Provide some information about the following members of your family:

1. אָבִי ____________________
2. אִמִּי ____________________
3. אָחִי ____________________
4. אֲחוֹתִי ____________________
5. סָבִי ____________________
6. סָבָתִי ____________________
7. דּוֹדִי ____________________
8. דּוֹדָתִי ____________________
9. בֶּן-דּוֹדִי ____________________

תרגיל ג

מָה אֲנָשִׁים אוֹמְרִים

שוחחו על המשפטים הבאים, ורשמו אם אתם מסכימים או לא:

Discuss the following statements and mark whether you agree or disagree with them:

	מסכים	לא מסכים
1. משפחות גדולות הן משפחות שמחות.		
2. אנשים זקנים הם אנשים חכמים.		
3. אנשים בני 17 לא צריכים להתחתן*.		
4. סטודנטים לא צריכים כסף מההורים.		
5. סטודנט צריך לטלפן כל יום להורים.		
6. סטודנט צריך ללמוד מה שההורים רוצים.		
7. הורים צריכים לדעת הכל על הילדים שלהם.		
8. הורים צריכים להיות חברים של הילדים שלהם.		

*לְהִתְחַתֵּן — to get married

תרגיל ד

קראו את האמרות הבאות מן המקורות, והסבירו אותן:

Read the following Jewish sayings and try to explain them.

"בֶּן שְׁמוֹנֶה עֶשְׂרֵה לַחוּפָּה" **אבות ה**

"בְּנֵי בָנִים הֲרֵי הֵם כְּבָנִים" **יבמות סב**

"בֵּיתוֹ — זוֹ אִשְׁתּוֹ" **יומא ב**

"מָצָא אִשָּׁה — מָצָא טוֹב" **משלי יח, כב**

"לִלְמוֹד תּוֹרָה וְלִשָּׂא אִשָּׁה —
יִלְמַד תּוֹרָה וְאַחַר-כָּךְ יִשָּׂא אִשָּׁה.
וְאִם אִי-אֶפְשָׁר לוֹ בְּלֹא אִשָּׁה —
יִשָּׂא אִשָּׁה וְאַחַר כָּךְ יִלְמַד." **יומא קיד, כט**

מִמְּגִילַּת רוּת

This biblical passage is the opening to the Book of Ruth. Read it and identify the names and family relationships of the people mentioned:

רוּת פרק א

א וַיְהִי בִּימֵי שְׁפֹט הַשֹּׁפְטִים, וַיְהִי רָעָב בָּאָרֶץ; וַיֵּלֶךְ
אִישׁ מִבֵּית לֶחֶם יְהוּדָה לָגוּר בִּשְׂדֵי מוֹאָב, הוּא וְאִשְׁתּוֹ
וּשְׁנֵי בָנָיו. ב וְשֵׁם הָאִישׁ אֱלִימֶלֶךְ וְשֵׁם אִשְׁתּוֹ נָעֳמִי
וְשֵׁם שְׁנֵי בָנָיו מַחְלוֹן וְכִלְיוֹן אֶפְרָתִים מִבֵּית לֶחֶם
יְהוּדָה; וַיָּבֹאוּ שְׂדֵי מוֹאָב וַיִּהְיוּ שָׁם. ג וַיָּמָת אֱלִימֶלֶךְ
אִישׁ נָעֳמִי; וַתִּשָּׁאֵר הִיא וּשְׁנֵי בָנֶיהָ. ד וַיִּשְׂאוּ לָהֶם
נָשִׁים מֹאֲבִיּוֹת שֵׁם הָאַחַת עָרְפָּה וְשֵׁם הַשֵּׁנִית רוּת;
וַיֵּשְׁבוּ שָׁם כְּעֶשֶׂר שָׁנִים.

1 And it came to pass in the days when the judges ruled, that there was a famine in the land. And a certain man of Bethlehem, Judah, went to sojourn in the land of Moab…

1. Highlight the names of all the people in the text.
2. Highlight the family relationships in the text.
3. Copy those words from the text which mean
   his wife ________________________
   his two sons ________________________

פָּעַל, שְׁלֵמִים - עָבָר

הַדּוֹאַר הָאֶלֶקְטְרוֹנִי שֶׁל פְּרוֹפֶסוֹר שָׁקֵד

```
Subj:  Re: (no subject)
Date:  01/08/05 19:58
From:  gcohen@newmail.net (Gabi Cohen)
To:    yshaked@snunit.ac.il
```

פרופסור שקד היקר[1],
קָרָאתִי את הספר שלך. הוא מצוין. **לָמַדְתִּי** הרבה.

יישר כוח
גבי כהן

[1] הַיָּקָר — dear

```
Subj:  Re: (no subject)
Date:  01/08/05 12:19
From:  ornela@baraq.net
To:    yshaked@snunit.ac.il
```

פרופסור שקד,
לא **יָדַעְנוּ** שיש היום בחינה[1] ולא **לָמַדְנוּ** את החומר[2].

סליחה ותודה
אורנה ולאה

[1] בְּחִינָה — exam
[2] חוֹמֶר — material

```
Subj:  Re: (no subject)
Date:  01/08/05 14:05
From:  bavlie@bezeqnet.net (Eran Bavli)
To:    yshaked@snunit.ac.il
```

שלום פרופסור שקד,
הַאִם **קָרָאתָ** את החיבור[1] שלי על הרצל?
מה **חָשַׁבְתָּ** על התיזה[2] שלי?

בברכה,
ערן בבלי

[1] חִיבּוּר — essay
[2] תֶּיזָה — thesis

```
Subj:  Re: (no subject)
Date:  01/08/05 13:06
From:  ronberk@hotmail.com
To:    yshaked@snunit.ac.il
```

מר שקד הנכבד,
יש לי שאלה. בספרייה לא **מָצְאוּ**[1] את הספר של הקורס. מה עושים?

בתודה,
רון ברקוביץ,
תלמיד בקורס "ישראל והציונות[2]"

[1] מָצְאוּ — found
[2] צִיּוֹנוּת — Zionism

תרגיל א

סמנו נכון / לא נכון, **לפי הדואר האלקטרוני למעלה:**

1. פרופ' שָׁקֵד כותב ספרים. **נכון / לא נכון**
2. פרופ' שקד מלמד היסטוריה יהודית. **נכון / לא נכון**
3. התלמידים של פרופסור שקד כותבים רק בחינות. **נכון / לא נכון**
4. בכל המכתבים לסטודנטים יש תֵּירוּצִים*. **נכון / לא נכון**

*תֵּירוּצִים — excuses

דִּקְדּוּק

The past tense in Hebrew is indicated by a suffix that is added to the root. The suffix is determined by the pronoun.

When speaking in the first and second person it is not necessary to add the pronouns: **אני, אתה, את, אנחנו, אתם, אתן**.

When speaking in the third person you must use the pronouns: **הוא, היא, הם, הן**

כ.ת.ב. – עבר

אני	□ָ □ַ □ְ **תִּי**	**כָּתַבְתִּי**
אתה	□ָ □ַ □ְ **תָּ**	**כָּתַבְתָּ**
את	□ָ □ַ □ְ **תְּ**	**כָּתַבְתְּ**
הוא	□ָ □ַ □	**כָּתַב**
היא	□ָ □ְ □ָ **ה**	**כָּתְבָה**
אנחנו	□ָ □ַ □ְ **נוּ**	**כָּתַבְנוּ**
אתם	□ְ □ַ □ְ **תֶּם**	**כְּתַבְתֶּם**
אתן	□ְ □ַ □ְ **תֶּן**	**כְּתַבְתֶּן**
הם	□ָ □ְ □ **וּ**	**כָּתְבוּ**
הן	□ָ □ְ □ **וּ**	**כָּתְבוּ**

תרגיל א

הטו בעבר Conjugate the following root according to each pronoun:

א.כ.ל.

אני	אָכַלְתִּי	אנחנו	________
אתה	________	אתם	________
את	________	אתן	________
הוא	________	הם	________
היא	________	הן	________

תרגיל ב

Read the following conversations at the Rosenberg household and fill in the blanks with the correct form of the past tense:

בַּבַּיִת שֶׁל מִשְׁפַּחַת רוֹזֶנְבֶּרְג

1. אמא: מי אָכַל את כל העוגה?
   רון: לא אני. טלי (**א.כ.ל.**) ___אָכְלָה___ את כל העוגה.

2. אבא: ילדים, גְּמַרְתֶּם* את השיעורים?
   ילדים: כן, (**ג.מ.ר.**) ______________ מִזְּמַן*.

3. אמא: ענת, (**י.שׁ.נ.**)* ______________ טוב?
   ענת: כן, אמא, ______________ לא רע.

4. אבא: רון, (**שׁ.מ.ע.**) ______________ את החדשות?
   רון: כן, (**שׁ.מ.ע.**) ______________. דודה צְבִיָּה שוב מִתְחַתֶּנֶת*!

5. אמא: שוב אני (**שׁ.כ.ח.**)* ______________ לָקַחַת את הכלב לטיול.
   הילדים: מזל שאנחנו לא (**שׁ.כ.ח.**) ______________.

6. אמא: (**אתם, ה.ל.כ.**) ______________ אתמול למסיבה?
   רון: אני לא (**ה.ל.כ.**) ______________, רק ריקי וציפי (**ה.ל.כ.**) ______________.

*לִגְמוֹר — to finish
*מִזְּמַן — a while ago
*לִישׁוֹן — to sleep
*שׁוּב — again
*מִתְחַתֶּנֶת — getting married
*לִשְׁכּוֹחַ — to forget

תרגיל ג

מה אומרים במשפחה שלכם? חברו דיאלוגים קצרים, המתאימים למשפחה שלכם. השתמשו בזמן עבר.

Compose short dialogues that are typical of your family. Use the past tense.

תרגיל ד

Fill in the remaining verbs in the chart: **השלימו את הטבלה**

אני	אתה	את	הוא	היא	אנחנו	אתם	אתן	הם	הן
שָׁלַחְתִּי									
	יָשַׁבְתָּ								
		כָּתַבְתְּ							
			עָבַד						
				פָּגְשָׁה					
					שָׁמַרְנוּ				
						יְדַעְתֶּם			
							אֲהַבְתֶּן		
								חָשְׁבוּ	
									עָמְדוּ

תרגיל ה

Write the verbs in the past. Use the following roots and pronouns:

א.ה.ב. אני ______ אָהַבְתִּי

ל.מ.ד. אתה ______

ק.ר.א. אתם ______

י.ד.ע. אנחנו ______

י.שׁ.ב. אתן ______

ע.ב.ד. את ______

ח.שׁ.ב. הוא ______

ע.מ.ד. אני ______

כ.ת.ב. אתם ______

ה.ל.כ. הוא ______

פ.ג.שׁ. אתה ______

תרגיל ו

Find out the roots and the pronouns by parsing these verbs: **מה השורש? מה שם הגוף?**

לָמַדְתָּ	ל.מ.ד.	אתה	(to study)
יָשַׁבְתָּ	______	______	(to sit)
יָדְעָה	______	______	(to know)
שְׁמַעְתֶּם	______	______	(to hear)
עָמַדְתִּי	______	______	(to stand)
שָׁלַחְנוּ	______	______	(to send)
עָבְדוּ	______	______	(to work)
נָסַע	______	______	(to travel)
שְׁכַחְתֶּן	______	______	(to forget)
פָּתְחוּ	______	______	(to open)

תרגיל ז

Conjugate the verbs in parentheses in the present and in the past: **כתבו בהווה ובעבר**

	הווה	עבר		
1. הוא	קוֹרֵא	קָרָא	עיתון.	**(לִקְרוֹא)**
2. אנחנו	______	______	לסרט.	**(לָלֶכֶת – ה.ל.כ.)**
3. אתם	______	______	במחברת.	**(לִכְתּוֹב)**
4. את	______	______	מתמטיקה?	**(לִלְמוֹד)**
5. איפה הם	______	______	?	**(לַעֲבוֹד)**
6. רבקה	______	______	על יד החלון.	**(לָשֶׁבֶת – י.שׁ.ב.)**
7. דני	______	______	עברית ואנגלית.	**(לָדַעַת – י.ד.ע.)**
8. אתן	______	______	אֶת המורה?	**(לֶאֱהוֹב)**
9. אני לא	______	______	בבוקר.	**(לֶאֱכוֹל)**
10. אתה	______	______	בתור*?	**(לַעֲמוֹד)**

*תוֹר – queue, line

תרגיל ח

שיחה (בזמן עבר)

Discuss the following with a friend. Use the past tense.

1. **כָּתַבְתָּ** דואר אלקטרוני (אִי-מֵייל) היום? לְמִי?
2. **קָרָאתָ** את העיתון היום?
3. **אָכַלְתָּ** מַשהו בָּריא היום?
4. **שָׁלַחְתָּ** פַּעַם* מִכתב לישראל?
5. **עָבַדְתָּ** פעם במִסעדה?
6. מתי **יָשַׁבְתָּ** עִם ההורים שלך בבֵית-קָפֶה?
7. **לָמַדְתָּ** את ההיסטוריה של המִשפחה שלך?

*פַּעַם — once

פָּעַל, ע"ו/ע"י – עָבָר

גֵיאוֹגְרַפְיָה מִשְׁפַּחְתִּית

הַמִּשְׁפָּחָה שֶׁל יְהוּדִית בָּאָה לְאָמֶרִיקָה ב-1987,
וִיהוּדִית רוֹצָה לָדַעַת עַל הַחַיִּים שֶׁלָּהֶם בֶּעָבָר.

יהודית: סַבָּא, **גַּרְתָּ** בְּסַנְט פֶּטֶרְבּוּרְג, נָכוֹן?
סבא: כֵּן, **גַּרְתִּי** שָׁם עִם הַהוֹרִים שֶׁלִּי.
יהודית: וְאֵיפֹה **גָּרָה** סַבְתָּא אִירֶנָה?
סבא: גַּם בְּסַנְט פֶּטֶרְבּוּרְג.
יהודית: **וְגַרְתֶּם** שָׁם גַּם אַחֲרֵי הַחֲתוּנָּה*?
סבא: כֵּן, **גַּרְנוּ** בְּסַנְט פֶּטֶרְבּוּרְג עִם הַהוֹרִים שֶׁל סַבְתָּא אִירֶנָה.
יהודית: וּמָה עִם מִישָׁה וְחַנָּה?
סבא: הֵם **גָּרוּ** עַל-יַד הַבַּיִת שֶׁלָּנוּ, אֲבָל הַבֵּן שֶׁלָּהֶם יוּרִי **גָּר** בְּמוֹסְקְבָה. טוֹב, אַתְּ לֹא יְכוֹלָה לִזְכּוֹר*, כִּי אַתְּ **גַּרְתְּ** שָׁם רַק עַד גִּיל שְׁנָתַיִים!

*חֲתוּנָּה — wedding

*לִזְכּוֹר — to remember

ג.ו.ר. – עבר

(אני)	□ַ□ְ**תִּי**	**גַּרְתִּי**
(אתה)	□ַ□ְ**תָּ**	**גַּרְתָּ**
(את)	□ַ□ְ**תְּ**	**גַּרְתְּ**
הוא	□ָ□	**גָּר**
היא	□ָ□ָ**ה**	**גָּרָה**
(אנחנו)	□ַ□ְ**נוּ**	**גַּרְנוּ**
(אתם)	□ַ□ְ**תֶּם**	**גַּרְתֶּם**
(אתן)	□ַ□ְ**תֶּן**	**גַּרְתֶּן**
הם	□ָ□**וּ**	**גָּרוּ**
הן	□ָ□**וּ**	**גָּרוּ**

וגם

ג.ו.ר.	גַּרְתִּי...
ק.ו.מ.	קַמְתִּי...
ט.ו.ס.	טַסְתִּי...
ז.ו.ז.	זַזְתִּי...
נ.ו.ח.	נַחְתִּי...
ד.ו.ג.	דַּגְתִּי...
ב.ו.א.	בָּאתִי...
ש.י.ר.	שַׁרְתִּי...
ש.י.מ.	שַׂמְתִּי...
ר.י.ב.	רַבְתִּי...

תרגיל א

Conjugate in the past tense: **הטו את הפועל** לקום **בעבר**

ק.ו.מ.

אני	קַמְתִּי	אנחנו	______
אתה	______	אתם	______
את	______	אתן	______
הוא	______	הם	______
היא	______	הן	______

תרגיל ב

Fill in the remaining verbs in the chart: **השלימו את הטבלה**

אני	אתה	את	הוא	היא	אנחנו	אתם	אתן	הם	הן
טַסְתִּי									
	בָּאתָ								
		רַצְתְּ							
			גָּר						
				שָׁטָה					
					שַׁבְנוּ				
						בַּנְתֶּם			
							שַׁרְתֶּן		
								רָבוּ	
									שָׂמוּ

תרגיל ג
שיחה (עבר, ע״ו/ע״י)

Discuss the following questions with a partner. Use the past tense and various **time expressions**, such as the ones in bold.

1. איפה גַּרת **בַּשָּׁנָה שֶׁעָבְרָה***?
2. מאין בָּאת **עַכְשָׁיו**?
3. טַסת לישראל **בַּקַּיִץ***?
4. לאן רַצת **אתמול*** **בָּעֶרֶב**?
5. מי לא בָּא לַכיתה **אֶתְמוֹל**?
6. צַמת **בְּיוֹם כִּיפּוּר**?
7. מה הכיתה שָׁרָה **לִפְנֵי שָׁבוּעַ***?
8. מתי קַמת **הַיּוֹם**?

*בַּשָּׁנָה ש�ֶׁעָבְרָה — last year

*בַּקַּיִץ — in the summer

*אֶתְמוֹל — yesterday

*לִפְנֵי שָׁבוּעַ — a week ago

תרגיל ד

קְבוּצַת דְּגַנְיָה

DEGANIA was the first kibbutz in Israel, established in 1909 on the southeastern shores of the Sea of Galilee by Jews from eastern Europe. Read about Degania, conjugate the verbs in the past tense, and answer the question below:

קבוצת דְּגַנְיָה (**ק.ו.מ.**) ___קָמָה___ בשנת 1909.

החברים הראשונים של הקבוצה (**ב.ו.א.**) __________ ממזרח* אירופה. | *מִזְרָח – east

בשנים הראשונות חברֵי הקבוצה (**ג.ו.ר.**) __________ בבתֵי הכפר הערבי אום ג'וּני.

היום יש שתי "דגניות", דגניה א' ודגניה ב', כי ב-1920 החברים בדגניה אמרו שהם רוצים (**ג.ו.ר.**) __________ בשני קיבוצים קטנים, ולא בקיבוץ אחד גדול.

Why does the text mention two kibbutzim named Degania? (Answer in English.)

____

____

נָדב, מִתְנַדֵּב* בְּקִיבּוּץ דְּגַנְיָה:

בַּקַּיִץ שֶׁעָבַר, (**ג.ו.ר.**) __________ בקבוצת דגניה ב'. אהבתי
את הקיבוץ ואת הכינרת. עבדתי ברֶפֶת* של הקיבוץ.
(**ב.ו.א.**, אנחנו) __________ לרפת בחמש כל בוקר. בשעה 8:00
(**נ.ו.ח.**) __________ קצת ואחר-כך עבדנו שוּב עַד 12:00 בצהרים.
לפעמים*, אחרֵי העבודה הלכתי לכינרת, לקחתי סירה*,
(**שׁ.ו.ט.**) __________ בכינרת ו(**ד.ו.ג.**) __________ דגים.

*מִתְנַדֵּב – volunteers
*רֶפֶת – cowshed
*לִפְעָמִים – sometimes
*סִירָה – boat

אילו מן האַסְפֶּקְטִים של החיים בקיבוץ דגניה אתם/אתן אוהבים/ות?

[ ] לגור בקיבוץ
[ ] לעבוד ברפת
[ ] לקום בחמש בבוקר
[ ] לגמור לעבוד ב-12:00
[ ] לשוט בכינרת
[ ] לדוג דגים בכינרת

תרגיל ה

שיחה בעבר (שלמים, ע״ו/ע״י)

1. מה **שָׁמַעַת** בחדשות הבוקר?
2. לאן **הָלַכְת** אֶתמול?
3. מה **קָרָאת** בעיתון אֶתמול?
4. את/ה והשותף/ה שלך **הֲלַכְתֶּם/ן** למסיבה* ביחד?
5. איפה השותף/ה **גָּר/ה** בַּשנה שעברה?
6. עם מי **רַבְתְּ** לאחרונָה*?

*מְסִיבָּה — party

*לָאַחֲרוֹנָה — recently

תרגיל ו

טבלת פעלים – עבר, הווה (שלמים, ע״ו/ע״י)

הפועל	שורש	שם-הגוף	גזרה	זמן	שם-הפועל
לָמַדְתִּי	ל.מ.ד.	אני	שלמים	עבר	לִלְמוֹד
יָדַעְתִּי					
כּוֹתֵב					
עָבַד					
קוֹרֵאת					
בָּאִים					
נַחְתְּ					
שָׁכַחְנוּ					

Review and Enrichment סִיכּוּם וְהַעֲשָׁרָה

חֲתוּנָּה

Read the following announcements about the same wedding:

1

ליפה ואריה זייד

ברכת מזל-טוב

לנישואי הבת

מיכל עם בח"ל* **שלמה**

משפחת "הארץ"

2

ב"ה

יפה ואריה   שלומית ואבינועם

זייד   ברק

שמחים להודיע על נישואי בניהם

מיכל עם בח"ל* **שלמה**

החופה נערכה ביום רביעי, ב' דר"ח אלול תש"ן

(22.8.90)

*עִם בח״ל (עִם בחיר/ת לבה/לבו) –
with his/her intended (lit., with the one of his/her heart's choosing)

תרגיל

1. Which ad is a wedding announcement? 1 or 2
   Which one is a congratulatory note? 1 or 2
2. Find the names of the bride's parents (they appear in both ads), and the word that indicates that the bride is their daughter. Circle them.
3. The expression "their children" in Hebrew is יַלְדֵיהֶם.
   Find a synonym in ad 2 for this word.

עַד מֵאָה וְעֶשְׂרִים...

This is an invitation to the birthday party of a senior citizen sent by the community center (מרכז תרבות) in the town of Arad.

עד מאה ועשרים!

מרכז תרבות בערד ע"ש סמואל רובין בע"מ
בשיתוף
המועצה המקומית ערד ומועצת פועלי ערד
מועדון הפנסיונרים והגמלאים

חברי המועדון בערד מברכים אותך ואת בני משפחתך בבריאות טובה ובאריכות ימים לרגל

יום הולדתך

נשמח לראותך במוצאי שבת 25/8 בשעה 19:00 במועדונינו.

תרגיל

"Retiree" in Hebrew is **פֶּנְסִיוֹנֶר** or **גִּמְלַאי.**
Find the following words in the ad and highlight them:

1. Retirees.
2. Birthday.
3. The number of years the retiree's friends wish him to live.

הַצַּבָּרִית הָרִאשׁוֹנָה

אסתר שור מספרת:

אני הַצַּבָּרִית* הראשונה במשפחה שלי.
נולדתי בחיפה וגָדַלתי* בטירת הכרמל.
בטירת הכרמל גָרו עולים חדשים מארצות שונות, ובַשכונה* שלי שָמַעתי הרבה שָׂפוֹת*.
השכנים שלי ממצרים דִיבּרו* עֲרָבית וצרפתית, השכֵנים מהודו דִיבְּרו אנגלית. אלה שֶבָּאוּ מתורכיה דִיבְּרו לָאדינו.
לָמַדְתי קצת לאדינו מהחברה שלי, יהודית, קצת אִידִיש מהמשפחה של החברה שלי יָפָה-שֵיינְדֶל שבאה מפּולין, וקצת צרפתית מהחברה שלי סילביה, שבאה מאַלג׳יריה.
ההורים שלי בָּאוּ לישראל מלוב, שָם היהודים דיברו עֲרָבית, איטַלקית ועִברית. בישראל ההורים שלי חָשבו* שאני צריכה לָדַעַת ערבית, ובבית הם דיברו כל הזמן בערבית.
אני הצברית הראשונה במשפחה, אבל עברית למדתי קצת בבית, קצת ברחוב והרבה בבית הספר.

*צַבָּרִית — Sabra
*לִגְדוֹל — to grow up
*שְׁכוּנָה — neighborhood
*שָׂפוֹת — languages
*דִיבְּרוּ — they spoke
*לַחֲשׁוֹב — to think

תרגיל

1. **סמנו בקו את כל הפעלים בעבר בקטע ״הצברית הראשונה״.**
Underline the past tense verbs in the text above.

2. **כתבו מאין באו העולים ל״טירת הכרמל״, ואילו שפות הם דיברו:**

ארץ	שפה

ו וְנֹחַ בֶּן שֵׁשׁ מֵאוֹת שָׁנָה ; וְהַמַּבּוּל הָיָה מַיִם עַל הָאָרֶץ. **ז** וַיָּבֹא
נֹחַ וּבָנָיו וְאִשְׁתּוֹ וּנְשֵׁי בָנָיו אִתּוֹ אֶל הַתֵּבָה מִפְּנֵי מֵי הַמַּבּוּל.
ח מִן הַבְּהֵמָה הַטְּהוֹרָה וּמִן הַבְּהֵמָה אֲשֶׁר אֵינֶנָּה טְהֹרָה ; וּמִן
הָעוֹף וְכֹל אֲשֶׁר רֹמֵשׂ עַל הָאֲדָמָה. **ט** שְׁנַיִם שְׁנַיִם בָּאוּ אֶל
נֹחַ אֶל הַתֵּבָה זָכָר וּנְקֵבָה, כַּאֲשֶׁר צִוָּה אֱלֹהִים אֶת נֹחַ. **י** וַיְהִי
לְשִׁבְעַת הַיָּמִים; וּמֵי הַמַּבּוּל הָיוּ עַל הָאָרֶץ.

בראשית פרק ז, פסוקים ו-י GENESIS 7:6-10

תרגיל א

Find the following phrases in the passage above and copy them in the space provided:

1. Noah was 600 years old

   ____

2. and Noah came

   ____

3. his sons

   ____

4. his sons' wives

   ____

5. male and female

   ____

6. for seven days

   ____

7. the water of the flood was upon the earth

   ____

בַּקִּיבּוּץ חַיִּים יוֹתֵר...

הסוֹציוֹלוֹג אוּריאל לויתן בָּדַק כמה שנים חיים אנשים בישראל. הוא עשה מֶחְקָר* בִּשְׁנַת 1999. לְפִי המחקר שלו, אנשים בקיבוּץ חַיִּים יוֹתֵר* שָׁנִים.

בִּשְׁנַת 1995 גְּבָרִים* בישראל חיוּ 76.9 שָׁנִים, וּבקיבוּץ 78.1 שָׁנִים. נָשִׁים* בישראל חיוּ 79.8 שָׁנִים, וּבקיבוּץ 82.5 שָׁנִים.

ד"ר* לויתן חוֹשב שבקיבוּץ חיים יותר בִּגְלַל שתי סִיבּוֹת*.

סִיבָּה* אחת היא שהחיים בקיבוּץ טוֹבים לאנשים. האנשים בקיבוּץ חיים עִם משפחה וחברים בתוֹך קְהִילָּה* קרוֹבה. צְעירים וּזקנים חיים ועוֹבדים ביחד.

סיבה* שנייה היא שהאנשים הזְקֵנים* בקיבוּצים היו חזקים* פיסית ונפשית. האנשים שבאוּ לקיבוּצים לפני הרבה שנים היו ציוֹנים ואידאליסטים, וידעו שהם צריכים לעבוד קָשֶׁה.

ד"ר לויתן אוֹפּטימי מאוֹד. הוּא חוֹשב שאנשים בעוֹלם יכוֹלים לחיוֹת יוֹתר שָׁנים אִם הם חיים בקהילה טוֹבה.

*מֶחְקָר — research
*יוֹתֵר — more
*גְּבָרִים — men
*ד"ר=דוֹקְטוֹר — doctor, Ph.D.
*סִיבָּה/סִיבּוֹת — reason/s
*קְהִילָּה — community
*זָקֵן — old
*חָזָק — strong

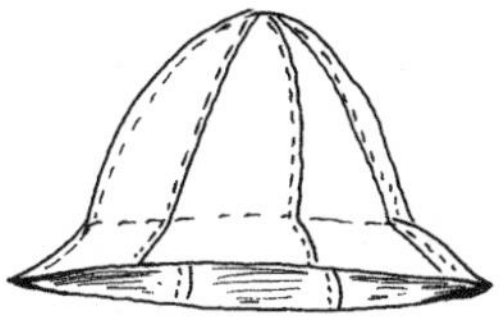

תרגיל

1. כמה שנים חיים בישראל? השלימו את המספרים לפי הכתבה:

Fill in the life expectancy of different groups in Israel according to the article:

	בישראל, 1995	בקיבוצים, 1995
נשים		
גברים		

2. אתם יכולים לחשוב על עוד סיבות שאנשים חיים יותר?

What other life styles may have an effect on longevity?

אִמָּהוֹת עוֹבְדוֹת

שאלות הכנה לקריאה:

1. האם שני ההורים במשפחה שלכם עובדים?
2. האם הם עבדו גם כשהייתם קטנים?

במשפחה האמריקאית המסורתית*, אבא עובד מחוץ לבית* ואמא בבית עם הילדים. היום, הרבה אמהות לתינוקות קטנים (עד גיל שנה) לא יושבות בבית עם התינוקות.

ב-1976 הרבה נשים* בארצות-הברית היו בבית עם התינוקות שלהן, ורק 31% מהאימהות עבדו מחוץ לבית*. ב-1999 59% מאמהות לתינוקות עבדו מחוץ לבית.

הרבה אמהות רוצות לעבוד גם מחוץ לבית, כי הקריירה חשובה* להן.

לא כל האמהות חוזרות לעבודה ליום שלם*. יש אמהות שרוצות גם לעבוד וגם להיות בבית עם הילדים הקטנים. ב-1999 רק 37% מהאמהות של תינוקות באמריקה עבדו יום שלם* מחוץ לבית.

*מְסוֹרָתִית — traditional

*מִחוּץ לַבַּיִת — outside of the home

*נָשִׁים — women

*חָשׁוּב/ה — important

*יוֹם שָׁלֵם — full day

(לפי "הבוסטון גלוב", 24 באוקטובר, 2000)

תרגיל א

השלימו את המספרים לפי הכתבה: Complete the chart according to the article:

	1976	1999
אמהות בבית	%	%
אמהות עובדות	%	%

אֱלִיעֶזֶר (פֶּרְלְמַן) בֶּן-יְהוּדָה

כתבו את הפעלים בזמן עבר:

אליעזר בן יהודה חי מ-1858 עד 1922. הוא נולד בליטא למִשפחה דתית. בן-יהודה היה האיש הראשון בזמן המוֹדֶרני, שדיבֵּר עִברית עִם המִשפחה שלו. אנשים ___________ (ק.ר.א.) לו "אבי [אבא של] הדיבּוּר העִברי".

בן-יהודה ___________ (ל.מ.ד.) בבית-ספר לרפוּאה*, אבל הוא לא ___________ (ג.מ.ר.) את הלימוּדים, כי הוא היה חוֹלֶה בַּשַחֶפֶת*.

ב-1881 הוא והאישה שלו, דבוֹרה, ___________ (ב.ו.א.) לארץ ישראל. הם ___________ (ג.ו.ר.) בירוּשלים ודיברו עברית בבית.

כאשר הבן שלהם, אִיתָמָר בֶּן אבּ"י, נוֹלד, הוא ___________ (שׁ.מ.ע.) רק עברית עד שהוא היה בן חמש.

הרבה אנשים ___________ (ח.שׁ.ב.) שבן יהוּדה משוּגע, כי הוא ___________ (א.ה.ב.) כל-כך אֶת השָׂפָה העברית.

הם ___________ (א.מ.ר.) שהעברית היא שׂפה מֵתה, אבל אליעזר בן יהוּדה אמר שהעברית יכוֹלה וצריכה להיות שׂפה חיה!

בן יהוּדה ___________ (ל.מ.ד.) שָׂפוֹת שֵׁמִיּוֹת* כמוֹ עֲרָבִית וַאֲרָמִית. הוא ___________ (ע.ב.ד.) הרבה שָׁנים על כְּתיבת מילוֹן* היסטוֹרי גדוֹל של העברית. הוא ___________ (ח.שׁ.ב.) על מילים חדשוֹת שהעברית המוֹדרנית צריכה.

*בֵּית סֵפֶר לִרְפוּאָה — medical school

*שַׁחֶפֶת — tuberculosis

*שָׂפוֹת שֵׁמִיּוֹת — Semitic languages

*מִילוֹן — dictionary

Eliezer ben Yehudah coined more than 160 new words in Hebrew. His main principle was to use already existing Hebrew roots to make new words.

Here is a sample of ben Yehudah's words that became a fundamental part of Modern Hebrew.

restaurant — **מִסְעָדָה**
shower — **מִקְלַחַת**
library — **סִפְרִיָּיה**
newspaper — **עִיתּוֹן**
exercise — **תַּרְגִּיל**

airplane — **אֲוִוירוֹן**
art — **אוֹמָנוּת**
gray — **אָפוֹר**
ice cream — **גְּלִידָה**
soldier — **חַיָּיל**

תרגיל כתיבה

הַמִּשְׁפָּחָה שֶׁלִּי

מוזיאון בית התפוצות עורך סקר על המשפחות בעיר שלכם. ספרו את כל הידוע לכם על משפחתכם.

The Diaspora Museum in Israel is conducting a survey about families in your city/town.
Tell everything you know about the history of your family.

נוֹלַדְתִּי לַשָּׁלוֹם

מילים ומנגינה: עוזי חיטמן
שרה: להקת סקסטה
1979

אֲנִי נוֹלַדְתִּי
אֶל הַמַּנְגִּינוֹת
וְאֶל הַשִּׁירִים
שֶׁל כָּל הַמְּדִינוֹת.

נוֹלַדְתִּי לַלָּשׁוֹן
וְגַם לַמָּקוֹם,
לַמְּעַט, לֶהָמוֹן
שֶׁיּוֹשִׁיט יָד לַשָּׁלוֹם.

אֲהָהָ ...
אֲנִי נוֹלַדְתִּי לַשָּׁלוֹם
שֶׁרַק יַגִּיעַ.
אֲנִי נוֹלַדְתִּי לַשָּׁלוֹם שֶׁרַק יָבוֹא.
אֲנִי נוֹלַדְתִּי לַשָּׁלוֹם שֶׁרַק יוֹפִיעַ
אֲנִי רוֹצָה, אֲנִי רוֹצָה
לִהְיוֹת כְּבָר בּוֹ!

נוֹלַדְתִּי לָאוּמָּה
וְלָהּ שָׁנִים אַלְפַּיִם
שְׁמוּרָה לָהּ אֲדָמָה
וְלָהּ חֶלְקַת שָׁמַיִם.

וְהִיא רוֹאָה, צוֹפָה:
הִנֵּה עוֹלֶה הַיּוֹם
וְהַשָּׁעָה יָפָה —
זוֹהִי שְׁעַת-שָׁלוֹם.

אֲנִי נוֹלַדְתִּי לַשָּׁלוֹם ...

השיר התחרה בפסטיבל הזמר 1979 בבנייני האומה.
ניתן למצוא באלבום "יעלה ויבוא", קלטת מספר 4.

כָּאן

מילים ומנגינה: עוזי חיטמן
שרים: אורנה ומשה דץ
1991

כָּאן בֵּיתִי, פֹּה אֲנִי נוֹלַדְתִּי
בַּמִּישׁוֹר אֲשֶׁר עַל שְׂפַת הַיָּם
כָּאן הַחֲבֵרִים אִתָּם גָּדַלְתִּי
וְאֵין לִי שׁוּם מָקוֹם אַחֵר בָּעוֹלָם (2)

כָּאן בֵּיתִי, פֹּה אֲנִי שִׂחַקְתִּי
בַּשְּׁפֵלָה אֲשֶׁר עַל גַּב הָהָר
כָּאן מִן הַבְּאֵר שָׁתִיתִי מַיִם
וְשָׁתַלְתִּי דֶּשֶׁא בַּמִּדְבָּר (2)

כָּאן נוֹלַדְתִּי
כָּאן נוֹלְדוּ לִי יְלָדַי
כָּאן בָּנִיתִי אֶת בֵּיתִי בִּשְׁתֵּי יָדַי
כָּאן גַּם אַתָּה אִתִּי
וְכָאן כָּל אֶלֶף יְדִידַי
וְאַחֲרֵי שָׁנִים אַלְפַּיִם — סוֹף לִנְדוּדַי.

כָּאן אֶת כָּל שִׁירַי אֲנִי נִגַּנְתִּי
וְהָלַכְתִּי בְּמַסָּע לֵילִי
כָּאן בִּנְעוּרַי אֲנִי הֵגַנְתִּי
עַל חֶלְקַת הָאֱלֹהִים שֶׁלִּי (2)

כָּאן נוֹלַדְתִּי ...

כָּאן אֶת שֻׁלְחָנִי אֲנִי עָרַכְתִּי
פַּת שֶׁל לֶחֶם, פֶּרַח רַעֲנָן
דֶּלֶת לַשְּׁכֵנִים אֲנִי פָּתַחְתִּי
וּמִי שֶׁבָּא נֹאמַר לוֹ: אָהְלָן! (2)

כָּאן נוֹלַדְתִּי ...

ניתן למצוא הקלטה של השיר באלבום "גדלנו יחד",
בקלטת האחרונה (1990-1998)

אוֹצַר מִילִּים יְחִידָה 5

Family	**מִשְׁפָּחָה**
father/s	אַבָּא, אָב / אָבוֹת ז׳
mother/s	אִמָּא, אֵם / אִמָּהוֹת נ׳
husband	בַּעַל ז׳
wife/wives, woman/women	אִישָׁה / נָשִׁים נ׳
parents	הוֹרִים ז״ר
brother	אָח ז׳
sister/s	אָחוֹת / אֲחָיוֹת נ׳
grandfather/s	סַבָּא / סַבִּים ז׳
grandmother/s	סַבְתָּא / סַבְתּוֹת נ׳
uncle	דּוֹד ז׳
aunt	דּוֹדָה נ׳
cousin/s	בֶּן-דּוֹד / בְּנֵי-דּוֹד ז׳
cousin/s	בַּת-דּוֹד / בְּנוֹת דּוֹד נ׳
nephew	אַחְיָין ז׳
niece	אַחְיָינִית נ׳
son/s	בֵּן / בָּנִים ז׳
daughter/s	בַּת / בָּנוֹת נ׳
single child	בֵּן יָחִיד / בַּת יְחִידָה
grandchild	נֶכֶד / נֶכְדָּה
great grandchild	נִין / נִינָה
baby (boy/girl)	תִּינוֹק/תִּינוֹקֶת
relative	קָרוֹב
Adjectives	**שְׁמוֹת תּוֹאַר**
young	צָעִיר / צְעִירָה
old	זָקֵן / זְקֵנָה
adult	מְבוּגָּר / מְבוּגֶּרֶת
bachelor/bachelorette	רַוָּוק / רַוָּוקָה
married	נָשׂוּי / נְשׂוּאָה
divorced	גָּרוּשׁ / גְּרוּשָׁה
widower	אַלְמָן / אַלְמָנָה
step (father, mother . . .)	חוֹרֵג / חוֹרֶגֶת
far, distant	רָחוֹק / רְחוֹקָה
close by	קָרוֹב / קְרוֹבָה
firstborn	בְּכוֹר / בְּכוֹרָה
twin	תְּאוֹם / תְּאוֹמָה
Words and phrases	**מִילִּים וּמַבָּעִים**
age	גִּיל
How old are you? (s.m.)	בֶּן כַּמָּה אַתָּה?
How old are you? (p.m.)	בְּנֵי כַּמָּה אַתֶּם?
How old are you? (s.f.)	בַּת כַּמָּה אַתְּ?
How old are you? (p.f.)	בְּנוֹת כַּמָּה אַתֶּן?
more	יוֹתֵר
wedding	חֲתוּנָּה נ׳
marriage	נִישּׂוּאִים ז״ר
birthday/s	יוֹם-הוּלֶּדֶת / יְמֵי הוּלֶּדֶת ז׳
originally	בַּמָּקוֹר
Mr.	מַר ז׳
Mrs., Ms.	גְּבֶרֶת נ׳
test, exam	בְּחִינָה נ׳
material	חוֹמֶר ז׳
essay	חִיבּוּר ז׳
thesis	תֶּיזָה נ׳
lesson	שִׁיעוּר ז׳
story	סִיפּוּר ז׳
work, academic paper	עֲבוֹדָה נ׳
ticket	כַּרְטִיס ז׳
boat	סִירָה נ׳
(cow) shed	רֶפֶת נ׳
research	מֶחְקָר ז׳
U.S.A.	אַרְצוֹת-הַבְּרִית
community	קְהִילָּה נ׳
for free	בְּחִינָּם
side	צַד ז׳
Sabra	צַבָּר / צַבָּרִית
congratulations	מַזָּל-טוֹב

Time expressions	**בִּיטוּיֵי זְמַן**
last year	בַּשָּׁנָה שֶׁעָבְרָה
today	הַיּוֹם
yesterday	אֶתְמוֹל
the day before yesterday	שִׁלְשׁוֹם

Verbs	**פְּעָלִים**
to think about...	לַחְשׁוֹב עַל...
to finish, complete	לִגְמוֹר
to remember	לִזְכּוֹר
to forget	לִשְׁכּוֹחַ
to send	לִשְׁלוֹחַ
to hear	לִשְׁמוֹעַ
to check, examine	לִבְדּוֹק

to take	לָקַחַת (לוֹקֵחַ)
to get married	לְהִתְחַתֵּן (מִתְחַתֵּן)
to live	לִחְיוֹת (חַי)
to sleep	לִישׁוֹן (יָשֵׁן)
to be born	לְהִיוָּלֵד (נוֹלַד)
to move	לָזוּז
to return	לָשׁוּב
to fish	לָדוּג
to quarrel	לָרִיב

Past tense	**עָבָר**

שְׁלֵמִים: חָשַׁבְתִּי...

ע״ו/ע״י: קַמְתִּי...

UNIT 6 יְחִידָה

סֵדֶר יוֹם
Daily Schedule

Unit 6 יְחִידָה

תּוֹכֶן הָעִנְיָינִים

Unit 6 יְחִידָה

Daily Schedule סֵדֶר יוֹם

Goals

Context/Content

Daily schedule:

The days of the week

Time

Calendar, holidays

Communication/Function

Simple description of daily activities

Telling time

Simple narration in the past tense

Ask/answer scheduling questions

Structure/Grammar

Time expressions (**לפני, אחרי, אחר-כך**...)

What's the time? (**מה השעה? וחצי, ורבע, חמישה ל**...)

The uses of "when" (**מתי, כאשר**)

The verb "to sleep" (**לישון**)

The verb "to be" in the past (**הייתי**)

Irregular *Pa'al* verbs (**ל״ה**), past tense

Culture

Idiomatic expressions – daily activities

The Hebrew calendar

Leap year: *Adar Aleph*, *Adar Bet*

Military time

Jewish sources: Verses from the Bible and the Siddur

Poems: **״לא רוצה לישון״ (רמה סמסונוב)**

״והילד הזה הוא אני״ (יהודה אטלס)

Song: **״שנים עשר ירחים״ (נעמי שמר)**

Short story: **״שלושה דובים״**

יְמֵי הַשָּׁבוּעַ

יוֹמָן שְׁבוּעִי שֶׁל רִינָה*

*יוֹמָן שְׁבוּעִי — weekly planner

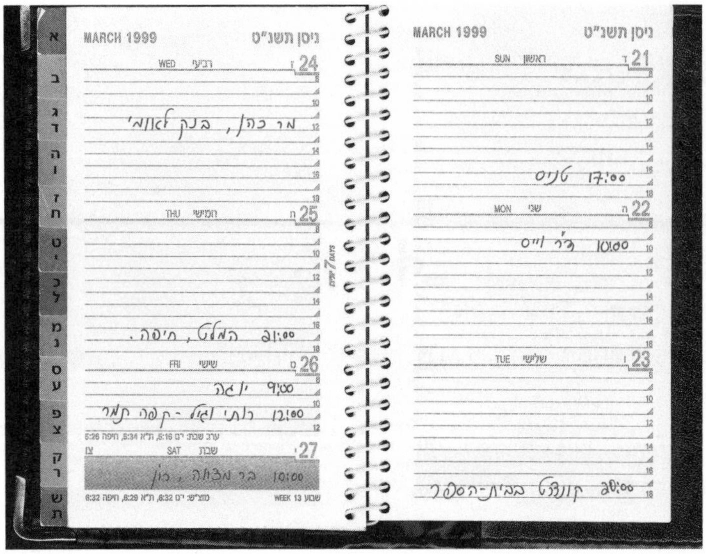

תרגיל א

השלימו את החסר לפי היומן של רינה:

Fill in the missing information according to Rina's planner above:

היום	השעה	מה רינה צריכה לעשות
יום ו'	תשע	
יום ה'	תשע	
יום א'		טניס
	שמונה	קונצרט בבית-הספר

תרגיל ב

מצאו את הקשר בין זוגות המילים האלה:

The words on the right are derived from the words on the left. Try to find a semantic connection between these pairs of words:

יוֹמָן – יוֹם
שָׁבוּעַ – שֶׁבַע
חוֹדֶשׁ – חָדָשׁ
רִאשׁוֹן – רֹאשׁ

הַיָּמִים

Sunday (first day)	יום א׳	יוֹם רִאשׁוֹן
Monday (second day)	יום ב׳	יוֹם שֵׁנִי
Tuesday (third day)	יום ג׳	יוֹם שְׁלִישִׁי
Wednesday (fourth day)	יום ד׳	יוֹם רְבִיעִי
Thursday (fifth day)	יום ה׳	יוֹם חֲמִישִׁי
Friday (sixth day)	יום ו׳	יוֹם שִׁישִּׁי
Saturday (Shabbat)	יום שבת	שַׁבָּת

Based on this verse from Genesis, a new day in the Jewish calendar begins at sunset, not at midnight as it does in the common calendar:

Genesis 1:5 **בראשית א, ה**	״וַיְהִי-עֶרֶב וַיְהִי-בֹקֶר יוֹם אֶחָד״
Genesis 2:2 **בראשית ב, ב**	״וַיִּשְׁבֹּת בַּיּוֹם הַשְּׁבִיעִי מִכָּל מְלַאכְתּוֹ אֲשֶׁר עָשָׂה״

The word **שַׁבָּת** in Hebrew comes from the word **וַיִּשְׁבֹּת**, to cease.
In this verse **שַׁבָּת** is also called **יוֹם הַשְּׁבִיעִי**, the seventh day.

תרגיל א

השלימו את הפעילויות החסרות:

Suggest activities for the school's international week festival:

*שָׁבוּעַ בֵּינְלְאוּמִּי – international week

שָׁבוּעַ בֵּינְלְאוּמִּי*

השבוע יש שבוע בינלאומי בבית-הספר.
בְּיוֹם ראשון לומדים על סין ואוכלים אוכל סיני.
ביום שני מְדַבְּרִים על צרפת ו ______________________.
ביום שלישי מדברים על מֶקסיקוֹ ו ______________________.
ביום רביעי לומדים על יָוָון ו ______________________.
ביום חמישי מדברים על מִצְרַיִם ו ______________________.
ביום שישי לומדים על ישראל, אופים חלות ועושים קבלת-שבת בכיתה.
ביום שבת נחים.

תרגיל ב

ספרו על הפעילויות שלכם (בבית הספר ומחוץ לבית הספר) בכל יום.

Tell about your activities (in and outside of school) every day of the week.

סִימָנִיָּיה*

*סִימָנִיָּיה – book mark

הספרייה העירונית
ע"ש רובין
שעות פתיחה:
ימים א'-ה'
8:30–13:00
16:00–19:00
יום ו' וערבי חג
9:30–12:00

תרגיל א

אתם עובדים במשרד מחשבים. שעות העבודה שלכם הן 6-9,

מיום ראשון עד* יום חמישי.

מתי אתם יכולים ללכת לספרייה? ____________________

*מִ... עַד – from...till

תרגיל ב

1. בימים א' עד ה' הספרייה סְגורה* כמה שעות. למה?

____

2. באילו ימים סוגרים את הספרייה מוקדם*? ______________

*סָגור/ה – closed

*מוּקְדָם – early

לוּחַ שָׁנָה לוֹעֲזִי וְעִבְרִי – תשס"א 2000–2001

לוח תכנון שנתי תשס"א 2000–2001

	א	ב	ג	ד	ה	ו	ש	א	ב	ג	ד	ה	ו	ש	א	ב	ג	ד	ה	ו	ש	א	ב	ג	ד	ה	ו	ש	א	ב	ג	ד	ה	ו	ש	א	ב
ספטמבר אלול-תשרי						1 א	2 ב	3 ג	4 ד	5 ה	6 ו	7 ז	8 ח	9 ט	10 י	11 יא	12 יב	13 יג	14 יד	15 טו	16 טז	17 יז	18 יח	19 יט	20 כ	21 כא	22 כב	23 כג	24 כד	25 כה	26 כו	27 כז	28 כח	29 כט ערב רה"ש	30 א א' רה"ש		
אוקטובר תשרי-חשון	1 ב ב' רה"ש	2 ג צום גדליה	3 ד	4 ה	5 ו	6 ז	7 ח	8 ט ערב כיפור	9 י יום כיפור	10 יא	11 יב	12 יג	13 יד ערב סוכות	14 טו סוכות	15 טז חוהמ"ס	16 יז חוהמ"ס	17 יח חוהמ"ס	18 יט חוהמ"ס	19 כ חוהמ"ס	20 כא הושע"ר	21 כב ש"ע וש"ת	22 כג	23 כד	24 כה	25 כו	26 כז	27 כח	28 כט	29 ל	30 א	31 ב						
נובמבר חשון-כסלו				1 ג	2 ד	3 ה	4 ו	5 ז	6 ח	7 ט	8 י	9 יא	10 יב	11 יג	12 יד	13 טו	14 טז	15 יז	16 יח	17 יט	18 כ	19 כא	20 כב	21 כג	22 כד	23 כה	24 כו	25 כז	26 כח	27 כט	28 א	29 ב	30 ג				
דצמבר כסלו-טבת						1 ד	2 ה	3 ו	4 ז	5 ח	6 ט	7 י	8 יא	9 יב	10 יג	11 יד	12 טו	13 טז	14 יז	15 יח	16 יט	17 כ	18 כא	19 כב	20 כג	21 כד	22 כה א' חנוכה	23 כו ב' חנוכה	24 כז ג' חנוכה	25 כח ד' חנוכה	26 כט ה' חנוכה	27 א ו' חנוכה	28 ב ז' חנוכה	29 ג ח' חנוכה	30 ד	31 ה	
ינואר טבת-שבט		1 ו	2 ז	3 ח	4 ט	5 י צום י' בטבת	6 יא	7 יב	8 יג	9 יד	10 טו	11 טז	12 יז	13 יח	14 יט	15 כ	16 כא	17 כב	18 כג	19 כד	20 כה	21 כו	22 כז	23 כח	24 כט	25 א	26 ב	27 ג	28 ד	29 ה	30 ו	31 ז					
פברואר שבט-אדר					1 ח	2 ט	3 י	4 יא	5 יב	6 יג	7 יד	8 טו ט"ו בשבט	9 טז	10 יז	11 יח	12 יט	13 כ	14 כא	15 כב	16 כג	17 כד	18 כה	19 כו	20 כז	21 כח	22 כט	23 ל	24 א	25 ב	26 ג	27 ד	28 ה					
מרץ אדר-ניסן					1 ו	2 ז	3 ח	4 ט	5 י	6 יא	7 יב	8 יג תענית אסתר	9 יד פורים	10 טו שושן פורים	11 טז	12 יז	13 יח	14 יט	15 כ	16 כא	17 כב	18 כג	19 כד	20 כה	21 כו	22 כז	23 כח	24 כט	25 א	26 ב	27 ג	28 ד	29 ה	30 ו	31 ז		
אפריל ניסן-אייר	1 ח	2 ט	3 י	4 יא	5 יב	6 יג	7 יד ערב פסח	8 טו פסח	9 טז חוהמ"פ	10 יז חוהמ"פ	11 יח חוהמ"פ	12 יט חוהמ"פ	13 כ חוהמ"פ	14 כא ז' פסח	15 כב	16 כג	17 כד	18 כה	19 כו יום השואה (הוקדם)	20 כז	21 כח	22 כט	23 ל	24 א	25 ב יום הזכרון (הוקדם)	26 ג יום העצמאות (הוקדם)	27 ד	28 ה	29 ו	30 ז							
מאי אייר סיון			1 ח	2 ט	3 י	4 יא	5 יב	6 יג	7 יד	8 טו	9 טז	10 יז	11 יח ל"ג בעומר	12 יט	13 כ	14 כא	15 כב	16 כג	17 כד	18 כה	19 כו	20 כז	21 כח יום ירושלים	22 כט	23 א	24 ב	25 ג	26 ד	27 ה ערב שבועות	28 ו שבועות	29 ז	30 ח	31 ט				
יוני סיון תמוז						1 י	2 יא	3 יב	4 יג	5 יד	6 טו	7 טז	8 יז	9 יח	10 יט	11 כ	12 כא	13 כב	14 כג	15 כד	16 כה	17 כו	18 כז	19 כח	20 כט	21 ל	22 א	23 ב	24 ג	25 ד	26 ה	27 ו	28 ז	29 ח	30 ט		
יולי תמוז-אב	1 י	2 יא	3 יב	4 יג	5 יד	6 טו	7 טז	8 יז צום יז בתמוז	9 יח	10 יט	11 כ	12 כא	13 כב	14 כג	15 כד	16 כה	17 כו	18 כז	19 כח	20 כט	21 א	22 ב	23 ג	24 ד	25 ה	26 ו	27 ז	28 ח	29 ט ט' באב	30 י	31 יא						
אוגוסט אב-אלול				1 יב	2 יג	3 יד	4 טו	5 טז	6 יז	7 יח	8 יט	9 כ	10 כא	11 כב	12 כג	13 כד	14 כה	15 כו	16 כז	17 כח	18 כט	19 ל	20 א	21 ב	22 ג	23 ד	24 ה	25 ו	26 ז	27 ח	28 ט	29 י	30 יא	31 יב			
ספטמבר אלול-תשרי							1 יג	2 יד	3 טו	4 טז	5 יז	6 יח	7 יט	8 כ	9 כא	10 כב	11 כג	12 כד	13 כה	14 כו	15 כז	16 כח	17 כט ערב רה"ש	18 א א' רה"ש	19 ב ב' רה"ש	20 ג צום גדליה	21 ד	22 ה	23 ו	24 ז	25 ח	26 ט ערב כיפור	27 י	28 יא	29 יב	30 יג	

תרגיל א

ענו לפי לוח-השנה למעלה: Answer according to the calendar above

1. יש לך שיעור מתמטיקה בכל יום שני. כמה שיעורים יש לך בחודש ספטמבר?
2. מתי יום ההולדת שלך לפי התאריך הלועזי ולפי התאריך העברי? באיזה יום?
3. את/ה נוסע/ת לחופשה בחג החנוכה. את/ה מטלפן/ת למלון ואומר/ת באיזה תאריך בדצמבר את/ה רוצה חדר במלון.
4. בחודש אפריל בלוח-השנה הזה יש מִספר ימים מיוחדים. מתי, ומה הם?
5. את/ה רוצה לחגוג את ראש השנה תשס"ב עם הקרובים שלך. מתי את/ה רוצה לנסוע אליהם?

הָחֳדָשִׁים הָעִבְרִיִּים

תִּשְׁרֵי חֶשְׁוָון כִּסְלֵו טֵבֵת שְׁבָט אֲדָר נִיסָן אִיָּיר סִיוָון תַּמּוּז אָב אֱלוּל

In the Bible, months are usually numbered, not named (החודש הראשון, החודש השני), beginning in the spring, which was the time of the Exodus from Egypt. The first month is called "The First Month" or "The Spring Month": "החודש הראשון, חודש האביב".

The "Hebrew" names for the months used today are of Babylonian origin and were probably adopted during the first exile in Babylonia (4th century B.C.E.).

תרגיל א

לפי לוח השנה בעמוד הקודם, באילו חודשים עבריים חוגגים את החגים:

Check the calendar on the previous page for the Hebrew month in which the following holidays are celebrated:

1. ראש השנה – תשרי
2. סוּכּוֹת – ______
3. חנוּכּה – ______
4. ט״ו בשבט – ______
5. פוּרים – ______
6. פסח – ______

אֲדָר א' וַאֲדָר ב'

לוּחַ הַשָּׁנָה הָעִבְרִי הוּא בְּעִיקָר* לְפִי* הַיָּרֵחַ*. כָּל יֶרַח חָדָשׁ הוּא חֹדֶשׁ חָדָשׁ.

אֲבָל יֵשׁ בָּעְיָה.

בַּתּוֹרָה כָּתוּב שֶׁצָּרִיךְ לִסְפּוֹר אֶת הַיָּמִים וְהַחוֹדָשִׁים לְפִי הַמַּחְזוֹרִיּוּת* שֶׁל הַיָּרֵחַ. בַּתּוֹרָה גַם כָּתוּב **שֶׁחַג הַפֶּסַח** צָרִיךְ לִהְיוֹת **בָּאָבִיב***.

פֶּסַח יָכוֹל לִהְיוֹת בָּאָבִיב, רַק אִם סוֹפְרִים אֶת יְמֵי הַשָּׁנָה לְפִי הַשֶּׁמֶשׁ כִּי עוֹנוֹת-הַשָּׁנָה* הֵן לְפִי הַשֶּׁמֶשׁ. אִם סוֹפְרִים אֶת הַיָּמִים וְהַחוֹדָשִׁים לְפִי הַיָּרֵחַ, כְּמוֹ שֶׁכָּתוּב בַּתּוֹרָה, פֶּסַח יָכוֹל לִהְיוֹת פַּעַם בַּקַּיִץ וּפַעַם בַּחוֹרֶף, כִּי לְפִי הַיָּרֵחַ יֵשׁ 345 יָמִים בַּשָּׁנָה וּלְפִי הַשֶּׁמֶשׁ יֵשׁ 365 יָמִים בַּשָּׁנָה.

אָז מָה עָשׂוּ הַחֲכָמִים*?

הֵם אָמְרוּ שֶׁכָּל שְׁנָתַיִם אוֹ שָׁלוֹשׁ שָׁנִים צְרִיכִים לִהְיוֹת 13 חוֹדָשִׁים בַּשָּׁנָה. הֵם קָרְאוּ לַשָּׁנָה הַזֹּאת **שָׁנָה מְעוּבֶּרֶת***. בַּשָּׁנִים מְעוּבָּרוֹת יֵשׁ שְׁנֵי חוֹדְשֵׁי אֲדָר, אֲדָר א' וַאֲדָר ב'.

וְאֵיךְ יוֹדְעִים מָתַי הַשָּׁנָה הִיא שָׁנָה רְגִילָה וּמָתַי הִיא שָׁנָה מְעוּבֶּרֶת?

מִתּוֹךְ 19 שָׁנִים בַּלּוּחַ, 7 שָׁנִים הֵן שָׁנִים מְעוּבָּרוֹת. הַשָּׁנִים הַמְעוּבָּרוֹת הֵן הַשָּׁנָה הַשְּׁלִישִׁית (3), הַשִּׁשִׁית (6), הַשְּׁמִינִית (8), הָאַחַת-עֶשְׂרֵה (11), הָאַרְבַּע-עֶשְׂרֵה (14), הַשְּׁבַע-עֶשְׂרֵה (17) וְהַתְּשַׁע-עֶשְׂרֵה (19).

*בְּעִיקָר — primarily
*לְפִי — according to
*יָרֵחַ — moon
*מַחְזוֹרִיּוּת — cycle
*אָבִיב — spring
*עוֹנוֹת-הַשָּׁנָה — the seasons
*הַחֲכָמִים —the sages
*מְעוּבֶּרֶת — leap, lit., "pregnant"

As it says above, the Jewish calendar adds a thirteenth month every few years in order to account for the difference between the lunar and solar calendars. One important reason for this was to be able to celebrate Passover in the spring, as the Torah commands:

> "שָׁמוֹר אֶת חֹדֶשׁ הָאָבִיב וְעָשִׂיתָ פֶּסַח לַה' אֱלֹהֶיךָ, כִּי בְּחֹדֶשׁ הָאָבִיב הוֹצִיאֲךָ ה' אֱלֹהֶיךָ מִמִּצְרַיִם לָיְלָה."
> **דברים טז, א** DEUTERONOMY 16:1
>
> "אֶת חַג הַמַּצּוֹת תִּשְׁמֹר שִׁבְעַת יָמִים תֹּאכַל מַצּוֹת כַּאֲשֶׁר צִוִּיתִךָ לְמוֹעֵד חֹדֶשׁ הָאָבִיב כִּי בוֹ יָצָאתָ מִמִּצְרַיִם וְלֹא יֵרָאוּ פָנַי רֵיקָם."
> **שמות כג, טו** EXODUS 23:15

תרגיל א

To which does the following blessing refer?

A. Passover
B. New year
C. Shabbat
D. New month

״יְהִי רָצוֹן מִלְּפָנֶיךָ ה׳ אֱלֹהֵינוּ וֵאלֹהֵי אֲבוֹתֵינוּ שֶׁתְּחַדֵּשׁ עָלֵינוּ אֶת הַחֹדֶשׁ הַזֶּה
לְטוֹבָה וְלִבְרָכָה״ **מן הסידור**

לִפְנֵי, אַחֲרֵי

תּוֹר* לְדוֹקְטוֹר גֶּבַע

דבורה: שָׁלוֹם, מְדַבֶּרֶת דְּבוֹרָה לֵוִי. אֲנִי צְרִיכָה לִרְאוֹת אֶת דּוֹקְטוֹר גֶּבַע.

פקידה: אַתְּ יְכוֹלָה לָבוֹא בְּיוֹם שִׁשִּׁי?

דבורה: אֲבָל הַיּוֹם יוֹם שֵׁנִי, וַאֲנִי לֹא מַרְגִּישָׁה* טוֹב עַכְשָׁיו. יֵשׁ לָךְ זְמַן **לִפְנֵי*** יוֹם שִׁשִּׁי?

פקידה: בְּיוֹם רְבִיעִי בַּבּוֹקֶר, זֶה בְּסֵדֶר?

דבורה: אוּלַי מָחָר בַּבּוֹקֶר?

פקידה: דּוֹקְטוֹר גֶּבַע לֹא עוֹבֵד בְּיוֹם שְׁלִישִׁי.

דבורה: אֲנִי יְכוֹלָה בְּיוֹם רְבִיעִי **אַחֲרֵי*** שְׁתֵּים עֶשְׂרֵה.

פקידה: אֵין לְדוֹקְטוֹר גֶּבַע זְמַן **אַחֲרֵי** שְׁתֵּים עֶשְׂרֵה.

דבורה: מַה לַּעֲשׂוֹת?

פקידה: אוּלַי אַתְּ רוֹצָה לִרְאוֹת אֶת דּוֹקְטוֹר לִיבֶּרְמָן?

דבורה: אוֹ קֵיי. יֵשׁ לוֹ זְמַן בְּיוֹם רְבִיעִי **אַחֲרֵי** שְׁתֵּים עֶשְׂרֵה?

פקידה: כֵּן... לֹא... סְלִיחָה. הוּא לֹא עוֹבֵד בִּימֵי רְבִיעִי.

דבורה: לָמָּה לֹא אֲמַרְתֶּם שֶׁלֹּא טוֹב לִהְיוֹת חוֹלִים* בְּיוֹם שְׁלִישִׁי וּבְיוֹם רְבִיעִי?

*תּוֹר — appointment (lit., queue)

*מַרְגִּישׁ/ה — feel

*לִפְנֵי — before

*אַחֲרֵי — after

*חוֹלִים — sick

תרגיל א

כתבו נכון / לא נכון **לפי השיחה:**

1. דוקטור גבע עובד בימים א׳-ה׳.
2. דוקטור גבע יכול לראות את דבורה ביום רביעי בבוקר.
3. דוקטור ליברמן עובד ביום רביעי.
4. דבורה לא יכולה לראות רופא (דוקטור) לפני יום חמישי.

תרגיל ב

מצב

נסו למצוא זמן לשתות קפה עם חבר עסוק. השתמשו בביטויים

Try to find time to have coffee with a very busy friend. Use the following expressions:

אולי	**יש לי זמן / אין לי זמן**
לפני / אחרי	**ביום ראשון / ביום שני ...**
בבוקר / בצהריים / בערב	**אני יכול / אני לא יכול**

תרגיל ג

סדרו לפי סדר כרונולוגי Number the sentences in a logical chronological order:

__ מנשה הלך למסעדה.

__ לפני שהוא הלך למסעדה הוא כתב מכתב באינטרנט.

__ אחרי המסעדה הוא הלך לסרט.

__ אחרי הארוחה ולפני הסרט הוא שתה קפה.

תרגיל ד

קראו את התפריט והשלימו את המשפטים עם לפני / אחרי

Read the fixed menu below and write **לפני/אחרי** accordingly:

תפריט

ארוחה צמחונית
מרק
פסטה עם ירקות
פירות וגבינות
עוגה וקפה

הם אוכלים פסטה ___________ המרק.

הם אוכלים מרק ___________ הפסטה.

הם אוכלים פירות וגבינות ___________ העוגה.

הם שותים קפה ___________ הפירות והגבינות.

קוֹדֶם, אַחַר-כָּךְ

לְמִי יֵשׁ זְמַן...

– אֲנִי צָרִיךְ לַעֲשׂוֹת כָּל-כָּךְ הַרְבֵּה דְּבָרִים הַיּוֹם.
– מַה אַתָּה עוֹשֶׂה הַיּוֹם?
– **קוֹדֶם*** אֲנִי הוֹלֵךְ לַבַּנְק וְלַסּוּפֶּרְמַרְקֶט.
– **וְאַחַר-כָּךְ***?
– **אַחַר-כָּךְ** אֲנִי הוֹלֵךְ לַסִּפְרִיָּיה.
– **וְאַחַר-כָּךְ**?
– **אַחַר-כָּךְ** אֲנִי עוֹשֶׂה סְפּוֹרְט, **וְאַחֲרֵי זֶה** אֲנִי רָץ הַבַּיְתָה לַעֲבוֹד עַל הַמַּחְשֵׁב.
– מָתַי אַתָּה אוֹכֵל?
– לְמִי יֵשׁ זְמַן לֶאֱכוֹל?!...

*קוֹדֶם — first, beforehand
*אַחַר-כָּךְ — then, later, afterwards

וְהַיֶּלֶד הַזֶּה הוּא אֲנִי

מאת: יהודה אטלס

קוֹדֶם גַּנּוֹן,
אַחַר-כָּךְ גַּן חוֹבָה,
בֵּית סֵפֶר,
תִּיכוֹן,
צָבָא,
אוּנִיבֶרְסִיטָה,
עֲבוֹדָה,
דִּירָה,
חֲתֻנָּה,
יְלָדִים,
מִלּוּאִים —
אָז מָתַי אֲנִי אַסְפִּיק
לַעֲשׂוֹת קְצָת חַיִּים!

מתוך: יהודה אטלס, **הילדה שאני אוהב**.
שבא הוצאה לאור בע״מ, ת״א, 1988

תרגיל א

מה עושה התלמיד השקדן קודם? What does the diligent student do first

הַתַּלְמִיד הַשַּׁקְדָן

1. יושב בקפיטריה – הולך לספרייה

קודם הוא הולך לספרייה ואחר-כך הוא יושב בקפיטריה.

2. לומד לבחינה – רואה טלוויזיה

3. מדבר עם חברים – הולך לשיעורים

4. הולך לישון – כותב עבודה

5. הולך לבית קפה – עושה עבודת-בית

6. קורא ספר – הולך לסרט

מָתַי, כַּאֲשֶׁר (כְּשֶׁ...)

- **מָתַי** אַתָּה אוֹכֵל?
- אִמָּא, **מָתַי** אוֹכְלִים?

- **כַּאֲשֶׁר** בְּנֵי יִשְׂרָאֵל יָצְאוּ מִמִּצְרַיִם, הֵם הָלְכוּ בַּמִּדְבָּר אַרְבָּעִים שָׁנָה.
- **כַּאֲשֶׁר** הֵם הָלְכוּ בַּמִּדְבָּר, הֵם אָכְלוּ מָן.

- **כְּשֶׁ**אַבְנֵר לוֹמֵד, הוּא אוֹהֵב לִשְׁתּוֹת קָפֶה.
- **כְּשֶׁ**נַּעֲמָה לוֹמֶדֶת, הִיא אוֹהֶבֶת לְנַשְׁנֵשׁ.

דִּקְדּוּק

מָתַי *is only used as a question word for "when?"*
כַּאֲשֶׁר *is used for all other instances of "when."*
כְּשֶׁ... *is a shorter form of* ***כַּאֲשֶׁר****. It is written as part of the word:* ***כְּשֶׁאֲנִי..., כְּשֶׁהָלַכְתִּי...****.*
(For additional practice see unit 10.)

תרגיל א

מה את/ה עושה כשאת/ה עצוב/ה? What do you do when you are sad

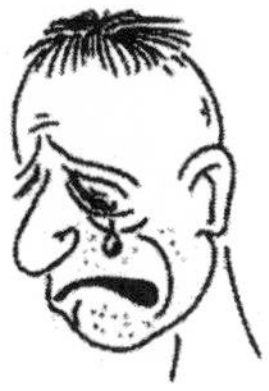

כשאני עצוב/ה [ ] אני אוכל/ת שוקולד.
[ ] אני הולך/ת לקַניון.
[ ] אני מדַבר/ת עִם אִמִּי.
[ ] אני מדַבר/ת עִם החבר/ה הטוב/ה שלי.
[ ] ______________________

תרגיל ב

כתבו או שוחחו. Write or discuss

1. מה את/ה עושה כשאת/ה עָיֵיף/ה*?
2. מה את/ה עושה כשאין לך שָׁעוֹן*?
3. מה את/ה עושה כשאין לך זמן לארוחת בוקר?
4. מה את/ה עושה כשאין לך כסף?
5. מה את/ה עושה כשאת/ה שמח/ה?
6. מה את/ה אוהב/ת לעשות כשאת/ה בחופשה*?

*עָיֵיף — tired
*שָׁעוֹן — watch
*חוּפְשָׁה — vacation

תרגיל ג
תרגמו לעברית:

1. **When** I lived in Ohio, I worked in computers.

2. I always go to the theatre **when** I am in New York.

3. – **When** did you go to the movies?
   – Last week, **when** I traveled to Atlanta.

4. – **When** is he coming?
   – He didn't say **when**.

5. I don't talk on (in) the telephone **when** I watch TV.

מָה הַשָּׁעָה?

מָה הַשָּׁעָה?*

*מָה הַשָּׁעָה? — What time is it?

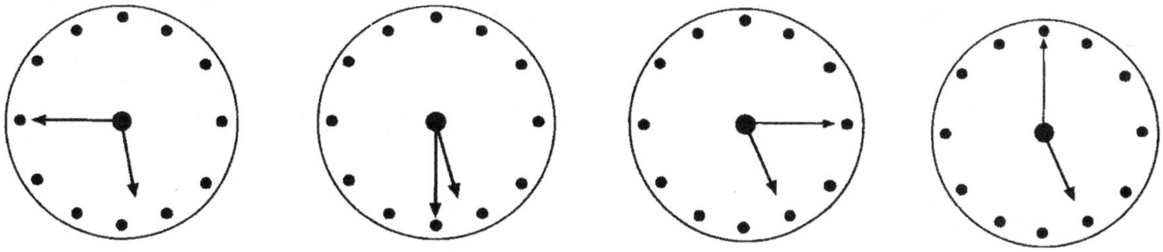

5:00	5:15	5:30	5:45
(הַשָּׁעָה) חָמֵשׁ.	**(הַשָּׁעָה) חָמֵשׁ וָרֶבַע.**	**(הַשָּׁעָה) חָמֵשׁ וָחֵצִי.**	**(הַשָּׁעָה) רֶבַע לְשֵׁשׁ.**

תרגיל א

התאימו את שני הטורים Match the two columns:

(6:15)	אני קם ב...	שֵׁשׁ וָחֵצִי
(6:30)	אני אוכל ארוחת בוקר ב...	תֵּשַׁע וָרֶבַע
(7:15)	אני נוסֵעַ לבֵית הספר ב...	עֶשֶׂר וָחֵצִי
(8:00)	שיעוּר אַנגלית ב...	אַחַת וָרֶבַע
(9:15)	שיעוּר ביוֹלוֹגיה ב...	שֵׁשׁ וָרֶבַע
(10:30)	שיעוּר תַּנַ"ך ב...	שֶׁבַע וָרֶבַע
(11:45)	שיעוּר סִפרוּת ב...	שְׁמוֹנֶה
(1:15)	שיעוּר מַתמטיקה ב...	רֶבַע לִשְׁתֵּים-עֶשְׂרֵה

מָה הַשָּׁעָה?

1:05	אַחַת וְחָמֵשׁ דַּקּוֹת / אַחַת וַחֲמִישָּׁה
2:10	שְׁתַּיִים וְעֶשֶׂר דַּקּוֹת / שְׁתַּיִים וַעֲשָׂרָה
3:15	שָׁלוֹשׁ וַחֲמֵשׁ-עֶשְׂרֵה דַּקּוֹת / שָׁלוֹשׁ וָרֶבַע
4:20	אַרְבַּע וְעֶשְׂרִים (דַּקּוֹת)
5:25	חָמֵשׁ עֶשְׂרִים וְחָמֵשׁ (דַּקּוֹת)
6:30	שֵׁשׁ וּשְׁלוֹשִׁים (דַּקּוֹת) / שֵׁשׁ וָחֵצִי
7:35	שֶׁבַע שְׁלוֹשִׁים וְחָמֵשׁ (דַּקּוֹת) / עֶשְׂרִים וַחֲמִישָּׁה לִשְׁמוֹנֶה
8:40	שְׁמוֹנֶה וְאַרְבָּעִים (דַּקּוֹת) / עֶשְׂרִים לְתֵשַׁע
9:45	תֵּשַׁע אַרְבָּעִים וְחָמֵשׁ (דַּקּוֹת) / רֶבַע לְעֶשֶׂר
10:50	עֶשֶׂר וַחֲמִישִּׁים (דַּקּוֹת) / עֲשָׂרָה לְאַחַת-עֶשְׂרֵה
11:55	אַחַת-עֶשְׂרֵה חֲמִישִּׁים וְחָמֵשׁ (דַּקּוֹת) / חֲמִישָּׁה לִשְׁתֵּים-עֶשְׂרֵה
12:00	שְׁתֵּים-עֶשְׂרֵה

תרגיל א

כתבו מה השעה. Write the time

7:20	שבע ועשרים דקות	5:10	______
8:45	______	9:40	______
1:05	______	1:30	______
12:22	______	10:15	______
3:30	______	8:35	______

סְלִיחָה, מָה הַשָּׁעָה?

א. מָה הַשָּׁעָה?

– סְלִיחָה, מָה הַשָּׁעָה?

– שְׁתֵּים-עֶשְׂרֵה וָחֵצִי.

– תּוֹדָה.

ב. מִצְטַעֵר

– סְלִיחָה, אַתָּה יוֹדֵעַ אוּלַי מָה הַשָּׁעָה?

– לֹא, מִצְטַעֵר, אֵין לִי שָׁעוֹן.

ג. בְּדִיּוּק

– סְלִיחָה, מָה הַשָּׁעָה?

– שָׁלוֹשׁ.

– בְּדִיּוּק*?

– לֹא, קְצָת אַחֲרֵי.

*בְּדִיּוּק — exactly, precisely

ד. בְּעֶרֶךְ

– יֵשׁ לְךָ שָׁעוֹן*?

– לֹא, אֲבָל הַשָּׁעָה בְּעֶרֶךְ* עֶשֶׂר.

*שָׁעוֹן — watch

*בְּעֶרֶךְ — approximately

ה. מְאוּחָר

– מָה הַשָּׁעָה, בְּבַקָּשָׁה?

– שְׁמוֹנֶה וָחֵצִי.

– שְׁמוֹנֶה וָחֵצִי?! אוֹי, אֲנִי צָרִיךְ לָרוּץ.

תרגיל א

קראו את הדיאלוגים מספר פעמים בדרכים (אינטונציות) שונות.

תרגיל ב

איזה דיאלוג מתאים לאיזו תמונה? Which dialogue corresponds to which picture?

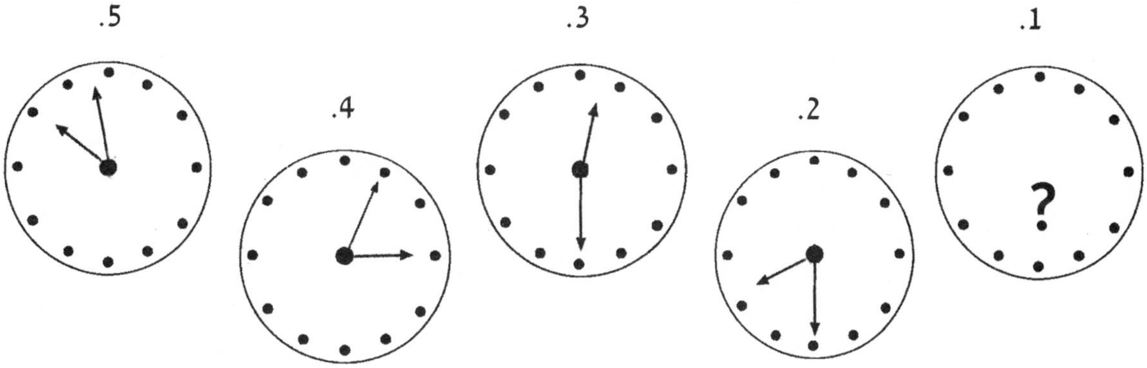

בְּאֵיזוֹ שָׁעָה?

חֲדָשׁוֹת חֲדָשׁוֹת חֲדָשׁוֹת...

ערן: **בְּאֵיזוֹ שָׁעָה** הַחֲדָשׁוֹת בְּעָרוּץ* אֶחָד?

נוח: **בְּ**תֵשַׁע.

ערן: **וּבְאֵיזוֹ שָׁעָה** יֵשׁ חֲדָשׁוֹת בְּעָרוּץ שְׁתַּיִים?

נוח: **בִּ**שְׁמוֹנֶה, אֲנִי חוֹשֵׁב.

ערן: יֵשׁ חֲדָשׁוֹת גַּם אַחַר כָּךְ?

נוח: אֲנִי חוֹשֵׁב שֶׁכֵּן.

ערן: אַתָּה יוֹדֵעַ מָתַי?

נוח: לֹא, אֲבָל לָמָּה אַתָּה שׁוֹאֵל? קָרָה* מַשֶּׁהוּ?

ערן: לֹא, אֲנִי רוֹצֶה לִהְיוֹת בָּטוּחַ*...

*עָרוּץ — channel
*קָרָה — happened
*בָּטוּחַ — sure, certain

תרגיל א

Read the passage below. Write questions using **באיזו שעה** according to the answers below.

סוֹפְשָׁבוּעַ*

*סוֹפְשָׁבוּעַ — weekend

ביום שבת אסתר לא הולכת לישון לפני אחת בבוקר.
ביום ראשון היא קמה בעשר והיא לא אוכלת ארוחת בוקר.
בשעה שתים-עשרה היא אוכלת ארוחת בוקר-צוהריים.

1. באיזו שעה ______________________ ?
לא לפני אחת בבוקר.

2. ______________________ ?
בעשר.

3. ______________________ ?
בשתים עשרה.

תרגיל ב

חברו שאלות למשפטים עם מילות השאלה באיזה, באיזו, באילו:

1. רועי נוסע לישראל **באוגוסט**. באיזה חודש רועי נוסע לישראל?
2. הם נוסעים לאוסטרליה **בינואר**. ______________________
3. אני טס לניו-יורק **ביום רביעי**. ______________________
4. הם לומדים **ביום שני, שלישי ורביעי**. ______________________
5. אנחנו לא עובדים **ביום שישי**. ______________________
6. גלית קמה **בשעה שש וחצי**. ______________________
7. הילדים קמים **בשבע**. ______________________

מוּקְדָם, מְאוּחָר

הוֹלְכִים לָעִיר

יאיר: אֲנַחְנוּ הוֹלְכִים לָעִיר לִשְׁתּוֹת קָפֶה. אַתָּה בָּא?
ניר: מַה הַשָּׁעָה עַכְשָׁיו?
יאיר: תֵּשַׁע וָרֶבַע.
ניר: כְּבָר אַחֲרֵי תֵּשַׁע! זֶה **מְאוּחָר***. אֲנִי צָרִיךְ לָלֶכֶת לִישׁוֹן **מוּקְדָם*** כִּי יֵשׁ לִי מִבְחָן בְּבִּיוֹלוֹגְיָה בַּבּוֹקֶר.
יאיר: עֲזוֹב שְׁטוּיוֹת...

*מְאוּחָר — late
*מוּקְדָם — early

מוּקְדָם, מְאוּחָר

אבא: דָּנִי, אַתָּה לוֹקֵחַ* אֶת הַמְּכוֹנִית*?
דני: כֵּן, אַבָּא.
אבא: מָתַי אַתָּה חוֹזֵר?
דני: לֹא **מְאוּחָר**.
אבא: מַה זֶה לֹא **מְאוּחָר**?
דני: בִּשְׁתֵּים עֶשְׂרֵה, שְׁתֵּים עֶשְׂרֵה וָחֵצִי.
אבא: זֶה לֹא **מְאוּחָר**?
דני: לֹא, מָחָר אֵין בֵּית סֵפֶר. אֲנִי לֹא צָרִיךְ לָקוּם **מוּקְדָם**.
אבא: כֵּן, אֲבָל...

*לוֹקֵחַ — take
*מְכוֹנִית — car

תרגיל א

מה ההבדל* בין דני וניר, לפי הדיאלוגים למעלה?

*הֶבְדֵּל — difference

לַיְלָה טוֹב

י.שׁ.נ. – לִישׁוֹן

עבר		הווה	
אני	יָשַׁנְתִּי	(יחיד)	יָשֵׁן
אתה	יָשַׁנְתָּ	(יחידה)	יְשֵׁנָה
את	יָשַׁנְתְּ	(רבים)	יְשֵׁנִים
הוא	יָשֵׁן	(רבות)	יְשֵׁנוֹת
היא	יָשְׁנָה		
אנחנו	יָשַׁנּוּ*		
אתם/אתן	יְשַׁנְתֶּם/ן		
הם/הן	יָשְׁנוּ		

*The last root letter of this verb "**נ**" assimilates into the "**נו**" of the first person plural suffix (**יָשַׁנּוּ ← יָשַׁנְנוּ**).

דִּקְדּוּק

The present tense of **י.שׁ.נ.** *is similar to other stative (intransitive) verbs* (**פעלי מצב**):

רָעֵב, רְעֵבָה	*to be hungry*	**עָיֵף, עֲיֵפָה**	*to be tired*
צָמֵא, צְמֵאָה	*to be thirsty*	**גָּדֵל, גְּדֵלָה**	*to grow*

תרגיל א

שיחה

שוחחו על השאלות:

1. מתי **הָלַכְתָּ לִישׁוֹן** אֶתמול?
2. כמה שָׁעות **יָשַׁנְתָּ** אֶתמול?
3. הַאִם **יָשַׁנְתָּ** טוב?
4. כמה שָׁעות את/ה צריך/ה **לִישׁוֹן** בלילה?
5. הַאִם את/ה **ישן/ה** טוב מחוץ* לבית?
6. הַאִם את/ה אוהב/ת **לִישׁוֹן** אַחֲרֵי הצהריים?
7. הַאִם את/ה זוכר/ת* לילה שלא **יָשַׁנְתָּ** בִּכְלָל*?
8. הַאִם את/ה **ישן/ה** במָטוֹס*/באוטובוס?

*מִחוּץ ל... – outside of

*זוֹכֵר/ת – remember

*בִּכְלָל – at all

*מָטוֹס – airplane

תרגיל ב

השלימו עם הפועל י.ש.נ. **(עבר, הווה):**

יָשַׁנְתָּ טוֹב?

1. הדוד שלי אוהב ללכת לישון מאוחר. ביום שני הוא הלך ________ ב-12:00, ביום שלישי בשתיים בבוקר.
2. היום קמנו בחמש בבוקר. ________ רק ארבע שעות.
3. בפסח שעבר בת-הדודה שלי באה לביתי לחג. היא ________ בחדר שלי.
4. איפה אתם ________ כאשר אתם נוסעים לסבא וסבתא שלכם?
5. הדודים שלי טסו לישראל. הם ________ קצת בטיסה.
6. במשפחה שלי יש אנשים שאוהבים לישון בצוהריים. אבא שלי ________ שעה, אמא שלי ________ חצי שעה, ואחי הצעיר לא ________ והוא גם לא נותן לי ________.

כַּמָּה לִישׁוֹן?

הכנה לקריאה

1. כמה שעות אתם אוהבים לישון?
2. כמה שעות אתם צריכים לישון?
3. כמה שעות אתם ישנים בלילה?

רופאים* אומרים שבני נוער* צריכים לישון שמונה וחצי שעות ביום. אבל הרבה תלמידים ישנים רק שבע שעות או פחות. הם אומרים שאין להם זמן לישון. הם לומדים, עובדים, רואים טלוויזיה ועוסקים בספורט. בני הנוער לא ישנים מספיק* והם עייפים. הם לא תמיד מרגישים טוב והם "מצוברחים*" רוב הזמן.

* רוֹפְאִים — doctors
* בְּנֵי נוֹעַר — youth
* מַסְפִּיק — enough
* מְצוּבְרָח — upset, in bad mood

שאלה

מה בטֶקסט מַתאים גם לכם?

לֹא רוֹצֶה לִישׁוֹן
רֶמה סמסונוב

לֹא! לֹא! לֹא!
לֹא רוֹצֶה לִישׁוֹן
לֹא רוֹצֶה לִשְׁכַּב בְּשֶׁקֶט
לֹא לְכַבּוֹת אֶת הָאוֹר
לֹא לִסְגּוֹר אֶת הַדֶּלֶת
לֹא רוֹצֶה לִישׁוֹן
לֹא רוֹצֶה לִישׁוֹן
לִישׁוֹן לִישׁוֹן
לִישׁוֹן
ל
י
ש
ו
ן

מאת: רֶמה סמסונוב, **השן הראשונה**, 1981

פָּעַל, ל"ה - עָבָר

1 — אִילָן, **רָאִיתָ** אֶת "פַנְטַסְיָה"?
— לֹא, עוֹד לֹא **רָאִיתִי**.

2 — **קָנִיתִי** אוֹטוֹ.
— **קָנִיתָ** חָדָשׁ אוֹ יָד שְׁנִיָּיה?

3 — **שְׁתִיתֶם** שַׁמְפַּנְיָה בַּמְּסִיבָּה?
— כֵּן, **שָׁתִינוּ** "לְחַיִּים" לִכְבוֹד חַיִּים.

4 — מִי **רָאָה** אֶת הַמַּפְתְּחוֹת* שֶׁלִּי?
— אֲנִי לֹא **רָאִיתִי**, אֲבָל אוּלַי אַבָּא **רָאָה**.

*מַפְתֵּחַ/וֹת — key/s

5 — מִי **שָׁתָה** אֶת כָּל הֶחָלָב? עַכְשָׁיו אֵין לִי חָלָב לַקָּפֶה!
— הַיְלָדִים **שָׁתוּ** אֶת הַכֹּל.

6 — **הָיִינוּ** בְּטִיּוּל מְשֻׁגָּע!
— אֵיפֹה (אַתֶּן) **הֱיִיתֶן**?

ל"ה – זְמַן עָבָר

		ק.נ.ה.	ע.ל.ה.
(אני)	□ָ□ִ**יתִי**	**קָנִיתִי**	**עָלִיתִי**
(אתה)	□ָ□ִ**יתָ**	**קָנִיתָ**	**עָלִיתָ**
(את)	□ָ□ִ**ית**	**קָנִית**	**עָלִית**
הוא	□ָ□ָ**ה**	**קָנָה**	**עָלָה**
היא	□ָ□ְ**תָה**	**קָנְתָה**	**עָלְתָה**
(אנחנו)	□ָ□ִ**ינוּ**	**קָנִינוּ**	**עָלִינוּ**
(אתם)	□ְ□ִ**יתֶם**	**קְנִיתֶם**	**עֲלִיתֶם**
(אתן)	□ְ□ִ**יתֶן**	**קְנִיתֶן**	**עֲלִיתֶן**
הם	□ָ□**וּ**	**קָנוּ**	**עָלוּ**
הן	□ָ□**וּ**	**קָנוּ**	**עָלוּ**

עוד פעלים:

לִשְׁתּוֹת – שָׁתִיתִי ...
לִבְנוֹת – בָּנִיתִי ...
לִהְיוֹת – הָיִיתִי ...
לִרְצוֹת – רָצִיתִי ...
לַעֲשׂוֹת – עָשִׂיתִי ...

Note that the letter **ה** *of the* **שורש** *is retained only for the third person singular masculine* **(הוא)**, *where no suffix is added in the past tense conjugation. Note the changes in the other forms.*
Some scholars believe that the third radical is **י**, *not* **ה** **(ר.א.י.)**. *This* **י** *appears in some forms in the past tense. The* **י** *is missing in the present and the future, and is replaced by a* **ה** *that functions as a vowel-letter* (**אֵם-קְרִיאָה**): **יִרְאֶה, רוֹאֶה**.

תרגיל א

Conjugate in the past: **כתבו את הפועל** לרצות **בעבר**

ר.צ.ה.

אני	רָצִיתִי	אנחנו	______
אתה	______	אתם	______
את	______	אתן	______
הוא	______	הם	______
היא	______	הן	______

תרגיל ב

Complete the chart: **השלימו את הטבלה**

אנגלית	הן	הם	אתן	אתם	אנחנו	היא	הוא	את	אתה	אני
to buy										קָנִיתִי
									רָאִיתָ	
								הָיִית		
							שָׂחָה			
						בָּכְתָה				
					עָלִינוּ					
				שְׁתִיתֶם						
			בְּנִיתֶן							
to turn		פָּנוּ								
	חָלוּ									

תרגיל ג

Parse the verbs: **נתחו את הפעלים**

	שורש	גוף
1. שָׁתִיתָ	ש.ת.ה.	אתה
2. חֲיִיתֶם	______	______
3. הָיוּ	______	______
4. שָׂחָה	______	______
5. עָלְתָה	______	______

Write the verbs: **כתבו את הפועל**

		שורש	גוף
1.	______	ר.צ.ה.	אני
2.	______	ב.נ.ה.	את
3.	______	ע.ל.ה.	אנחנו
4.	______	ר.א.ה.	אתן
5.	______	ק.נ.ה.	הן

תרגיל ד

כתבו את הסיפור בעבר Tell/write the story in the past tense:

ביום שני אני **הוֹלֵךְ** לסֶרט. אני **רוֹאֶה** את הסֶרט "אָלָאדין" של וולט דיסני. אחרי הסרט אני **יוֹשֵׁב** בבֵית קפֶה עם החברים שלי. אנחנו **אוֹכְלִים** חומוס **ושׁוֹתִים** קפֶה. בשעה אחת עֶשרה אנחנו **קָמִים** **והוֹלְכִים** לאוטובוס. אנחנו **נוֹסְעִים** באוטובוס הביתה.

תרגיל ה

קראו את הפסוקים בעברית והשלימו את הפעלים בתרגום לאנגלית:

Read the following verses from Genesis and use them to complete the English translations:

״. . . אִישׁ צַדִּיק תָּמִים הָיָה בְּדֹרֹתָיו.״ **בראשית ו, ט** Genesis 6:9

״כִּי גֻנֹּב גֻּנַּבְתִּי מֵאֶרֶץ הָעִבְרִים; וְגַם פֹּה לֹא עָשִׂיתִי מְאוּמָה כִּי שָׂמוּ אֹתִי בַּבּוֹר. **בראשית מ, טו** Genesis 40:15

"…Noah ________ a just man and perfect in his generations."

—Genesis 6:9

"For I was stolen away out of the land of the Hebrews, and here also have I ________ nothing that they should put me into the dungeon."

—Genesis 40:15

תרגיל ו

טבלה: עבר (שלמים, ע״ו, ל״ה)

הפועל	השורש	הגזרה	שם-הגוף	שם-הפועל	אנגלית
רָצִיתִי	ר.צ.ה.	ל״ה	אני	לִרְצוֹת	*to want*
רַצְתִּי					
שָׁמְעוּ					
בָּאנוּ					
עָבַדְתְּ					
אָהֲבוּ					
רְאִיתֶן					
אָכְלָה					
שָׁתְתָה					

מְהַיּוֹמָן שֶׁל יוּבַל, כִּיתָּה י"א

טיול להר מירון

יום-ראשון

היום בנינו אוהלים. בערב עשינו מדורה* ושתינו קפה שחור.
ראיתי את דפנה מכיתה י'. היא היתה כל-כך יפה.

*מְדוּרָה — bonfire

יום שני

היום עלינו על הר מירון מוקדם בבוקר וראינו את הזריחה*.
רציתי לעלות עם דפנה, אבל הכיתה שלה עלתה לפני הכיתה שלנו.

*זְרִיחָה — sunrise

יום שלישי

דפנה שאלה איפה הייתי אתמול. היא לא ראתה את הכיתה שלנו
כל היום. כמעט בכיתי*.

*כִּמְעַט בָּכִיתִי — I almost cried

יום רביעי

דפנה ואני ראינו את השקיעה* ביחד. לא היינו בארוחת ערב.
המורה שלי כעס* ושאל איפה היינו כל הערב.
הוא שאל את דפנה אם היא לא ראתה מה השעה.
לא אכלנו ארוחת ערב, אבל היה כיף*!

*שְׁקִיעָה — sunset
*כָּעַס — was angry
*כֵּיף — fun, good time

תרגיל א

Circle "True" or "False" according to the text:

1. Yuval is writing about a camping trip. True / False
2. Dafna and Yuval are in the same class. True / False
3. Dafna and Yuval went up the mountain to see the sunset. True / False
4. Yuval almost cried because he missed dinner. True / False
5. The teacher rebuked Dafna and Yuval. True / False

תרגיל ב

Write a travel journal using the verbs below: **כתבו יומן טיול, השתמשו בפעלים הבאים**

עשה, שתה, ראה, עלה, היה, רצה, בכה, שחה, קנה

ה.י.ה. – זְמַן עָבָר

ה.י.ה. – זמן עבר	
(אני)	**הָיִיתִי**
(אתה)	**הָיִיתָ**
(את)	**הָיִית**
הוא	**הָיָה**
היא	**הָיְתָה**
(אנחנו)	**הָיִינוּ**
(אתם/אתן)	**הֱיִיתֶם/תֶן**
הם-הן	**הָיוּ**

דְּבָרִים שֶׁרוֹאִים מִשָּׁם לֹא רוֹאִים מִכָּאן

כַּאֲשֶׁר **הָיִיתִי** בישראל, עָלִיתִי על המְצדה.
כאשר **הָיִיתִי** בְּנֶפָּאל, עליתי על ההימָליה.
כאשר **הָיִיתִי** בְּפֶּרוּ, עליתי על המָאצ׳וּ-פִּיצ׳וּ.
כאשר **הָיִיתִי** בקָהיר, עליתי על הפירָמידות.
כאשר **הָיִיתִי** בְּפָּריז, עליתי על מִגדל אַייפל.
כאשר **הָיִיתִי** בדרום דָקוטה, עליתי על הר ראשמור.
עכשיו אני בבית, כי אני עייפה מטיולים.

אַז אֵיךְ הָיָה שָׁם?

בישראל **היה** חַם.
בנפאל **היה** קַר.
בפרו **היה** קָרִיר*.
בְּמִצְרַיִים **היה** יבש*.
בפריז **היה** גָּשׁוּם*.
בדרום דקוטה **היה** חָמִים*.
ועכשיו בבית – מאוד נָעִים.

*קָרִיר – a little cold
*יָבֵשׁ – dry
*גָּשׁוּם – rainy
*חָמִים – warm

תרגיל א

ספרו באילו מְקוֹמוֹת* הייתם?

*מָקוֹם/וֹת – place/s

1. הייתי ב ____________________
2. לא הייתי ב ____________________
3. אני רוצה להיות ב ____________________

תרגיל ב

שנו את המשפטים לעבר עם הפועל ה.י.ה.

Change the sentences to the past tense using the verb **ה.י.ה.**

אֵיפֹה כּוּלָּם?

1. אחי בבוסטון. אחי היה בבוסטון. ______
2. אחותי בירושלים. ______
3. אתה באמריקה? ______
4. הדודים שלי ביַפָּן. ______
5. בת הדודה שלי בלונדון. ______
6. ורק אני בבית. ______

תרגיל ג

קראו את הסיפור והשלימו עם הפועל ה.י.ה. Complete the story with the verb

הֶחָלוּץ*

*הֶחָלוּץ — the pioneer

עָלִיתִי לישראל ב-1939 כשהָיִיתִי בן 17. **הָיִיתִי** צָעיר. עָבַדְתִּי בבניין. העבודה **הָיְתָה** קָשָׁה. **הָיָה** מעט אוכל. הרבה פעָמים **הָיִיתִי** רָעֵב. אבל האנשים **הָיוּ** נֶחמדים, ואנחנו **הָיִינוּ** מאושרים, כי יָדַעְנוּ שאנחנוּ בונים אֶת הָאָרֶץ!

אני ______ לְבַד בארץ. המשפחה
שלי ______ באירופה.
דְבוֹרְקָה ______ החברה שלי אז.
היא ______ בת 18 והיא
______ מורה לעִברית לעולים החדשים.
החיים ______ קשים, אבל אנחנוּ
______ אופטימיים, כי אנחנוּ
______ אידֶאליסטים!

1940

תרגיל ד

טבלה מסכמת – עבר והווה (שלמים, ע״ו, ל״ה)

הפועל	**השורש**	**הגזרה**	**שם-הגוף**	**הזמן**	**שם הפועל**
רְאִיתֶם	ר.א.ה.	ל״ה	אתם	עבר	לִרְאוֹת
קָמִים					
הָיָה					
בָּאנוּ					
עוֹשִׂים					
יָדַעְתִּי					
קוֹנָה					
הָלַךְ					
רַצְתִּי					
אוֹמֵר					
שָׁתְתָה					
פּוֹגְשִׁים					
בּוֹנוֹת					
חָשַׁבְתָּ					

שְׁנֵים עָשָׂר יְרָחִים

נעמי שמר

בְּתִשְׁרֵי נָתַן הַדֶּקֶל
פְּרִי שָׁחוּם נֶחְמָד.
בְּחֶשְׁוָן יָרַד יוֹרֶה
וְעַל גַּגִּי רָקַד.

בְּכִסְלֵו נַרְקִיס הוֹפִיעַ
בְּטֵבֵת בָּרָד
וּבִשְׁבָט חַמָּה הִפְצִיעָה
לְיוֹם אֶחָד.

בַּאֲדָר עָלָה נִיחוֹחַ
מִן הַפַּרְדֵּסִים,
בְּנִיסָן הוּנְפוּ בְּכֹחַ
כָּל הַחֶרְמֵשִׁים.

בְּאִיָּר הַכֹּל צָמַח,
וּבְסִיוָן הִבְכִּיר,
בְּתַמּוּז וְאָב שָׂמַחְנוּ
אַחַר קָצִיר.

תִּשְׁרֵי חֶשְׁוָן כִּסְלֵו טֵבֵת
עָבְרוּ, חָלְפוּ בִּיעָף
גַּם שְׁבָט אֲדָר נִיסָן אִיָּר,
סִיוָן תַּמּוּז וְאָב

וּבְבֹא אֱלוּל אֵלֵינוּ
רֵיחַ סְתָו עָלָה
וְהִתְחַלְנוּ אֶת שִׁירֵנוּ,
מֵהַתְחָלָה:

מתוך: נעמי שמר, **כל השירים** 1967.

♩ = 108
C Dm Em G7 C G aug
be - tish - rei na - tan ha - de - kel pri sha - ḥum ne - ḥe - mad.
C Dm Em Dm C Fine
be - ḥesh - van ya - rad yo - re ve - al ga - gi ra - kad.
F + 6 Em Em7 Am
be - khis - lev nar - kis ho - fi - a be - te - vet ba - rad
F G F Em F C6/4 Dm G aug
u - vish - vat ḥa - ma hif - tsi - ah le - yom e - ḥad.
D.C. al Fine

לוח החגים והמועדים לשנת תשס"ב (2003–2004)

	תשס"ד	2003
א' ראש השנה	א' בתשרי	27 בספטמבר
ב' ראש השנה	ב' בתשרי	28 בספטמבר
צום גדליה	ג' בתשרי	29 בספטמבר
יום כיפור	י' בתשרי	6 באוקטובר
סוכות	ט"ו בתשרי	11 באוקטובר
הושענא רבא	כ"א בתשרי	17 באוקטובר
שמחת תורה	כ"ב בתשרי	18 באוקטובר
יום הזיכרון ליצחק רבין*	י"א בחשון	6 בנובמבר
א' חנוכה	כ"ה בכסלו	20 בנובמבר
ח' חנוכה	כ' בטבת	27 בדצמבר
		2004
צום י' בטבת	י' בטבת	4 בינואר
ראש השנה לאילנות	ט"ו בשבט	7 בפברואר
תענית אסתר	י"א באדר	4 במרץ
פורים	י"ד באדר	7 במרץ
שושן פורים	ט"ו באדר	8 במרץ
פסח	ט"ו בניסן	6 באפריל
שביעי של פסח	כ"א בניסן	12 באפריל
יום הזיכרון לשואה ולגבורה	כ"ז בניסן	18 באפריל
יום הזיכרון לחללי צה"ל	ד' באייר	25 באפריל
יום העצמאות	ה' באייר	26 באפריל
ל"ג בעומר	י"ח באייר	9 במאי
יום ירושלים	כ"ח באייר	19 במאי
שבועות	ו' בסיון	26 במאי
צום י"ז בתמוז	י"ז בתמוז	6 ביולי
צום תשעה באב	ט' באב	27 ביולי
ערב ראש השנה תשס"ה	כ"ט באלול	15 בספטמבר

* טקס ממלכתי הוקדם

1. Which is the first month of the Jewish year? ______________
2. Underline the religious holidays you recognize.
3. Circle the Israeli national holidays you recognize.
4. Note some of the differences between this calendar and other calendars.

שְׁלוֹשָׁה דוּבִּים

בבית קטן גרו שלושה דובּים: אב, אֵם וילד קטן.
האב היה גדול-גדול. האֵם היתה לא גדולה ולא קטנה. והילד היה קטן-קטן.

ושלוש צַלָּחוֹת* היו לדובים. הצַלחת של האב היתה גדולה-גדולה. הצַלחת של האֵם היתה לא קטנה ולא גדולה. והצַלחת של הבֵּן היתה קטנה-קטנה. ושלושה כיסאות היו להם. הכיסא של האב היה גדול-גדול. הכיסא של האֵם היה לא גדול ולא קטן. והכיסא של הבֵּן היה קטן-קטן.

*צַלַּחַת – plate

ושלוש מיטות היו להם. המיטה של האב היתה גדולה-גדולה. המיטה של האֵם היתה לא גדולה ולא קטנה. והמיטה של הבֵּן היתה קטנה-קטנה.

הלכה זְהבה הילדה אֶל בֵּית הדובּים.

והדובּים לא היו בבית. לא היה בבית האב, כי הוא הלך לעבודתו. לא היתה האֵם בבית, כי הלכה לשוק. לא היה הבֵּן בבית כי הוא הלך לגן הילדים. פָּתחה* זְהָבָה אֶת הדלת ונִכְנְסָה אֶל הבית. ועל השולחן עמדו שלוש הצלחות מלֵאות* מָרָק. בצַלחת הגדולה-הגדולה המרק של האב. בצַלחת שלא גדולה ולא קטנה המרק של האֵם. בצַלחת הקטנה-קטנה המרק של הבֵּן.

*פָּתְחָה – opened

*מְלֵאוֹת – full

ושלוש כַּפּוֹת* היו שָׁם. הכַּף של האב היתה גדולה-גדולה. הכַּף של האֵם היתה לא גדולה ולא קטנה. והכַּף של הבֵּן היתה קטנה-קטנה. טָעֲמָה זְהבה מִן המרק בכַּף הגדולה ולא היתה יכולה לאכול. טעמה זְהבה מן המרק בכַּף שלא גדולה ולא קטנה ולא היתה יכולה לאכול. טעמה זְהבה מִן המרק בכַּף הקטנה-הקטנה ואכלה את כל המרק. אכלה וישבה לנוח.

*כַּפּוֹת – spoons

ישבה על הכיסא הגדול-הגדול, והיה קָשֶׁה* מאוד.
ישבה על הכיסא שלא גדול ולא קטן והיה רַךְ* מאוד.
ישבה על הכיסא הקטן-הקטן והיה לא רַך ולא קָשֶׁה.
ישבה עד שֶׁנִשְׁבְּרָה* רֶגֶל אַחת מִן הכיסא.

*קָשֶׁה – hard

*רַךְ – soft

*נִשְׁבְּרָה – broke

הלכה זהבה אל חֲדַר השֵׁינה. שָׁכבה* במיטה הגדולה-הגדולה והיה הכָּר* קָשֶׁה מאוד. שָׁכבה במיטה שלא גדולה ולא קטנה, והיה הכָּר רַך מאוד. שָׁכבה במיטה הקטנה-הקטנה, והיה הכָּר לא רַך ולא קָשֶׁה. שָׁכבה זהבה ונִרְדְּמָה*.

*שָׁכְבָה – laid down

*כַּר – pillow

*נִרְדְּמָה – fell asleep

חָזרוּ* הדוּבּים הבַּיתה. האב חָזַר מִן העבודה. האֵם חזרה מִן השוק, והילד חזר מגן הילדים.
ראה האב אֶת הכַּף שלו ואמר: "מִישֶׁהוּ* נָגַע* בכַּף שלי".
ראתה האֵם את הכַּף שלה ואמרה: "מישהו נגע בכַּף שלי".
ראה הבֵּן את הכַּף שלו ואמר: "מישהו נגע בכַּף שלי וגם אכל בָּהּ".
הִבִּיט האב בצַלחת שלו ואמר: "מישהוּ טָעַם מִן המרק שלי".
הִבִּיטָה האֵם בצַלחת שלה ואמרה: "מישהוּ טָעַם מִן המרק שלי".
הִבִּיט הבֵּן בצַלחת שלו ובכה: "מישהוּ אכל את כל המרק שלי".
נתן האב לבנו מעט מִן המרק שלו. נתנה האֵם לבנה מעט מן המרק שלה והִפסיק* לבכות. אכלו כולם וישבו לנוּחַ.
ישב האב על הכיסא שלו ואמר: "מישהוּ ישב על הכיסא שלי".
ישבה האֵם על הכיסא ואמרה: "מישהוּ ישב על הכיסא שלי".
ישב הבֵּן על הכיסא שלו ובכה: "מישהוּ ישב על הכיסא שלי וגם שָׁבַר* רגל אחת".
רצו הדובים לנוח.
שכב האב במיטה שלו ואמר: "מישהוּ שכב במיטה שלי".
שכבה האֵם במיטה שלה ואמרה: "מישהוּ שכב במיטה שלי".
רצה הבֵּן לשכב במיטה שלו והִנה זְהבה במיטה. קרא: "מישהוּ שוכב במיטה שלי!".
קפץ* האב ורץ אל מיטת בנו. קפצה גם האֵם ורצה אֶל מיטַת בנה.
קמה זהבה מִשְּׁנָתָהּ ורָאתה והִנה שלושה דוּבּים עומדים עַל יד המיטה.
קפצה מִן המיטה אֶל החַלון ודֶרֶךְ* החלון אֶל הַיַּעַר* ודֶרֶךְ היַּעַר רָצָה-רָצָה עַד אֲשֶׁר באה אֶל בֵּיתָהּ.
והדוּבּים רָדפוּ* אחרֶיהָ ורדפוּ ולא היו יכולים לְהַשִּׂיגָהּ*.

*חָזְרוּ — returned
*מִישֶׁהוּ — someone
*נָגַע — touched
*הִפְסִיק — stopped
*שָׁבַר — broke
*קָפַץ — jumped
*דֶּרֶךְ — through
*יַעַר — forest
*רָדְפוּ — chased
*לְהַשִּׂיגָהּ — to capture her

מתוך: "**מבחר סיפורים לילדים, עוד ועוד סיפורים**"
בחר וערך מנחם רגב, 1986, עיבוד ז' אריאל

מצבים
פעילויות דיבור

1. ספרוּ על סדר יום טיפּוּסי שלכם ביום חול ובסופשבוּע.

Tell about your schedule on a typical weekday and on the weekend.

2. אתם צריכים לקבוע פגישה עם מורה עסוּק – מִשחק תַּפקידים.

You are trying to make an appointment with a very busy professor. Role-play with a classmate.

3. תארוּ שבוּע בחיים של אישיוּת מפוּרסמת. Describe a week in the life of a famous person

מצבים
כתיבה

1. קרוב משפחה בא לביקור בסופשבוּע. כתבוּ את התוכנית לכל יום ולכל שעה.

A relative is coming to visit with you for a weekend. Write a detailed plan for the visit, including days and times.

2. ילד בקייטנה שולח מִכתב להורים שלו. הוא כותב מה הוא עשה כל השבוּע.

A young camper writes home, telling his parents what he/she did all week long.

אוֹצַר מִילִּים יְחִידָה 6

יְמֵי הַשָּׁבוּעַ	Days of the week
יוֹם רִאשׁוֹן	Sunday
יוֹם שֵׁנִי	Monday
יוֹם שְׁלִישִׁי	Tuesday
יוֹם רְבִיעִי	Wednesday
יוֹם חֲמִישִׁי	Thursday
יוֹם שִׁישִּׁי	Friday
שַׁבָּת	Saturday

מִילּוֹת זְמַן נוֹסָפוֹת	Other time words
יוֹם / יָמִים ז׳	day/s
שָׁבוּעַ / שָׁבוּעוֹת ז׳	week/s
חוֹדֶשׁ / חוֹדָשִׁים ז׳	month/s
שָׁנָה / שָׁנִים נ׳	year/s
סוֹפְשָׁבוּעַ	weekend
הַיּוֹם	today
הַבּוֹקֶר	this morning
הָעֶרֶב	this evening
הַלַּיְלָה	tonight
הַשָּׁנָה	this year
יוֹמַיִים ז״ר	two days
שְׁבוּעַיִים ז״ר	two weeks
חוֹדְשַׁיִים ז״ר	two months
שְׁנָתַיִים נ״ר	two years
תַּאֲרִיךְ ז׳	date
זְמַן ז׳	time
לוּחַ שָׁנָה ז׳	calendar
פַּעַם נ׳	once, one time
יוֹמָן ז׳	diary, planner

מִילִּים נוֹסָפוֹת	Other words
שֶׁמֶשׁ ז׳	sun
יָרֵחַ ז׳	moon
זְרִיחָה נ׳	sunrise
שְׁקִיעָה נ׳	sunset
אוֹהֶל ז׳	tent
תּוֹר ז׳	line, queue, appointment

חַגִּים	Holidays
חַג ז׳	holiday
רֹאשׁ הַשָּׁנָה	New Year
יוֹם הָעַצְמָאוּת	Independence Day

מִסְפָּרִים סוֹדְרִים	Ordinal numbers
רִאשׁוֹן / רִאשׁוֹנָה	first
שֵׁנִי / שְׁנִיָּיה	second
שְׁלִישִׁי / שְׁלִישִׁית	third
רְבִיעִי / רְבִיעִית	fourth

מַה הַשָּׁעָה	Telling time
שָׁעוֹן ז׳	watch, clock
שָׁעָה נ׳	hour
דַּקָּה נ׳	minute
שְׁנִיָּיה נ׳	second
חֵצִי	½
שְׁתַּיִים וָחֵצִי	2:30
רֶבַע	¼
שֶׁבַע וָרֶבַע	7:15
רֶבַע לִשְׁתַּיִים	1:45

Past, Irregular	עבר ל״ה
	בָּכִיתִי, עָלִיתִי, הָיִיתִי, שָׁתִיתִי ...

Months	חוֹדְשֵׁי הַשָּׁנָה
Tishre	תִּשְׁרֵי
Ḥeshvan	חֶשְׁוָון
Kislev	כִּסְלֵו
Tevet	טֵבֵת
Shevat	שְׁבָט
Adar	אֲדָר
Nisan	נִיסָן
Iyar	אִיָּיר
Sivan	סִיוָן
Tamuz	תַּמּוּז
Av	אָב
Elul	אֱלוּל

Time expressions	בִּיטוּיֵי זְמַן
What's the time?	מָה הַשָּׁעָה?
At what time (when)	בְּאֵיזוֹ שָׁעָה...
I've no time	אֵין לִי זְמַן
when	כַּאֲשֶׁר (כְּשֶׁ...)
approximately, about	בְּעֶרֶךְ
exactly, precisely	בְּדִיּוּק
late	מְאוּחָר
early	מוּקְדָּם
before	לִפְנֵי
after	אַחֲרֵי
beforehand	קוֹדֶם
later on	אַחַר-כָּךְ
always	תָּמִיד
until	עַד

Adjectives	שְׁמוֹת תּוֹאַר
tired	עָיֵיף / עֲיֵיפָה
busy	עָסוּק / עֲסוּקָה

Verbs	פְּעָלִים
to return	לַחְזוֹר
to close	לִסְגּוֹר
to lie, lie down	לִשְׁכַּב
to cry	לִבְכּוֹת
to swim	לִשְׂחוֹת
to be	לִהְיוֹת
to sleep	לִישׁוֹן
to go to sleep	לָלֶכֶת לִישׁוֹן

UNIT 7 יְחִידָה

עוֹנוֹת הַשָּׁנָה וּבְגָדִים
Seasons and Clothes

Unit 7 יְחִידָה
תּוֹכֶן הָעִנְיָינִים

Unit 7 יְחִידָה

עוֹנוֹת הַשָּׁנָה וּבְגָדִים

Goals

Context/Content

Weather, seasons, and climate

Clothes

Communication/Function

Talk about the weather

Shop for clothes, shoes

Describe what people wear

Express yourself in the future

Structure/Grammar

Future tense (**שלמים, ל״ה, ע״ו, ע״י**)

Construct form (**סמיכות**)

The verb **לנעול**

The verb “to be” (**להיות**), future

If (**אם**)

Culture

Israel’s seasons and weather

Idiomatic expressions (weather)

Shopping culture –

Clothes/shoe sizes

Trekking/backpacking

Wardrobe sharing on early *kibbutzim*

Biblical passages

Short story: ״**האיש הירוק**״ by Yehonatan Geffen

Poem: ״**למראה פרחים**״ by **פנחס שדה**

Songs: ״**בואי רוח**״, ״**מדוע ולמה לובשת הזברה פיג׳מה**״

מֶזֶג אֲוִיר וְעוֹנוֹת הַשָּׁנָה

קַיִץ

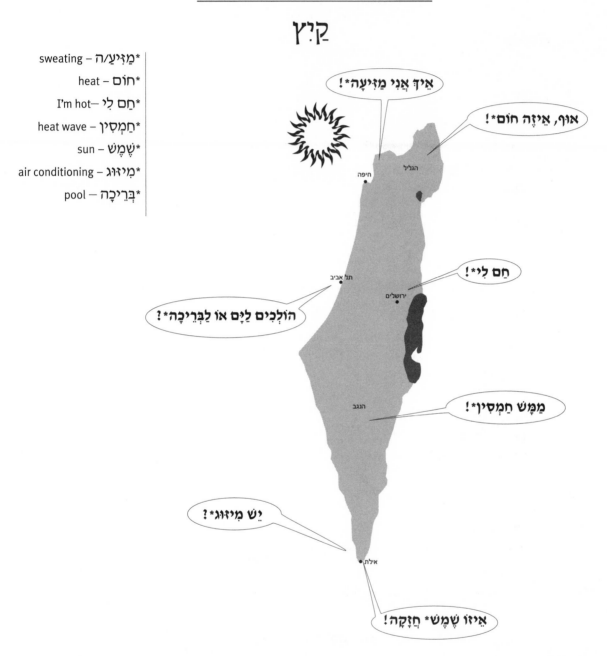

מַזִּיעַ/ה – sweating*
חוֹם – heat*
חַם לִי – I'm hot*
חַמְסִין – heat wave*
שֶׁמֶשׁ – sun*
מִזּוּג – air conditioning*
בְּרֵיכָה – pool*

אֵיךְ אֲנִי מַזִּיעָה*!

אוּף, אֵיזֶה חוֹם*!

חַם לִי*!

הוֹלְכִים לַיָּם אוֹ לַבְּרֵיכָה*?

מַמָּשׁ חַמְסִין*!

יֵשׁ מִזּוּג*?

אֵיזוֹ שֶׁמֶשׁ* חֲזָקָה!

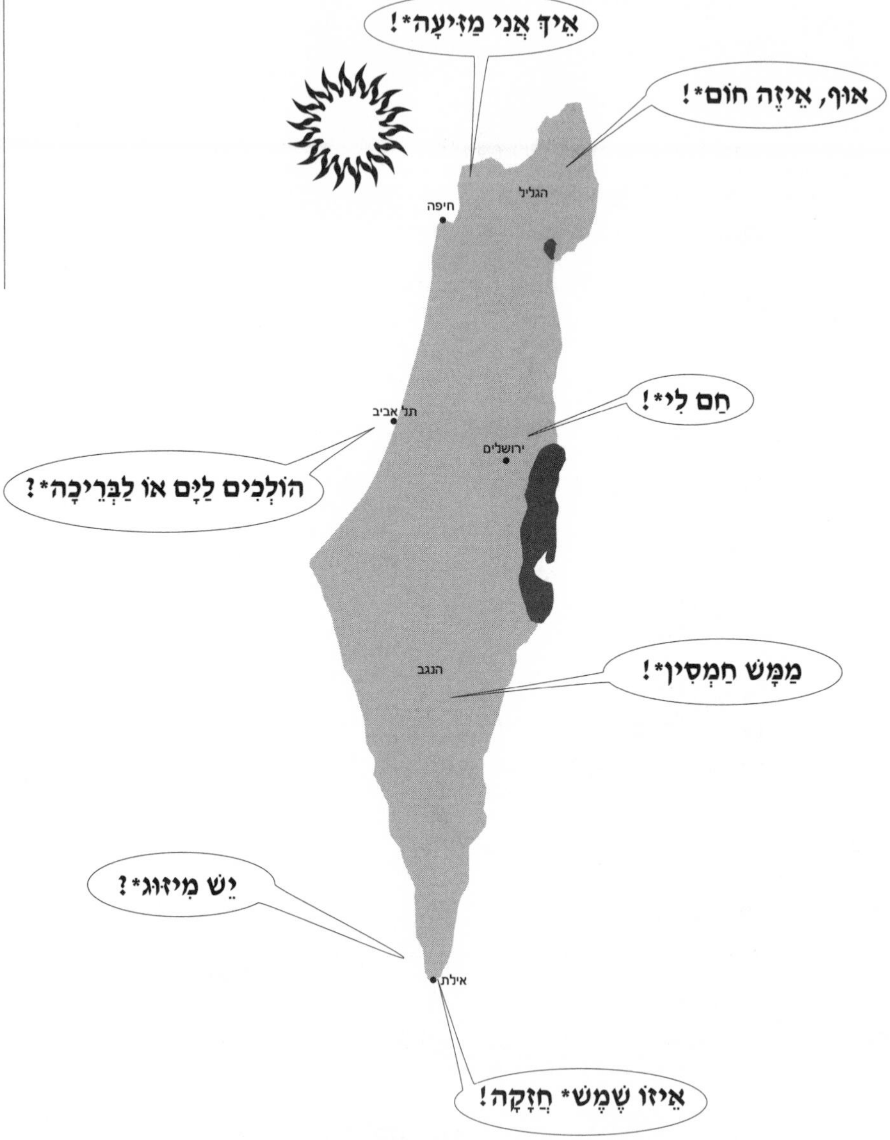

תרגיל א

חברו שיחות קצרות בקיץ עם המילים והביטויים החדשים למעלה.

Make short dialogues that take place on a hot summer day. Use some of the expressions above.

בְּגָדִים - בִּגְדֵי קַיִץ

בְּגָדִים

– אֵין לִי מַה לִלְבּוֹשׁ!*
– אֲבָל הָאָרוֹן שֶׁלָּךְ מָלֵא **בְּגָדִים***!

*אֵין לִי מַה לִלְבּוֹשׁ – I have nothing to wear
*בְּגָדִים – clothes

מִכְנָסַיִים וְחוּלְצָה

– מָה אַתָּה לוֹבֵשׁ לַחֲתוּנָּה שֶׁל עִנְבָּל וְשָׁרוֹן?
– אֶת **הַמִּכְנָסַיִים** הַשְּׁחוֹרִים **וְהַחוּלְצָה*** הַלְּבָנָה.

*מִכְנָסַיִים – pants
*חוּלְצָה – shirt

מִשְׁקָפַיִים

– אֵיפֹה **הַמִּשְׁקָפַיִים*** שֶׁלִּי?
– לָמָּה אַתְּ אַף פַּעַם לֹא יוֹדַעַת אֵיפֹה הֵם?

*מִשְׁקָפַיִים – glasses

בֶּגֶד-יָם

– אֲנִי צְרִיכָה לִקְנוֹת **בֶּגֶד-יָם*** חָדָשׁ.
– יֵשׁ מְכִירָה* טוֹבָה בַּ"מַּשְׁבִּיר לַצַּרְכָן" הַשָּׁבוּעַ.

*בֶּגֶד-יָם – bathing suit
*מְכִירָה – sale

נַעֲלַיִים

– קָנִיתִי **נַעֲלַיִים*** חֲדָשׁוֹת.
– תִּתְחַדְּשִׁי*!

*נַעֲלַיִים – shoes
*תִּתְחַדֵּשׁ/י – wear it well

גַּרְבַּיִים / סַנְדָּלִים

– מָה, אַתָּה נוֹעֵל*, **סַנְדָּלִים** עִם **גַּרְבַּיִים***?!
– כֵּן, כָּכָה נוֹחַ* לִי.

*לִנְעוֹל – to put on shoes
*גַּרְבַּיִים – socks
*נוֹחַ – comfortable

תרגיל א

1. Read the dialogues above again. This time use different intonations and gestures.

2. Expand one of the dialogues above with a partner. Think about when and where the situation takes place and who the participants are. Continue a dialogue and act it out.

תרגיל ב

השלימו עם המילים הבאות:

Fill in the blanks with the correct word from the list below. Look for grammatical agreements (gender and number).

טֶנִיסַאי

נַעֲלַיִים, כּוֹבַע, חוּלְצָה, גַּרְבַּיִים, מִכְנָסַיִים

הוא לוֹבֵשׁ __________ קְצָרִים* וּ__________ קְצָרָה בלי שַׁרְווּלִים*.

הוא נוֹעֵל __________ לְבָנוֹת עִם __________ לְבָנִים.

על הראש יש לו __________ לָבָן.

*קָצָר — short

*שַׁרְווּל — sleeve

תרגיל ג

כתבו את פרטי הלבוש ושמות התואר ברבים:

Write the following clothing items and the adjectives in the plural:

1. נַעַל נוֹחָה נעליים נוחות
2. חוּלְצָה חדשה __________
3. בֶּגֶד שָׁחוֹר __________
4. גֶּרֶב לָבָן __________
5. חֲלִיפָה* יקרה __________
6. שִׂמְלָה* קצרה __________

*חֲלִיפָה — suit

*שִׂמְלָה — dress

תרגיל ד

בְּגָדִים בַּקַּנְיוֹן

Write the correct form of the adjective in the blanks:

בקַנְיוֹן* ה__________ **(חדש)** יש חנוּת __________ **(גדול)**

של בְּגָדִים מאֵירוּפּה. יש שָׁם בגדים __________ **(יפה)**

ונעליים איטלקיות **(איטליה)**.

קניתי שם חולצה __________ **(חדש)**. יש רק בְּעָיה אחת, הבגדים

שָׁם מַמָּשׁ* __________ **(יקר)**.

*קַנְיוֹן — shopping mall

*מַמָּשׁ — really

בַּחֲנוּת נַעֲלַיִים

מוכר: שלום, אני יכול לעזור* לךָ?
קונה: יש לךָ סַנדלים תָּנָ"כִיִּים?
מוכר: כן. באיזו מידה?*
קונה: 42.
מוכר: חוּם* או שחור?
קונה: חוּם.
מוכר: שֵׁב כאן, אני מִיָּד חוזר.
(הקונה מודד*...)
מוכר: נוּ, איך הסַנדלים?
קונה: נוחים מאוד. כמה הם עולים?
מוכר: 140 שקל, אבל בִּשְׁבִילְךָ* רק 110 ש"ח.
קונה: 110? זה עֲדַיִין יָקָר...

*לַעֲזוֹר — to help
*מִידָּה — size
*חוּם — brown
*מוֹדֵד — tries on
*בִּשְׁבִילְךָ — for you

תרגיל א

המשיכו את השיחה בחנות-הנעליים Continue the dialogue from above.

מִידוֹת נַעֲלַיִים

נעליים לגברים											
אירופאי/ישראלי	40.5	41	42	42.5	43	44	44.5	45	46	46.5	47
אמריקאי	7.5	8	8.5	9	9.5	10	10.5	11	11.5	12	12.5
אנגלי	7	7.5	8	8.5	9	9.5	10	10.5	11	11.5	12
נעליים לנשים											
אירופאי/ישראלי	36	37	37.5	38	39	39.5	40	40.5			
אמריקאי	6	6.5	7	7.5	8	8.5	9	9.5			
אנגלי	3.5	4	4.5	5	5.5	6	6.5	7			

תרגיל ב

Role-play the following situation with a partner:

Israelis like to buy sneakers in the U.S. because they are much cheaper there. Give a friend of yours who is going to America a detailed order of sneakers for your entire family. Use different sizes.

לִנְעוֹל

– אֵיזוֹ מִידָּה* אַתָּה **נוֹעֵל***?
– בְּיִשְׂרָאֵל אֲנִי **נוֹעֵל** מִידָּה 42, וּבְאָמֵרִיקָה אֲנִי 8½.

*מִידָּה – size
*לִנְעוֹל – to wear shoes

תרגיל א

השלימו עם הפועל לנעול Complete with the correct form of the verb

נַעֲלֵי-הֲלִיכָה

אֶתמול הכיתה הלכה לטיול. המַדריך אמר לנו __________ נעליים נוֹחות.
אני __________ נעליים גבוֹהוֹת, אבל חנה __________ סַנדלים.
המַדריך שאל אֶת חנה: "למה אַת לא __________ נַעֲלֵי הֲליכה?"
חנה אמרה "בקיץ אני __________ רק סַנדלים, בפְּרינְציפּ!"

תרגיל ב

In the following tongue-twister, the root נ.ע.ל. appears four times in four different meanings:
to wear shoes, to lock, sublime, her shoe.
Try to find out which is which:

אִישָּׁה נַעֲלָה נָעֳלָה נַעֲלָהּ, נָעֲלָה אֶת הַדֶּלֶת בִּפְנֵי בַּעֲלָהּ.

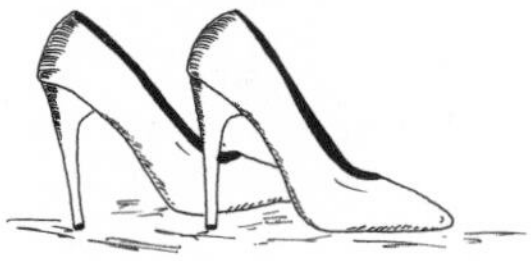

"לְמַרְאֶה פְּרָחִים..."

שְׁאֵלַת הכנה לקריאת השיר

אילו אסוציאציות יש לצבעים הבאים בעיניכם:

לָבָן חדש, חתונה, חורף, טהור

אָדום

וָרוד

יָרוק

שָׁחור

לְמַרְאֶה פְּרָחִים, בְּכַד-זְכוּכִית, בְּבֹקֶר סְתָו

פנחס שדה

בְּכָתֹם, לָבָן, אַרְגָּמָן*,
וָרֹד, סָגֹל וְצָהֹב,
קָרָאתִי לֵאמֹר: "אֱהֹב,
כִּי הוֹלֵךְ וְנִגְרָע* הַזְּמָן.
וַאֲשֶׁר אָהַבְתָּ זְכֹר*,
כִּי לֹא יֶאֱרַךְ הָעוֹלָם
וּמִכָּל הַצְּבָעִים כֻּלָּם
אֶחָד יִוָּתֵר*, שָׁחֹר".

*אַרְגָּמָן — purple
*נִגְרָע — is diminished
*זְכֹר — remember
*יִוָּתֵר — will remain

מתוך: "66 משוררים, מבחר חמישים שנות שירה עברית חדשה". עורך: זיוי סתוי, 1996.

שאלה

מה תפקיד הצבע השחור בשיר?

פנחס שדה

משורר וסופר. נולד בפולין ועלה לישראל ב-1934 בגיל 5. כתב על שאלת הקיום האנושי* ונושאים תיאולוגיים.
הספר הידוע ביותר שהוא כתב "החיים כמשל"* יצא ב-1966.

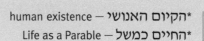

*הקיום האנושי — human existence
*החיים כמשל — Life as a Parable

חוֹרֶף

*מַבּוּל — heavy rain, flood
*שֶׁלֶג — snow
*קַר לִי — I'm cold
*קוֹר — coldness, chill
*רוּחַ — wind
*גֶּשֶׁם — rain
*חִימּוּם — heating

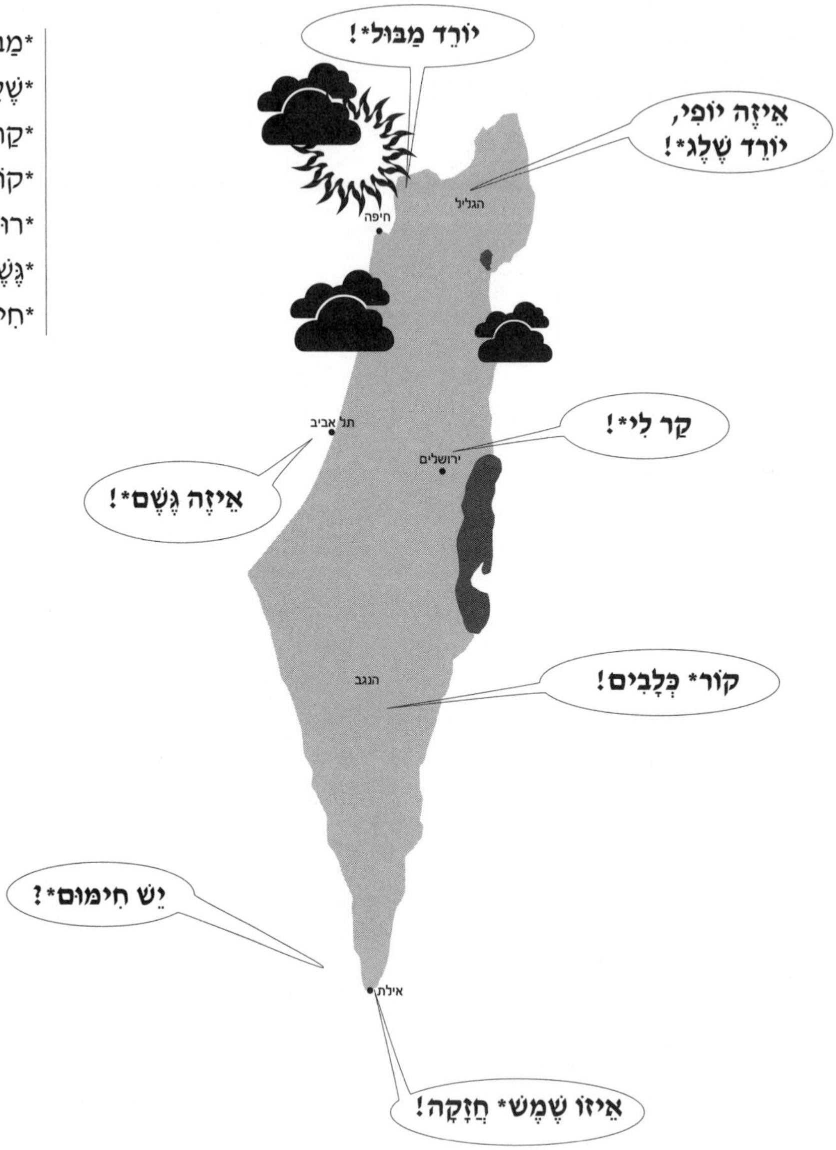

תרגיל א
חברו שיחות קצרות עם המילים והביטויים החדשים למעלה.
Write short dialogues using the words and phrases above.

בְּגָדִים – בִּגְדֵי חוֹרֶף

מְעִיל

– קַר בַּחוּץ*?
– כֵּן. צָרִיךְ לִלְבּוֹשׁ **מְעִיל*** אוֹ **זָ'קֶט**.

*בַּחוּץ – outside
*מְעִיל – coat

צָעִיף וּכְפָפוֹת

– לָמָּה אַתְּ לוֹבֶשֶׁת **צָעִיף*** **וּכְפָפוֹת***?
– כִּי קַר מְאוֹד הַיּוֹם.

*צָעִיף – scarf
*כְּפָפוֹת – gloves

מִכְנָסַיִים אֲרוּכִּים

– מַה צָרִיךְ לִלְבּוֹשׁ לַטִּיּוּל*?
– מִכְנָסַיִים **אֲרוּכִּים*** וְחוּלְצָה **אֲרוּכָּה*** אוֹ סְוֶודֶר.

*טִיּוּל – trip
אָרוֹךְ (אֲרוּכִּים) – long

חֲלִיפָה

– לָמָּה אַתָּה לוֹבֵשׁ **חֲלִיפָה***?
– יֵשׁ לִי רַאֲיוֹן עֲבוֹדָה*.

*חֲלִיפָה – suit
*רַאֲיוֹן עֲבוֹדָה – job interview

בִּגְדֵי נָשִׁים

– אֵיפֹה יֵשׁ חֲנוּת טוֹבָה **לִשְׂמָלוֹת**?
– בְּקַנְיוֹן אַיָּלוֹן.

תרגיל א

Make other short dialogues with the following words:

קניון, בגדים, חנות-בגדים, ללבוש, מְעיל , צָעיף, כְּפפות, מכנסיים ארוכים, שִׂמלה, חורֶף, קַר בחוץ, יורד גשם, קַר לי

פְּגִישָׁה עִיוֶורֶת*

*פְּגִישָׁה עִיוֶורֶת — blind date

הכנה:

ספרו על פגישה עיוורת שהיתה לכם או למישהו אחר.

Tell about a blind date you had or heard about.

(יוסי ורינה מדברים בטלפון הַנַּיָּיד*.)

*טֶלֶפוֹן נַיָּיד — mobile phone

רינה: יוסי? איפה אתה?

יוסי: על יד קפה "נוֹגַהּ".

רינה: גם אני שָׁם, אבל אני לא רוֹאָה אוֹתְךָ. מה אתה לוֹבֵשׁ?

יוסי: מכְנָסֵי ג'ינס וחולצת פְלָאנֶל ארוכה*. יש לי שֵׂער* בלוֹנדיני ארוֹך*. ואַתְּ?

רינה: אני לובשת זָ'קט שחור, חֲצָאִית* אֲרוּכָּה וצָעִיף שחוֹר-לבן. יש לי שֵׂער חוּם קצר.

יוסי: אה, זאת אַתְּ? על יד הדלת? עִם הכּוֹבַע האדוֹם?

רינה: כן, כן, זוֹ אני!

יוסי: סוֹף סוֹף...

*אֲרוֹך/ה — long

*שֵׂעָר — hair

*חֲצָאִית — skirt

תרגיל א

1. חברו עוד דיאלוג בין רינה ליוסי.
2. אתם רינה או יוסי. ספרו לחבר/ה על הפגישה העיוורת שלכם.

מְטַיְּילִים לִדְרוֹם אֲמֶרִיקָה

אחרי הצבא* הרבה ישראלים אוהבים לנסוע מסָביב לעולם למספר חודשים. הישראלים הצעירים אוהבים לְטַיֵּיל* להודו, לתאילנד, לסין ולדרום אמריקה. למטיילים הישראלים אין הרבה כסף, אז הם לוקחים איתם מהבית מה שהם יכולים, אבל לא יוֹתֵר מִדַּי*, כי הם לא רוצים תיק כָּבֵד*.

עומרי לקח את הדברים הבאים לטיול* שלו בדרום אמריקה:

*צָבָא — army

*לְטַיֵּיל — to travel

*יוֹתֵר מִדַּי — too much

*כָּבֵד — heavy

*טִיּוּל — trip

*כַּפְתּוֹרִים — buttons

*קַל — light

*תַּחְתּוֹנִים — underwear, underpant

*גוּפִיָּיה — undershirt

*מִשְׁקְפֵי שֶׁמֶשׁ — sunglasses

*שַׂק שֵׁינָה — sleeping bag

תרגיל א

Mark True / False according to the clothing items above:

1. Omri planned to hike. True / False
2. Omri was not planning to swim. True / False
3. Omri did not expect cold weather. True / False
4. Omri planned to sleep outdoors. True / False
5. Omri wanted to dress nicely at times. True / False

תרגיל ב

השלימו את המשפטים כרצונכם Complete the sentences as you see fit:

1. הבגדים שלי ______________________
2. קר בחוץ ______________________
3. הצבע האדום ______________________
4. אני לא רואה טוב ______________________
5. יש לו חליפה ישנה ______________________
6. הנעליים קטנות ______________________
7. האופנה* של היום ______________________

*אוֹפְנָה — fashion

The Construct Form סְמִיכוּת

דִּקְדּוּק

The construct form is made up of two nouns that are joined together to make one grammatical unit, like **בֵּית כְּנֶסֶת**, *an assembly house.* **בֵּית כְּנֶסֶת** *is neither a house nor an assembly, but a house of assembly or synagogue.*

The first noun in a construct form determines the gender and number of the unit. The second noun functions as a modifier.

Since the construct form is one unit, only one **ה** *is added to make it definite. The* **ה** *is placed before the second noun:* בֵּית הַכְּנֶסֶת *(the synagogue).*

For linguistic reasons construct form requires the following adjustments. Some of them are:
1. *When the first word in the construct form is a feminine word that ends with* **ה**, *the letter* **ה** *changes to* **ת**.

For example: תַּלְמִידָה + תִּיכוֹן *becomes* תַּלְמִידַת תִּיכוֹן *(high school student [f.s.])*

2. *In the masculine plural the* **ם** *drops and the vowel* ◌ִי *at the end of the word changes to* ◌ֵי.

For example: תַּלְמִידִים + תִּיכוֹן *becomes* תַּלְמִידֵי תִּיכוֹן *(high school students [m.p.])*

3. *Notice that some changes occur in the vocalization of the first noun in the construct form.*

For example: חֶדֶר + אוֹכֶל *becomes* חֲדַר אוֹכֶל *(dining room).*

FEMININE — נקבה		MASCULINE — זכר	
plural	singular	plural	singular
תַּלְמִידוֹת תִּיכוֹן	**תַּלְמִידַת תִּיכוֹן**	**תַּלְמִידֵי תִּיכוֹן**	**תַּלְמִיד תִּיכוֹן**

תרגיל א

Practice putting the following pairs of nouns into the construct form:

1. בגד / ים ___בגד ים___
2. מעיל / גשם ______
3. כובע / טמבל ______
4. זוג / נעליים ______

5. שמלה / ערב ___שמלת ערב___
6. חליפה / צמר ______
7. משפחה / כהן ______
8. פיג׳מה / חורף ______
9. חצאית / ג׳ינס ______

10. משקפים / שמש ___משקפי שמש___
11. מכנסיים / ג׳ינס ______
12. רהיטים / ״אביב״ ______
13. בגדים / שבת ______

14. חולצות / נשים ___חולצות נשים___
15. דירות / סטודנטים ______
16. חגורות / בטיחות ______
17. מנורות / לילה ______
18. חברות / קיבוץ ______

תרגיל ב

Write in the plural. (Remember that only the first part of the construct form changes in the plural.)

1. תפוח עץ — תפוחי עץ
2. בית ספר — בָּתֵי ספר
3. בית כנסת — ______
4. תפוח אדמה — ______
5. מיץ פירות — ______
6. חדר שינה — ______
7. ספר עברית — ______
8. ארון ספרים — ______
9. דירת סטודנטים — דירות סטודנטים
10. חולצת נשים — ______
11. עוגת שוקולד — ______
12. מחברת עברית — ______
13. תחנת אוטובוס — ______
14. עבודת בית — ______
15. בת דודה — ______

תרגיל ג

Add the definite article:

(Remember that the definite article is added only to the second word of a construct form.
No ה is added if the second word is a proper noun.)

1. בית ספר — בית הספר
2. ראש שנה — ______
3. אוניברסיטת ברנדייס — ______
4. יום עצמאות — ______
5. סלט ירקות — ______
6. מדינת ישראל — ______
7. קופסת טונה — ______
8. אופרת סבון — ______
9. עוגת גבינה — ______
10. משפחת לוי — ______

"לֹא יִהְיֶה כְלִי גֶבֶר עַל אִשָּׁה, וְלֹא יִלְבַּשׁ גֶּבֶר שִׂמְלַת אִשָּׁה."

דברים כב, ה Deuteronomy 22:5

פָּעַל, שְׁלֵמִים – עָתִיד (אֶפְעוֹל)

בְּמַעֲרֶכֶת הָעִיתוֹן שֶׁל הָאוּנִיבֶרְסִיטָה

הָעוֹרֵךְ* : עַל מַה **נִכְתּוֹב** בָּעִיתוֹן הַבָּא?
שֵׁיינָה : אוּלַי עַל בְּגָדִים בָּאוֹפְנָה*?
הָעוֹרֵךְ : רַעֲיוֹן טוֹב. מִי **יִכְתּוֹב** עַל הָאוֹפְנָה הָאַחֲרוֹנָה?
שֵׁיינָה : עוֹדֵד.
הָעוֹרֵךְ : עַל מַה שִׁירָה **תִּכְתּוֹב**?
שֵׁיינָה : עַל הָאוֹפְנָה בַּקַּמְפּוּס.
הָעוֹרֵךְ : וְעַל מַה אַתְּ **תִּכְתְּבִי**?
שֵׁיינָה : אֲנִי לֹא **אֶכְתּוֹב** לָעִיתוֹן הַבָּא, אֵין לִי זְמַן.
יֵשׁ לִי הַרְבֵּה בְּחִינוֹת הַשָּׁבוּעַ.
הָעוֹרֵךְ : לֹא בָּא בְּחֶשְׁבּוֹן*! כּוּלָּם צְרִיכִים לִכְתּוֹב!

*עוֹרֵךְ — editor
*אוֹפְנָה — fashion
*לֹא בָּא בְּחֶשְׁבּוֹן — under no circumstances

כ.ת.ב. – עָתִיד	
אני	**אֶ**כְתּוֹב
אתה	**תִּ**כְתּוֹב
את	**תִּ**כְתְּבִ**י**
הוא	**יִ**כְתּוֹב
היא	**תִּ**כְתּוֹב
אנחנו	**נִ**כְתּוֹב
אתם	**תִּ**כְתְּבוּ
אתן	**תִּ**כְתְּבוּ
הם	**יִ**כְתְּבוּ
הן	**יִ**כְתְּבוּ

דִּקְדּוּק

The future tense in Hebrew is marked by the prefixes **אתתית נתי** *(or* **אית״ן***).*

Some pronouns take additional suffixes. Note that when a suffix is added the vowel is shortened:

את	תִּכְתְּבִי
אתם/אתן	תִּכְתְּבוּ
הם/הן	יִכְתְּבוּ

The use of the **ו** *is optional:* **אֶכְתּוֹב / אֶכְתֹּב**

תרגיל א

הטו את השורש פ.ג.שׁ. בעתיד:

אני	אֶפְגוֹשׁ	אנחנו	________
אתה	________	אתם	________
את	________	אתן	________
הוא	________	הם	________
היא	________	הן	________

תרגיל ב

השלימו את הטבלה:

אני	אתה	את	הוא	היא	אנחנו	אתם/אתן	הם/הן
אֶרְקוֹד							
	תִּזְכּוֹר						
		תִּסְגְּרִי					
			יִגְמוֹר				
				תִּכְתּוֹב			
					נִפְגּוֹשׁ		
						תִּשְׁמְרוּ	
							יַעַבְדוּ

תרגיל ג

השלימו בעתיד:

א.

בנימין: מה אתה עושה הערב?

יונתן: אני ________ **(לִפְגּוֹשׁ)** את חנה בקפיטריה, ואחר כך אנחנו ________ **(לִרְקוֹד)** במוֹעדון. ואתה?

בנימין: אני ________ **(לִגְמוֹר)** את העבודה שלי לקוּרס בהיסטוֹריה.

ב.

יורם: דן, איך אתה ________ **(לִזְכּוֹר)** מה שהמוֹרֶה אוֹמר?

דן: אני ________ **(לִכְתּוֹב)** את החוֹמֶר במחברת, וכך אֶזְכּוֹר.

תרגיל ד

נתחו את הפעלים:

הפועל	שם הגוף	שורש
1. אֶרְקוֹד	______	______
2. יִכְתְּבוּ	______	______
3. תִּגְמוֹר	אתה / היא	ג.מ.ר.
4. תִּפְגְּשׁוּ	______	______
5. יַעֲבוֹד	______	______

תרגיל ה

כתבו את הפועל בעתיד:

שם הגוף	השורש	הפועל בעתיד
1. את	ג.ל.שׁ.	______
2. אנחנו	כ.ת.ב.	______
3. אתן	ר.ק.ד.	______
4. הן	ז.כ.ר.	______

פָּעַל, עָתִיד – פ' הַפּוֹעַל גְּרוֹנִית

דִּקְדּוּק

The guttural letters **ח** *and* **ע** *very often affect the pronunciation of words in Hebrew. In the future tense, when either of these letters is the first root letter, they cause a slight shift in the pronunciation.*

	ח.שׁ.ב.	ע.ב.ד.
אני	אֶחְשׁוֹב	אֶעֱבוֹד
אתה	תַּחְשׁוֹב	תַּעֲבוֹד
את	תַּחְשְׁבִי	תַּעַבְדִי
הוא	יַחְשׁוֹב	יַעֲבוֹד
היא	תַּחְשׁוֹב	תַּעֲבוֹד
אנחנו	נַחְשׁוֹב	נַעֲבוֹד
אתם/אתן	תַּחְשְׁבוּ	תַּעַבְדוּ
הם/הן	יַחְשְׁבוּ	יַעַבְדוּ

תרגיל א

הטו את הפעלים בעתיד:

	ח.ז.ר. (return)	ע.ז.ר. (help)
אני	____________	____________
אתה	____________	____________
את	____________	____________
הוא	____________	____________
היא	____________	____________
אנחנו	____________	____________
אתם/אתן	____________	____________
הם/הן	____________	____________

פָּעַל, שְׁלֵמִים – עָתִיד (אֶפְעַל)

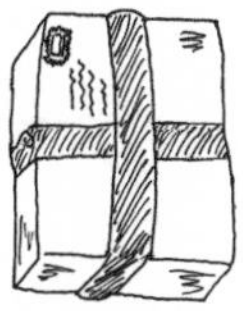

לִפְנֵי הַטִּיּוּל

מרים : דָּנִי, תִּכְתּוֹב לִי?

דני : כֵּן ,**אֶשְׁלַח*** לָךְ דּוֹאַר אֶלֶקְטְרוֹנִי כָּל יוֹם.

מרים : יוֹפִי, כָּל בּוֹקֶר אֲנִי **אֶפְתַּח** אֶת הַמַּחְשֵׁב **וְאֶקְרָא** אֶת הַמִּכְתָּבִים שֶׁלְּךָ.

דני : **אֶשְׁלַח** לָךְ גַּם חֲבִילָה*. אֲבָל מִרְיָם, בְּבַקָּשָׁה אַל* **תִּפְתְּחִי** אֶת הַחֲבִילָה מִיָּד*, קוֹדֶם **תִּקְרְאִי** אֶת הַמִּכְתָּב.

*לִשְׁלוֹחַ – to send

*חֲבִילָה – parcel

*אַל – don't

*מִיָּד – immediately

דִּקְדּוּק

Some verbs in **בניין פעל** *belong to the future* **אֶפְעַל** *form. This form has an* **A** *sound instead of an* **O** *sound in the second letter of the root. These verbs are usually the ones that have* **ע, ח ,א, ה** *in the second letter of the root, or* **א, ח, ע** *in the third letter of the root. For example:*

אֶשְׁאַל, אֶנְהַג, אֶבְחַר, אֶנְעַל (**ע** הפועל היא **א, ה, ח ,ע**)

אֶקְרָא, אֶפְתַּח, אֶשְׁמַע (**ל** הפועל היא **א, ח, ע**)

אֶלְבַּשׁ, אֶלְמַד, אֶשְׁכַּב (פעלים בלי גרונית, Verbs without guttural letters)

In the future, like in the past, there is no need to indicate the pronoun, except in the third person.

	ש.א.ל – עָתִיד
(אני)	**אֶ**שְׁאַל
(אתה)	**תִּ**שְׁאַל
(את)	**תִּ**שְׁאֲלִ**י**
הוא	**יִ**שְׁאַל
היא	**תִּ**שְׁאַל
(אנחנו)	**נִ**שְׁאַל
(אתם)	**תִּ**שְׁאֲלוּ
(אתן)	**תִּ**שְׁאֲלוּ
הם	**יִ**שְׁאֲלוּ
הן	**יִ**שְׁאֲלוּ

תרגיל א

הטו את ל.מ.ד. **בעתיד:**

אני	~~אֶלְמַד~~ אֶלְמַד	אנחנו	___________
אתה	___________	אתם	___________
את	___________	אתן	___________
הוא	___________	הם	___________
היא	___________	הן	___________

תרגיל ב

כתבו מה הפועל בעתיד:

1. הוא ל.ב.שׁ. ___________
2. הם שׁ.מ.ע. ___________
3. היא ק.ר.א. ___________
4. אני שׁ.כ.ח. ___________
5. אתם מ.צ.א. ___________

תרגיל ג

קראו את השיחות וכתבו בעתיד:

1. **ל.ב.שׁ.** – מה (אתה) ___________ לחתונה?
– אני ___________ טוקסידו.

2. **שׁ.כ.ח.** – ילדים אתם לא ___________ את יום ההולדת של אמא, נכון?
– לא, לא ___________, כתבנו ביומן.

3. **שׁ.מ.ע.** – ההורים שלך ___________ אֶת אֶנְרִיקֶה אִגלסיאס בניו יורק?
– לא. הם ___________ אֶת אבא שלו, חוּלִיוֹ אִיגְלֶסְיָס.
אנחנו ___________ אֶת אֶנְרִיקֶה.

4. **ק.ר.א.** – מתי (את) ___________ אֶת הספר החדש שקנינו לך?
– עכשיו אין לי זמן, אני ___________ אותו בחופשה.

אִם *If*

Conditional sentences in Hebrew very often use the future tense throughout.

אַהֲבָה נִצְחִית*

*נִצְחִית – eternal

אִם **תִּשְׁלְחִי** לִי פְּרָחִים, **אֶשְׁלַח** לָךְ שׁוֹקוֹלָד.

אִם **תִּכְתּוֹב** לִי שִׁיר, **אֶכְתּוֹב** לְךָ סִיפּוּר.

אִם **תִּשְׁמְרִי** אֶת הַמִּכְתָּבִים שֶׁלִּי, **אֶשְׁמוֹר** אֶת הַמַּתָּנוֹת שֶׁלָּךְ.

וְאִם **נִמְצָא*** אַהֲבָה חֲדָשָׁה...?

*לִמְצוֹא – to find

תרגיל א

כתבו בעתיד:

1. אֲנִי (ש.מ.ח.) _____ אִם (את, ח.ז.ר.) _____ בִּזְמַן.

2. אִם (אתם, ק.ר.א.) _____ עִיתּוֹן כָּל יוֹם, (אתם, ל.מ.ד.) _____ מַה קוֹרֶה בָּעוֹלָם.

3. אִם (אני, ג.מ.ר.) _____ לִלְמוֹד מוּקְדָּם, (פ.ג.ש.) _____ אֶת דָּנִי בַּקָּפֵטֵרְיָה.

תרגיל ב

חַבְּרוּ אֶת שְׁנֵי הַמִּשְׁפָּטִים לְמִשְׁפָּט תְּנַאי אֶחָד. הִשְׁתַּמְּשׁוּ בְּאִם וּבִזְמַן עָתִיד:

Combine the two sentences into one conditional sentence using **אִם** and the future tense:

1. הַחֲבֵרִים שֶׁלִּי עוֹזְרִים לִי. אֲנִי כּוֹתֵב לָהֶם מִכְתַּב תּוֹדָה.

   אם החברים שלי יעזרו לי, אכתוב להם מכתב תודה.

2. אֲנִי פּוֹתֵחַ אֶת הָאֲתָר* שֶׁל הָאוּנִיבֶרְסִיטָה. אֲנִי קוֹרֵא עַל הַקּוּרְסִים.

   *אֲתָר – web site

   _____

3. הוּא לֹא לוֹמֵד. הַהוֹרִים לֹא שׁוֹלְחִים לוֹ כֶּסֶף.

   _____

4. הִיא גּוֹמֶרֶת אֶת הָעֲבוֹדָה בִּזְמַן. הִיא רוֹאָה טֶלֶוִיזְיָה.

   _____

5. אַתֶּם לֹא שׁוֹאֲלִים. אַתֶּם לֹא לוֹמְדִים.

   _____

בִּיטּוּיֵי זְמַן בֶּעָתִיד

* אֲנִי אֶשְׁלַח אֶת הַצֶ'יק מָחָר*, וְאִם לֹא מָחָר אָז מָחֳרָתַיִים*.
* אֲנִי אֶכְתּוֹב אֶת הָעֲבוֹדָה שֶׁלִּי בַּשָּׁבוּעַ הַבָּא* וְאִם לֹא אָז, אָז בְּעוֹד שְׁבוּעַיִים*.

*מָחָר – tomorrow
*מָחֳרָתַיִים – the day after tomorrow
*בַּשָּׁבוּעַ הַבָּא – next week
*בְּעוֹד שְׁבוּעַיִים – in two weeks

מָחָר
מָחֳרָתַיִים
בַּשָּׁבוּעַ הַבָּא
בַּחוֹדֶשׁ הַבָּא
בַּשָּׁנָה הַבָּאָה
בַּסֶּמֶסְטֶר הַבָּא
בְּעוֹד שְׁבוּעַיִים
בְּעוֹד חוֹדֶשׁ
בְּעוֹד שָׁנָה
בְּעוֹד אַרְבַּע שָׁנִים
בֶּעָתִיד

תרגיל א
תרגמו לעברית

הֶעָתִיד שֶׁל דְּרוֹר

1. Tomorrow Dror will meet his roommate.

2. Next week he will study at the library.

3. Next month he will dance at his uncle's wedding and meet his family.

4. In the future he will hear interesting stories about his grandmother.

5. In four years Dror will finish his studies.

טבלת פעלים

הטו את הפעלים שבסוגריים בכל הזמנים (פעל שלמים : עבר, הווה, עתיד) :

Conjugate the verbs in parentheses in the past, present, and future tenses:

בַּחוּפְשָׁה

	עבר	הווה	עתיד		
1. אתם	________	________	________	חברים בחופשה?	**(לִפְגּוֹשׁ)**
2. הם	________	________	________	במסיבה.	**(לִרְקוֹד)**
3. אנחנו	________	________	________	ספר.	**(לִקְרוֹא)**
4. אני	________	________	________	בגדי קיץ.	**(לִלְבּוֹשׁ)**
5. אתה	________	________	________	בים.	**(לִגְלוֹשׁ)**
6. היא	________	________	________	קוֹנצרט.	**(לִשְׁמוֹעַ)**
7. המוֹרָה לא	________	________	________	בקיץ.	**(לַעֲבוֹד)**

פָּעַל, ל"ה – עָתִיד

מַה נִקְנֶה לָהּ מַתָּנָה?

יְהוּדָה:	מָחָר יוֹם הַהוּלֶדֶת שֶׁל רוּתִי.
רְעוּת:	אוֹי, נָכוֹן. אֲנִי לֹא יוֹדַעַת מַה לִקְנוֹת לָהּ. מַה אַתָּה **תִּקְנֶה** לָהּ?
יהודה:	אֵין לִי הַרְבֵּה כֶּסֶף. אֲנִי חוֹשֵׁב שֶׁ**אֶקְנֶה** לָהּ חוּלְצָה.
רעות:	אֲבָל חוּלְצוֹת יָפוֹת עוֹלוֹת הַרְבֵּה כֶּסֶף.
יהודה:	נָכוֹן. מַה **נַעֲשֶׂה**?
רעות:	אֲנִי לֹא יוֹדַעַת מַה לִקְנוֹת, וּלְךָ אֵין הַרְבֵּה כֶּסֶף...
יהודה:	אַתְּ יוֹדַעַת מָה? בּוֹאִי **נִקְנֶה** לָהּ חוּלְצָה יָפָה בְּיַחַד.

מַה תִּשְׁתּוּ?

מֶלְצָרִית:	מַה **תִּשְׁתּוּ**?
יניב:	אֲנִי **אֶשְׁתֶּה** קָפֶה נְטוּל (בְּלִי) קָפֶאִין.
מלצרית:	וּמָה אַתְּ **תִּשְׁתִּי**?
רבקה:	גַּם אֲנִי **אֶשְׁתֶּה** קָפֶה, אֲבָל שָׁחוֹר בְּבַקָּשָׁה.
מלצרית:	מַשֶּׁהוּ לֶאֱכוֹל?
יניב ורבקה:	לֹא, תּוֹדָה, אֲנַחְנוּ לֹא רְעֵבִים.

דִּקְדּוּק

In the future tense, the **ה** *in* **ל"ה** *verbs is not retained when followed by a suffix. This occurs in the conjugation of* **את, אתם, אתן, הם, הן**. *(This is the same phenomenon as in* **קונה**-קונים, מור**ה**–מורים.*)*

Note the slight change in pronunciation in the verb **לַעֲשׂוֹת**, *due to the guttural letter* **ע**.

	ק.נ.ה.	ע.ש.ה
אני	**אֶקְנֶה**	**אֶעֱשֶׂה**
אתה	**תִּקְנֶה**	**תַּעֲשֶׂה**
את	תִּקְנִי	תַּעֲשִׂי
הוא	יִקְנֶ**ה**	יַעֲשֶׂ**ה**
היא	**תִּקְנֶה**	**תַּעֲשֶׂה**
אנחנו	נִקְנֶ**ה**	נַעֲשֶׂ**ה**
אתם/אתן	תִּקְנוּ	תַּעֲשׂוּ
הם/הן	יִקְנוּ	יַעֲשׂוּ

ה.י.ה. - עָתִיד

מַדְרִיךְ טִיּוּלִים* בְּאִיטַלְיָה

*מַדְרִיךְ טִיּוּלִים — tour guide

המדריך אומר: "מִשְׁפַּחַת רַבִּינוֹבִיץ', אַתֶּם **תִּהְיוּ** בְּבֵית מָלוֹן עַל יַד הַוָּתִיקָן. מִשְׁפַּחַת דָּהָאן, אַתֶּם **תִּהְיוּ** בְּבֵית מָלוֹן בְּמֶרְכַּז הָעִיר. אֲנִי וּמִשְׁפַּחַת יִשְׂרְאֵלִי, מִשְׁפַּחַת כּוֹכָב וּמִשְׁפַּחַת עַמְרָנִי **נִהְיֶה** בְּמָלוֹן מִחוּץ לָעִיר. לְהִתְרָאוֹת מָחָר בַּבּוֹקֶר."

	ה.י.ה.
אני	**אֶהְיֶה**
אתה	**תִּהְיֶה**
את	**תִּהְיִי**
הוא	**יִהְיֶה**
היא	**תִּהְיֶה**
אנחנו	**נִהְיֶה**
אתם/אתן	**תִּהְיוּ**
הם/הן	**יִהְיוּ**

For more details on the uses of the verb "to be," see Unit 10.

תרגיל א

שנו את המשפטים מהווה לעתיד עם הפועל ה.י.ה.

1. אנחנו תלמידים טובים. אנחנו נהיה תלמידים טובים.
2. אתם צעירים ויפים. ____
3. הם בחופשה באירופה. ____
4. אתן באוניברסיטה. ____
5. הוא מורה טוב. ____
6. הדירה שלך יקרה. ____
7. האוכל שלך טעים. ____
8. החברים שלי משוגעים. ____
9. זה כֵּיף. ____

תרגיל ב

השלימו את הטבלה בעתיד:

אני	אתה	את	הוא	היא	אנחנו	אתם/אתן	הם/הן
אֶרְצֶה							
	תִּשְׁתֶּה						
		תִּרְצִי					
			יַעֲשֶׂה				
				תִּהְיֶה			
					נִשְׁחֶה		
						תִּבְכּוּ	
							יַעֲלוּ

תרגיל ג

קראו והשלימו את הדיאלוגים בעתיד:

עֲבוֹדָה
– מיכל, מתי תַּעֲשִׂי את העבודה שלָךְ?
– מחר. אני __________ אֶת העבודה מחר.

מְעוֹנוֹת
– ההורים שלך **רָאוּ** כבר את המעונות?
– לא, אבל הם __________ את החדר שלי בסוף השבוע.

סֶרֶט
– אורלי, מתי **תִּרְאִי** את הסרט הזה?
– אני __________ את הסרט מחר.

שַׁבָּת
– איפה הן **יִהְיוּ** בשבת?
– הן __________ בבית הכנסת.

קַיִץ
– איפה הילדים **יִהְיוּ** בקיץ?
– רון __________ במחנה וטליה __________ בבית.

פִּיקְנִיק
– מי **יַעֲשֶׂה** את האוכל לַפיקניק?
– אבא __________ את האוכל, אמא __________ עוגיות,
ואנחנו __________ כֵּיף...

תרגיל ד

השלימו את הקטע בעתיד:

מְסִיבָּה

אנחנו (**ע.שׂ.ה.**) __________ מסיבה בבית של דויד. יש לו סלון גדול וההורים שלו לא (**ה.י.ה.**) __________ בבית. אנחנו (**ק.נ.ה.**) __________ אוכל, אילנה (**ק.נ.ה.**) __________ בירה. אני יודע לעשות פונץ' ואני (**ע.שׂ.ה.**) __________ פונץ' חַם. יש רק בעיה אחת. האם כל האורחים (**ה.י.ה.**) __________ בני 21 ומעלה?

תרגיל ה

כתבו את הקטעים בעבר:

1. אני אֶקְנֶה את הספרים לקורס. הם יַעֲלוּ מאה דולר. אני אֶהְיֶה בַּספרייה כל היום. אני אֶלְמַד שם למבחן. לפנֵי המבחן אני אֶשְׁתֶּה קפֶה חָזָק.

קָנִיתִי את הספרים...

2. משפחת פרידמן תַּעֲלֶה לישׂראל. הם יִבְנוּ בית בירושלים. הם יִרְאוּ את העיר העתיקה מהחלון של הבית שלהם.

משפחת ...

תרגיל ו

כתבו בעתיד:

1. רָצִיתִי לָגוּר בעיר גדולה. קָנִיתִי דירה קטנה בעיר. הדירה הקטנה עָלְתָה כמו בית גדול מחוץ לעיר.

אני ארצה...

2. ג'ניפר עָשְׂתָה עוגה. היא קָנְתָה קֶמַח וסוכר ושוקולד. העוגה הָיְתָה יפה וטעימה.

ג'ניפר...

תרגיל ז

ספרו על מסיבת יום הולדת שלכם או של חברים. השתמשו בפעלים הבאים בעתיד:

להיות, לקנות, לרצות, לראות, לעשות, לשתות

יום הולֶדֶת

פָּעַל, ע"ו/ע"י – עָתִיד

חֲדָשׁוֹת יְשָׁנוֹת

בחודש הבא, במרתון של בוסטון ירוצו 38,706 אנשים.
(בוסטון גלוב, 14 במרץ 1996)

בשבוע הבא החיפושיות ישירו בפעם הראשונה בארה"ב.
(ניו-יורק טיימס, 1 בפברואר 1964)

אֶמילְיָה אֶרְהַרְט תטוס מחר מעל לאוקיינוס האטלנטי.
(בוסטון גלוב, 1 ביולי 1937)

מַהַאטְמָה גָנְדִי אמר שהוא יצום כדי להפסיק את האלימות בהודו.
(דיילי-ניוז, 13 בינואר 1946)

	ע"ו	ע"י
אני	**אָטוּס**	**אָשִׁיר**
אתה	**תָּטוּס**	**תָּשִׁיר**
את	**תָּטוּסִי**	**תָּשִׁירִי**
הוא	**יָטוּס**	**יָשִׁיר**
היא	**תָּטוּס**	**תָּשִׁיר**
אנחנו	**נָטוּס**	**נָשִׁיר**
אתם/אתן	**תָּטוּסוּ**	**תָּשִׁירוּ**
הם/הן	**יָטוּסוּ**	**יָשִׁירוּ**

תָּבוֹא לַמְּסִיבָּה?

עליזה: אוּרִי, **תָּבוֹא** לַמְּסִיבָּה הָעֶרֶב?

אורי: אוּלַי.

עליזה: לָמָּה אוּלַי?

אורי: כִּי אֲנִי טָס מָחָר לְנְיוּ-יוֹרְק מוּקְדָּם בַּבּוֹקֶר וַאֲנִי רוֹצֶה לִישׁוֹן.

עליזה: אֲנַחְנוּ רוֹצִים שֶׁ**תָּשִׁיר** בַּמְּסִיבָּה.

אורי: אִם **אָבוֹא**, **אָשִׁיר** בְּשִׂמְחָה.

תרגיל א
טבלת פעלים

השלימו את הטבלה:

אני	אתה	את	הוא	היא	אנחנו	אתם/אתן	הם/הן
אָגוּר							
	תָּצוּם						
		תָּרוּצִי					
			יָבוֹא				
				תָּשִׁיר			
					נָשִׂים		
						תָּשׁוּטוּ	
							יָטוּסוּ

תרגיל ב
כתבו את הפעלים בכל הזמנים:

בְּסוֹף הַשָּׁנָה

	עבר	הווה	עתיד		
1. לאן אתם	______	______	______	בַּחופשה?	(ט.ו.ס.)
2. אנחנו	______	______	______	את הספרים בַּתיקים.	(שׂ.י.מ.)
3. אני	______	______	______	לקנות אוֹכֶל לַמסיבה.	(ר.ו.צ.)
4. כל המשפחה	______	______	______	לירושלים לַחג.	(ב.ו.א.)

תרגיל ג
השלימו בעתיד:

בַּחוּפְשָׁה

בחופשת האביב הקרובה אנחנו (ט.ו.ס.) ______________ לפלורידה. חברים שלי (שׁ.ו.ט.) ______________ לַקָּרִיבִּיים, אבל אני (ג.ו.ר.) ______________ בְּבֵית מָלוֹן קטן בפלורידה. כל בוקר (אני, ר.ו.צ.) ______________ עַל שְׂפַת הַיָּם. בערב אני אֶקְרָא ספרים, אֶשְׁמַע מוסיקה ואולי (שׁ.י.ר.) ______________ עם עוד אנשים ב״קַריוֹקי-קְלָאב״.

תרגיל ד

קראו את הקטעים הבאים והשלימו בעתיד:

1. בִּמְסִיבַּת יוֹם הַהוּלֶדֶת

– איפה אנחנו יכולים לָשִׂים את המתנות?

– __________ על השולחן, בבקשה.

2. בְּמוֹעֲדוֹן הַסְּפּוֹרְט

– תָּרוּץ השנה בְּמָרָתוֹן?

– אני עדיין לא יודע אִם אני __________.

3. בַּקָּפִיטֶרְיָה

– ברברה סטרַייסֶנד תָּשִׁיר בקוֹנצרט גדול בניו-יוֹרק הקיץ.

– גם פָּבָרוֹטִי __________ שם.

4. בַּמְּעוֹנוֹת

– איפֹה תָּגוּרוּ בַּסֶּמֶסְטֶר הבא?

– לא בַּקמפוּס! סוף סוף __________ בדירה בעיר.

5. בַּטֶּלֶפוֹן

– מי יָבוֹא למסיבה?

– הרבה סטודנטים לֹא __________; יש להם בחינה מחר.

תרגיל ה

נתחו את הפעלים בטבלה בעתיד:

הפועל	גוף	גזרה	השורש
תִּרְאֶה	אתה/היא	ל"ה	ר.א.ה.
תָּשִׂימִי			
תִּלְמְדוּ			
יָרוּצוּ			
אֶקְנֶה			
נִרְקוֹד			
יָטוּס			
תִּזְכּוֹר			

Review and Enrichment סִיכּוּם וְהַעֲשָׁרָה

תרגיל תרגום

הַבְּגָדִים עוֹשִׂים אֶת הָאָדָם

Translate:

1. Yesterday I bought blue jeans.

____

2. Your brown suit is in the closet.

____

3. He wants to buy her a new red coat for her birthday.

____

4. She has a beautiful hat.

____

5. Ron has new shoes.

____

6. The girls wear blue skirts and white t-shirts.

____

7. My sister wears a pair of green socks.

____

8. Where did you put my yellow shorts?

____

9. Please give me my new scarf and black hat.

____

פעלים

א. טבלת פעלים

נתחו את הפעלים בטבלה:

הפועל	שורש	גוף	גזרה	זמן
שָׁלַחְתָּ				
כּוֹתֵב				
בָּאוּ				
אֶפְגּוֹשׁ				
תִּשְׁמַע				
רְצִיתֶם				
קוֹנוֹת				
תִּשְׁמוֹר				
לוֹבְשִׁים				
אָשִׁיר				
אֶקְרָא				
עָשִׂיתִי				
הָיָה				

ב. פעלים בכל הזמנים

מַה הֵם עוֹשִׂים?

	עבר	הווה	עתיד		
1. משה	______	______	______	פסיכולוגיה.	(ל.מ.ד.)
2. מרים	______	______	______	כְּבָשִׂים.	(ס.פ.ר.)
3. אנחנו	______	______	______	בקיבוץ.	(ג.ו.ר.)
4. הם	______	______	______	בית בחֵיפה.	(ב.נ.ה.)
5. אני	______	______	______	בבית ספר.	(ע.ב.ד.)
6. הן	______	______	______	עוּגות טובות.	(ע.שׂ.ה.)
7. הם	______	______	______	אַרכיטֶקטים.	(ה.י.ה.)
8. היא	______	______	______	להיות פּוליטיקאית.	(ר.צ.ה.)

ג. הָאוֹפְנָה מְחַיֶּיבֶת

Read the passage and complete the verbs in the blanks:

אופנה זאת בעיה. לא תמיד אני אוהב את הבגדים שבאופנה. בבית הספר
שלי כולם (**ל.ב.שׁ.**) ____________ בגדים של אַבֶּרְקְרוֹמְבִּי ופִיץ'. אבל אני לא
יודע אִם גם אני רוצה (**ק.נ.ה.**) ____________ בגדים כָּאלה.
כשהלכתי לקניון (**ר.א.ה.**) ____________מכנסיים כמו שהרבה בָּנים
בבית הספר שלי (**ל.ב.שׁ.**) ____________. אני (**מ.ד.ד.**) ____________ את
המכנסיים, אבל הם לא היו יפים עָלַי. ראיתי גם נעליים כמו שכולם (**נ.ע.ל.**)
____________, אבל כש(**מ.ד.ד.**) ____________ את הנעליים, הן לא היו
נוחות לי. חשבתי, אם אני רוצה (**ה.י.ה.**)____________ כמו כולם אני צריך
לקנות פֹּה מַשהו. אופנה זֹאת לא דֶמוקרטיה, אופנה זו דיקטָטורה ...

הַסִּפּוּר עַל הָאִישׁ הַיָּרֹק

יהונתן גפן

אִם בְּמִקְרֶה אֲנִי פּוֹגֵשׁ מִישֶׁהוּ
שֶׁלֹּא מֵבִין אוֹתִי אוֹ חוֹשֵׁב שֶׁאֲנִי תִּינוֹק.
אִם בְּמִקְרֶה אֲנִי פּוֹגֵשׁ מִישֶׁהוּ
שֶׁלֹּא יוֹדֵעַ לִבְכּוֹת וְלִצְחוֹק.
אִם אֲנִי פּוֹגֵשׁ מִישֶׁהוּ כָּזֶה,
אֲנִי תֵּכֶף מְסַפֵּר לוֹ עַל הָאִישׁ הַיָּרֹק.

הָיֹה הָיָה פַּעַם, בְּעִיר יְרֻקָּה, גָּר לוֹ אִישׁ אֶחָד, אִישׁ יָרֹק. הָאִישׁ הַיָּרֹק גָּר בְּבַיִת יָרֹק עִם דֶּלֶת יְרֻקָּה וְחַלּוֹנוֹת יְרֻקִּים. הָיְתָה לוֹ אִשָּׁה יְרֻקָּה וּשְׁנֵי יְלָדִים יְרֻקִּים. וּבַלֵּילוֹת הוּא הָיָה יָשֵׁן בַּמִּטָּה הַיְּרֻקָּה שֶׁלּוֹ, וְחוֹלֵם חֲלוֹמוֹת יְרֻקִּים — יְרֻקִּים.

יוֹם אֶחָד, קָם הָאִישׁ הַיָּרֹק בְּבוֹקֶר יָרֹק, נָעַל נַעֲלַיִם יְרֻקּוֹת, לָבַשׁ חֻלְצָה יְרֻקָּה וּמִכְנָסַיִם יְרֻקִּים. עַל רֹאשׁוֹ חָבַשׁ כּוֹבַע יָרֹק וְיָצָא הַחוּצָה. הָאִישׁ הַיָּרֹק נִכְנַס לָאוֹטוֹ הַיָּרֹק שֶׁלּוֹ וְנָסַע בַּכְּבִישׁ הַיָּרֹק. מִצַּד אֶחָד שֶׁל הַכְּבִישׁ רָאָה הָאִישׁ יָם יָרֹק וּמִצַּד שֵׁנִי הָמוֹן פְּרָחִים יְרֻקִּים. זֶה הָיָה יוֹם יָפֶה, וְהָאִישׁ הַיָּרֹק שָׂמַח וְשָׁר שִׁירִים יְרֻקִּים וְעִשֵּׁן סִיגָרִיָּה יְרֻקָּה עִם עָשָׁן יָרֹק.

וְאָז רָאָה הָאִישׁ הַיָּרֹק שֶׁעַל הַכְּבִישׁ עוֹמֵד אִישׁ כָּחֹל. הָאִישׁ הַיָּרֹק עָצַר אֶת הָאוֹטוֹ הַיָּרֹק שֶׁלּוֹ וְשָׁאַל אֶת הָאִישׁ הַכָּחֹל: ״הֵי, אִישׁ כָּחֹל, מַה אַתָּה עוֹשֶׂה פֹּה?״

״אֲנִי?״ אָמַר הָאִישׁ הַכָּחֹל, ״אֲנִי מִסִּפּוּר אַחֵר״.

מתוך: יהונתן גפן, **״הכבש השישה-עשר״**. 1979

תרגיל

כתבו את הסיפור של האיש הכחול.

הערה למורה: אפשר להשמיט את שמות התואר או את שמות העצם מן הטקסט, לקרוא את הטקסט המלא בקול, ולבקש להשלים מהאזנה.

בְּגָדִים שֶׁלִּי, בְּגָדִים שֶׁלָּנוּ

שאלת הכנה

The title of the following paragraph is "בגדים שלי, בגדים שלנו." In your opinion, what is the title's main idea?

יוסף ברקוביץ עלה לארץ מצ'כיה כחלוץ* ב-1939. ביומן שלו מן הימים הראשונים שלו בארץ הוא כתב:

בימים הראשונים שלי בארץ ישראל גרתי בקבוצת אברהם. כאשר באתי לקבוצת אברהם, ידעתי שהחיים בקבוצה משותפים*, אבל לא ידעתי שגם הבגדים משותפים. כל חבר חדש מָסַר* את הבגדים הפרטיים* שלו לשושנה, מְנַהֶלֶת מַחסן הבגדים בקבוצה. ביום שישי נתנה שושנה לחברים בגדים נְקיים לכל השבוע, בגדים לעבודה ובגדים למנוחה. כאשר באתי בפעם הראשונה לקַבל בגדים, נתנה לי שושנה שתי חולצות ישָנות. כששאלתי: "איפה הבגדים החדשים שלי"? אמרה שושנה: "פֹּה אין שלי. אתה לבשת מַספיק זמן חולצות חדשות, עכשיו החברים הוָתיקים* צריכים ללבוש בגדים חדשים ויפים".

*חָלוּץ — pioneer
*מְשׁוּתָּף – common, shared
*מָסַר — handed
*פְּרָטִי — private
*וָתִיק — veteran

תרגיל א

נחשו את מובן המילה לפי הקטע:

Guess the meaning of these words from the paragraph:

1. קבוצה ______________________
2. מנוחה ______________________
3. מחסן -בגדים ______________________
4. נקיים ______________________

תרגיל ב

סמנו נכון/לא נכון

1. יוסף הוּא חבר קבוּצה חדש. **נכון / לא נכון**
2. יוסף שמר* על הבגדים החדשים שלו. **נכון / לא נכון**
3. שושנה תפרה* בגדים לכל החברים. **נכון / לא נכון**
4. החברים הוָתיקים לבשוּ את הבגדים של יוסף. **נכון / לא נכון**
5. הכל היה משותף בקבוצת אברהם. **נכון / לא נכון**

*לִשְׁמוֹר — to keep
*לִתְפּוֹר — to sew

תרגיל ג

יוסף כעס על* שושנה והוא כתב לה מכתב.
השלימו את המכתב:

*כָּעַס על – was angry with

שלום שושנה,

אני אוהב את הבגדים שלי . . .

בּוֹאִי רוּחַ

מרוסית*: יעקב שבתאי

מחבר: יבגני אלכסנדרוביץ יבטושנקו

יוֹם וְעוֹד יוֹם,
שָׁנָה וְעוֹד שָׁנָה,
כְּמוֹ מִלִּים לְלֹא מַנְגִּינָה.

בּוֹאִי רוּחַ,
בּוֹאִי רוּחַ,
שׁוּב שַׁלֶּכֶת וְקָרָה,
בּוֹאִי רוּחַ,
בּוֹאִי רוּחַ,
מִי יָשׁוּב בַּחֲזָרָה?

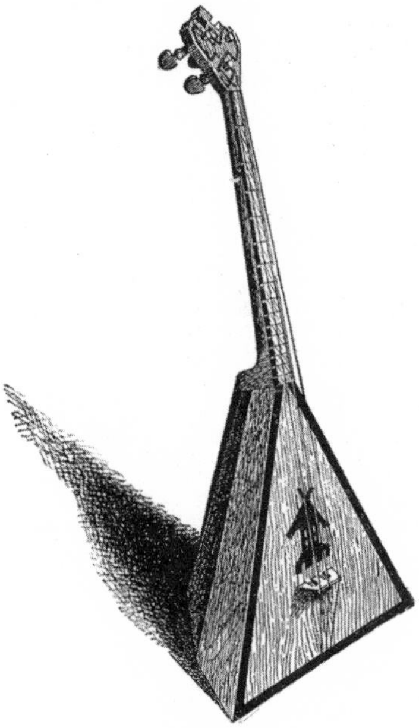

לַיְלָה אָרוֹךְ וְשׁוּב טִפְטוּף עַקְשָׁן,
כָּל יָמַי
כָּלִים כְּעָשָׁן.

בּוֹאִי רוּחַ,
בּוֹאִי רוּח,
שׁוּב שַׁלֶּכֶת וְקָרָה,
בּוֹאִי רוּחַ,
בּוֹאִי רוּחַ,
מִי יָשׁוּב בַּחֲזָרָה.

***השפעת המוזיקה הרוסית.** העלייה מרוסיה בתחילת המאה העשרים השפיעה מאוד על המוזיקה הישראלית. יש הרבה שירים שיש להם מנגינה רוסית, ויש גם שירים רוסיים ששרים אותם בעברית.

Influence of Russian music. Immigration from Russia at the beginning of the twentieth century has had an enormous influence on Israeli music. Many songs have Russian melodies and many Russian songs are sung in Hebrew.

מַדּוּעַ וְלָמָּה לוֹבֶשֶׁת הַזֶּבְּרָה פִּיגָ׳מָה?

מילים: ע. הלל
מנגינה: דובי זלצר

מִי יוֹדֵעַ מַדּוּעַ וְלָמָּה
לוֹבֶשֶׁת הַזֶּבְּרָה פִּיגָ׳מָה?

כִּי

בְּבֹקֶר יוֹם א׳
הַזֶּבְּרָה קָמָה
פָּשְׁטָה אֶת הַפִּיגָ׳מָה
לָבְשָׁה מִן הַסְּתָם מִכְנָסַיִם וְחֻלְצָה,
אַךְ מִיָּד הִרְגִּישָׁה שֶׁאֵין הִיא מְרֻצָּה
מִהֲרָה וְלָבְשָׁה פִּיגָ׳מָה,
פִּיגָ׳מָמָה, פִּיגָ׳מָמָה, פִּיגָ׳-פִּיגָ׳-פִּיגָ׳מָמָה.

בְּבֹקֶר יוֹם ב׳
הַזֶּבְּרָה קָמָה
פָּשְׁטָה אֶת הַפִּיגָ׳מָה
לָבְשָׁה בְּשִׂמְחָה אֶת בִּגְדֵי הַהִתְעַמְּלוּת
אַךְ הוֹי — דָּבְקָה בָּהּ מַחֲלַת הָעַצְלוּת
מִהֲרָה וְלָבְשָׁה פִּיגָ׳מָה,
פִּיגָ׳מָמָה, פִּיגָ׳מָמָה, פִּיגָ׳-פִּיגָ׳-פִּיגָ׳מָמָה.

בְּבֹקֶר יוֹם ג׳
הַזֶּבְּרָה קָמָה
פָּשְׁטָה אֶת הַפִּיגָ׳מָה
טָרְחָה וּמָדְדָה לָהּ סַרְבָּל
אַךְ הָיָה זֶה בֶּגֶד חַם וּמְסֻרְבָּל
מִהֲרָה וְלָבְשָׁה פִּיגָ׳מָה,
פִּיגָ׳מָמָה, פִּיגָ׳מָמָה, פִּיגָ׳-פִּיגָ׳-פִּיגָ׳מָמָה.

בְּבֹקֶר יוֹם ד׳
הַזֶּבְּרָה קָמָה
פָּשְׁטָה אֶת הַפִּיגָ׳מָה
לָבְשָׁה בְּשִׂמְחָה בֶּגֶד-יָם, בֶּגֶד-יָם,
אַךְ אוֹי וַאֲבוֹי
הִיא קִבְּלָה מַחֲלַת יָם!
מִהֲרָה וְלָבְשָׁה פִּיגָ׳מָה,
פִּיגָ׳מָמָה, פִּיגָ׳מָמָה, פִּיגָ׳-פִּיגָ׳-פִּיגָ׳מָמָה.

בְּבֹקֶר יוֹם ה׳
הַזֶּבְּרָה קָמָה
פָּשְׁטָה אֶת הַפִּיגָ׳מָה
עָמְדָה וּמָדְדָה לָהּ שִׂמְלַת מַלְמָלָה לָהּ,
אַךְ מִיָּד, עוֹד בְּטֶרֶם בְּטֶרֶם הִתְרַגְּלָה לָהּ,
מִהֲרָה וְלָבְשָׁה פִּיגָ׳מָה
פִּיגָ׳מָמָה, פִּיגָ׳מָמָה, פִּיגָ׳-פִּיגָ׳-פִּיגָ׳מָמָה.

בְּעֶרֶב שַׁבָּת
הַזֶּבְּרָה קָמָה
אַךְ בְּטֶרֶם פָּשְׁטָה אֶת הַפִּיגָ׳מָה, יָשְׁבָה וְחָשְׁבָה:
אִם כְּדַאי לְיוֹם אֶחָד בִּלְבַד
לִטְרוֹחַ וְלִלְבּוֹשׁ אֶת שִׂמְלַת הַשַּׁבָּת
יָשְׁבָה וְחָשְׁבָה וְחָשְׁבָה וְחָשְׁבָה
עַד מוֹצָאֵי שַׁבָּת.

מֵאָז אִישׁ אֵינוֹ שׁוֹאֵל מַדּוּעַ וְלָמָּה
לוֹבֶשֶׁת הַזֶּבְּרָה פִּיגָ׳מָה...

תרגיל

1. סמנו את ימי השבוע בטקסט, ואת הבגדים שהזברה לובשת בכל יום.
2. למה בסוף הזברה רוצה ללבוש רק פִּיגָ׳מָה?
3. סמנו את הסמיכויות בשיר.

מצבים (סיטואציות)

What would you say in the following situations?

1. A friend of yours bought something new. Notice it and compliment him/her.

____

2. You want to buy two pairs of jeans. Call a clothing store and find out if they have your size.

____

3. Tell someone how uncomfortable your new shoes are.

____

4. Tell your parents that you need new clothes because you have nothing to wear.

____

5. Call a friend and inform him or her of the great sale in your favorite store.

____

תרגיל כתיבה

אֵין לִי מַה לִלְבּוֹשׁ

A daughter calls her mother asking for new clothes. Read the daughter's part of the conversation and write the mother's responses to her.

בת : אמא, אין לי מה ללבוש!

אמא : ______________________

בת : אני יודעת שבגדים חדשים יקרים, אבל אני צריכה משהו למסיבה.

אמא : ______________________

בת : עכשיו קר, ויש לי רק בגדים קצרים וסנדלים.

אמא : ______________________

בת : מה שאהבתי ללבוש בעבר עכשיו כבר לא באופנה.

אמא : ______________________

בת : המכנסיים שלי לא מתאימים* לחולצות שלי.

*מַתְאִים ל... — match

אמא : ______________________

בת : אמא של רבקה קונה לה בגדים חדשים כל הזמן.

אמא : ______________________

בת : אני יודעת שאת אומרת שהבגדים לא חשובים.

אמא : ______________________

בת : את יכולה לתת לי כסף לבגדים חדשים, ואת לא צריכה לְסַפֵּר לאבא.

אמא : ______________________

כתיבה

נושאים לחיבור

Write one page on one of the following topics. Use new words and structures (clothes, seasons, construct form, and past and future tense). Be creative.

1. "אין לי מה ללבוש".
2. אגדה : "בגדי המלך החדשים" או אגדה אחרת.

(מילים : מלך — king, ערום — naked, מלכה — queen, נסיך — prince, נסיכה — princess, חייט — tailor)

3. מה אומרים הבגדים?

אוֹצַר מִילִּים יְחִידָה 7

Seasons	**עוֹנוֹת**
fall	סְתָיו ז׳
winter	חוֹרֶף ז׳
spring	אָבִיב ז׳
summer	קַיִץ ז׳
weather	מֶזֶג אֲוִיר ז׳
temperature	טֶמְפֶּרָטוּרָה נ׳
rain	גֶּשֶׁם ז׳
snow	שֶׁלֶג ז׳
wind	רוּחַ נ׳, ז׳
heat wave	חַמְסִין ז׳
north	צָפוֹן ז׳
south	דָּרוֹם ז׳
swimming pool	בְּרֵיכַת-שְׂחִיָּיה נ׳
Clothes	**בְּגָדִים**
pants, trousers	מִכְנָסַיִים ז״ר
dress	שִׂמְלָה נ׳
skirt	חֲצָאִית נ׳
underwear	תַּחְתּוֹנִים ז״ר
undershirt	גּוּפִיָּיה נ׳
bra	חֲזִיָּיה נ׳
coat	מְעִיל ז׳
glove/s	כְּפָפָה / כְּפָפוֹת נ׳
scarf	צָעִיף ז׳
sock/s	גֶּרֶב / גַּרְבַּיִים ז׳
shoes	נַעַל / נַעֲלַיִים נ׳
sandals	סַנְדָּלִים ז״ר
boots	מַגָּפִים ז״ר
glasses	מִשְׁקָפַיִים ז״ר
sunglasses	מִשְׁקְפֵי-שֶׁמֶשׁ ז״ר

hat	כּוֹבַע ז׳
tie	עֲנִיבָה נ׳
suit	חֲלִיפָה נ׳
sweater	סְוֶודֶר ז׳
sleeve	שַׁרְווּל ז׳
jacket	ז׳ָקֶט ז׳
bathing suit	בֶּגֶד-יָם ז׳
pajamas	פִּיגָ׳מָה נ׳
men's clothing	בִּגְדֵי גְּבָרִים ז״ר
women's clothing	בִּגְדֵי נָשִׁים ז״ר
fashion	אוֹפְנָה נ׳
size, measurement	מִידָּה נ׳
sale	מְכִירָה נ׳
Colors	**צְבָעִים**
purple	סָגוֹל / סְגוּלָּה
pink	וָרוֹד / וְרוּדָּה
orange	כָּתוֹם / כְּתוּמָּה
gray	אָפוֹר / אֲפוֹרָה
brown	חוּם / חוּמָה
Adjectives	**שְׁמוֹת תּוֹאַר**
expensive	יָקָר / יְקָרָה
cheap	זוֹל / זוֹלָה
long	אָרוֹךְ / אֲרוּכָּה
short	קָצָר / קְצָרָה
strong	חָזָק / חֲזָקָה
warm	חָמִים
chilly, cool	קָרִיר

בִּיטוּיֵי זְמַן	**Time expressions**
מָחָר	tomorrow
בַּשָּׁבוּעַ הַבָּא	next week
בַּחוֹדֶשׁ הַבָּא	next month
בַּסֶּמֶסְטֶר הַבָּא	next semester
בַּשָּׁנָה הַבָּאָה	next year
בְּעוֹד שָׁעָה	in an hour
בְּעוֹד שָׁבוּעַ	in a week
בְּעוֹד שָׁנָה	in a year
בֶּעָתִיד	in the future

מַבָּעִים	**Phrases**
נוֹחַ לִי	I'm comfortable
תִּתְחַדֵּשׁ	"wear it well"
אֵין לִי מַה לִלְבּוֹשׁ	I have nothing to wear
חַם לִי	I'm hot
קַר לִי	I'm cold
אֵיזֶה חוֹם הַיּוֹם	it's so hot today
יוֹרֵד שֶׁלֶג	it's snowing
יוֹרֵד גֶּשֶׁם	it's raining

פְּעָלִים	**Verbs**
לִלְבּוֹשׁ	to wear
לִנְעוֹל	to put on shoes
לִמְדּוֹד	to try on
לִרְקוֹד	to dance
לִגְמוֹר	to finish
לִמְצוֹא	to find
לִשְׂמוֹחַ	to be happy
לִשְׁכּוֹחַ	to forget
לַחְשׁוֹב	to think
לִפְתּוֹחַ	to open
לִשְׁלוֹחַ	to send

עָתִיד – שְׁלֵמִים **Future: Regular verbs**

אֶפְעוֹל

אֶחְשׁוֹב, אֶפְגּוֹשׁ, אֶרְקוֹד, אֶשְׁמוֹר, אֶגְמוֹר...

אֶפְעַל

אֶלְבַּשׁ, אֶקְרָא, אֶשְׁכַּח, אֶשְׂמַח, אֶמְצָא ...

עָתִיד – ע״ו/ע״י **Future: Irr.**

אָטוּס, אָרוּץ ...

אָשִׁיר, אָשִׂים ...

אָבוֹא ...

עָתִיד – ל״ה

אֶקְנֶה, אֶרְצֶה, אֶשְׁתֶּה, אֶהְיֶה, אֶעֱלֶה ...

UNIT 8 יְחִידָה

בְּכֵיף – נְסִיעוֹת וְטִיּוּלִים
Traveling and Fun

Unit 8 יְחִידָה

תּוֹכֶן הָעִנְיָנִים

Unit 8 יְחִידָה

בְּכֵיף – נְסִיעוֹת וְטִיּוּלִים

Goals

Context/Content

Leisure
Travel
Transportation
Sports

Communication/Functions

Get and provide travel information
Talk about your favorite sports
Send/get mail
Describe trips you took, sites you visited

Structure/Grammar

Impersonal speech (**כדאי, מותר, אסור, אפשר...**)
Pi'el verbs (regular—present, past, future)
(**פיעל: עבר, הווה, עתיד**)
Preposition אֶת (**אותי, אותך...**)
Preposition עִם (**אתי, אתך...**)
Speech verbs (**מדבר, מספר, אומר**)
Once, twice (**פעם ב...**)

Culture

Places of interest: Masada, Jerusalem
Biographies: Yehuda Amichai, Maimonides, Itzḥak Perlman, Hank Greenberg
Poems by: Yehuda Amichai, David Avidan
Teaching by Maimonides: excerpt from *Mishneh Torah*
From the Jewish world: Maccabiah Games, Touro Synagogue

רוֹאִים עוֹלָם

כְּדַאי / לֹא כְּדַאי

מֵחֵיפָה לְתֵל-אָבִיב

– אֵיךְ **כְּדַאי*** לִנְסוֹעַ מֵחֵיפָה לְתֵל-אָבִיב?
– **כְּדַאי** לִנְסוֹעַ בָּרַכֶּבֶת*, תּוֹךְ שָׁעָה אַתָּה בְּתֵל-אָבִיב. בָּרַכֶּבֶת אַתָּה גַּם יָכוֹל לָשֶׁבֶת וְלִקְרוֹא. **לֹא כְּדַאי** לִנְסוֹעַ בִּמְכוֹנִית. יֵשׁ הַרְבֵּה פְּקָקִים*, וְזֶה יָכוֹל לָקַחַת הַרְבֵּה זְמַן.

*כְּדַאי – worth it, advisable
*רַכֶּבֶת – train
*פְּקָקִים – traffic jams

דִּקְדּוּק

Recommendations, requests, instructions, warnings, prohibitions, etc. are often expressed in Hebrew without being directed at anyone specifically. These impersonal expressions have the sense of "you should" or "it's better to do or not to do" something, and they are followed by the infinitive.

- **כְּדַאי לִנְסוֹעַ לְפָּרִיז בְּאָבִיב.** It's worthwhile to go to Paris in the spring.
- **לֹא כְּדַאי לִנְסוֹעַ לִפְלוֹרִידָה בַּקַּיִץ.** It's not advisable to go to Florida in the summer.

תרגיל א

קראו את המשפטים הבאים וכתבו מה אתם מעדיפים. השתמשו בכדאי **או ב**לא כדאי.

Write your preference about the options below using **כדאי / לא כדאי**

1. לנסוע לישראל **בחורֶף** / **בַּקַּיִץ**.

____

2. לנסוע לניו-אינגלנד **בסתָיו** / **בקַיִץ**.

____

3. לנסוע **במונית*** / **ברַכֶּבֶת התַחתית*** בניו יורק.

____

4. להיות שבוע **במָלון** / להיות שבוע **באוניִיה***.

____

5. לנסוע לחופשה **באירופה** / **בַּמִזְרָח הָרָחוֹק***.

____

*מוֹנִית – taxi
*רַכֶּבֶת תַּחְתִּית – subway
*אוֹנִיָּיה – ship
*הַמִּזְרָח-הָרָחוֹק – the Far East

כְּדַאי לְךָ

בְּחֵיפָה

– מַה **כְּדַאי לִי** לַעֲשׂוֹת בְּחֵיפָה בְּיוֹם שִׁישִּׁי?
– **כְּדַאי לְךָ** לָלֶכֶת לַמִּנְזָר* הַכַּרְמֶלִיטִי עַל הַכַּרְמֶל, **כְּדַאי לְךָ** לָרֶדֶת* בָּרַכֶּבֶת לַטַּיֶּילֶת* בְּבַת-גַּלִּים **וּכְדַאי לְךָ** אַחַר-כָּךְ לֶאֱכוֹל בְּמִסְעֶדֶת דָּגִים בָּעִיר הַתַּחְתִּית. **לֹא כְּדַאי לְךָ** לִנְסוֹעַ בְּאוֹטוֹ, אֵין חֲנָיָה*.

*מִנְזָר — monastery
*לָרֶדֶת — to go down
*טַיֶּילֶת — boardwalk
*חֲנָיָה — parking

דִּקְדּוּק

You can personalize the impersonal speech by adding the pronominal preposition **ל** *to* **כְּדַאי**:
כְּדַאי לִי, כְּדַאי לְךָ, כְּדַאי לָכֶם *etc.*

כְּדַאי לְךָ לֶאֱכוֹל אוֹכֶל בָּרִיא *means "you* should *eat healthy food" (literally: "it is worthwhile for you to eat healthy food").*

תרגיל א

מצב

You have received the following e-mail from your friend Rena. Give her and her family members some recommendations, using **כְּדַאי לְךָ, לָךְ, לוֹ...** about what they should do or not do. Use any city you know well.

שלום יאיר,
אנחנו נהיה בעיר שלך שלושה ימים. אני באה עם המשפחה
ואנחנו לא מַכִּירִים* את העיר.
אני אוהבת מוזיאונים. משה בעלי אוהב לעשות קניות. חנה'לה
אוהבת מדע ויורם משוגע על כדורסל. כולנו אוהבים אוכל איטלקי.
מה כדאי לנו לעשות?
תודה,
רינה בורובסקי

*מַכִּיר – know

תרגיל ב

סדרו את המילים הבאות למשפטים : Rearrange the words to form meaningful sentences

בִּיקּוּר בַּמְּצָדָה

1. לעלות / למבוגרים / ברכבל / כדאי ______
2. כדאי / הרבה / לכם / מים / לשתות ______
3. לנוער / לעלות / מוקדם בבוקר / ברגל / כדאי ______
4. לדעת על / ההיסטוריה / כדאי / של ההר / לילדים ______
5. בבית הכנסת / לכם / לְבַקֵּר / העתיק / כדאי ______

The mass suicide of a faction of Jewish rebels and their families in 73 c.e. on Masada, King Herod's mountain fortress, has been a central myth in Israeli culture since the 1930s. The determination of the rebels, who preferred to die rather than be captured by the Romans, became an example of heroism to a small country that was at war with its neighbors. Youth groups made the trek up the steep mountain in the footsteps of the rebels, and IDF combat units conducted induction ceremonies there. Recently, the historical events at Masada have become controversial. The rebels' suicide has been criticized by some as cruel and unnecessary, and an inadequate solution to war and conflict.

מוּתָּר / אָסוּר

- בְּאָמֶרִיקָה **אָסוּר** לִשְׁתּוֹת אַלְכּוֹהוֹל בָּרְחוֹב.
- בְּיִשְׂרָאֵל **אָסוּר** לִנְהוֹג בְּאוֹטוֹ וּלְדַבֵּר בְּטֶלֶפוֹן נַיָּיד לְלֹא דִּיבּוּרִית.
- בְּדֶנְמַרְק **מוּתָּר** לִשְׁכַּב בַּשֶּׁמֶשׁ בְּלִי בְּגָדִים.
- בְּקַלִיפוֹרְנְיָה **מוּתָּר** לִנְהוֹג בְּאוֹפַנּוֹעַ* בְּלִי קַסְדָּה*.

*אוֹפַנּוֹעַ – motorcycle
*קַסְדָּה – helmet

דִּקְדּוּק

מוּתָּר *means "permissible, allowed."*
אָסוּר *means "prohibited, not allowed."*
מוּתָּר לִי לִשְׁתּוֹת *means "I am permitted to drink" (lit., "It is permissible for me to drink").*
אָסוּר לִי לִנְהוֹג *means "I am not allowed to drive" (lit., "It is prohibited for me to drive").*

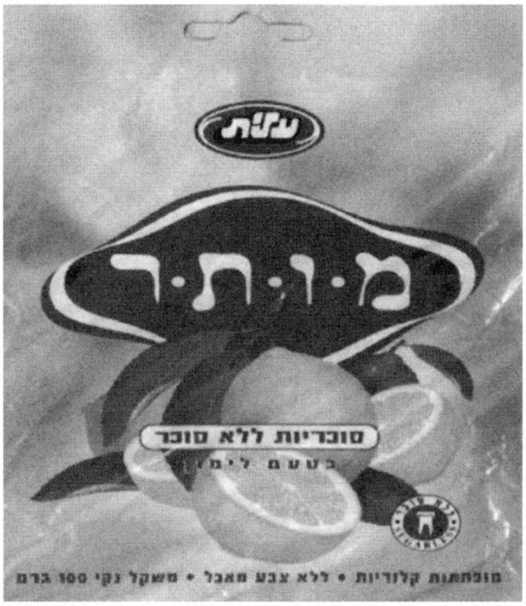

תרגיל א
הסתכלו בתמונה למעלה. מה המוצר בשקית, ומה דעתכם על השם שלו?
Look at the picture above. What is the name of the product, and why do you think this name was chosen for it?

תרגיל ב

השלימו עם הפעלים הבאים:

Use the following verbs to tell what is allowed/not allowed in your family:

לאכול, לדבר, לראות, לשמוע, לשתות, לקנות, להיות ,לבוא, לישון

בַּמִשְׁפָּחָה שֶׁלִּי

1. מותר ______________________________
2. אסור ______________________________
3. ______________________________
4. ______________________________
5. ______________________________
6. ______________________________

תרגיל ג

תרגמו לעברית והוסיפו משפט: Translate and add one more sentence

אִם אַתֶּם בְּנֵי 16 בְּאָמֶרִיקָה ...

1. It is not allowed to drink beer.

____

2. It is forbidden to buy cigarettes.

____

3. It is allowed to open a bank account.

____

4. It is allowed to work in a restaurant.

____

5.

____

תרגיל ד

השלימו עם לי, לך... Complete with the correct form of the preposition

1. – אנחנו הולכות לַים.
– אז **כדאי** ________ לָקַחַת* מִשְקְפֵי שמש.

*לָקַחַת – to take

2. – אתה יכול לבוא לבית שלי הערב?
– אני לא יכול. **אסור** ________ לָצֵאת* מהבית בערב.

*לָצֵאת – to go out

3. – אני כל-כך אוהב לאכול סטֵייקים.
– **לא כדאי** ________. זה לא בָּריא.

4. – אמא, אנחנו רוצים לראות טלוויזיה.
– בסדר. אבל **מותר** ________ לראות רק תוכנית* אחת.

*תּוֹכְנִית – program

5. – אתה יכול לכתוב את המִבחן בבית.
– כן? וגם **מותר** ________ לִפְתּוֹחַ* את הספרים והמחברות שלי?

*לִפְתּוֹחַ – to open

6. – ילדים, מַספיק לדבר בַּטלפון!
– למה? **אסור** ________ לדבֵּר עם החברים שלנו?

אֶפְשָׁר / אִי אֶפְשָׁר

בַּמָּטוֹס* לְנְיוּ-יוֹרְק

דן: גִּדְעוֹן?
גדעון: אַהְלָן* דָּן, לְאָן אַתָּה נוֹסֵעַ?
דן: לְנְיוּ-יוֹרְק, יֵשׁ לִי פְּגִישַׁת עֲסָקִים.
גדעון: הָיִיתָ כְּבָר פַּעַם בִּנְיוּ יוֹרְק?
דן: כֵּן. בַּשָּׁנָה שֶׁעָבְרָה.
גדעון: אוּלַי אַתָּה יוֹדֵעַ, אֵיפֹה **אֶפְשָׁר** לָגוּר בְּזוֹל בִּנְיוּ יוֹרְק?
דן: בְּזוֹל? בִּנְיוּ יוֹרְק? **אִי אֶפְשָׁר** לָגוּר בְּזוֹל בִּנְיוּ יוֹרְק!
גדעון: בֶּאֱמֶת? אָז אוּלַי **אֶפְשָׁר** לִישׁוֹן בַּחֶדֶר שֶׁלְּךָ בַּמָּלוֹן*?

*מָטוֹס – airplane
*אַהְלָן – שָׁלוֹם (עֲרָבִית, סְלַנְג)
*פְּגִישַׁת עֲסָקִים – business meeting
*מָלוֹן – hotel

דִּקְדּוּק

אֶפְשָׁר *means "possible."*
אִי אֶפְשָׁר *means "impossible."*
Like other impersonal statements **אֶפְשָׁר / אִי אֶפְשָׁר** *is always followed by an infinitive.*
However, it is NEVER followed by **... לִי, לְךָ, לָכֶם**.

To express something that is possible/impossible for you or others to do you must change the sentence altogether and use the verb **יָכוֹל**:

אַתָּה יָכוֹל לָבוֹא? *(Is it possible for you to come?/Can you come?)*

תרגיל א

שיחה

סמנו את התשובה הנכונה לפי דעתכם והוסיפו שני משפטים:

מָה אֶפְשָׁר לַעֲשׂוֹת בְּ ...?

1. בלונדון **אפשר/אי אפשר** לראות תֵיאטרון טוב.
2. **אפשר/אי אפשר** לראות את פָּריז ביום אחד.
3. **אפשר/אי אפשר** ללכת ברגל מלונדון לפָריז.
4. בתל אביב **אפשר/אי אפשר** לנסוע באוטובוס בשבת.
5. באילת **אפשר/אי אפשר** ללכת לים בחורף.
6. במסעדה סינית **אפשר/אי אפשר** לשתות קפה.
7. בוושינגטון ______________________.
8. במֶקסיקו סיטי ______________________.

תרגיל ב

שנו את המשפטים ממשפטים סתמיים למשפטים רגילים:

(Reminder: You can say כדאי לי, אסור לי, מותר לי. You can NEVER say אפשר+לי, or אי אפשר+לי.)

בַּקַּמְפּוּס (א)

1. אפשר לשמוע מוזיקה ברדיו. **(אני)** אני יכול לשמוע מוזיקה ברדיו.
2. אפשר לקנות גלידה בחנות בקמפוס. **(אתם)** ______
3. אי אפשר לראות סרט חדש בטלוויזיה. **(אתה)** ______
4. אפשר לשחק כדורגל בקמפוס. **(אנחנו)** ______
5. אי אפשר לאכול אוכל טוב בקפיטריה. **(אתן)** ______

בַּקַּמְפּוּס (ב)

6. אפשר לנוח בסופשבוע. **(את)** את יכולה לנוח בסופשבוע.
7. ______ **(הם)** הם יכולים לעבוד במחשבים.
8. ______ **(אני)** אני לא יכולה לקום מאוחר.
9. ______ **(היא)** היא לא יכולה לחשוב על לימודים בקיץ.
10. ______ **(אתן)** אתן יכולות ללמוד בספרייה בלילה.

תרגיל ג
תרגמו לעברית:

בְּחֵיפָה

1. It is possible to see the Bahai gardens.

2. It is possible to learn in a Jewish-Arab school.

3. One can go up Mount Carmel.

4. One can study at the Technion (טֶכְנִיּוֹן).

5. You can buy paddleball (מַטְקוֹת) on the beach.

6. It is impossible to fly from Haifa to Acre (עַכּוֹ) but you can take the bus.

The Bahai religion was founded in the nineteenth century in Persia but eventually established its headquarters on Mount Carmel (in Haifa) and in Acre (עכו). The Bahai religion stresses harmony among races and religions, equality of the sexes, one language for all, and nonviolence. The religion has no priests or rituals. Today there are between two and five million Bahais in the world. The golden-domed Bahai Shrine on Mount Carmel and its famous hanging gardens, especially the beautiful grounds that were added in 2000, are a popular tourist attraction.

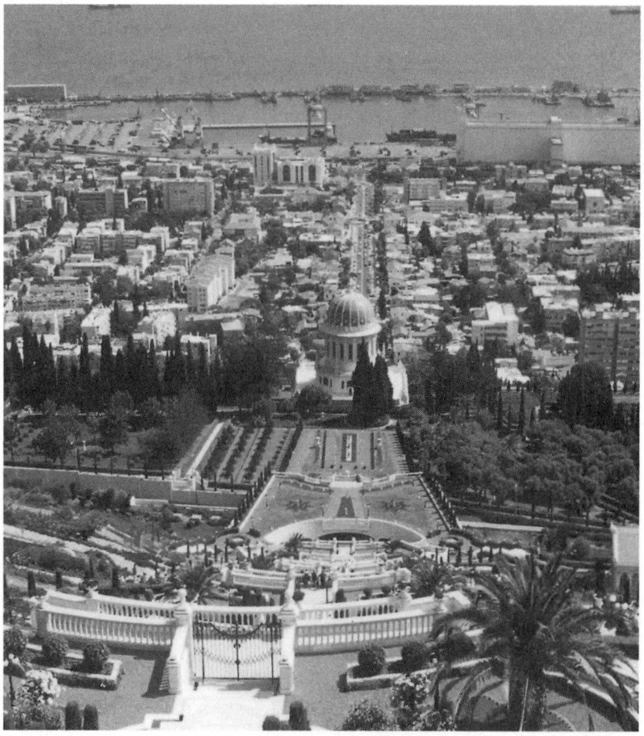

מקדש הבהאים והגנים התלויים בחיפה

חוּפְשָׁה*

*חוּפְשָׁה — vacation

חיים : אֵיזֶה כֵּיף, יֵשׁ סוֹף-סוֹף חוּפְשָׁה. מַה נַעֲשֶׂה?
אילנה : **אֶפְשָׁר** לָטוּס לחוּ״ל*.
חיים : זֶה יָקָר!
אילנה : **אֶפְשָׁר** לָטוּס לְאֵילַת.
חיים : **לֹא כְּדַאי**. חַם שָׁם בַּקַּיִץ!
אילנה : **אֶפְשָׁר** לִנְסוֹעַ לִירוּשָׁלַיִם.
חיים : כְּבָר הָיִינוּ שָׁם!
אילנה : וּמָה עִם קִיבּוּץ בַּגָּלִיל?
חיים : זֶה רָחוֹק!
אילנה : אָז מַה נַעֲשֶׂה?
חיים : אוּלַי נָנוּחַ בַּבַּיִת, זֶה זוֹל וְקָרוֹב...

*חו״ל (חוּץ לָאָרֶץ) — abroad (lit., "outside of the land" [of Israel])

תרגיל א

תנו לחיים ולאילנה עֵצה לאן כדאי להם לנסוע לחופשה.

Offer advice to the couple in the dialogue on where to go for their vacation.

תרגיל ב

המליצו לחבר/ה לאן לנסוע. הסבירו לו/לה לָמה כדאי לנסוע לשם.

Recommend to a friend a nice destination for travel. Explain why s/he should go there.

קַל / קָשֶׁה

בְּנֶפָּאל

שחר: אֵיךְ הָיָה הַטִּיּוּל בְּנֶפָּאל?
נמרוד: גַּם **קָשֶׁה*** וְגַם **קַל***.
שחר: מָה הָיָה **קָשֶׁה** וּמָה הָיָה **קַל**?
נמרוד: **קָשֶׁה** לְדַבֵּר עִם הָאֲנָשִׁים שָׁם כִּי הֵם לֹא יוֹדְעִים אַנְגְּלִית, אֲבָל **קַל** לִהְיוֹת חָבֵר שֶׁלָּהֶם, כִּי הֵם נֶחְמָדִים. **קָשֶׁה** לִמְצוֹא אוֹכֶל טָעִים, אֲבָל **קַל** לִמְצוֹא אוֹכֶל זוֹל. **קָשֶׁה** לְטַיֵּיל כִּי הֶהָרִים גְּבוֹהִים*, אֲבָל מְאוֹד מְאוֹד יָפֶה שָׁם.

*קָשֶׁה – difficult, hard
*קַל – easy
*גָּבוֹהַּ – high

קָשֶׁה לִי ...

תלמיד: **קָשֶׁה לִי** עִם הָעִבְרִית.
מורה: מַה **קָשֶׁה לְךָ**?
תלמיד: **קָשֶׁה לִי** לְדַבֵּר בְּעִבְרִית.
מורה: **קַל לְךָ** לִקְרוֹא וְלִכְתּוֹב, נָכוֹן?
תלמיד: כֵּן, אֲבָל אֲנִי רוֹצֶה לְדַבֵּר טוֹב.
מורה: לְאַט*, לְאַט, כָּל הַהַתְחָלוֹת* **קָשׁוֹת**...

*לְאַט – slowly
*הַתְחָלָה – beginning

כָּל הַהַתְחָלוֹת קָשׁוֹת
This phrase, taken from Rashi's commentary to Exodus 19:5, means, "All beginnings are difficult." There, the biblical commentator explains that deciding to accept the laws of the Torah was the most difficult step for the Jews, but it will become easier over time.

תרגיל א

Discuss in a small group what you find easy/difficult in studying Hebrew and other subjects. Use the construction ...קָשֶׁה לִי / קַל לִי.

תרגיל ב

The impersonal speech can be used with a number of other expressions. Read the table below and translate the following sentences into Hebrew:

It is important to ...	חָשׁוּב ל...
It is necessary to ...	צָרִיךְ ל...
It is pleasant to ...	נָעִים ל...
It is convenient to ...	נוֹחַ ל...
It is possible to ...	אֶפְשָׁר ל...
It is difficult to ...	קָשֶׁה ל...
It is worthwhile to ...	כְּדַאי ל...

תַּיָּר מִזְדַּמֵּן

1. It's necessary to fly there.

2. It's difficult to learn the language.

3. It's convenient to live in the center of the city.

4. It's possible to find cheap restaurants.

5. It's worthwhile to see the opera.

6. It's pleasant to drink coffee in a small café.

7. It is important to go to museums.

מִן הפִּרְסוֹמוֹת

"טוב לי עם עלית"

"דפי זהב. כדאי שתהיה שם. ובגדול."

"לא צריך לנסוע לחו"ל ..."

תרגיל ג

פעילות

חברו פרסומת עם המבנים הסתמיים.

Create an advertisement for a product and present it. Use some of the impersonal structures (**כדאי, אפשר, אסור, מותר, קל, קשה ...**).

עִם

- וֶרֶד נוֹסַעַת **עִם יָנִיב**. הִיא נוֹסַעַת **אִיתּוֹ** לְבּוּלְגַרְיָה וּלְהוּנְגַרְיָה.
- בְּפֶסַח **אֲנִי** נוֹסֵעַ לַכִּינֶּרֶת. אַתָּה רוֹצֶה לָבוֹא **אִיתִּי**?

דִּקְדּוּק

The prepositional relationship **עִם** *(with) in Hebrew can be expressed in two ways.*

1. **עִם** + *suffix:* **עִמִּי** *(with me),* **עִמְּךָ** *(with you)...*
2. **אֶת** + *suffix:* **אִיתִּי** *(with me),* **אִיתְּךָ** *(with you)...*

In Modern Hebrew, the first use is more literary, the second use is more common.
(Note that **אֶת** *by itself does not mean "with".)*

	עִם	אֶת
עם + אני	**עִמִּי**	**אִיתִּי**
עם + אתה	**עִמְּךָ**	**אִיתְּךָ**
עם + את	**עִמָּךְ**	**אִיתָּךְ**
עם + הוא	**עִמּוֹ**	**אִיתּוֹ**
עם + היא	**עִמָּהּ**	**אִיתָּהּ**
עם + אנחנו	**עִמָּנוּ**	**אִיתָּנוּ**
עם + אתם	**עִמָּכֶם**	**אִיתְּכֶם**
עם + אתן	**עִמָּכֶן**	**אִיתְּכֶן**
עם + הם	**עִמָּם**	**אִיתָּם**
עם + הן	**עִמָּן**	**אִיתָּן**

מוֹדָעוֹת לַמְטַיֵּיל

Shmulik and Omer are getting ready for a backpacking trip abroad. Read their travel ads and their related phone conversations. Note the declension of the preposition **עם** in bold:

איתי, איתך, איתך, איתו, איתה, איתנו, איתכם, איתכן, איתם, איתן

מוֹדָעָה א'

סטודנט מחפש* אנשים
שמעוניינים* לנסוע **איתו**
לטיול באמריקה.

נא לטלפן לשמוליק
02-5782556

*מְחַפֵּשׂ — looking for
*מְעוּנְיָין — interested

שִׂיחַת טֶלֶפוֹן א'

דויד : הלו, שמוליק?
שמוליק : מדבר.
דויד : שמי דויד. ראיתי את המודעה שלך.
שמוליק : אתה מעוניין לנסוע **איתי**?
דויד : כן, אבל אני רוצה לדבר **איתְךָ** קודם.
שמוליק : בסדר, אבל עכשיו אין לי זמן. אתה יכול לדבר **איתי** מחר?
דויד : טוב, להתראות.

מוֹדָעָה ב'

אני נוסע לאירופה והכלב
שלי, שוקי, לא יכול
לנסוע **איתי.**
מחפש מישהו שאוהב
כלבים לשמור* עליו.

06-420-5363
לבקש* את עומר

*לִשְׁמוֹר עַל — to watch
*לְבַקֵּשׁ — to ask for

שִׂיחַת טֶלֶפוֹן ב'

פנינה : אֶפשר לדבר עם עוֹמֶר?
עומר : מדבר.
פנינה : שלום. זה בְּקֶשֶׁר* למודעה על הכלב.
עומר : הוא יכול לגור **אִיתָךְ**?
פנינה : לגור **איתי** בבית? תראֶה, אני אוהבת חַיוֹת, אבל לא בבית שלי...
עומר : אז למה טִלְפַנְתְּ?
פנינה : חשבתי ש...

*בְּקֶשֶׁר — in regard to

תרגיל א

ענו למודעה של יצחק. כתבו את שיחת הטלפון שלכם איתו:

Answer Yitzḥak's ad, below. Write your telephone conversation with him:

מודָעָה ג'

שישה מטיילים* מקיבוץ-דן
מחפשים מדריך טיולים*
לטייל **איתם** בהרי ההימליה.

יצחק טל' 053-931-664

*מְטַיְּלִים — travelers
*מַדְרִיךְ טִיּוּלִים — tour guide

שִׂיחַת טֶלֶפוֹן ג'

תרגיל ב

השלימו עם איתי, איתך, איתך, איתו... Complete with the right form of **"עם"**

מְבַלִּים

1. מנחם נוסֵעַ **עם ברכה** לַיָּם. הוא נוסע ___איתה___ באוטובוס.
2. ענת רוצָה ללכת לסֶרֶט **עם חברים**. היא רוצָה ללכת ____________ מָחָר.
3. דויד מטַייל **עִם הבנות** שלו. הוא בדרך כלל מטַייל ____________ בחופשות שלהן.
4. מה, **את** יוצאת לנופֶש בַּגָּלִיל? אני יכולה לבוא ____________?
5. אני לא יכול לבוא **עִם משה** לחֶרמון. אולַי אתה יכול לנסוֹעַ ____________?
6. **אנחנו** נוסעים לנֶפָּאל עם מַדריך טיולים. הוּא בא ____________ מהארץ.
7. **אתם** תִּהיו בניו-יורק בקַיִץ? גם הילדים שלכם יָבוֹאוּ ____________?
8. **אתן** הולכות כל בוקר שני קילומֶטרים? מי עוד הולך ____________?
9. **אני** נוסֵעַ לטיוּל בסינַי בשבוע הבא. אתה רוצֶה לבוא ____________?
10. רחל מטַיילת **עִם שלומית**. היא מטַיילת ____________ בִּדְרום אָמֶריקה.

תרגיל ג

כתבו שאלות עם המַרכיבים הבאים Write questions using the following elements:

1. ללכת, עם/אנחנו אתם רוצים ללכת איתנו לסרט?
2. לשתות, עם/אתם
3. ללמוד, עם/אני
4. לטייל, עם/אתה
5. לדבר, עם/היא
6. לנסוע, עם/הם
7. לבוא, עם/אני

טִיּוּל לְיִשְׂרָאֵל

12 ימים בישראל עם "גליל טורס"
בתאריכים 24.4 ־ 12.4

12-15	גליל וגולן
16-17	חיפה וקיסריה
18-22	ירושלים ־ סדר פסח במלון "המלכים"
23	מצדה
24	טיסה

- אוטובוסים חדישים
- מדריכים דוברי עברית ואנגלית
- מלונות ארבעה כוכבים
- $2,000 לאדם, הנחות[1] למשפחות ולסטודנטים

לפרטים נוספים: 1-800-342-5550

[1] הֲנָחוֹת — discounts

10 ימים
חנוכה בישראל "טיולי חיים"
בתאריכים 29.12 – 20.12

20-23	ירושלים
24-25	תל-אביב
26	מצדה
27-28	אילת וסיני
29	טיסה

- **אכסניות[2] עם ארוחת בוקר**
- **אוטובוסים עם טלוויזיה**
- **מדריכים צעירים**
- **$1,200 לאחד, $1,000 לסטודנטים**

tiyuleihaim@iol.co.il

[2] אַכְסָנִיּוֹת — hostels

תרגיל
שיחה/כתיבה
איזה טיול הייתם בוחרים ולמה? Which one of the two tours would you choose and why?

העיר העתיקה בירושלים

תל-אביב

יְרוּשָׁלַיִם שֶׁל יְהוּדָה עַמִּיחַי

א.

שַׁבְתִּי אֶל הָעִיר הַזֹּאת שֶׁבָּהּ נִתְּנוּ
שֵׁמוֹת לַמֶּרְחַקִּים[1] כְּמוֹ לִבְנֵי אָדָם
וּמִסְפְּרֵי קַוִּים[2] לֹא שֶׁל אוֹטוֹבּוּסִים,
אֶלָּא 70 אַחֲרֵי, 1917, חָמֵשׁ מֵאוֹת
לִפְנֵי הַסְּפִירָה[3], אַרְבָּעִים וּשְׁמוֹנֶה. אֵלֶּה הַקַּוִּים
שֶׁבָּהֶם נוֹסְעִים בֶּאֱמֶת.

מתוך: יהודה עמיחי, **עכשיו וברעש**, 1968.

[1] מֶרְחָק/ים — distance/s
[2] קַו — line
[3] לִפְנֵי הַסְּפִירָה — B.C.E.

ב.

לָמָּה יְרוּשָׁלַיִם תָּמִיד שְׁתַּיִם, שֶׁל מַעְלָה וְשֶׁל מַטָּה
וַאֲנִי רוֹצֶה לִהְיוֹת בִּירוּשָׁלַיִם שֶׁל אֶמְצַע[4]
בְּלִי לַחְבֹּט[5] אֶת רֹאשִׁי לְמַעְלָה וּבְלִי לִפְצֹעַ[6] אֶת רַגְלַי לְמַטָּה.
וְלָמָּה יְרוּשָׁלַיִם בִּלְשׁוֹן זוּגִית כְּמוֹ יָדַיִם וְרַגְלַיִם,
אֲנִי רוֹצֶה לִחְיוֹת רַק בִּירוּשָׁל אַחַת,
כִּי אֲנִי רַק אֲנִי אֶחָד וְלֹא אֲנַיִם.

מתוך: יהודה עמיחי, **פתוח סגור פתוח**, 1998.
(בסדרה "ירושלים ירושלים, למה ירושלים")

[4] אֶמְצַע — center, middle
[5] לַחְבּוֹט — to hit
[6] לִפְצוֹעַ — to wound

שאלות

שיר א

1. אילו מִסְפָּרים מַזכיר* עמיחי בשיר?
2. מה המַשמעות* שלהם?

*מַזְכִּיר — mention
*מַשְׁמָעוּת — meaning

שיר ב

1. בשיר יש הרבה מילים בריבוי זוגי* (_ַיִם).
   א. סמנו אותן ונסו לחשוב למה.
   ב. למה אתם חושבים שגם ירושלים ברשימה* הזאת?

*רִיבּוּי זוּגִי — dual plural
*רְשִׁימָה — list

Yehuda Amichai (1924-2000) was born in Würzburg, Germany and immigrated to Israel in 1936. Amichai started writing poetry at the age of 25. His poems have been translated into 36 languages. The main themes that characterize Amichai's poetry are family (father, mother, childhood), war, death, love, Jerusalem, and God. In the two poems above about Jerusalem, Amichai contrasts old and new, religious and secular, individual and society, realism and abstraction, all of which are typical of his poetry. His images are taken from everyday life, and he often uses the common or the mundane to express the rhythms of life in Jerusalem.

תַּחֲנַת אוֹטוֹבּוּס

יֵשׁ מָקוֹם?

נוסע : זֶה הָאוֹטוֹבּוּס לְחֵיפָה?

נהג : כֵּן.

נוסע : יֵשׁ שְׁנֵי מְקוֹמוֹת?

נהג : יֵשׁ רַק מָקוֹם יְשִׁיבָה אֶחָד.

נוסע : מָתַי מַגִּיעַ* הָאוֹטוֹבּוּס הַבָּא?

נהג : בְּעוֹד שָׁעָה, כְּדַאי לָכֶם לַעֲלוֹת עַכְשָׁיו.

נוסע : תּוֹדָה.

*מַגִּיעַ — arrive

כַּרְטִיסִים* בַּקּוּפָּה*

נוסעת : אֶפְשָׁר לִקְנוֹת כַּרְטִיס בָּאוֹטוֹבּוּס?

נהג : לֹא. צָרִיךְ לִקְנוֹת כַּרְטִיס בַּקּוּפָּה.

נוסעת : מָתַי הָאוֹטוֹבּוּס יוֹצֵא*?

נהג : יֵשׁ לָךְ זְמַן, אַתְּ יְכוֹלָה לָרוּץ לִקְנוֹת כַּרְטִיס.

נוסעת : בְּסֵדֶר, אֲנִי כְּבָר חוֹזֶרֶת.

*כַּרְטִיס — ticket

*קוּפָּה — ticket office

*יוֹצֵא — leave

תרגיל א

You are visiting Israel and you want to take a bus from Be'er Sheva to Haifa. Use the beginning of the dialogue below to role-play a call to the information desk at the Be'er Sheva central bus station and ask for help. Use words and phrases from the dialogues above:

פקיד/ה : תחנה מרכזית באר-שבע, שלום.

נוסע/ת : אני רוצה אינפורמציה על אוטובוסים לחיפה, בבקשה.

פקיד/ה : ______________________

נוסע/ת : ______________________

פקיד/ה : ______________________

נוסע/ת : ______________________

דוֹאַר

"אֶת" בִּנְטִיָּיה

חֲבִילָה* לַצָּבָא

שכנה: לְאָן אַתְּ רָצָה?

אמא של בועז: לַדּוֹאַר*, אֲנִי צְרִיכָה לִשְׁלוֹחַ*
חֲבִילָה לַבֵּן שֶׁלִּי, בּוֹעַז. הוּא בַּצָּבָא.

שכנה: אֵיזוֹ חֲבִילָה גְּדוֹלָה! מָה יֵשׁ בָּהּ?

אמא של בועז: נוּ, מָה כְּבָר שׁוֹלְחִים לְחַיָּיל?
בְּגָדִים, מַמְתַּקִּים...

*חֲבִילָה — package
*דּוֹאַר — post, mail
*לִשְׁלוֹחַ — to send

חֲבִילָה בַּצָּבָא

בועז: הֲלוֹ, אִמָּא? זֶה בּוֹעַז!
אַתְּ שׁוֹמַעַת **אוֹתִי**?

אמא: קְצָת קָשֶׁה לִשְׁמוֹעַ **אוֹתְךָ**!

בועז: אֲנִי שׁוֹמֵעַ **אוֹתָךְ** טוֹב.

אמא: מָה נִשְׁמַע?

בועז: בְּסֵדֶר.

אמא: קִיבַּלְתָּ* אֶת הַחֲבִילָה?

בועז: כֵּן, אֶתְמוֹל.

אמא: רָאִיתָ אֶת הַבְּגָדִים?

בועז: כֵּן, תּוֹדָה.

אמא: וְהַמַּמְתַּקִּים?

בועז: כְּבָר אָכַלְתִּי **אוֹתָם** עִם הַחֶבְרֶ'ה.

אמא: מָתַי רוֹאִים **אוֹתְךָ**?

בועז: בַּשַּׁבָּת הַבָּאָה, אֲנִי חוֹשֵׁב.

*קִיבַּלְתָּ — (you) received

	אֶת
את + אני	**אוֹתִי**
את + אתה	**אוֹתְךָ**
את + את	**אוֹתָךְ**
את + הוא	**אוֹתוֹ**
את + היא	**אוֹתָהּ**
את + אנחנו	**אוֹתָנוּ**
את + אתם	**אֶתְכֶם**
את + אתן	**אֶתְכֶן**
את + הם	**אוֹתָם**
את + הן	**אוֹתָן**

דִּקְדּוּק

אַתְּ שׁוֹמַעַת **אוֹתִי**? *means "Do you hear me?"*

מָתַי רוֹאִים **אוֹתְךָ**? *means "When are we seeing you (m.)?"*

When the direct object marker **אֶת** *is conjugated, the vowel* ***E*** *under the letter* **א** *is replaced by the vowel* ***O*** *except for* **אתם** *and* **אתן**.

תרגיל א

השלימו עם אותי, אותך ... Complete with the correct form of

טִיּוּלִים: חו"ל

1. – אתם לוקחים אותי לטיול בקַפְרִיסִין? – לא. אנחנו לא לוֹקחים אותך לטיול.
2. קניתי את התמונות האלה בְּזִימְבַּבּוּאֶה. קניתי __________ בכפָר קטן.
3. שלחתי מִכתב לַבן שלי. שלחתי __________ מגיבְּרַלְטָר.
4. היא מדברת שלוש שָׂפות. היא למדה __________ בטיוּלים שלה מסביב לעולם.
5. – איפה קנית את הטֶלֶכַּרְט? – קניתי __________ בַּדּוֹאַר.

תרגיל ב

השלימו עם אותי, אותך ... Complete with the correct form of

טִיּוּלִים: יִשְׂרָאֵל

1. אני אוהב את ירוּשלים. אני אוהב אותה גם בחורֶף וגם בקַיִץ.
2. איפה אתה? אני לא שומע __________!
3. רחלי בארץ. ראיתי __________ בבית של אברהם וציפי.
4. טעמת את השוקולד? הוא נהדר! קניתי __________ בבֶלגיה.
5. רוֹברט, ראית את התיקים שלי? אני לא מוצא __________.
6. סליחה, אֲדוני, אֶפשר לשאול __________ כמה שאֵלות?
7. נסענו במונית. המונית הֵביאה __________ לְמָלון.
8. הבריכה של המָלון יפָה. ראית __________?
9. אתם נוסעים לטיול בעיר העתיקה? אני יכול לָקחת __________ במכונית שלי.

תרגיל ג

תרגמו לעברית. השתמשו בצורה הנכונה של אֶת:

בְּבֵית מִשְׁפַּחַת יַעֲקוֹבִּי

1. Kids, when will I see you in bed?

2. Rachel, the doctor can see you tomorrow.

3. Did you read the newspaper? Yes, I read it on (in) the train.

4. Aunt Henrietta is visiting us today.

5. I don't see your shoes. Where did you put them?

6. Danny, you can't watch TV all day! Do you hear me?

אֶת מִי הוּא אוֹהֵב?

– אתה חושב שהוא אוהב **אותנו**?
– בוַדאי שהוא אוהב **אֶתכם**!
– מזל, כי אנחנו מאוד אוהבים **אותו**.
– אבל הוא לא אוהב **אֶת** השכֵנות.
– איך אתה יודע שהוא לא אוהב **אותן**?
– כי הוא נוֹבֵחַ* עֲליהן כל הזמן...

*נוֹבֵחַ – barks

תרגיל ד

כתבו סיפור אהבה קצר (סצנה של אופרת סבון או "הרומן הרומנטי") עם אותי, אותך...

To practice the structure **...אותי, אותך**, write a short love story (like a scene from a soap opera or a romance novel). Use verbs such as **לאהוב אֶת, לפגוש אֶת, לרצות אֶת**.

סְפּוֹרְט

מְשׁוּגָּע לִסְפּוֹרְט

אֵיתָן מְשׁוּגָּע לִסְפּוֹרְט. בְּיוֹם רִאשׁוֹן הוּא מְשַׂחֵק* כַּדּוּרְסַל*, בְּיוֹם שֵׁנִי הוּא מְשַׂחֵק טֶנִיס, בְּיוֹם שְׁלִישִׁי הוּא שׂוֹחֶה* בַּבְּרֵיכָה*, בְּיוֹם רְבִיעִי הוּא מְשַׂחֵק כַּדּוּרֶגֶל* וּבְיוֹם חֲמִישִׁי הוּא לוֹמֵד ג'וּדוֹ. גַּם בְּיוֹם שִׁישִּׁי אֵיתָן לֹא נָח. הוּא נוֹסֵעַ לְסַבְתָּא שֶׁלּוֹ בַּכַּרְמֶל וְעוֹשֶׂה שָׁם יוֹגָה.

*מְשַׂחֵק — plays (sports, games)
*כַּדּוּרְסַל — basketball
*שׂוֹחֶה — swim
*בְּרֵיכָה — (swimming) pool
*כַּדּוּרֶגֶל — soccer

תרגיל א

איתן עוסק בספורט כל יום. סדרו את היומן שלו:

יום א	יום ב	יום ג	יום ד	יום ה	יום ו

תרגיל ב

סֶקֶר* בַּכִּיתָּה

*סֶקֶר — survey

Ask your classmates which sport/s they like to watch and which sport/s they like to participate in. Use the chart to collect the information. Add other sports you like. Which is the most popular sport?

הספורט	אוהבים לראות	אוהבים לשחק
כדורגל		
כדורסל		
בֵּייסבּוֹל		
כדורגל אמריקאי		
טֶניס		
גולף		
ריצה		
שׂחייה		
הִתעמלות		
הליכה		
סְקִי		

הַמַּכַּבִּיָּה – מְעַט הִיסְטוֹרְיָה

הַמַּכַּבִּיָּה היא אוֹלימפיאדה לספוֹרטאים יהוּדים מכל העולם, צעירים וּמבוּגרים. המכבייה הראשונה היתה בתל-אביב ב-1932. משנת 1953 יש משחקֵי מכבייה כל ארבע שנים.

1932 – למכבייה הראשונה בתל אביב באוּ 390 ספוֹרטאים מ-18 ארצוֹת. במכבייה הראשונה לא היתה בריכת שחייה ותחרוּיוֹת השחייה היוּ בַּיָּם.

1935 – בשנה זוֹ ספוֹרטאים רבים מאירוֹפה באוּ למכבייה אבל לא כוּלם חזרוּ לארצוֹת שלהם בגלל האנטישמיוּת שם. חברי המִשלחת* מבוּלגריה, למשל, לא חזרוּ לבוּלגריה אחרי המכבייה.

*מִשְׁלַחַת – delegation

1950 – המכבייה הראשונה אחרי השואה. הרבה ספוֹרטאים טובים מתוּ בשואה.

1965 – בפעם הראשונה באוּ יהוּדים מאיראן למכבייה.

1973 – המכבייה הוּקְדְּשָׁה* לְזֵכֶר אחד-עָשָׂר הספורטאים הישראלים שֶׁנִּרְצְחוּ* באוֹלימפיאדה במינכֶן ב-1972.

*הוּקְדְּשָׁה – was dedicated

*נִרְצְחוּ – were murdered

1977 – 2694 ספוֹרטאים מ-43 מדינות בעולם הִשְׁתַּתְּפוּ* במכבייה.

*הִשְׁתַּתְּפוּ – participated

1985 – נוֹשֵׂא הלפיד* של המכבייה היה מַרְק סְפִּיץ, שַׂחיין יהוּדי אמריקאי, שֶׁזָּכָה* באחת עשׂרה מֶדליוֹת זהב אוֹלימפיוֹת. (בשנת 1965, כשספיץ היה בן חמש עשרה, הוּא שׂחה במכבייה וזכה בארבע מֶדליוֹת זָהב.)

*נוֹשֵׂא הַלַּפִּיד – the torch bearer

*זָכָה – he won

תרגיל א

חפשׂו באינטרנט מידע נוסף* על המכבייה, כתבו אותו.

*מֵידַע נוֹסָף – additional information

פִּיעֵל, שְׁלֵמִים - הוֹוֶה

אֵיזֶה סְפּוֹרְט?

– אַתֶּם **מְשַׂחֲקִים*** גּוֹלְף?
– לֹא.
– לָמָּה?
– זֶה סְפּוֹרְט מְשַׁעֲמֵם.
– אֵיזֶה סְפּוֹרְט אַתֶּם אוֹהֲבִים?
– רִינָּה **מְשַׂחֶקֶת** כַּדּוּרֶגֶל בִּקְבוּצַת* הַבָּנוֹת שֶׁל בֵּית הַסֵּפֶר. הֵן **מְשַׂחֲקוֹת** לֹא רַע.
– וְאַתָּה?
– אֲנִי מְאוֹד אוֹהֵב בֵּייסְבּוֹל.
– אֵיפֹה אַתָּה **מְשַׂחֵק**?
– אֲנִי לֹא **מְשַׂחֵק**, אֲנִי רַק רוֹאֶה מִשְׂחָקִים* בַּטֶּלֶוִויזְיָה.

*מְשַׂחֵק – play (sport)

*קְבוּצָה – team, group

*מִשְׂחָק/ים – game/s

In the present tense of **בניין פיעל**, *the prefix* **מ** *appears before the root:*

בניין פיעל – זמן הווה			
to play – **לְשַׂחֵק**	to tell, narrate – **לְסַפֵּר**	to speak – **לְדַבֵּר**	to receive – **לְקַבֵּל**
מְשַׂחֵק	**מְ**סַפֵּר	**מְ**דַבֵּר	**מְ**קַבֵּל
מְשַׂחֶקֶת	**מְ**סַפֶּרֶת	**מְ**דַבֶּרֶת	**מְ**קַבֶּלֶת
מְשַׂחֲקִים	**מְ**סַפְּרִים	**מְ**דַבְּרִים	**מְ**קַבְּלִים
מְשַׂחֲקוֹת	**מְ**סַפְּרוֹת	**מְ**דַבְּרוֹת	**מְ**קַבְּלוֹת

תרגיל א

השלימו את הנטייה: Conjugate in the present tense, according to the pronouns

לְשַׁלֵּם (to pay)

אני/אתה/הוא ____________________

אני/את/היא ____________________

אנחנו/אתם/הם ____________________

אנחנו/אתן/הן ____________________

תרגיל ב

הטו את הפעלים: Conjugate the verbs

1

– אני צריכה **לְחַפֵּשׂ*** דירה.

– איפה אַתְּ ______________, בתל-אביב או בירושלים?

*__לְחַפֵּשׂ__ – to search

2

– שמעתי שאתם מְחַפְּשִׂים מוסיקאי למסיבה. אני יכול **לְנַגֵּן***.

– במה אתה ______________, בגיטָרָה או בפסנתֵר?

*__לְנַגֵּן__ – to play (music)

3

פרופסור בר-און: אתה הולך **לְלַמֵּד*** עכשיו?

פרופסור חָריש: לֹא, אני לֹא ______________ בימֵי ראשון.

*__לְלַמֵּד__ – to teach

4

– את רוצָה **לְטַיֵּיל*** בשבת לגָליל?

– לא, אני לא ______________ בשבתות, אני שומרת שבת.

*__לְטַיֵּיל__ – to go on a trip

5

– אילו מַתָּנות אתה רוצֶה **לְקַבֵּל*** לחנוכה?

– בבית שלנו לֹא ______________ מתנות בחנוכה.

*__לְקַבֵּל__ – to receive

6

– אנחנו נוסעים **לְבַקֵּר*** את סבתא שלנו מחר.

– אתם ______________ אותה כל שבת?

*__לְבַקֵּר__ – to visit

7

– אתה אוהב **לְסַפֵּר*** לבן שלך סיפורים לפני השֵינה?

– מאוד. כל לילה אני ______________ לו סיפור אחד לְפחות.

*__לְסַפֵּר__ – to tell (a story)

תרגיל ג

מַה הֵם מְחַפְּשִׂים?

1. השלימו עם הפועל שבסוגריים Complete with the verb in parentheses:

1. מרג'י ______________ **(ח.פ.שׂ.)** נעלי ספורט.
   היא ______________ **(שׁ.ל.מ.)** שישים דולר עבור הנעליים.
2. אדם ______________ **(ח.פ.שׂ.)** נעלי הליכה טובות.
   הוּא ______________ **(ט.פ.ס.)** על הר ווֹשינגטון.
3. צ'ארלי ______________ **(ח.פ.שׂ.)** את המוּזיקה של "החיפוּשיות".
   הוּא ______________ **(נ.ג.נ.)** את השירים שלהם בגיטרה.
4. גֶ'רמי ומִישֶל ______________ **(ח.פ.שׂ.)** את הכלב שלהם.
   הם ______________ **(ב.ק.שׁ.)** מהחברים שלהם לעזור להם.

2. בחרו אחד מהמשפטים מתרגיל ג והמשיכו אותו:

Choose one of the situations above and continue it (what happened before or after).

3. מי אמר את המשפטים בתרגיל ג – מרג'י, אדם, צ'ארלי, או ג'רמי ומישל?

According to the situations above, who could have said these sentences?

1. "אני אוהב את השירים 'אֶתמוֹל' ו'צוֹללת צְהוּבּה'". ______________
2. "אנחנוּ אוהבים חיות, במיוחד כלבים." ______________
3. "אני אוהב לטייל ברגל, לא לנסוע במכונית." ______________

פִּיעֵל, מְרוּבָּעִים – הוֹוֶה

Some verbs in **פִּיעֵל** *have four letters in their roots instead of three.*
פִּיעֵל, *unlike* **פָּעַל**, *can accommodate a fourth letter since it has a* dagesh *in the middle radical or root-letter.*

to call – **לְטַלְפֵּן אֶל...**	to ring – **לְצַלְצֵל אֶל...**	to translate – **לְתַרְגֵּם אֶת...**
מְטַלְפֵּן	מְצַלְצֵל	מְתַרְגֵּם
מְטַלְפֶּנֶת	מְצַלְצֶלֶת	מְתַרְגֶּמֶת
מְטַלְפְּנִים	מְצַלְצְלִים	מְתַרְגְּמִים
מְטַלְפְּנוֹת	מְצַלְצְלוֹת	מְתַרְגְּמוֹת

עוד פעלים מרובעים: **לְפַרְסֵם** – to publish, advertise
לְפַטְפֵּט – to chat
לְבַזְבֵּז – to spend or waste (money, time)

תרגיל א

השלימו את הנטייה: Conjugate according to the pronouns

לְפַקְסֵס (to fax)

אני/אתה/הוא ______________
אני/את/היא ______________
אנחנו/אתם/הם ______________
אנחנו/אתן/הן ______________

תרגיל ב

השלימו עם הפעלים שברשימה:

Complete with the verbs below. Conjugate when necessary:

לְבַזְבֵּז, לְפַטְפֵּט, לְתַרְגֵּם, לְפַקְסֵס

אֵצֶל הַמְּנַהֵל

המנהל: שֵׁב!
מזכיר: מה הבעיה?
המנהל: כל היום אַתה בטלפון, ___________ עם החברים שלךָ, ___________ זמן ולא עושֶׂה שום דבר. יש פַּקסים שצריך ___________, יש מִכתבים באנגלית שצריך ___________, ואיפֹה אתה? בטלפון!
מזכיר: מה אני יכול לעשׂות, אני פּוֹפּוּלרי.

מְדַבֵּר / מְסַפֵּר / אוֹמֵר

אָז מַה...?

צבי: מַה חָדָשׁ?
אבי: כְּלוּם.
צבי: אָז מָה אַתָּה **מְסַפֵּר?**
אבי: אָמַרְתִּי לְךָ, אֵין לִי מַה **לְסַפֵּר**,
הַכֹּל כָּרָגִיל.

לְסַפֵּר / לוֹמַר

רותי: אֵיפֹה הָיִיתָ אֶתְמוֹל?
צִלְצַלְתִּי וְלֹא עָנִיתָ.
עמי: הָיִיתִי בִּמְסִיבָּה אֶצֶל נוּרִית.
אָמַרְתִּי לָךְ שֶׁלֹּא אֶהְיֶה בַּבַּיִת.
רותי: **דִּיבַּרְתָּ** שָׁם עִם נוּרִית?
עמי: כֵּן.
רותי: מַה הִיא **סִיפְּרָה** לְךָ?
עמי: הִיא **סִיפְּרָה** לִי שֶׁהִיא וְחַיִּים
רוֹצִים לְהִתְחַתֵּן.*
רותי: מָה אַתָּה **אוֹמֵר**?!

*לְהִתְחַתֵּן — to get married

תרגיל א

השלימו עם הפועל לְסַפֵּר Complete with the verb

נוֹסְטַלְגִּיָּה מִשְׁפַּחְתִּית

המשפחה שלי אוהבת נוֹסטַלגיה.
בכל פגישה משפחתית אבא ___________ על החיים שלו באֵירופה לפנֵי המִלחמה.
הדודים שלי ___________ על העלייה לארץ ישראל. הדודות ___________ סיפורים
על השָנים הראשונות שלהן בארץ ישראל, ורק אמא לא ___________ כלום, היא
אוהבת לשמוע.

תרגיל ב

השלימו עם הפועל לְדַבֵּר Complete with the verb

מְדַבְּרִים עִם הַמִּשְׁפָּחָה

אחותי חוזרת כל יום הביתה מבית הספר עם סיפורים. היא ___________ על המורה ועל
החברים. אח שלי לא אוהב ___________ על בית הספר. הוא רק רוצה ___________
איתָנו על ספורט.

תרגיל ג

השלימו עם הפעלים לדבר, לספר, לומר Complete with

בְּעָיוֹת

– מה אני יכול __________ לבן שלי שאוהב __________ בטלפון?
– אתה יכול __________ לו שהוא יכול __________ את הסיפורים שלו בִּקְצָרָה.

תרגיל ד

פְּסִיכוֹלוֹגְיָה

פסיכולוג: על מה אתה רוצה __________ היום?
מטופל: אני רוצה __________ לך על חלום* שחלמתי* אתמול בלילה.
פסיכולוג: בבקשה.
מטופל: חלמתי שבאת אלי הביתה __________ על הבעיות* שלי.
פסיכולוג: מה אתה חושב שהחלום __________?
מטופל: אני לא יודע, אבל אני מְקַוֶּוה* שאתה לא לוֹקֵחַ כסף על ביקורי לילה...

*חֲלוֹם — a dream
*חָלַמְתִּי — I dreamt
*בְּעָיוֹת — problems
*מְקַוֶּוה — hope

תרגיל ה

כתבו שיחה עם מדבר / מספר / אומר Write a dialogue/conversation with these verbs

טבלה: פעל, פיעל – הווה

The verbs in this chart are all in the present tense. Find the שורש and the בניין of each verb and translate it.

הפועל	השורש	הבניין	אנגלית
הוֹלֵךְ	ה.ל.כ.	פָּעַל	to go, walk
מְקַבֵּל	ק.ב.ל.	פִּיעֵל	to receive, get
נוֹסֵעַ			
מְשַׁלֵּם			
מְשַׂחֲקִים			
מְשַׁלֶּמֶת			
טָסָה			
קוֹנוֹת			
מְחַפְּשׂוֹת			
רוֹאָה			
חוֹשְׁבִים			
מְסַפְּרִים			

פִּיעֵל, שְׁלֵמִים – עָבָר

מֵהַתָּא הַקּוֹלִי* שֶׁל אֲרִיאֵלָה שְׁחוֹרִי

הודעה 1
שלום אריאלה, זאת אני.
חִיפַּשְׂתִּי אותך כל היום, איפה את? מה קורה הערב?

הודעה 2
אריאלה, מדברת נועה מהעבודה.
דִּיבַּרְתִּי עם חנה. היא **בִּיקְשָׁה** שתבואי ביום שישי לעבודה. בסדר? להתראות.

הודעה 3
מדברים מהמשרד של דוקטור צמח. לא **שִׁילַּמְתְּ** את החשבון האחרון. שלוש מאות וחמישים שקל. בבקשה לטלפן.

הודעה 4
היי, מה העניינים?
רציתי לדבר איתך. יעל לא **טִלְפְּנָה** אלי כבר שלושה ימים, אני לא יכול לישון. אולי את יודעת איפה היא?

*תָּא קוֹלִי — voice mail

תרגיל א

כתבו/אמרו תשובה לאחת ההודעות.

Respond to one of the messages (in writing or in speaking).

בניין פיעל – זמן עבר

	לְדַבֵּר	לְטַלְפֵּן
אני	דִּיבַּרְתִּי	טִלְפַּנְתִּי
אתה	דִּיבַּרְתָּ	טִלְפַּנְתָּ
את	דִּיבַּרְתְּ	טִלְפַּנְתְּ
הוא	דִּיבֵּר	טִלְפֵּן
היא	דִּיבְּרָה	טִלְפְּנָה
אנחנו	דִּיבַּרְנוּ	טִלְפַּנּוּ
אתם	דִּיבַּרְתֶּם	טִלְפַּנְתֶּם
אתן	דִּיבַּרְתֶּן	טִלְפַּנְתֶּן
הם/הן	דִּיבְּרוּ	טִלְפְּנוּ

תרגיל ב

הטו בעבר את הפועל לקַבֵּל :Conjugate in the past

אני	קִיבַּלְתִּי	אנחנו	________
אתה	________	אתם	________
את	________	אתן	________
הוא	________	הם	________
היא	________	הן	________

תרגיל ג

כתבו את הפעלים בעבר :Conjugate in the past

מְטַיְּילִים בִּנְיוּ-יוֹרְק

1. אני (**לְטַיֵּיל**) ___טִיַּלְתִּי___ בניו יורק.
2. את (**לְבַקֵּר**) ________ ב״סֶנטרָאל פָּארק״?
3. הם (**לְטַפֵּס**) ________ על מִגדל ה״אֶמפייר סְטֵייט״ בניו יורק.
4. אנחנו (**לְסַפֵּר**) ________ לחברים שלנו על מָלון זול ברחוב לֶקסינגטון.
5. היא (**לְשַׁלֵּם**) ________ הרבה כסף לכרטיסים להצגה בברוֹדוֵוי. זה היה כדַאי!
6. אתם (**לְחַפֵּשׂ**) ________ את המסעדה הסינית הכשֵרה? היא ברחוב גְרִין.
7. היא (**לְטַלְפֵּן**) ________ לתחנה, לשאול מתי יוֹצֵא האוטובוס לוושינגטון.
8. אתה (**לְדַבֵּר**) ________ על המוּזיאון לאוֹמנות מוֹדרנית, או על ״גוּגֶנהַיים״?

תרגיל ד

שיחה

שוחחו עם תלמיד/ה בכיתה :Discuss the following questions with a partner

1. כמה **שילַמת** עבוּר הספרים בסמסטר הזה?
2. האם **דיבַּרת** עם כל התלמידים בכיתה?
3. מתי **דיבַּרת** עם המשפחה שלך?
4. האם את/ה **מנַגן/ת**? האם **ניגַנת** כשהיית קטן/ה?
5. לאן **טיַילת** בקיץ האחרוֹן?
6. באיזו עיר עוד לא **ביקַרת** ואת/ה רוצה **לבַקר**?

תרגיל ה

טבלה: פיעל – הווה ועבר

נתחו את הפעלים

Parse the verbs. Note especially the structural differences between past and present:

הפועל	השורש	הגוף	הזמן	שם-הפועל	באנגלית
מְשַׂחֶקֶת	ש.ח.ק.	יחידה	הווה	לְשַׂחֵק	to play
מְטַלְפֵּן					
דִּיבַּרְתָּ					
בִּיקֵשׁ					
מְטַפֵּס					
תִּרְגְּמוּ					
נִיגַּנְתִּי					
שִׁילְמָה					
מְחַפְּשׂוֹת					

תרגיל ו

טבלה : פעל ופיעל – זמן עבר

נתחו את הפעלים

Parse the verbs. Note the differences between **פעל** and **פיעל** in the past tense:

הפועל	השורש	הגוף	הבניין	שם-הפועל	באנגלית
חִיפַּשְׂתִּי	ח.פ.ש.	אני	פיעל	לְחַפֵּשׂ	to search
שָׁלַחְתִּי					
סִיפְּרָה					
פָּגְשָׁה					
קַמְתֶּם					
שִׂיחֲקוּ					
טִיַּילְנוּ					
לָמַדְתְּ					
לִימַּדְתְּ					
בִּיקְּרוּ					
שָׁתוּ					
קִיבַּלְתֶּן					

תרגיל ז

טבלה: פעל ופיעל – זמן הווה ועבר

נתחו את הפעלים

Parse the verbs. Note the differences between the different **בניינים** and the different tenses:

באנגלית	הבניין	הגוף	הזמן	השורש	הפועל
to play	פיעל	הם	עבר	נ.ג.נ.	נִיגְנוּ
					מְדַבְּרִים
					כּוֹתְבִים
					רָצִיתִי
					שִׁילַּמְתִּי
					מְסַפֶּרֶת
					אוֹמֶרֶת
					בָּאנוּ
					יוֹשְׁבִים
					מְבַקֵּשׁ
					מְצַלְצֵל

דוד אבידן 1934-1995.
נולד בת"א. בין 1950 ל-1960 היה עורך (editor) ב"ידיעות אחרונות". כתב שירים ומחזות (plays) וביים (directed) סרטים.

דיבוּרים
דוד אבידן

דִּבַּרְתְּ אִתִּי עַל אַהֲבָה וְדִבַּרְתִּי אִתָּךְ עַל כֶּסֶף
דִּבַּרְתִּי אִתָּךְ עַל כֶּסֶף וְדִבַּרְתְּ אִתִּי עַל אֵמוּן*
דִּבַּרְתִּי אִתָּךְ עַל אֵמוּן וְדִבַּרְתְּ אִתִּי עַל יֶלֶד
דִּבַּרְתִּי אִתָּךְ עַל יֶלֶד וְדִבַּרְתְּ אִתִּי עַל אַהֲבָה
דִּבַּרְתִּי אִתָּךְ עַל אַהֲבָה וְדִבַּרְתְּ אִתִּי עַל מִין*
דִּבַּרְתִּי אִתָּךְ עַל מִין וְדִבַּרְתְּ אִתִּי עַל יֻקְרָה*

דִּבַּרְתִּי אִתָּךְ עַל יֻקְרָה וְדִבַּרְתְּ אִתִּי עַל אִמֵּךְ
דִּבַּרְתִּי אִתָּךְ עַל סִפְרוּת וְדִבַּרְתְּ אִתִּי עַל נְעוּרַיִךְ*
דִּבַּרְתִּי אִתָּךְ עַל יַלְדוּתִי* וְדִבַּרְתְּ אִתִּי עַל יֶלֶד
דִּבַּרְתִּי אִתָּךְ עַל יֶלֶד וְדִבַּרְתְּ אִתִּי עַל אֵמוּן
דִּבַּרְתִּי אִתָּךְ עַל אֵמוּן וְדִבַּרְתְּ אִתִּי עַל מִין

דִּבַּרְתִּי אִתָּךְ עַל מִין וְדִבַּרְתְּ אִתִּי עַל קוֹלְנוֹעַ*
דִּבַּרְתִּי אִתָּךְ עַל קוֹלְנוֹעַ וְדִבַּרְתְּ אִתִּי עַל חו"ל
דִּבַּרְתִּי אִתָּךְ עַל חו"ל וְדִבַּרְתְּ אִתִּי עַל סָבֵךְ
דִּבַּרְתִּי אִתָּךְ עַל סָבִי וְדִבַּרְתְּ אִתִּי עַל סָבָתֵךְ

דִּבַּרְתִּי אִתָּךְ עַל עַצְמִי וְדִבַּרְתְּ אִתִּי עַל מוּסִיקָה
דִּבַּרְתִּי אִתָּךְ עַל מוּסִיקָה וְדִבַּרְתְּ אִתִּי עַל צִיּוּר*
דִּבַּרְתִּי אִתָּךְ עַל צִיּוּר וְדִבַּרְתְּ אִתִּי עַל אָפְנָה
דִּבַּרְתִּי אִתָּךְ עַל אָפְנָה וְדִבַּרְתְּ אִתִּי עַל קוֹלְנוֹעַ
דִּבַּרְתִּי אִתָּךְ עַל קוֹלְנוֹעַ וְדִבַּרְתְּ אִתִּי עַל יֶלֶד
...

*אֵמוּן — trust
*מִין — sex
*יוּקְרָה — prestige
*נְעוּרַיִךְ — your youth
*יַלְדוּתִי — my childhood
*קוֹלְנוֹעַ — cinema
*צִיּוּר — painting

מתוך: דוד אבידן, **שירי אהבה ומין**. 1976.

תרגיל א
פעילות

בחרו כמה מהפעילויות הבאות:

1. נסו להסביר מה "הוא" רוצה ומה "היא" רוצה? מה חושב אבידן על זוגיות?
2. קראו את השיר בטון שמתאים לו, לדעתכם (עליז, רציני, מיואש וכו').
3. בחרו שורה אחת מהשיר וכתבו דיאלוג בינו לבינה.
4. הוסיפו בית לשיר.

פִּיעֵל, שְׁלֵמִים – עָתִיד

מִי יְשַׁלֵּם אֶת הַטִּיּוּל לְיִשְׂרָאֵל?

– גֶ'ף וְג'וּדִי נוֹסְעִים לְיִשְׂרָאֵל.
– מַה הֵם יַעֲשׂוּ שָׁם?
– הֵם **יְבַקְּרוּ** בִּירוּשָׁלַיִם, **יְטַפְּסוּ** עַל הַמְּצָדָה, אַתָּה יוֹדֵעַ...
– מִי **יְשַׁלֵּם** עֲבוּר הַטִּיּוּל הַזֶּה?
– הֵם **יְקַבְּלוּ** כֶּסֶף מִ-**Birthright**.
– סַבָּבָּה!

Birthright is a program designed to strengthen the connection of young Jews from around the world with Israel. Since its inception in January 2000, Birthright Israel has brought tens of thousands of young Jewish adults to Israel during the winter or the summer break for a free ten-day trip.

שֶׁיְּצַלְצֵל עוֹד פַּעַם

– מִירָה, רוֹן טִלְפֵּן לִפְנֵי חֲצִי שָׁעָה.
– מָה הוּא רָצָה?
– הוּא רוֹצֶה שֶׁ**תְּצַלְצְלִי** אֵלָיו.
– אִם הוּא כָּל כָּךְ רוֹצֶה לְדַבֵּר אִיתִּי, שֶׁהוּא **יְצַלְצֵל** עוֹד פַּעַם.

בניין פיעל – זמן עתיד

	לְבַקֵּר	לְצַלְצֵל
אני	**אֲבַקֵּר**	**אֲצַלְצֵל**
אתה	**תְּבַקֵּר**	**תְּצַלְצֵל**
את	**תְּבַקְּרִי**	**תְּצַלְצְלִי**
הוא	**יְבַקֵּר**	**יְצַלְצֵל**
היא	**תְּבַקֵּר**	**תְּצַלְצֵל**
אנחנו	**נְבַקֵּר**	**נְצַלְצֵל**
אתם/אתן	**תְּבַקְּרוּ**	**תְּצַלְצְלוּ**
הם/הן	**יְבַקְּרוּ**	**יְצַלְצְלוּ**

תרגיל א

השלימו את הנטייה בעתיד:

לקבל: אני אֲקַבֵּל ______ אנחנו ______

אתה ______ אתם/אתן ______

את ______ הם/הן ______

הוא ______

היא ______

כִּיסְאוֹת מוּזִיקָלִיִּים

אני **אֲלַמֵּד** אֶתכם לְשַׂחֵק "כיסְאות מוזיקליים". אנחנו **נְסַדֵּר** את הכיסאות בשתי שוּרוֹת. המורָה **תְּנַגֵּן** בפסַנתֵר, ואתם **תְּשַׂחֲקוּ**. כאשר הפסנתר **יְנַגֵּן**, אתם תִּרְקְדוּ מסביב לכיסְאות. כאשר לא תִּשְׁמְעוּ מוּזיקה, **תְּחַפְּשׂוּ** כיסא לָשבת עָלָיו. מי שלא יִמְצָא כיסא לא **יְשַׂחֵק**...

תרגיל ב

השלימו את מילת היחס החסרה Fill in the missing prepositions

Check your answers against the paragraph above:

1. אני אֲלַמֵּד ______ לְשַׂחֵק.
2. אנחנו נְסַדֵּר ______ הכיסְאות.
3. המורָה תְּנַגֵּן ______ פסַנתֵר.
4. אתם תִּרְקְדוּ ______ סביב הכיסאות.
5. תְּחַפְּשׂוּ כיסא לָשבת ______.

תרגיל ג

השלימו עם הפעלים הבאים בעתיד Complete with these verbs in the future tense:

לְלַמֵּד, לְשַׂחֵק, לְטַפֵּס, לְנַגֵּן, לְדַבֵּר, לְחַפֵּשׂ, לְסַדֵּר

מָה הֵם יַעֲשׂוּ מָחָר?

1. יואב ______ בפסַנתר, נעמה ______ בגיטרה.
2. גל ואדווה ______ מוֹנוֹפּוֹל.
3. מאיה ורז ______ את החדר שלהן.
4. רמה ______ את חנן לעשות טבלָאוֹת במַחשב.
5. חנה ונחום ______ עם הנכָדים שלהם בטלפון.
6. שמעון ______ כדוּרסל.
7. רוּתי ______ מתנה לעוֹפרי בקניון.
8. ואני? אין לי מה לעשות. אני ______ על הקירות.

תרגיל ד

השלימו את הטבלה בעתיד:

אני	אתה	את	הוא	היא	אנחנו	אתם/אתן	הם/הן
אֲסַפֵּר							
	תְּטַיֵּיל						
		תְּשַׂחֲקִי					
			יְדַבֵּר				
				תְּצַיֵּיר			
					נְטַפֵּס		
						תְּצַיְּירוּ	
							יְבַשְּׁלוּ

תרגיל ה

כתבו בכל הזמנים: Conjugate in all tenses

	עבר	הווה	עתיד		
מי	לִימֵּד	מְלַמֵּד	יְלַמֵּד	אותָך לרקוד?	**(לְלַמֵּד)**
אתה	______	______	______	בגיטרה?	**(לְנַגֵּן)**
אני	______	______	______	על הר מֵירוֹן.	**(לְטַפֵּס)**
המשפחה שלי	______	______	______	במוזיאון המדע.	**(לְבַקֵּר)**
אנחנו	______	______	______	את הדרך לשלום.	**(לְחַפֵּשׂ)**
השחקנים	______	______	______	בליגה הארצית.	**(לְשַׂחֵק)**
הקבוצה	______	______	______	בפארקים.	**(לְטַיֵּיל)**
מתי אתם	______	______	______	את השולחן שלכם?	**(לְסַדֵּר)**
את	______	______	______	מטלפון נייד?	**(לְצַלְצֵל)**

תרגיל ו

כתבו את הקטע בעבר עם הפעלים: Conjugate in the past

לְנַגֵּן, לְטַפֵּס, לְלַמֵּד, לְטַיֵּיל, לְקַבֵּל

יִצְחָק פֶּרְלְמָן

יצחק פרלמן נוֹלד בתל-אביב בשנת 1945. הוא ____________ בכינור* מגיל צעיר. בגיל 13 הוא בא לארצות-הברית והוֹפיע* בתוֹכנית* של אֶד סליבאן. הוא נִשאר באמריקה ולמד מוּזיקה בניו-יוֹרק. מורים כמו איבן גָאלָמְיָאן ודוֹרוֹתִי דִי-לֵיי ____________ אותו בבית-הספר "ג'וּליארד" בניו-יוֹרק. בשנת 1963 הוא ____________ ב"קַרנגי הוֹל". ב-1964 הוּא ____________ מקום ראשון בתחרוּת* חשוּבה. בשנה הזאת הוּא ____________ בחמישים עָרים באמריקה עִם הכינור שלו ונתן קוֹנצרטים. הוּא ____________ במהירוּת לצמרת* של עולם המוּזיקה והיה כנר מפוּרסם. לשמוע את יצחק פרלמן מנגן, זאת היא הֲנָאָה* גדולה – טֶכנית, מוּזיקלית ואנושית*.

*כִּינּוֹר – violin
*הוֹפִיעַ – appeared
*תּוֹכְנִית – program
*תַּחֲרוּת – competition
*צַמֶּרֶת – top
*הֲנָאָה – pleasure
*אֱנוֹשִׁי/ת – human

תרגיל ז

השלימו את הקטע עם המלים משמאל

Complete the passage with the correct form of the verbs on the left:

חֲבֵרִים

כל שבוע עֵרֶן ____________ מכתב מנַעֲמָה החברה שלו. היא ____________ לו על הטיול שלה באירופה. לפעמים היא שולחת לו דואר אלקטרוני ממקומות מעניינים. היא רוצה ____________ בשוויצריה ו ____________ על הרי הָאַלְפִּים, אבל היא לא יודעת אם יהיה לה כסף לטיול כזה יקר עכשיו. ערן אומר לה שאם היא רוצה כסף, היא יכולה לצאת לרחוב, ____________ בגיטרה ו ____________ כסף, אבל נעמה לא רוצה לעבוד ברחוב. היא רוצה ____________ עבודה אחרת.

*לְחַפֵּשׂ – to search
*לְקַבֵּל – to receive
*לְסַפֵּר – to tell
*לְטַיֵּיל – to travel
*לְטַפֵּס – to climb
*לְנַגֵּן – to play (music)

לוּחַ מוֹדָעוֹת בְּקִיבּוּץ אוּשָׁה

טיול לכל המשפחה!
ביום ה' נטפס על הכרמל
בהדרכת מדריכים
מהחברה להגנת הטבע.
יוצאים מחדר האוכל
ב-7:00.

תמורת הקיבוצים
תנגן היום ב-20:00
באולם התרבות.
הציבור מוזמן!

ביום שישי אחרי ארוחת הערב
ידבר המזכיר על המצב הכלכלי.
הפגישה במועדון החברים על
קפה ועוגה.

תערוכת ציורים של
הקריקטוריסטית ענת הופמן.
בחדר האוכל ביום שבת.
בזמן התערוכה ענת תצייר
קריקטורות של חברי המשק.

כדורגל
קבוצת הכדורגל הפועל זבולון
תשחק ביום שבת נגד הפועל עמק-יזרעאל.
הכניסה לחברי הקיבוץ חינם.
(נא לדבר עם מוטי)

תרגיל א

מצאו וסמנו בקו את הפעלים בבניין פיעל בעתיד.

Read these announcements from the bulletin board of Kibbutz Usha. Underline the future forms of פיעל verbs in the texts.

תרגיל ב

השלימו לפי המודעות: Complete the information according to the announcements

1. איפה יהיה קונצרט? ב ________________
2. מתי יהיה משחק הכדורגל? ב ________________
3. אילו ציורים יהיו בתערוכה? ________________
4. איפה תהיה הפגישה עם המזכיר? ב ________________
5. מתי יהיה הטיול להר הכרמל? ב ________________

קיבוץ שער הגולן

כַּמָּה פְּעָמִים

סִינַי

– **כַּמָּה פְּעָמִים** הָיִיתָ בְּאֵילַת?
– הָיִיתִי בְּאֵילַת **פַּעַם אַחַת**.
– וּבְסִינַי?
– עוֹד לֹא הָיִיתִי בְּסִינַי. כְּדַאי לִנְסוֹעַ לְשָׁם?
– בֶּטַח! הָיִיתִי שָׁם כְּבָר **עֶשֶׂר פְּעָמִים**!
– מֶה עָשִׂיתָ שָׁם **עֶשֶׂר פְּעָמִים**?
– יָשַׁנְתִּי עַל הַחוֹף כָּל הַיּוֹם...

once, one time	**פַּעַם אַחַת**
twice	**פַּעֲמַיִים**
three times	**שָׁלוֹשׁ פְּעָמִים**
four times	**אַרְבַּע פְּעָמִים**
never	**אַף פַּעַם לֹא**

תרגיל א

Answer the questions “how many times” with the numbers in parentheses.

בַּכִּיתָּה

1. כמה פעמים אתם צריכים לכתוב את החיבור? (2)
אנחנו צריכים לכתוב את החיבור פעמיים.
2. כמה פעמים היא אמרה לך לא לכתוב בעט? (3)
3. כמה פעמים קיבלת "מצוין" השנה? (1)
4. כמה פעמים המורה נתנה בוחן (6)?
5. כמה פעמים נסעתם לטיולים השנה? (2)
6. כמה פעמים הכיתה למדה בחוץ על הדשא? (5)

פַּעַם בְּ ...

פַּעַם בְּ...	once a (day, year)
פַּעֲמַיִים בְּ...	twice a
שָׁלוֹשׁ פְּעָמִים בְּ...	three times a

תרגיל א

השלימו עם פעם ב ... :

1. האוטובוס נוסעַ מתל אביב לירושלים פעם בשעה. (1 X שעה)
2. הוא לוקחַ ויטָמינים ________. (1 X יום)
3. הם רואים את סבא וסבתא ________. (1 X חודש)
4. אנחנו הולכים לבַנק ________. (1 X שבוע)
5. הם אוכלים במסעדה ________. (3 X חודש)
6. הסטודנטית מטַלפנת לאמא שלה ________. (2 X יום)
7. לקחתי אַספירין ________. (4 X יום)
8. דניאל משַׂחק כדורסל ________. (2 X שבוע)
9. מורה כל-כך טוב יש רק ________. (1 X חיים)

תרגיל ב

שיחה

1. כמה פעמים ביום את/ה אוכל/ת?
2. כמה פעמים בשבוע את/ה קורא/ת עיתון?
3. כמה פעמים בחודש את/ה הולך/ת לסרט?
4. כמה פעמים בסֶמסטר את/ה נוסע/ת הבַּיתה?
5. כמה פעמים בשנה את/ה רואה את המשפחה?
6. כמה פעמים בַּחַיִים היית ב ________?

נסיעות בקו תל אביב –
ירושלים – 24 שעות

מה-1 ביולי, קו 405 של "אגד" מתל-אביב לירושלים ובחזרה נוסע 24 שעות ביממה (יממה – 24 שעות). מהשעה 12 בלילה עד השעה חמש לפנות-בוקר יוצא אוטובוס בקו הזה פעם בשעה.

שער למתחיל, שבועון חדשות בעברית קלה, 4 ביולי 2000

תרגיל א

קראו את הקטע והשלימו עם המילים:

עשרים וארבע, אחד, ארבע מאות וחמש, פעם

1. האוטובוס שנוסֵעַ מתל אביב לירושלים הוּא קַו ________________.
2. קַו האוטובוס הזה פועל (עובד) ________________ שעות ביממה.
3. מ-12 בלילה עד 5 בבוקר, יוצא האוטובוס ________________ בשעה.
4. קַו 405 עובד 24 שעות ביממה מ ________________ ביולי.

תרגיל ב

שיחה

1. למה, לדעתך, קַו 405 נוסע 24 שעות ביממה?
2. האם את/ה מכיר/ה קַווי-אוטובוס שנוסעים 24 שעות ביממה?

Review and Enrichment סִיכּוּם וְהַעֲשָׁרָה

הַתַּיָּיר הָאֶקוֹלוֹגִי

לסוכנוּת הנסיעות "איסתָא" ומוֹעדון הים התיכון ("קלָאב מֶד") יש מַדריך לַתַּייר האֶקוֹלוֹגִי. זה מה שאומרים ב"איסטָא" על התַּיירים האֶקוֹלוֹגים:

- הם מְכַבְּדִים* את כַּדור הארץ.
- הם לומדים על הגֵיאוֹגרפיה, ההיסטוֹריה וְהַתַּרְבּוּת* של אֲתָר* התיירוּת.
- הם קונים אוכל אורגָאני.
- הם לוקחים את הַזֶּבֶל* איתָם, וזורקים בפחֵי-האַשפה.
- הם הולכים בשְׁבִילים מסוּמָּנִים*.
- הם מטיילים בַּטֶּבַע* ברגל, ולא בְּמכוֹנית.
- הם גרים במלונות שחוסכים* אֶנֶרגיה.
- הם נותנים כסף לאִרגונים ששומרים על הטבע.

*מְכַבְּדִים — respect
*תַּרְבּוּת — culture
*אֲתָר — site
*זֶבֶל — garbage, trash
*שְׁבִילִים מְסוּמָּנִים — marked trails
*טֶבַע — nature
*חוֹסְכִים — save

תרגיל א

אילוּ תיירים אתם?

תרגיל ב

איזה משפט מהמשפטים הבאים מביע את הסיסמה במדויק?

Which of these sentences is closest in meaning to the slogan?

א. לכלוך הוּא זבל!
ב. לא יפה ללַכלֵך.
ג. אין מספיק פחי זבל ללכלוך.
ד. כל הכבוֹד למי שעובד בזבל!

הֶאנְק גְּרִינְבֶּרְג

האנק גרינברג היה היהודי הראשון באמריקה שהיה לשַׂחקן בֵּייסבול חשוב ומפורסם*. הוא נולד באחד בינואר 1911 בעיר ניו-יורק. כאשר היה נער, הוא שיחק בליגה לצעירים. האנק היה שחקן מצוין וקיבל מילגה* ללמוד באוניברסיטה של ניו-יורק. הוא עזב את האוניברסיטה אחרי סמסטר אחד והלך להיות שחקן בֵּייסבול מקצועי*. בשנַת 1933 הוא עזר לקבוצה שלו, ה"טַיְיגֶרְס" מִדֶטְרויט לזכות* באליפות*. בשנַת 1934 גרינברג "עשה היסטוריה", כאשר לא רצה לשַׂחק ביום כיפור. בזמן מִלְחֶמֶת-הָעוֹלָם הַשְּׁנִיָּיה היה האנק גרינברג בצבא האמריקאי. אביבה קמפנר, שעשתה סרט דוקוּמֶנְטָרִי על האנק גרינברג, אומרת: "האנק גרינברג היה איש מיוחד. הוא היה לגיבּוֹר* באמריקה בשנים קשות לעם היהודי. בהרבה מקומות בעולם היתה אנטישמיות, גם באמריקה. לַמְרוֹת* זאת הוא היה לשחקן חשוב באמריקה". היא חושבת שהסיפור של גרינברג הוא לא רק סיפור הצלחה* יהודי, הוא גם סיפור הצלחה אמריקאי.

*מְפוּרְסָם — famous
*מִילְגָּה — scholarship
*מִקְצוֹעִי — professional
*לִזְכּוֹת — to win
*אַלִיפוּת — championship
*גִּיבּוֹר — hero
*לַמְרוֹת — in spite of
*הַצְלָחָה — success

תרגיל א

השלימו את המילים החסרות לפי הטקסט:

1. האנק גרינברג היה _____________ בייסבול.
2. הוא היה שחקן בייסבול ____________ ומפורסם.
3. הוא _________ ב-1911.
4. הוא קיבל מילגה _____________ באוניברסיטה של ניו-יורק.
5. האנק גרינברג שיחק ב____________ של ה"טַייגרס".
6. ב-1934 הוא לא רצה ____________ ביום כיפור.
7. במלחמת העולם השנייה הוא היה ב______________ האמריקאי.
8. גרינברג היה סיפור הצלחה ____________ ואמריקאי.

תרגיל ב

ספרו על גיבור אחר: Tell about another hero/heroine

(מאין הוא/היא, מדוע הוא/היא מיוחד/ת)

בֵּית-הַכְּנֶסֶת הַסְּפָרַדִי "טוּרוֹ" בְּרוֹד אַיְילֶנְד

בית-הכנסת "טורו" בניופורט, רוד-איילנד הוא בית-הכנסת העתיק ביותר בצפון אמריקה שעדיין קיים*. ההיסטוריה של בית-הכנסת מעניינת. בִּשְׁנַת 1658 באו לניופורט 15 משפחות של יהודים פורטוגזים. לא יודעים מאין הם באו – מהולנד, מניו-יורק או מהאי הקָריבי קורָסאו. כמו הרבה מהגרים אחֵרים* שבאו לאמריקה, היהודים הפורטוגזים שבאו לניופורט חיפשו חופש דתי*. בשנת 1759, מאה שנים אחרי שהם באו לעיר, אספו* יהודֵי ניופורט מספיק כסף, קנו אדמה ובנו את בית-הכנסת.

הארכיטֶקט פיטר האריסון בנה את בית-הכנסת ולא רצה כסף מהיהודים של ניופורט.

לבית-הכנסת היה תַפקיד* חשוב בהיסטוריה של רוד-אַיילנד ושל ארצות הברית. הפרלמנט ובית המשפט העליון של רוד-איילנד ישבו בבית-הכנסת בין השנים 1781-1784. ג'ורג' וושינגטון ביקֵר בבית-הכנסת הזה ואחרי כמה שנים הוא כתב ש"טורו" מסמל* את חופש הדת באמריקה.

*עֲדַיִין קַיָּים – still exists

*מְהַגְּרִים אֲחֵרִים — other immigrants

*חוֹפֶשׁ דָּתִי — freedom of religion

*אָסְפוּ — (they) collected

*תַּפְקִיד — role

*מְסַמֵּל — symbolizes

תרגיל א

השלימו את המֵידע (אינפורמציה) על בית הכנסת "טורו" לפי הקטע:

המקום (עיר, מדינה): ______________________

מתי קם: ______________________

הארכיטֶקט: ______________________

מבַקר מפורסם במקום: ______________________

תרגיל ב

What is the synagogue's importance (in English)?

תרגיל ג

כתבו על מקום היסטורי מעניין

(מה שם המקום, איפה המקום, מתי קם, מה הסיפור של המקום, אילו אנשים מעַניינים קשורים למקום הזה...)

רַב וְתַלְמִיד

רבי משה בן מימון (הרמב״ם)

רַב שֶׁלִּימֵּד וְלֹא הֵבִינוּ הַתַּלְמִידִים, לֹא יִכְעַס* עֲלֵיהֶם, אֶלָּא חוֹזֵר* וּמְלַמֵּד אֲפִילוּ כַּמָּה פְּעָמִים עַד שֶׁיָּבִינוּ.

וְכֵן לֹא יֹאמַר תַּלְמִיד ״הֵבַנְתִּי״ וְהוּא לֹא הֵבִין, אֶלָּא חוֹזֵר וְשׁוֹאֵל אֲפִילוּ כַּמָּה פְּעָמִים עַד שֶׁיָּבִין.

וְאִם כָּעַס עָלָיו הָרַב, יֹאמַר לוֹ הַתַּלְמִיד: ״רַבִּי, תּוֹרָה הִיא, וְלִלְמוֹד אֲנִי צָרִיךְ, וְדַעְתִּי קְצָרָה*.״

לֹא יִתְבַּיֵּישׁ* הַתַּלְמִיד מֵחֲבֵרָיו שֶׁלָּמְדוּ מִפַּעַם רִאשׁוֹנָה אוֹ שְׁנִיָּה וְהוּא לָמַד רַק אַחֲרֵי כַּמָּה פְּעָמִים, אַחֶרֶת יָבוֹא וְיֵלֵךְ מִבֵּית-הַמִּדְרָשׁ וְלֹא יִלְמַד כְּלוּם.

לְפִיכָךְ אָמְרוּ חֲכָמִים רִאשׁוֹנִים: אֵין הַבַּיְשָׁן* לָמֵד וְלֹא הַקַּפְּדָן* מְלַמֵּד (אבות, ב, ה).

...

אֵין שׁוֹאֲלִים אֶת הָרַב שְׁאֵלוֹת כְּשֶׁנִּכְנָס לְבֵית הַמִּדְרָשׁ עַד שֶׁתִּתְיַשֵּׁב* עָלָיו דַּעְתּוֹ.

וְאֵין הַתַּלְמִיד שׁוֹאֵל שְׁאֵלוֹת עַד שֶׁיֵּשֵׁב וְיָנוּחַ.

אֵין שׁוֹאֲלִים שְׁנַיִים, כְּאֶחָד. וְאֵין שׁוֹאֲלִים אֶת הָרַב שְׁאֵלָה מֵעִנְיָן אַחֵר, רַק מֵאוֹתוֹ עִנְיָן שֶׁמְּדַבְּרִים בּוֹ, כְּדֵי שֶׁלֹּא יִתְבַּיֵּשׁ.

*יִכְעַס — would get angry

*חוֹזֵר — repeat

*דַּעְתִּי קְצָרָה — אני לא מֵבִין

*יִתְבַּיֵּישׁ — will be shy, embarrassed

*בַּיְישָׁן — shy

*קַפְּדָן — strict

*לְהִתְיַשֵּׁב — to be settled

(לפי הרמב״ם, מִשְׁנֵה תּוֹרָה, סֵפֶר הַמַּדָּע, הִלְכוֹת תַּלְמוּד תּוֹרָה, פרק כ׳ הלכות ו-ז [ד-ה], י [ו])

תרגיל א

סמנו נכון / לא נכון:

1. לרב אסור לכעוס על התלמידים. **נכון** **לא נכון**
2. מי שלא שואל לא לומד. **נכון** **לא נכון**
3. תלמיד צריך להבין בפעם הראשונה. **נכון** **לא נכון**
4. מותר לתלמידים לשאול את הרב שתי שאלות ביחד. **נכון** **לא נכון**
5. תלמיד צריך לשאול את הרב רק על מה שלומדים. **נכון** **לא נכון**

אוֹצַר מִילִּים יְחִידָה 8

Sport	**סְפּוֹרְט**
ball	כַּדּוּר ז׳
basketball	כַּדּוּרְסַל ז׳
football, soccer	כַּדּוּרֶגֶל ז׳
football	כַּדּוּרֶגֶל אָמֶרִיקָאִי ז׳
baseball	כַּדּוּר-בָּסִיס ז׳
gymnastics	הִתְעַמְּלוּת נ׳
team	קְבוּצָה נ׳
player	שַׂחְקָן / שַׂחְקָנִית
athlete	סְפּוֹרְטַאי / סְפּוֹרְטָאִית
swimming pool	בְּרֵיכַת שְׂחִיָּיה נ׳
Olympics	אוֹלִימְפְּיָאדָה נ׳
medal	מֶדַלְיָה נ׳

Structures	**מִבְנִים**
How many times?	כַּמָּה פְּעָמִים נ׳
once in a ...	פַּעַם בְּ ...
twice	פַּעֲמַיִים נ״ר
with me, you ...	עִם (אִיתִּי, אִיתְּךָ...)
me, you...	אֶת (אוֹתִי, אוֹתְךָ...)

Verbs	**פְּעָלִים**
to throw	לִזְרוֹק
to swim	לִשְׂחוֹת
to travel, go by transportation	לִנְסוֹעַ
to go out, leave	לָצֵאת (י.צ.א.)
to drive	לִנְהוֹג
to pack	לֶאֱרוֹז
to take	לָקַחַת (ל.ק.ח.)
to descend	לָרֶדֶת (י.ר.ד.)
to win (a prize)	לִזְכּוֹת

Impersonal Clauses	**סְתָמִיִּים**
forbidden	אָסוּר
allowed	מוּתָּר
worthwhile	כְּדַאי
possible	אֶפְשָׁר
impossible	אִי אֶפְשָׁר
easy	קַל
hard, difficult	קָשֶׁה
important	חָשׁוּב / חֲשׁוּבָה

Travel	**נְסִיעוֹת**
near	קָרוֹב / קְרוֹבָה
far	רָחוֹק / רְחוֹקָה
(bus, phone) line	קַו ז׳
suitcase	מִזְוָודָה נ׳
parking	חֲנָיָיה נ׳
trip	טִיּוּל ז׳
vacation	חוּפְשָׁה נ׳
tourist	תַּיָּיר / תַּיֶּירֶת
hotel	מָלוֹן (בֵּית מָלוֹן) ז׳

Transportation	**תַּחְבּוּרָה**
train	רַכֶּבֶת נ׳
subway	רַכֶּבֶת תַּחְתִּית נ׳
ship	אוֹנִיָּיה נ׳
motorcycle	אוֹפַנּוֹעַ ז׳
taxi	מוֹנִית נ׳
car	מְכוֹנִית נ׳

Post, Mail	**דּוֹאַר** ז׳
package, parcel	חֲבִילָה נ׳
letter	מִכְתָּב ז׳

Piel	**פִּיעֵל**
to tell	לְסַפֵּר
to speak, talk	לְדַבֵּר עִם...
to play, act	לְשַׂחֵק
to visit	לְבַקֵּר
to play (music)	לְנַגֵּן בְּ...
to teach	לְלַמֵּד
to climb	לְטַפֵּס עַל...
to travel	לְטַיֵּיל
to receive	לְקַבֵּל
to pay	לְשַׁלֵּם
to search, look for	לְחַפֵּשׂ
to ask, request	לְבַקֵּשׁ

UNIT 9 יְחִידָה

נֶפֶשׁ בְּרִיאָה בְּגוּף בָּרִיא
Healthy Soul in a Healthy Body

Unit 9 יְחִידָה

תּוֹכֶן הָעִנְיָינִים

Unit 9 יְחִידָה
נֶפֶשׁ בְּרִיאָה בְּגוּף בָּרִיא

Goals

Context/Content

Human body, body parts

Health, habits

Visiting the doctor's office

Communication/Function

Describe people (physical appearance)

Tell the doctor how you feel, complain about pain, seek medical help

Structure/Grammar

Construct form (**סמיכות**)

Verbs: *Hif'il* (**בניין הפעיל**)

Causative verbs (**פעלים גורמים**)

Prepositions **ב** (**בי, בך**...)

In order to (**כדי ל** ...)

It hurts me/I have pains (**כואב לי ה** ..., **יש לי כאבים ב** ...)

Culture

Biographies: Mark Chagall, Ben Sira, Rabbi Soloveitchik

Jewish Lore: Sin as Illness

Jewish History: Medicine in Hebrew

Rabbinic literature: A passage from the Talmud

Idiomatic expressions with body parts

Places of interest: Mount Sinai hospital

Story: "**הנשיקה הראשונה**", by Shmuel Yosef Agnon

פָּנִים

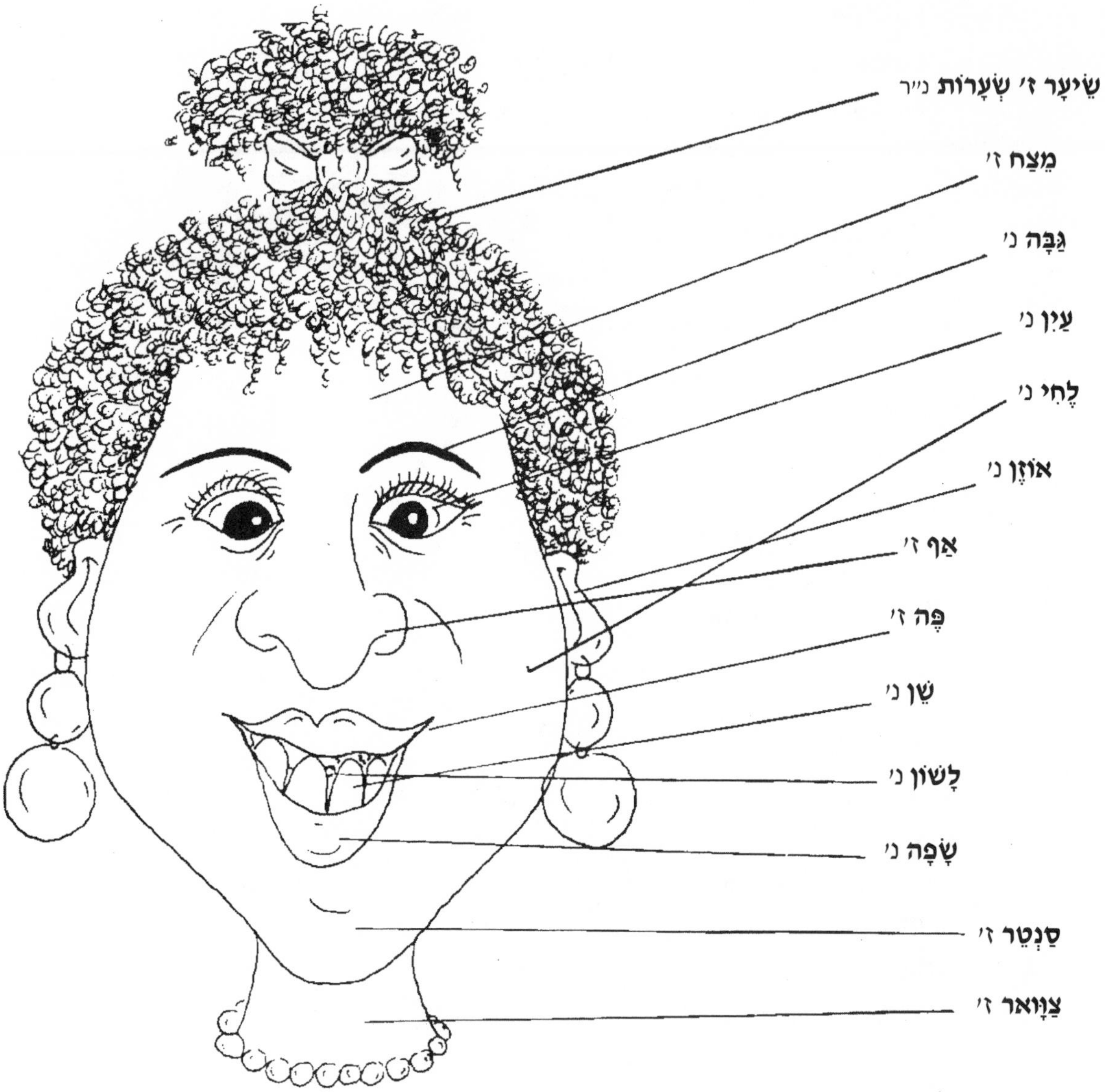

שֵׂיעָר ז׳ שְׂעָרוֹת נ״ר
מֵצַח ז׳
גַּבָּה נ׳
עַיִן נ׳
לֶחִי נ׳
אוֹזֶן נ׳
אַף ז׳
פֶּה ז׳
שֵׁן נ׳
לָשׁוֹן נ׳
שָׂפָה נ׳
סַנְטֵר ז׳
צַוָּאר ז׳

בַּמִּשְׁטָרָה*

*מִשְׁטָרָה – police

״הַגַּנָּב* הָיָה אִישׁ צָעִיר, אוּלַי בֶּן עֶשְׂרִים וְחָמֵשׁ. לֹא רָאִיתִי אֶת הַשֵּׂיעָר שֶׁלּוֹ כִּי הוּא חָבַשׁ כּוֹבַע. יֵשׁ לוֹ פָּנִים גְּדוֹלִים, עֵינַיִים יְרוּקּוֹת, אַף אָרוֹךְ וְאוֹזְנַיִים קְטַנּוֹת. עוֹד מַשֶּׁהוּ? אָה, כֵּן, אֲנִי חוֹשֵׁב שֶׁהָיָה לוֹ שָׂפָם*, אֲבָל אֲנִי לֹא בָּטוּחַ. שָׁכַחְתִּי אֶת הַמִּשְׁקָפַיִים בַּבַּיִת...״

*גַּנָּב – thief
*שָׂפָם – moustache

תרגיל א

ציירו את הקלסתרון של הגנב:

Draw the thief's face according to the description above.

מבוקש

WANTED

תרגיל ב

סמנו את שם-התואר שמתאר אתכם:

Circle the adjective that best describes you:

1. יש לי עֵיניים **שחורות / כחולות / ירוקות / חומות / ירוקות-חומות**.
2. יש לי שְׂערות **שחורות / חומות / בלונדיניות / ג׳ינג׳יות**.
3. יש לי שׂערות **קְצרות / ארוּכּות**.
4. יש לי שׂערות **חֲלקות / מתוּלתלות**.
5. יש לי אַף **קצר / ארוך / חמוּד* / שָׁמֵן***.
6. יש לי אוזניים **גְדולות / קְטנות**.

*חָמוּד – cute
*שָׁמֵן – fat

תרגיל ג

שיחה/כתיבה

תארו מישהו במשפחה שלכם: Describe someone in your family

1. בן כמה הוא / בת כמה היא?
2. מה צבע העיניים שלו/שלה?
3. מה צבע השערות שלו/שלה?
4. יש לו/לה שערות ארוכות?
5. אילו פנים יש לו/לה?

תרגיל ד

התאימו את התיאורים לתמונות:

- אף גדול
- פה גדול
- שערות ארוכות ומתולתלות
- שערות קצרות ומתולתלות
- צוואר ארוך
- אוזניים גדולות
- עיניים גדולות
- שערות קצרות וחלקות
- שפם
- פה קטן
- אף קטן

תרגיל ה

תרגמו לעברית:

1. Her name is Tali. Her eyes are blue. Her lips are red and her cheeks are pink. She is one week old.

2. Gali loves her face. She says that her nose is long and narrow, and her teeth are white. People say she has an interesting face.

3. My grandfather is wonderful. I like his white hair and his pleasant face. He has wise eyes and only wise things come out (יוצאים) of (from) his mouth.

כְּדֵי לְ...

דִּקְדּוּק

כְּדֵי *means "in order to." It is always followed by the infinitive* **...כְּדֵי לְ**.

• **ג'סִיקָה בָּאָה לַמִּטְבָּח כְּדֵי לֶאֱכוֹל.**	Jessica came to the kitchen in order to eat.
• **רִבְקָה בָּאָה לַמִּטְבָּח כְּדֵי לִשְׁתּוֹת.**	Rebecca came to the kitchen in order to drink.

תרגיל א

קראו את השיחה בין כיפה אדומה לזאב והשלימו את המשפטים עם הפועל בסוגריים:

Read the conversation between Little Red Riding Hood and the wolf and complete the sentences with the verbs in parentheses:

כִּיפָּה אֲדוּמָּה

כיפה אדומה: סבתא, למה יש לָךְ עֵיניים גדולות כל-כך?
זאב: כְּדֵי לִרְאוֹת אוֹתָךְ טוֹב יוֹתֵר, חמודה. **(לראות)**
כיפה אדומה: סבתא, למה יש לָךְ אוזניים גדולות כל-כך?
זאב: כְּדֵי ________________. **(לשמוע)**
כיפה אדומה: סבתא, למה האף שלָךְ ארוך כל-כך?
זאב: כְּדֵי ________________. **(להָריח)**
כיפה אדומה: למה יש לך פֶּה גדול ושִׁיניים גדולות כל-כך?
זאב: כְּדֵי ________________. **(לאכול)**

תרגיל ב

השלימו את המשפטים עם כדי + שם הפועל **(בסוגריים):**

סְטוּדֶנְטִית – סֵדֶר יוֹם

1. היא באה לאוניברסיטה כדי ללמוד מוזיקה. **(ל.מ.ד.)**
2. היא הולכת לכיתות ________ ________ הרצָאות. **(שׁ.מ.ע.)**
3. היא יושבת שָׁעות בספרייה ________ ________ בשקט. **(ק.ר.א.)**
4. היא הולכת לקפיטריה ________ ________ ו________ חברים. **(א.כ.ל, פ.ג.שׁ.)**
5. היא הולכת לחדר במעונות ________ ________. **(י.שׁ.נ.)**
6. היא נוסַעַת בחופשה הביתה ________ ________ ו________ עם המשפחה. **(נ.ו.ח., ה.י.ה.)**

גוּף הָאָדָם

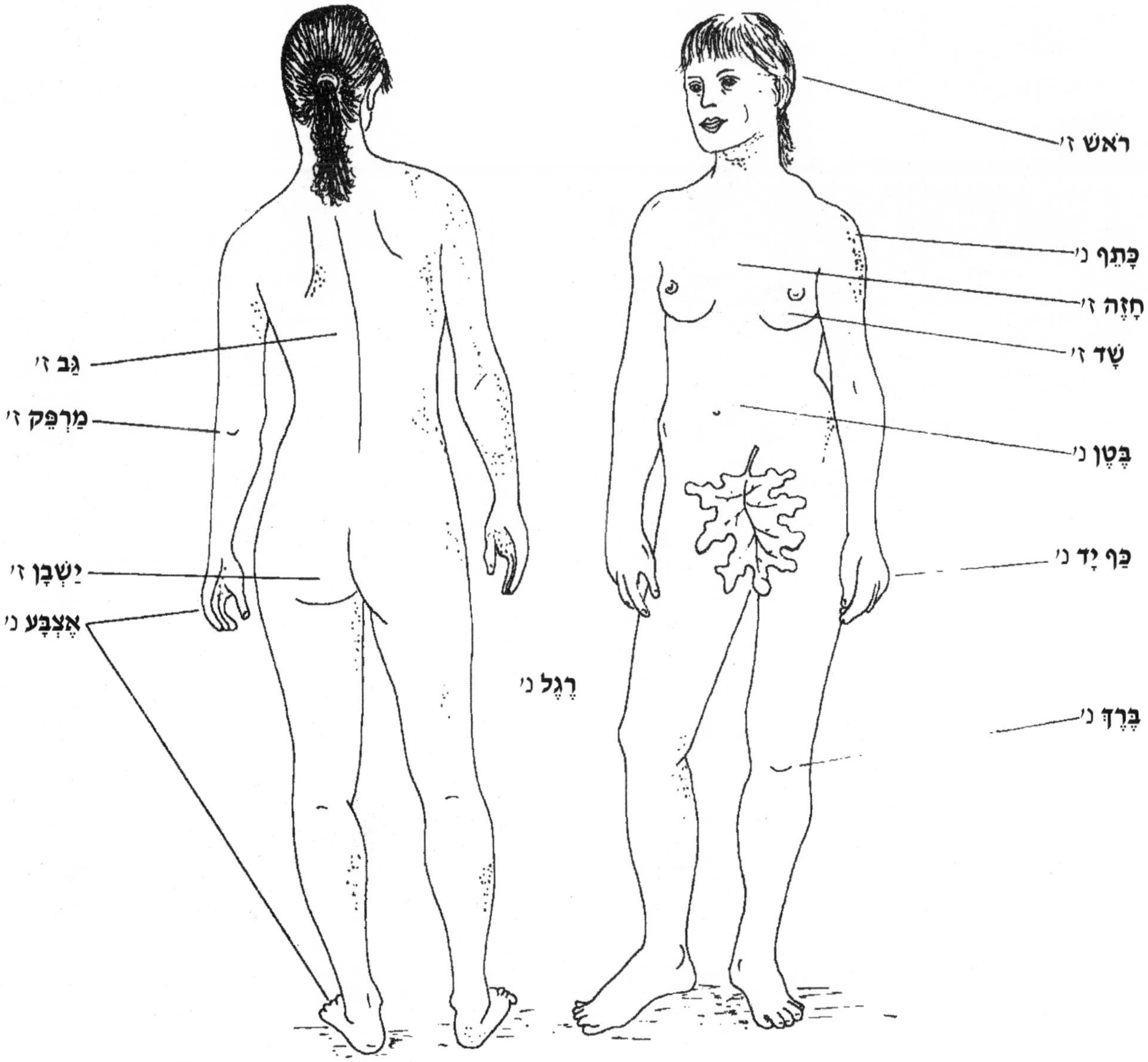

רֹאשׁ ז׳
כָּתֵף נ׳
חָזֶה ז׳
שָׁד ז׳
בֶּטֶן נ׳
כַּף יָד נ׳
בֶּרֶךְ נ׳
רֶגֶל נ׳
גַּב ז׳
מַרְפֵּק ז׳
יַשְׁבָן ז׳
אֶצְבַּע נ׳

הָעוּבָּר*

*עוּבָּר — fetus

בהתחלה אֶפשר לראות רק כַּדור קטן ועגול.
בשבוע ה-8 אֶפשר לראות ראש, גַּב, ידיים ורגליים.
בשבוע ה-12 רואים אֶצְבָּעוֹת.
בשבוע ה-14 רואים עֵיניים ואוזניים.
בשבוע ה-18 אֶפשר לראות איך העוּבָּר שָׂם אֶצבע בַּפֶּה.
בשבוע ה-20 יש שֵׂיער.
בשבוע ה-22 העוֹר* של העוּבָּר וָרוֹד.
בשבוע ה-24 יש ציפורניים*.
בשבוע ה-26 אֶפשר לראות גַּבּוֹת וריסים*.
בשבוע ה-40 מזל טוב, נולד תינוֹק...

*עוֹר — skin
*צִיפּוֹרְנַיִים — fingernails
*רִיסִים — eyelashes

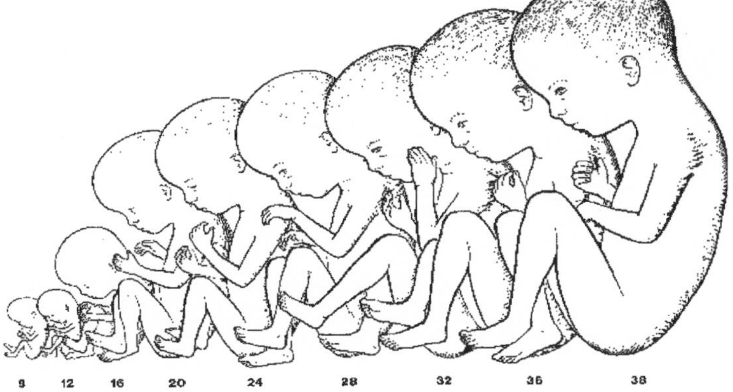

תרגיל א

סמנו את המילה שמתארת את גופכם: Circle the word that describes your body

הַגוּף שֶׁלִּי

1. יש לי רגליים **ארוכות** / **קצרות**.
2. יש לי ידיים **יפות** / **חזקות*** / **חלשות*** / **קטנות** / **גדולות**.
3. יש לי אצבָּעוֹת **קצרות** / **ארוכות**.
4. הכתֵפיים שלי **רחבות*** / **צרות***.
5. אני **אוהב(ת)** / **לא אוהב(ת)** את השֵׂיער שלי.

*חָזָק — strong
*חַלָּשׁ — weak
*רָחָב — broad, wide
*צַר — narrow

תרגיל ב

שיחה

ספרו על עצמכם:

1. את/ה ישן/ה על הגב, על הבטן או על הצד*?
2. את/ה כותב/ת ביד ימין* או ביד שמֹאל*?
3. את/ה אוהב/ת לנסוע או ללכת ברגל?
4. יש לך ידיים טובות?
5. את/ה אוכל/ת אֶת הציפורניים שלך?
6. קשה לך לשבת על הטוּסיק* הרבה זמן?

*צַד — side
*יָמִין — right
*שְׂמֹאל — left
*טוּסִיק — bottom (tush)

תרגיל ג

השלימו עם חלק הגוף המתאים:

אוזניים, בטן, עיניים, רגליים

עֲיֵיפִים

1. אני עֲיֵיפה. אני לא יכולה לעמוד על ה__________ שלי.
2. אני עֲיֵיפה. אני לא יכולה לקרוא כלום. אני לא יכולה לפתוח את ה__________ שלי.
3. אני עֲיֵיפה. כל היום הילדים צועקים. אני צריכה שקט ל__________ שלי.
4. אנחנו עֲיֵיפים. אכלנו כל כך הרבה. ה__________ שלנו מלאה*.

*מָלֵא — full

תרגיל ד

שבצו את שמות-התואר בקטע:

חום, גדולה, ירוקות, יָפֶה, חזקות, רחבות

ג'י אַיי ג'וֹ

ג'י איי ג'ו בחור יפה. יש לו גוף __________. יש לו שיער __________, ועֵיניים __________. הוא עושה הרבה ספורט, ויש לו רגליים __________. הכתפיים שלו __________. הוא נועל נעליים גדולות, כי יש לו כַּף-רגל __________.

תרגיל ה

In this Talmudic passage Rav Ammai explains a difficult verse from Proverbs that relates to studying. Rav Ammai believes that studying involves two body parts. Read and underline the body parts mentioned. How does each of them relate to the learning process?

מן התלמוד

"אָמַר רַב עַמַּאי: מַאי דְּכְתִיב [מַהוּ שֶׁנֶּאֱמַר]: 'כִּי נָעִים כִּי תִשְׁמְרֵם בְּבִטְנֶךָ, יִכֹּנוּ יַחַד עַל שְׂפָתֶיךָ' [פָּסוּק בְּסֵפֶר מִשְׁלֵי, כב, יח]? אֵימָתַי דִּבְרֵי תוֹרָה נְעִימִים? בִּזְמַן שֶׁתִּשְׁמְרֵם בְּבִטְנֶךָ. וְאֵימָתַי תִּשְׁמְרֵם בְּבִטְנֶךָ? בִּזְמַן שֶׁיִּכּוֹנוּ עַל שְׂפָתֶיךָ."

תלמוד בבלי, מסכת עירובין, דף נ"ד עמוד א'

מָארְק שָׁאגָאל (1887–1985)

הכנה לקריאה:

Before reading, discuss what you know about the artist Marc Chagall.

מארק שאגאל, הצַייר* היהודי המפורסם*, נולַד ברוסיה בשנַת 1887. לשאגאל היו חַיים מעַניינים. הוא למד ציור* ברוסיה ובצרפת והוא חי בגֶרמניה ובאַרצות הברית.

שאגאל צִייר אַספֶּקטים שונים של החיים היהודים בשטֶעטֶל, העיירה היהודית בגולה*. הוא אהב לצַייר בּצבעים חיים. בתמונות שלו אֶפשר לִראות בני משפחה, חברים ונופים* מהכפר של סבא שלו. יש הרבה פַנטַסיה וחלום בציורים האלה. שאגאל אמר שלציורים שלו יש מַשמָעות* גם יהודית וגם אוניבֶרסלית.

שאגאל ביקר בישראל שמונֶה פעמים, והרבה מיצירות האומנות* שלו שָם. למשל*, בבית החולים "הדסה עין כרם" בירושלים, אפשר מ-1962 לראות את חלונות שאגאל. יש שם שנים עשר חלונות, כל חלון מתאר* אחד משבטי-ישראל.

אחרי מותו של שאגאל, הבת שלו תרמה (נתנה במתנה) הרבה תמונות למוזיאון ישראל בירושלים.

*מְפוּרְסָם — famous
*צִיּוּר — painting
*גּוֹלָה — Diaspora
*נוֹפִים — views
*מַשְׁמָעוּת — meaning
*יְצִירוֹת אוֹמָנוּת — art works
*לְמָשָׁל — for example
*מְתָאֵר — describes

תרגיל א

Choose the correct answer according to the passage:

1. Chagall was born in **Russia** / **France** / **Germany**.
2. Chagall studied in **France** / **USA** / **Russia**.
3. Chagall painted only realistic paintings. **True / False**
4. Chagall had a strong connection to Israel. **True / False**
5. Chagall's stained-glass windows portray the 12 tribes of Israel. **True / False**

הָאַקְרוֹבָּט

בתמונה הזֹאת שאגאל צִייר אַקרוֹבָּט.
הידיים של האַקרוֹבָּט למטה. **הרגליים, הבטן** ו**הישבן** שלוֹ באוויר*. הוא כאילוּ נשען* על ה**מרפקים** שלו, והנעליים כמעט נוֹגעוֹת* **בראש** שלו.
מעניין לראוֹת את ה**פנים**. לאקרוֹבט יש **עיניים** גדולוֹת, **גבּוֹת** דקות **ואף** ישר כמו של אֵל יוָני*, ויש לו **אצבעות** ארוּכות ועדינות.
האקרובט לא מחייך*. הוּא סוגר את ה**פה** שלו. שאגאל צִייר אותו, כאילוּ הוּא מרחף* בין הירח והעננים*. לפי הציוּר אפשר לחשוב שקל **לגוּף** של האקרוֹבט לרחף בשמיים.

*בָּאֲוִויר — in the air
*נִשְׁעָן — leans
*נוֹגֵעַ — touch
*אֵל יְוָונִי — Greek god
*לְחַיֵּיךְ — to smile
*לְרַחֵף — to float
*עֲנָנִים — clouds

עַל צַד שְׂמֹאל

הכנה לקריאה:

1. האם את/ה או אנשים במשפחה שלך שמאליים?
2. האם יש לך שני צדדים חזקים*? מה את/ה עושה בכל צד?
3. האם יש בעיות תפקודיות (functional) לאנשים שמאליים?

*שְׁנֵי צְדָדִים חֲזָקִים — two strong sides

השמאליים* הם אנשים שהצד* הדומיננטי בגוף שלהם הוא צד שמאל. הרבה אנשים מפורסמים בהיסטוריה היו שמאליים: יוליוס קֵיסר, ליאונרדו דָה-וינצ׳י, לואיס קֶרול, פַּאבלו פיקָסו, הרי טרומן, מרילין מונרו, צ׳רלי צ׳פלין, פול מקרטני, בוב דילן, ג׳ימי הֶנדריקס, אַלברט אַיינשטין, ביל קְלינטון, ביל גֵייטס וגם בנימין נתניהו.
התנ״ך מדַבר על אָדָם שמאלי ״אִטֵר יַד יְמִינוֹ״ בְּסיפור על אהוּד בן גרא (שופטים ג). אהוּד לקח את החֶרֶב* שלו ביד שמאל והָרַג* איתָה את עֶגלון מֶלֶך מוֹאָב.

אומרים על השמאליים שהם אומנותיים, יְצִירָתִיים*, אינטלגֶנטים, ספוֹנטָניים ושיש להם אינטואיציה טובה. וגם אומרים עליהם דברים לא נְעימים כמו הביטוי* בעברית ״יש לו שתֵי ידיים שמאליות״.

רק 10% מהאנשים בעולם המודֶרני שמאליים. יש אנשים שחושבים שבעָבָר היו 30% ואולי 40% שמאליים בעולם. בעבר, אנשים חשבו שלהיות שמאלי זו מחלה וטיפלו בשמאליים כמו בחולים.
השמאליים אומרים שהעולם בָּנוּי* לימיניים. יש דברים רבים שלא נוח לשמאליים להשתַמש בָּהם, כמו פותחני-קוּפסאות*, מַצְלֵמוֹת*, מִסְפָּרַיִים*, גיטָרות וכו׳. היום יש חנויות מיוחדות לשמאליים. אפשר למצוא שם כְּלֵי עֲבוֹדָה*, עַכְבָּר למַחשבים, סַכִּינים וחוּלצות שאֶפשר לְכַפְתֵּר* בְּיַד שמאל.
אחד הדברים שנוח גם לימיניים וגם לשמאליים הוא ה״עוזי״ הישרָאלי.

(לפי מוסף ״הארץ״, ערב ראש השנה תש״ס, 10 בספטמבר 1999,
בעקבות ספר חדש ״שמאל talk״ של ירון כפתור.)

*שְׂמֹאלִי — left-handed
*צַד (צְדָדִים) — side(s)
*חֶרֶב — sword
*הָרַג — killed
*יְצִירָתִי — creative
*בִּיטוּי — expression
*בָּנוּי — built
*פּוֹתְחַן-קוּפְסָאוֹת — can opener
*מַצְלֵמָה — camera
*מִסְפָּרַיִם — scissors
*כְּלֵי עֲבוֹדָה — tools
*לְכַפְתֵּר — to button

תרגיל א

ענו על השאלות בהקשר של הטקסט: Answer the questions, based on the passage

1. האם את/ה מַכִּיר/ה* עוד אנשים מפורסמים שמאליים?
2. הטקסט מדבר על דברים שלא נוח לשמאליים להשתַמש* בהם (פותחן-קופסאות, גיטרה...). אילו עוד דברים לא נוחים לשמאליים?
3. מה למדת מן המאמר*?

*מַכִּיר(ה) — know
*לְהִשְׁתַּמֵּשׁ — to use
*מַאֲמָר — article

אֵהוּד בֶּן גֵּרָא

שופטים ג, יב-כג — Judges 3:12-23

יב וַיֹּסִפוּ בְּנֵי יִשְׂרָאֵל לַעֲשׂוֹת הָרַע בְּעֵינֵי ה'; וַיְחַזֵּק
ה' אֶת עֶגְלוֹן מֶלֶךְ מוֹאָב עַל יִשְׂרָאֵל, עַל כִּי עָשׂוּ אֶת
הָרַע בְּעֵינֵי ה'. **יג** וַיֶּאֱסֹף אֵלָיו, אֶת-בְּנֵי עַמּוֹן וַעֲמָלֵק;
וַיֵּלֶךְ, וַיַּךְ אֶת-יִשְׂרָאֵל, וַיִּירְשׁוּ אֶת-עִיר הַתְּמָרִים. **יד**
וַיַּעַבְדוּ בְנֵי יִשְׂרָאֵל אֶת עֶגְלוֹן מֶלֶךְ מוֹאָב שְׁמוֹנֶה
עֶשְׂרֵה שָׁנָה. **טו** וַיִּזְעֲקוּ בְנֵי יִשְׂרָאֵל אֶל ה' וַיָּקֶם ה'
לָהֶם מוֹשִׁיעַ אֶת אֵהוּד בֶּן גֵּרָא בֶּן הַיְמִינִי, אִישׁ אִטֵּר
יַד יְמִינוֹ; וַיִּשְׁלְחוּ בְנֵי יִשְׂרָאֵל בְּיָדוֹ מִנְחָה לְעֶגְלוֹן מֶלֶךְ
מוֹאָב. **טז** וַיַּעַשׂ לוֹ אֵהוּד חֶרֶב וְלָהּ שְׁנֵי פֵיוֹת--גֹּמֶד
אָרְכָּהּ; וַיַּחְגֹּר אוֹתָהּ מִתַּחַת לְמַדָּיו, עַל יֶרֶךְ יְמִינוֹ.
יז וַיַּקְרֵב אֶת הַמִּנְחָה לְעֶגְלוֹן מֶלֶךְ מוֹאָב; וְעֶגְלוֹן
אִישׁ בָּרִיא מְאֹד. **יח** וַיְהִי כַּאֲשֶׁר כִּלָּה לְהַקְרִיב אֶת
הַמִּנְחָה; וַיְשַׁלַּח אֶת הָעָם נֹשְׂאֵי הַמִּנְחָה. **יט** וְהוּא שָׁב
מִן הַפְּסִילִים אֲשֶׁר אֶת הַגִּלְגָּל, וַיֹּאמֶר, דְּבַר סֵתֶר לִי
אֵלֶיךָ הַמֶּלֶךְ; וַיֹּאמֶר הָס—וַיֵּצְאוּ מֵעָלָיו כָּל הָעֹמְדִים
עָלָיו. **כ** וְאֵהוּד בָּא אֵלָיו, וְהוּא יֹשֵׁב בַּעֲלִיַּת הַמְּקֵרָה
אֲשֶׁר לוֹ לְבַדּוֹ, וַיֹּאמֶר אֵהוּד, דְּבַר אֱלֹהִים לִי אֵלֶיךָ;
וַיָּקָם מֵעַל הַכִּסֵּא. **כא** וַיִּשְׁלַח אֵהוּד אֶת יַד שְׂמֹאלוֹ
וַיִּקַּח אֶת הַחֶרֶב מֵעַל יֶרֶךְ יְמִינוֹ; וַיִּתְקָעֶהָ בְּבִטְנוֹ.
כב וַיָּבֹא גַם הַנִּצָּב אַחַר הַלַּהַב וַיִּסְגֹּר הַחֵלֶב בְּעַד
הַלַּהַב—כִּי לֹא שָׁלַף הַחֶרֶב מִבִּטְנוֹ; וַיֵּצֵא הַפַּרְשְׁדֹנָה.
כג וַיֵּצֵא אֵהוּד הַמִּסְדְּרוֹנָה; וַיִּסְגֹּר דַּלְתוֹת הָעֲלִיָּה
בַּעֲדוֹ—וְנָעָל.

עיבוד לעברית מודרנית

12 בני ישראל המשיכו לעשות רע בעיני אלהים, ולכן ה׳
חיזק את עגלון מלך מואב נגד ישראל. **13** עגלון אסף[1]
את העמונים והעמלקים, היכה את ישראל וכבש את
עיר התמרים (יריחו?). **14** בני ישראל היו תחת שלטון[2]
מואב 18 שנה. **15** הם ביקשו מה׳ שיעזור להם, וה׳
שלח להם לעזרה את אהוד בן גרא משבט בנימין
שהיה שמאלי. בני ישראל שלחו איתו מתנה לעגלון
מלך מואב. **16** אהוד עשה לעצמו חרב[3] קצרה עם שני
פיות, וחגר אותה מתחת לבגדים שלו על ירך[4] ימין. **17**
אהוד נתן את המתנה לעגלון מלך מואב, שהיה איש
שמן מאוד. **18** אחרי שאהוד גמר לתת את המתנה,
הוא שלח את נושאי המתנה בחזרה. **19** אהוד בעצמו
חזר (מפסילים, על יד גלגל) ואמר למלך שיש לו סוד[5]
לספר לו. המלך אמר ״שקט״, וכולם יצאו משם. **20**
אהוד בא אל המלך, כשהמלך ישב לבדו בחדר קטן
על הגג. אהוד אמר למלך שיש לו מסר[6] מה׳ עבורו,
ואז המלך קם מהכיסא. **21** אהוד הושיט[7] את יד
שמאל לירך ימין, לקח את החרב ותקע[8] אותה בבטן
של עגלון. **22** גם הידית[9] וגם הלהב[10] של החרב נכנסו
לבטן של המלך, והשומן כיסה[11] את החרב, כי אהוד
לא הוציא[12] את החרב מבטנו של עגלון. **23** אחרי כן
אהוד יצא, סגר את הדלת והלך.

[1] אָסַף – gathered
[2] שִׁלְטוֹן – rule
[3] חֶרֶב – dagger, sword
[4] יֶרֶךְ – thigh
[5] סוֹד – secret
[6] מֶסֶר – message
[7] הוֹשִׁיט – extended
[8] תָּקַע – plunged
[9] יָדִית – handle
[10] לַהַב – blade
[11] כִּיסָּה – covered
[12] הוֹצִיא – took out

תרגיל

Answer in English:

1. Who was Eglon? ____________________
2. Who was Ehud? ____________________
3. How did Ehud gain access to the king? ____________________
4. How did he kill him? ____________________
5. Why do you think the text mentions that Ehud was left-handed? ____________________

____

הָעִיקָר הַבְּרִיאוּת

כּוֹאֵב לִי הַ...

כּוֹאֵב הַלֵּב

נכד: הַלוֹ, סַבְתָּא, מַה שְׁלוֹמֵךְ?

סבתא: לֹא טוֹב, חֲמוּדִי, לֹא טוֹב. **כּוֹאֵב* לִי כָּל הַגּוּף.**
הָרַגְלַיִים כּוֹאֲבוֹת לִי, וְקָשֶׁה לִי לָלֶכֶת.
יָד יָמִין כּוֹאֶבֶת לִי, וַאֲנִי לֹא יְכוֹלָה לֶאֱכוֹל כְּמוֹ שֶׁצָּרִיךְ.
יֵשׁ לִי גַּם קְצָת אַסְטְמָה וְקָשֶׁה לִי לִנְשׁוֹם*. וְהָעֵינַיִים
שֶׁלִּי כְּבָר לֹא מַה שֶּׁהָיוּ פַּעַם. לִקְרוֹא אֲנִי לֹא יְכוֹלָה, וְעַכְשָׁיו
גַּם קָשֶׁה לִי לִרְאוֹת טֶלֶוִויזְיָה.

נכד: אֲבָל אֵין לָךְ יוֹתֵר בְּעָיוֹת בַּלֵּב*, נָכוֹן?

סבתא: גַּם **הַלֵּב כּוֹאֵב לִי,** כִּי אַתָּה לֹא מְטַלְפֵּן, לֹא כּוֹתֵב וְלֹא בָּא לְבַקֵּר...

*כּוֹאֵב — hurts
*לִנְשׁוֹם — to breathe
*לֵב — heart

דִּקְדּוּק

כּוֹאֵב לִי *means "something causes me pain."*

As a verb, **כ.א.ב.** *has to agree with the gender and number of whatever it is that causes pain:*

- **הָרֹאשׁ כּוֹאֵב לִי. / כּוֹאֵב לִי הָרֹאשׁ.** — My head hurts.
- **הַיָּדַיִים כּוֹאֲבוֹת לִי. / כּוֹאֲבוֹת לִי הַיָּדַיִים.** — My hands hurt.

The verb **לִכְאוֹב** *can be conjugated in the past, present and future:*

- **הַשֵּׁן כָּאֲבָה לִי. / כָּאֲבָה לִי הַשֵּׁן.** — My tooth hurt/ached.
- **הַשֵּׁן כּוֹאֶבֶת לִי. / כּוֹאֶבֶת לִי הַשֵּׁן.** — My tooth hurts/aches.
- **הַשֵּׁן תִּכְאַב לִי. / תִּכְאַב לִי הַשֵּׁן.** — My tooth will hurt/ache.

It is always followed by **...לִי, לָךְ, לָנוּ**, *depending on the person talking:*

- **הָרֹאשׁ כּוֹאֵב לִי. / כּוֹאֵב לִי הָרֹאשׁ.** — My head hurts.
- **גַּם לָךְ כּוֹאֵב הָרֹאשׁ? / גַּם לָךְ הָרֹאשׁ כּוֹאֵב?** — Does your head hurt too?

<table>
<tr><th>הווה</th><th>עבר</th><th>עתיד</th></tr>
<tr><td>כּוֹאֵב</td><td>כָּאַב</td><td>יִכְאַב</td></tr>
<tr><td>כּוֹאֶבֶת</td><td>כָּאֲבָה</td><td>תִּכְאַב</td></tr>
<tr><td>כּוֹאֲבִים</td><td rowspan="2">כָּאֲבוּ</td><td rowspan="2">יִכְאֲבוּ</td></tr>
<tr><td>כּוֹאֲבוֹת</td></tr>
</table>

+

<table>
<tr><td rowspan="4">ל...
לי
לך
לך
לו
לה
לנו
לכם
לכן
להם
להן</td><td rowspan="4">ה</td><td>לֵב
גַּב
רֹאשׁ
גָּרוֹן
גּוּף... ♂</td></tr>
<tr><td>בֶּטֶן
עַיִן
יָד
רֶגֶל... ♀</td></tr>
<tr><td>שְׁרִירִים ♂♂</td></tr>
<tr><td>עֵינַיִים
יָדַיִים
רַגְלַיִים ♀♀</td></tr>
</table>

תרגיל א

השלימו עם כואב/כואבת/כואבים/כואבות Fill in with

אוֹי!

1. __כואב__ לך האַף?
2. אכלתי שוקולד ועכשיו __________ לי השֵן.
3. __________ להם הרַגליים, כי הם רצו חצי שעה.
4. כַּאֲשֶׁר יוֹרד גֶשֶׁם __________ לוֹ הגַב.
5. אוי, __________ לי הבֶּטֶן.
6. יש לך אַספירין? __________ לי הראש.
7. הגָרוֹן שלך אָדוֹם. הוא __________ לך?
8. הייתי הרבה זמן בַּשֶלֶג. עכשיו האֶצְבָּעוֹת בַּידיים __________ לי.
9. דוקטור: מה __________ לך?
   חולה: העַיִן __________ לי.

יֵשׁ לִי כְּאֵבִים בַּ...

תְּרוּפוֹת* סַבְתָּא

*תְּרוּפָה — medication

לִכְאֵבִים בַּבֶּטֶן –	פֶּטְרוֹזִילְיָה*
לִכְאֵבִים בָּעֵינַיִים –	מִיץ גֶּזֶר
לִכְאֵבִים בַּגַּב –	מָסָז'
לִכְאֵבִים בַּשִּׁינַּיִים –	מַיִם עִם מֶלַח
לִכְאֵבִים בַּשְּׁרִירִים* –	אַמְבַּטְיָה עִם חָלָב
לִכְאֵבִים בַּגָּרוֹן* –	תֵּה בִּדְבַשׁ
לְמַצַּב רוּחַ רַע* –	טֶלֶפוֹן לְסַבְתָּא

*פֶּטְרוֹזִילְיָה — parsley
*שְׁרִירִים — muscles
*גָּרוֹן — throat
*מַצַּב רוּחַ רַע — bad mood

תרגיל א
ספרו על "תרופות סבתא" במשפחה שלכם.

דִּקְדּוּק

כ.א.ב. *can also be used as a noun:* **כְּאֵב, כְּאֵבִים** *(pain/s, ache/s), in which case it does not have to be conjugated:*

- **יֵשׁ לִי כְּאֵב בָּרֶגֶל.** I have pain in my leg.
- **יֵשׁ לִי כְּאֵבִים בָּרֶגֶל.** I have pains in my leg.

The use of **כ.א.ב.** *as a verb or a noun is interchangeable:*

- **כּוֹאֶבֶת לִי הַבֶּטֶן. / יֵשׁ לִי כְּאֵב בַּבֶּטֶן.**
- **כּוֹאֵב לִי הַגַּב. / יֵשׁ לִי כְּאֵב בַּגַּב.**

כְּאֵב, כְּאֵבִים *can also be used as a construct form* (**סמיכות**):

כְּאֵב לֵב	**כְּאֵבֵי לֵב**
כְּאֵב רֹאשׁ	**כְּאֵבֵי רֹאשׁ**
כְּאֵב בֶּטֶן	**כְּאֵבֵי בֶּטֶן**
כְּאֵב גַּב	**כְּאֵבֵי גַּב**

תרגיל א

השלימו עם כּוֹאֵב, כְּאֵב, כְּאֵבִים :

אֵצֶל הָרוֹפֵא*

דוקטור צמח, כל המשפחה חולה. לדני יש כאבים___ חזקים ברגל, וכש כואבת___ לו הרגל הוא לא יכול ללכת לבית הספר. לרותי ________ העֵיניים.

העַין השמֹאלית ________ יותֵר מהעַין הימָנית, נכון רותי?

לי ________ הגַב. כל יום יש לי ________ גַב. גם הבטן ________ לי וגם הראש ________ לי. לבעלי יש ________ חזקים ביד השמֹאלית וכשהוא הולך הרבה ברגל, יש לו ________ בשרירֵי הרגליים. גם אחרי שהוא נח השרירים ________ לו. אתה יכול לעזור לנו דוקטור?

*אֶצֶל הָרוֹפֵא – at the doctor's

תרגיל ב

מצב

Complain to your Israeli summer camp counselor about the bad food and rough conditions, which made you quite ill. Use כואב לי, יש לי כאבים.

לִסְבּוֹל מִ...

בַּתּוֹר* לָרוֹפֵא

שָׁלוֹשׁ נָשִׁים יוֹשְׁבוֹת וּמְחַכּוֹת* בַּמִּשְׂרָד שֶׁל הָרוֹפֵא.
נִכְנָס* אִישׁ זָקֵן וְאוֹמֵר:

זקן: סְלִיחָה, אַתֶּן מְחַכּוֹת לָרוֹפֵא?
חולות: כֵּן.
זקן: אוּלַי אֲנִי יָכוֹל לִרְאוֹת אֶת הָרוֹפֵא רִאשׁוֹן?
חולה א׳: מָה פִּתְאוֹם, אֲדוֹנִי, אֲנַחְנוּ מְחַכּוֹת כְּבָר כִּמְעַט שָׁעָה.
זקן: כֵּן, אֲבָל אֲנִי מְאוֹד **סוֹבֵל*** **מִ**כְּאֵבִים בַּגָּרוֹן.
חולה א׳: גַּם אֲנִי **סוֹבֶלֶת מִ**כְּאֵב-גָּרוֹן וְיֵשׁ לִי חוֹם* וַאֲנִי לֹא יְכוֹלָה לְחַכּוֹת.
זקן: וְאַתְּ גְּבֶרֶת? אוּלַי אֶפְשָׁר לִרְאוֹת אֶת הָרוֹפֵא לְפָנַיִךְ*?
חולה ב׳: מִצְטַעֶרֶת, אֲנִי **סוֹבֶלֶת מִ**כְּאֵב-גַּב חָזָק. כָּל הַלַּיְלָה לֹא יָשַׁנְתִּי.
זקן: נוּ, **וּמִמָּה** אַתְּ **סוֹבֶלֶת**?
חולה ג׳: מִמֵּךְ*, אֲדוֹנִי. חַכֵּה בְּסַבְלָנוּת* בְּבַקָּשָׁה.

*תּוֹר — line, queue (also appointment)
*מְחַכּוֹת — wait
*נִכְנָס — enters
*סוֹבֵל — to suffer
*חוֹם — fever
*לְפָנַיִךְ — before you
*מִמֵּךְ — from you
*בְּסַבְלָנוּת — patiently

תרגיל א

ענו לפי הטקסט למעלה:

1. למי כואב הגרון? ____________
2. למי כואב הגב? ____________
3. למי יש כאב גרון וחום? ____________
4. למי אין סבלנות? ____________

תרגיל ב

השלימו עם הצורה הנכונה של הפועל לסבול:

1. – איך אַת מַרגישה? – לא טוב, אני ____________ מכאב חזק בגב.
2. סבא שלי הוּא איש זָקֵן וחוֹלֶה, הוא תָּמִיד ____________ מכאבים.
3. דוקטוֹר, אני ואִשתי ____________ מאד מכאבים בבֶּטֶן. מה לעשות?
4. דוֹרוֹן, תַּפסיק לצעוֹק, אי אֶפשר ____________ אוֹתךָ יוֹתֵר.

לְטַפֵּל בְּ...

הִיפּוֹכוֹנְדֶר א'

– תַּגִּיד, מִי הָרוֹפֵא שֶׁלְּךָ?
– ד״ר לֵוִי **מְטַפֵּל*** **בַּ**לֵּב שֶׁלִּי. ד״ר כֹּהֵן **מְטַפֵּל בַּ**מִּיגְרֶנוֹת שֶׁלִּי.
ד״ר כַּהֲנָא הוּא הָאוֹרְתּוֹפֵּד שֶׁלִּי. הוּא **מְטַפֵּל בַּ**כְּאֵבִים שֶׁיֵּשׁ לִי בַּיָּד.
ד״ר קָגָן הוּא הָרוֹפֵא אַף-אוֹזֶן-גָּרוֹן שֶׁלִּי. הוּא **מְטַפֵּל בַּ**סִּינוּסִים שֶׁלִּי.
ד״ר כָּץ **מְטַפֵּל בַּ**שִּׁינַּיִים שֶׁלִּי וְד״ר קַפְלָן **מְטַפֶּלֶת** לִי **בָּ**עֵינַיִים.
– וּמָה עִם פְּסִיכִיאָטֶר?
– אֵין לִי, אֲבָל זֶה רַעֲיוֹן* טוֹב...

*מְטַפֵּל (לְטַפֵּל) בְּ... — takes care of, treats

*רַעֲיוֹן — idea

תרגיל א

מה עושה כל רופא, לפי הדיאלוג למעלה?

Match the names of the physicians with their specialty, according to the dialogue above:

ד״ר לוי	רופא שיניים
ד״ר כהן	אורתופד
ד״ר כהנא	רופא לב
ד״ר קגן	רופאת עיניים
ד״ר כץ	רופא אף-אוזן-גרון
ד״ר קפלן	רופא כללי

תרגיל ב

השלימו עם הצורה הנכונה של הפועל לטפל:

בְּקוּפַּת חוֹלִים

1. מי __________ בָּךְ, אדוני? ד״ר כץ, כהן, קגן או קפלן?
2. אַל תדאַג, הרופאים __________ בבעיה שלךָ, אתה יכול ללכת הביתה.
3. – סליחה, אַת האחות ש__________ בבַעֲלִי? באיזה חדר הוא, בבקשה?
– לא, אני לא __________ בבעלֵךְ, אבל תשאֲלי את האח* שָׁם, אולי הוא __________ בּוֹ.

*אָח — male nurse

בִּי, בְּךָ...

דִּקְדּוּק

The preposition **ב** *is declined the following way:*

(in me) **בי** = **ב+אני**

(in you) **בך** = **ב+אתה**

בִּי, בְּךָ, בָּךְ, בּוֹ, בָּהּ, בָּנוּ, בָּכֶם, בָּכֶן, בָּהֶם, בָּהֶן

- ד״ר עוֹבַדְיָה מְטַפֶּלֶת **בִּי**. הִיא רוֹפְאָה מְצוּיֶּנֶת. אִם אַתָּה רוֹצֶה הִיא יְכוֹלָה לְטַפֵּל גַּם **בְּךָ**.
- מַה יֵּשׁ **בַּ**מִּרְפָּאָה? יֵשׁ **בָּהּ** שְׁנֵי רוֹפְאִים וּשְׁתֵּי אֲחָיוֹת.
- מַה יֵּשׁ **בַּ**כַּדּוּרִים הָאֵלֶּה? יֵשׁ **בָּהֶם** אַנְטִיבְּיוֹטִיקָה.

תרגיל א

השלימו עם ב, בי, בך...

א. רוֹפְאִים וְטִיפּוּלִים

1. **אבא שלי** הולך לדוקטור בנג׳מין. היא מְטַפלת ___בו___ הרבה שָׁנים.
2. **הילדים שלי** הולכים לָרופֵא היום. הוא מְטַפֵּל ________ במִרפאה בבית שלו.
3. ד״ר רובין היה רופא הילדים **שלי**. הוא טיפֵּל ________ עַד גיל 18.
4. **סבתא שלי** מַרגישה טוב. הרופאה שמטַפלת ________ אמרה שיש לה לֵב חָזָק!
5. הרופאים כָּאן מצוּיָנִיים. הם מְטַפְּלים ________חולים שלהם במְסירוּת*.

*בִּמְסִירוּת – with dedication

ב. בְּבֵית חוֹלִים

1. זה בית-חולים קטן. יש ________ 150 מיטות.
2. זאת מחלקת-הילדים. יש ________ 30 מיטות.
3. בקומה הזאת שוכבים חולי-הלב. יש ________ 10 רופאי-לב.
4. בחדרים האלה יש תינוקות שנולדו לפני הזמן. יש ________ 20 אינקוּבָּטורים.

לִבְדּוֹק אֶת...

הִיפּוֹכוֹנְדֶר ב'

– דוֹקְטוֹר, **בָּדַקְתָּ*** אֶת הַגָּרוֹן?
– **בָּדַקְתִּי**.
– **בָּדַקְתָּ** אֶת הָעֵינַיִים?
– **בָּדַקְתִּי**.
– **בָּדַקְתָּ** לִי אֶת לַחַץ הַדָּם*?
– **בָּדַקְתִּי**.
– וּמַה עִם כּוֹלֶסְטְרוֹל?
– **בָּדַקְתִּי** גַּם כּוֹלֶסְטְרוֹל.
– נוּ, וּמַה מָצָאתָ?
– שׁוּם דָּבָר. אַתָּה בָּרִיא כְּמוֹ שׁוֹר*.

*לִבְדּוֹק – to examine

*לַחַץ דָּם – blood pressure

*שׁוֹר – ox

תרגיל א

השלימו עם הצורה הנכונה של הפועל לבדוק:

תַּגִּיד "אָה..."

1. אני חושבת שיש לילד חום; צריך לָלכת לרופא ו__________ אותו.
2. ד"ר מיכָאל שוָורץ: "__________ את הכּוֹלֶסטרוֹל שלָך, ואַתְּ בְּרִיאָה לגמרי, גבֶרת שׁוֹר".
3. "רפי, הרופָאה __________ אותי היום ואמרה שאני בהֵרָיוֹן*".
4. – נו, מה יש לך?
   – אני עוד לא יודע, הם __________ עכשיו.

*בְּהֵרָיוֹן – pregnant

לָקַחַת, לָתֵת

הִיפּוֹכוֹנְדֶר גּ'

to take — לָקַחַת*

"בַּבּוֹקֶר אֲנִי **לוֹקֵחַ*** תְּרוּפָה לִכְאֵב רֹאשׁ.

בַּצָּהֳרַיִם אֲנִי **לוֹקֵחַ** תְּרוּפָה לִכְאֵב עֵינַיִם.

בָּעֶרֶב אֲנִי **לוֹקֵחַ** תְּרוּפָה לִכְאֵב בֶּטֶן.

וּפַעַם בְּשָׁבוּעַ אֲנִי **לוֹקֵחַ** וִיטָמִינִים לְחִיזוּק הַשְׁרִירִים.

אֲנִי רוֹצֶה **לָקַחַת** תְּרוּפוֹת גַּם לִכְאֵבֵי שִׁינַּיִם, אֲבָל הָרוֹפֵא

in the end — בַּסּוֹף*

לֹא רוֹצֶה **לָתֵת** לִי. הוּא אוֹמֵר שֶׁבַּסּוֹף* כָּל הַתְּרוּפוֹת

to kill — לַהֲרוֹג*

שֶׁאֲנִי **לוֹקֵחַ** יַהַרְגוּ* אוֹתִי".

דִּקְדּוּק

ל.ק.ח. is an irregular verb. In the future tense the first radical **ל** assimilates into the **ק**.

The dagesh in the **ק** indicates its assimilation (אֶלְקַח ← אֶקַּח).

In the infinitive the radical **ל** is also missing and the suffix **ת** is added (לָקַחַת).

עָתִיד	הֹוֶה	עָבָר
	ל.ק.ח. – לָקַחַת	
אֶקַּח	לוֹקֵחַ	לָקַחְתִּי
תִּקַּח	לוֹקַחַת	לָקַחְתָּ
תִּקְחִי	לוֹקְחִים	לָקַחְתְּ
יִקַּח	לוֹקְחוֹת	לָקַח
תִּקַּח		לָקְחָה
נִקַּח		לָקַחְנוּ
תִּקְחוּ		לְקַחְתֶּם
תִּקְחוּ		לְקַחְתֶּן
יִקְחוּ		לָקְחוּ

תַּרְגִיל א

הַשְׁלִימוּ עִם ל.ק.ח.:

שֶׁתִּהְיֶה בָּרִיא

1. כאשר אהיה זקן אהיה בריא. (אני) לא _____ יותר תרופות.

2. אם (אתה) _____ כל בוקר את התרופה, תהיה בריא בעוד שלושה ימים.

3. אנחנו לא _____ יותר תרופות קונבנציונליות, רק תרופות טבעיות.

4. בעתיד כולם יהיו בריאים ו_____ רק ויטמינים.

5. מחר הרופאה _____ אותי לבדיקות.

6. מתי אתן _____ את החולה לבית החולים?

נ.ת.נ. – לָתֵת		
עבר	**הווה**	**עתיד**
נָתַתִּי	נוֹתֵן	אֶתֵּן
נָתַתָּ	נוֹתֶנֶת	תִּתֵּן
נָתַתְּ	נוֹתְנִים	תִּתְּנִי
נָתַן	נוֹתְנוֹת	יִתֵּן
נָתְנָה		תִּתֵּן
נָתַנּוּ		נִתֵּן
נְתַתֶּם		תִּתְּנוּ
נְתַתֶּן		תִּתְּנוּ
נָתְנוּ		יִתְּנוּ

דִּקְדּוּק

***נ.ת.נ.** is an irregular verb, in which both the first and the second **נ** do not appear in certain forms. In the past tense, the second **נ** is assimilated into the suffix of the first and in the second person (**נָתַנְתִּי ← נָתַתִּי**). In future tense, the first **נ** of the verb is assimilated into the **ת** (**אֶנְתֵּן ← אֶתֵּן**) and compensated for by a* dagesh.

*Note that when the letter **נ** does not have a vowel, it is assimilated into the following letter.*

תרגיל ב

השלימו עם נ.ת.נ.:

תְּנוּ לָנוּחַ בְּבַקָּשָׁה

אתמול הרופא ________ לי עֵצה. הוא אמר שכדַאי ________ לגוף מנוחה. אם [אני] לא ________ לגוף שלי לנוח, לא אהיה בריאה. הרבה שנים לא ________ לגוף שלי מנוחה.

כשעבדתי, הבוס לא ________ לי לנוח. אבל גם כשחזרתי הביתה לא נחתי. הילדים לא ________ לי מנוחה, והכלב לא ________ לי מנוחה. עכשיו, כשאני מבוגרת, אני צריכה להתחיל ________ לגוף שלי מנוחה, אחרת...

"ה׳ נָתַן, וה׳ לָקָח, יְהִי שֵׁם ה׳ מְבוֹרָךְ."

איוב א, כא Job 1:21 **ובסידור, הלוויית המת**

סְמִיכוּת (חֲזָרָה)

במרפאת הילדים "השרון"

מחלקת* אף-אוזן-גרון
מחלקת לב וריאה
מחלקת בריאות הנפש*

שירות רפואי מעולה וטיפול מסור
לקבלת פרטים נא להתקשר לטל':
09-9567853

*מַחְלָקָה – ward, department

*בְּרִיאוּת הַנֶּפֶשׁ – mental health

	סמיכות	**סמיכות + שם תואר**	**סמיכות + ה' הידיעה + שם תואר**
♂	רוֹפֵא-יְלָדִים	רוֹפֵא-יְלָדִים טוֹב	רוֹפֵא-**הַ**יְלָדִים **הַ**טּוֹב
♀	רוֹפְאַת-יְלָדִים	רוֹפְאַת-יְלָדִים טוֹבָ**ה**	רוֹפְאַת-**הַ**יְלָדִים **הַ**טּוֹבָה
♂♂	רוֹפְאֵי-יְלָדִים	רוֹפְאֵי-יְלָדִים טוֹבִ**ים**	רוֹפְאֵי-**הַ**יְלָדִים **הַ**טּוֹבִים
♀♀	רוֹפְאוֹת-יְלָדִים	רוֹפְאוֹת-יְלָדִים טוֹב**וֹת**	רוֹפְאוֹת-**הַ**יְלָדִים **הַ**טּוֹבוֹת

תרגיל א
כתבו את הסמיכות:

1. רוֹפְאִים

1. אני רוצה להיות רופא שיניים. **(רופא/שיניים)**
2. דויד מושקוביץ ______. **(רופא/אף-אוזן-גרון)**
3. ד"ר אורן וד"ר קולין ______ מצויינים. **(רופאים/ילדים)**
4. במרפאה הזאת עובדות שתי ______. **(רופאות/שיניים)**
5. ד"ר רינה זהבי היא ______ חדשה. **(רופאה/לב)**
6. מתי ראית את ______ שלך? **(רופא/משפחה)**
7. בחיפה יש כמה ______ טובים. **(רופאים/עור)**

2. מַחֲלוֹת

1. דויד חולה. יש לו ______________. **(מחלה/לב)**
2. אריאלה לוקחת אנטיביוטיקה. יש לה ______________. **(דלקת/אוזניים)**
3. כרמית קיבלה טיפות עיניים. יש לה ______________. **(דלקת/עיניים)**
4. אריה סובל ממיגְרֶנות. כל הזמן יש לו ______________. **(כאבים/ראש)**
5. משה בבית חולים. יש לו ______________. **(סרטן/דם)**

3. תְרוּפוֹת וּבְדִיקוֹת

1. הוא לוקח שני ______________. **(כדורים/אספירין)**
2. הוא לוקח שתי ______________. **(כפות/סירופ)**
3. הוא שותה שתי ______________ טבעי. **(כוסות/מיץ)**
4. הוא עושה ______________. **(בדיקה/דם)**
5. הוא בודק ______________. **(לחץ/דם)**

תרגיל ב

הפכו את הסמיכות לסמיכות מיודעת:

1. בית חולים ______ בית החולים ______
2. לחץ דם ______________
3. דלקות אוזניים ______________
4. ניתוח לב ______________
5. רופא שיניים ______________
6. כאב בטן ______________
7. כף יד ______________
8. בדיקת דם ______________

בדיחה

שני זקנים יושבים על ספסל בגן ציבורי.
אתה יודע, אומר אחד מהם, כיף להיות סֶנִילִי.
למה? שואל השני.
כי כל יום פוגשים חברים חדשים...

תרגיל ג

הפכו את הסמיכות לרבים:

1. רופא לב ______ רופאי לב
2. רופאת שיניים ______
3. דלקת גרון ______
4. כאב גב ______
5. מחלת מין ______
6. כדור אספירין ______
7. ניתוח לב ______
8. בדיקת דם ______

תרגיל ד

תרגמו לעברית ושימו לב לסמיכות בכתב נטוי:

Translate into Hebrew. Note that the construct form is in italic.

1. Our *family doctor* checks us every year.

______

2. I told the *cardiologist* that I have pains in my chest.

______

3. I bought *aspirin pills* for my *headache*.

______

4. They did *blood tests* in the *hospital*.

______

5. My wife suffers from a *backache*.

______

תרגיל ה

מצב

Relate to a friend how you suffered from a variety of ailments and pains for many years until you started using alternative medicine.

בֵּית הַחוֹלִים הַר סִינַי בִּנְיוּ יוֹרְק

הכנה לקריאה:

בניו יורק יש בית-חולים בשם "הר סיני", בבוסטון יש בית-חולים בשם "בית ישראל". מדוע, לדעתכם, יש בתי-חולים יהודיים באמריקה?

לפני כ-130 שנה לחולים יהודיים בניו-יורק היתה בעיה. בניו-יורק היה רק בֵּית חולים עירוֹנִי* אחד וכמה בָּתֵּי חולים פְּרָטיים של נוֹצרים*. בתי-החולים האלה לא היו טובים ושָׂמוּ את החולים בהם כְּדֵי שלא ימוּתוּ בבית. שָׁם היוּ מתפללים* בשביל החולים ועל הקירות היו הרבה צְלָבִים*. חולים יהוּדיים לא רצוּ להיכָּנס לבתי החולים האלה ורופאים יהוּדיים לא עבדוּ שָׁם.

ב-1866 הקהילה היהוּדית בניו-יורק הֶחליטה להָקים* בֵּית חולים יהודי שבּוֹ יטַפּלוּ בְּחולים יהוּדים, ויעבדו בו גם רופאים יהוּדים. שמוֹ של בית החולים הוּא "בית החולים הר סינַי". בית החולים "הר סינַי" היה פתוח* לכולם. לא היו שָׁם צְלבים והאוכל היה כשר.

עִם השנים בֵּית החולים עָבַר* למקום אחר, והיום הוּא עומד בין רחובות 97 ו-101, ליד סֶנטרָאל-פָּארק.

*עִירוֹנִי — של העיר
*נוֹצְרִים — Christians
*מִתְפַּלְלִים — pray
*צְלָב — a cross
*הֶחְלִיטָה לְהָקִים — decided to establish
*פָּתוּחַ — open
*עָבַר — moved

(עיבוד מתוך "למשפחה", ניסן תשמ"ט)

תרגיל א

ענו על השאלות:

1. מה היתה הבעיה של חולים יהודיים בניו-יורק לפני כמאה ושלושים שנה?

___

___

___

2. מה היה מיוחד בבית החולים היהודי?

___

___

___

הַחַיִּים וְהַמָּוֶת בְּיַד הַלָּשׁוֹן...

א. בִּיטוּיִים עִם "לֵב"

Literal translation	Meaning	הביטוי
the heart aches	sorrow, commiseration	כּוֹאֵב הַלֵּב
courage of the heart	courage	אוֹמֶץ לֵב
put heart	pay attention	שִׂים לֵב
wide heart	generous	לֵב רָחָב
heart of stone	indifference, cruelty	לֵב מֵאֶבֶן
heart of gold	generous, kind, good	לֵב מִזָּהָב
a stone was lifted from my heart	I am relieved	יָרְדָה לִי אֶבֶן מֵהַלֵּב

תרגיל א

השלימו את המשפטים הבאים עם אחד מהביטויים בטבלה א למעלה (ביטויים עם "לב"):

1. היא אוהבת לעזור לכולם, יש לה ______________.
2. מסכֵּן, אשתו עזבה אותו. ______________ עליו.
3. אחרי ששמעתי שהבֵּן שלי בָּריא, ______________.
4. הוא גיבור, יש לו ______________.

ב. בִּיטוּיִים עִם חֶלְקֵי גוּף שׁוֹנִים

Literal translation	Meaning	הביטוי
to give headache	annoy, be a nuisance	(לַעֲשׂוֹת) כְּאֵב רֹאשׁ
big mouth	chatty, rude	פֶּה גָּדוֹל
on the face	things are looking bad	עַל הַפָּנִים
with 4 eyes	intimately / with scrutiny	בְּאַרְבַּע עֵינַיִים
to hold fingers	to wish well	לְהַחְזִיק אֶצְבָּעוֹת
to climb on one's nerves	to irritate	לַעֲלוֹת עַל הָעֲצַבִּים
stomach-back	lounge (as on a beach), be idle	בֶּטֶן-גַּב
to keep in the stomach	to keep things bottled inside	לִשְׁמוֹר בַּבֶּטֶן

תרגיל ב

השלימו את המשפטים הבאים עם אחד מהביטויים בטבלה ב (ביטויים עם חלקי גוף שונים):

1. הוא מדבר הרבה ולא יפֶה, יש לו ___________________.
2. הילד שלה כזה נודניק, הוא ___________________ לי ___________________.
3. עֵנָת, בואי רגע לחדר, אני רוצה לדבר איתָך ___________________.
4. – מה עשיתם כל היום? – כלום, ___________________.
5. – איך אתה מרגיש? – לא טוב. ___________________. כלום לא הולך לי.

הִפְעִיל, שְׁלֵמִים – הוֹוֶה

רְחוֹב סוּמְסוּם (א)

קיפי: אֵיךְ אַתָּה **מַרְגִּישׁ*** הַיּוֹם.
מוישה אופניק: לָמָּה אַתָּה שׁוֹאֵל?! אַתָּה יוֹדֵעַ שֶׁאֲנִי **מַרְגִּישׁ** רַע.
קיפי: לָמָּה? אֲנִי **מַרְגִּישׁ** כָּל כָּךְ טוֹב הַיּוֹם! תִּרְאֶה אֵיזֶה יוֹם יָפֶה!

*מַרְגִּישׁ — feel

רְחוֹב סוּמְסוּם (ב)

אָרִיק: בֶּנְץ... אַתָּה יָשֵׁן?
בֶּנְץ: כֵּן, אָרִיק... לָמָּה אַתָּה לֹא יָשֵׁן?
אריק: אֲנִי לֹא **מַרְגִּישׁ** טוֹב, אֲנִי לֹא **מַצְלִיחַ*** לִישׁוֹן.
בנץ: אֲנִי רוֹצֶה לִישׁוֹן. לָמָּה אַתָּה **מַדְלִיק** אֶת הָאוֹר?
אריק: אֲנִי לֹא יָכוֹל לִישׁוֹן, בֶּנְץ. אֲנִי רוֹצֶה **לְהַקְשִׁיב*** לְמוּזִיקָה.
בנץ: אָרִיק, תִּסְגּוֹר אֶת הָאוֹר! תִּסְגּוֹר אֶת הָרַדְיוֹ!
אריק: בְּסֵדֶר, בֶּנְץ.
בנץ: לַיְלָה טוֹב.
אריק: בֶּנְץ... הַחוֹשֶׁךְ **מַפְחִיד*** אוֹתִי...
בנץ: אָרִיק!!!

*מַצְלִיחַ — succeed
*מַדְלִיק — switch on
*לְהַקְשִׁיב — to listen
*מַפְחִיד — scares

בניין הפעיל – זמן הווה

מַרְגִּישׁ
מַרְגִּישָׁה
מַרְגִּישִׁים
מַרְגִּישׁוֹת

תרגיל א

1. השלימו בזמן הווה עם: מַרְגִּיש/מַרְגִּישָׁה/מַרְגִּישִׁים/מַרְגִּישׁוֹת

לְהַרְגִּישׁ — to feel

לַבְּרִיאוּת

1. — איך את מַרגישה? — אני ______________ טוב.
2. — דויד מַרגיש יותר טוב היום? — כן, הוא ______________ הרבה יותר טוב.
3. איך סבא וסבתא שלך ______________ בפלורידה?
4. למה אתן הולכות לרופא, אתן לא ______________ טוב?

2. השלימו בזמן הווה עם: מַדְלִיק/מַדְלִיקָה/מַדְלִיקִים/מַדְלִיקוֹת

לְהַדְלִיק — to switch on, ignite, light (*slang*: awesome)

מִשְׁפָּחָה מַדְלִיקָה

1. ראובנה לא ______________ סיגַריה, כי היא לא מעַשנת יותר.
2. אחותי בת שש. היא ______________ שבעה נרות על העוגה שלה.
3. בשעה תשע יש חדשות. אנחנו ______________ את הטלוויזיה בדיוק בתשע.
4. הילדים האלה "משוּגעים" על המַחשב. הם ______________ את המַחשב בבוקר ולא סוגרים אותו עד הלילה.

3. השלימו בזמן הווה עם: מַצְלִיחַ/מַצְלִיחָה/מַצְלִיחִים/מַצְלִיחוֹת

לְהַצְלִיחַ — to succeed

בְּהַצְלָחָה!

1. קרוליין ונעמי ______________ מאוד בלימודים. הן תלמידות מצוּיָינות.
2. הדסה רוצָה לקנות כַּרטיסים לקונצֶרט. היא שמֵחה כשהיא ______________ לקנות שלושה כרטיסים.
3. ג'וני לומד הרבה מתמטיקה, אבל הוא לא ______________ במקצוֹעַ הזה.
4. הרבה שַחקנים רוצים לעבוד בהוליווד, אבל רק מעט ______________.

4. השלימו בזמן הווה עם: מַקְשִׁיב/מַקְשִׁיבָה/מַקְשִׁיבִים/מַקְשִׁיבוֹת

לְהַקְשִׁיב — to listen

כּוּלָּנוּ אוֹזֶן

1. דני, יוסי, למה אתם לא ______________ למורה?
2. רחל ______________ לכל מילה שאוּרי אומר...
3. שחר ______________ למוּזיקה ספרדית.
4. התלמידים בכיתה לספרדית ______________ לקלטוֹת של שיחות ושירים.

הִפְעִיל, שְׁלֵמִים - עָבָר

וּמָה עַכְשָׁיו?

לִפְנֵי 15 שָׁנִים **הֶאֱמַנְתִּי*** שֶׁלֹּא טוֹב לֶאֱכוֹל בֵּיצִים.
לִפְנֵי 10 שָׁנִים **הֶאֱמַנְתִּי** שֶׁאָסוּר לִשְׁתּוֹת חָלָב.
לִפְנֵי 5 שָׁנִים **הֶאֱמַנְתִּי** שֶׁלֹּא כְּדַאי לֶאֱכוֹל בְּשַׂר בָּקָר.
הִפְסַקְתִּי* לֶאֱכוֹל בֵּיצִים, **הִפְסַקְתִּי** לִשְׁתּוֹת חָלָב
וְ**הִפְסַקְתִּי** לֶאֱכוֹל בְּשַׂר בָּקָר, כִּי **הִסְבִּירוּ*** לִי שֶׁכָּל
הַדְּבָרִים הָאֵלֶּה לֹא טוֹבִים לַבְּרִיאוּת. עַכְשָׁיו אֵין לִי
מַה לֶאֱכוֹל וַאֲנִי כְּבָר לֹא יוֹדַעַת לְמַה **לְהַאֲמִין**.

*הֶאֱמַנְתִּי — I believed

*הִפְסַקְתִּי — I stopped

*הִסְבִּירוּ — (they) explained

לְהַפְסִיק (to stop) is derived from the root **פ.ס.ק.**
Here are some other words from the same root:

הַפְסָקָה — break, recess
פָּסוּק — sentence, verse
פְּסִיק — comma
פִּסְקָה — paragraph
פֶּסֶק-זְמַן — time out
פְּסַק-דִּין — sentence, verdict
הַפְסָקַת-אֵשׁ — cease fire

בניין הפעיל – זמן עבר	
הִפְסַקְתִּי	הִפְסַקְנוּ
הִפְסַקְתָּ	הִפְסַקְתֶּם
הִפְסַקְתְּ	הִפְסַקְתֶּן
הִפְסִיק	הִפְסִיקוּ
הִפְסִיקָה	הִפְסִיקוּ

דִּקְדּוּק

In the past tense of Hif'il, *the letter* **י** *of* הִפְעִיל *appears only in the third person* (הִפְסִיק, הִפְסִיקָה, הִפְסִיקוּ).
In first and second person the **י** *is missing* (...**הִפְסַקְתִּי, הִפְסַקְתָּ**).

תרגיל א

השלימו את המשפטים בזמן עבר עם הפעלים:

1. בְּגְמִילָה

לְהַפְסִיק — to stop

1. קובי ___________ לאכול בשר בקר, הוא אוכל רק דגים.
2. אתם מעשנים סיגָריות? – לא, ___________ לעשן.
3. – את עֲדַיִין אוכלת את הציפורנַיים שלך? – לא, ___________ לאכול אותן.
4. – הם עֲדַיִין שותים הרבה בירה? – לא, הם ___________ לשתות.

2. הַתְחָלוֹת

לְהַתְחִיל — to start, begin

1. רחל ___________ לעשות התעמלות.
2. אנחנו ___________ ללמוד עברית.
3. הסטודנטים ___________ לקרוא סִפרוּת.
4. (אתה) ___________ את שיעוּרֵי הבית שלךָ?

3. הַכֹּל בָּרוּר?

לְהַסְבִּיר — to explain

1. הרופא ___________ לי שאני לא הולך למוּת...
2. המורים ___________ לתלמידים מה יהיה במבחן.
3. אבא של דפנה ___________ לה שהיא צריכה לְהַתחיל לעזור בבית.
4. אני ___________ לחברים שלי שהם לא יכולים לטַלְפֵן מאוּחר.

תרגיל ב

השלימו את הקטע בעבר עם הפעלים משמאל:

רוּסית שָׂפָה קָשָׁה

לְהַתְחִיל — to start
לְהַמְשִׁיךְ — to continue
לְהַסְבִּיר — to explain
לְהַקְשִׁיב — to listen
לְהַפְסִיק — to stop
לְהַצְלִיחַ — to succeed
לְהַחְזִיר — to return

ביום ראשון לקחתי את הספר "מלחמה ושלום" מֵהסִפרייה. ברוּסית! הספר היה ארוך וקשֶׁה. ביום שני (**ת.ח.ל.**) ___________ לקרוא את הספר. ביום שלישי (**מ.שׁ.כ.**) ___________ לקרוא. ביום רביעי הלכתי למורה והוא (**ס.ב.ר.**) ___________ לי כמה מילים קָשות בספר. (**אני, ק.שׁ.ב.**) ___________ למורה וחזרתי לקרוא את הספר. ביום חמישי קראתי כל היום ולא (**פ.ס.ק.**) ___________ לקרוא. ביום שישי (**צ.ל.ח.**) ___________ לְהָבין מַשהו בספר. אחרי חודש גמרתי לקרוא ו(**ח.ז.ר.**) ___________ את הספר לסִפרייה. זה היה ספר קשֶׁה. אני לא יודע אִם ספרוּת רוּסית ברוּסית זה בִּשְׁבִילִי...

תרגיל ג

השלימו בעבר עם הפעלים משמאל:

בְּעָיוֹת שֶׁל לוֹמְדִים

בנימין תלמיד חכם, אבל יש לו בְּעָיוֹת לְמידה.
בנימין פָּגש את המורָה שלו. הוא __________ למורָה את בעָיות הלמידה שלו. המורָה __________ לבנימין שהיא תעזור לו.
המורָה __________ לפגוש את בנימין אחרי השיעור ולראות אִם יש לו שאֵלות. בנימין בא לכל השיעורים, ו__________ אֶת השיעוּרים בטֵייפּ. בבית הוא __________ להַקלָטות ולָמד מֵהֶן. בְּסוף הקוּרס בנימין __________ יפֶה בבחינוֹת.

לְהַסְבִּיר — to explain
לְהַצְלִיחַ — to succeed
לְהַקְשִׁיב — to listen
לְהַבְטִיחַ — to promise
לְהַסְכִּים — to agree
לְהַקְלִיט — to record

תרגיל ד

כתבו מה עשה בנימין כדי להצליח בקוּרס, לפי הקטע למעלה (תרגיל ג).

____

____

____

תרגיל ה

השלימו את הטבלה בעבר בבניין הפעיל:

אני	אתה	את	הוא	היא	אנחנו	אתם	אתן	הם/הן
הִרְגַּשְׁתִּי								
	הִפְסַקְתָּ							
		הִצְלַחַתְּ						
			הֶאֱמִין					
				הִסְבִּירָה				
					הִדְלַקְנוּ			
						הִתְחַלְתֶּם		
							הִסְכַּמְתֶּן	
								הִזְמִינוּ

הִפְעִיל כְּבִנְיָין גּוֹרֵם (קוֹזָאטִיבִי)

הִפְעִיל *verbs are very often used as causative verbs:*

- אֲנִי **פּוֹחֵד** מֵהַכֶּלֶב הַגָּדוֹל. הַכֶּלֶב **מַפְחִיד** אוֹתִי.
- הָאָח שֶׁלִּי צוֹחֵק מֵהַכֶּלֶב הַגָּדוֹל. הַכֶּלֶב **מַצְחִיק** אוֹתוֹ.
- כַּאֲשֶׁר הַכֶּלֶב רוֹצֶה **לֶאֱכוֹל**, גַּם אֲנִי וְגַם אָחִי **מַאֲכִילִים** אוֹתוֹ.

תרגיל א

בחרו בפועל המתאים – פעיל או גורם (אקטיבי או קוזאטיבי):

1. **לִלְבּוֹשׁ / לְהַלְבִּישׁ**

הילדה __לובשת__ שִׂמלה קצרה.

אמא __מלבישה__ אותה לבית הספר.

2. **לַחְזוֹר / לְהַחְזִיר**

התלמידים ______ מבית הספר בשעה שלוש.

האוטובוס ______ אותם לבתים שלהם.

3. **לִשְׁמוֹעַ / לְהַשְׁמִיעַ**

אני ______ את הסימפוניה ברדיו.

הרדיו ______ את הסימפוניה של בטהובן.

4. **לִדְלוֹק / לְהַדְלִיק**

נרות השבת ______ על השולחן.

אנחנו ______ את הנרות לפני כניסת השבת.

5. **לֶאֱכוֹל / לְהַאֲכִיל**

הילדים הגדולים בגן ______ לבד.

המורות ______ את הילדים הקטנים בגן.

6. **לִצְחוֹק / לְהַצְחִיק**

אנחנו ______ מן הבדיחות שלו.

האיש סיפר בדיחות ו______ אותנו.

תרגיל ב

השלימו בבניין הפעיל. שימו לב שכל הפעלים בקטע הם גורמים (קוזאטיביים):

תִּינוֹק שָׂמֵחַ וּמְאוּשָּׁר

זה תינוק שמח. אמא שלו ___________________ **(א.כ.ל.)** אותו, האחות שלו ___________________ **(צ.ח.ק.)** אותו. סבתא שלו ___________________ **(ל.ב.ש.)** אותו, דודה שלו ___________________ **(ר.ק.ד.)** אותו. דוד שלו ___________________ **(שׁ.מ.ע.)** לו שירים שמחים, ואבא שלו יושב לידו בלילה, כאשר חלום רע ___________________ **(פ.ח.ד.)** אותו.

תרגיל ג

המשיכו את הסיפור הבא. השתמשו בפעלים:

לְהַזְמִין, לְהַרְקִיד, לְהַאֲכִיל, לְהַשְׁמִיעַ, לְהַצְחִיק, לְהַרְגִּישׁ, לְהַפְסִיק, לְהַתְחִיל, לְהַסְבִּיר

בשבוע שעבר עשיתי מסיבת יום הולדת.
____
____
____
____
____
____
____

הִפְעִיל, שְׁלֵמִים – עָתִיד

- אִם **אַרְגִּישׁ** טוֹב, אֵלֵךְ לַכִּיתָּה.
- אִם אֶהְיֶה בַּכִּיתָּה, **אַקְשִׁיב** לַשִּׁיעוּר.
- אִם אֶעֱשֶׂה כָּל זֹאת, **אַצְלִיחַ** בַּקּוּרְס.

בניין הפעיל – זמן עתיד	
אַקְשִׁיב	נַקְשִׁיב
תַּקְשִׁיב	תַּקְשִׁיבוּ
תַּקְשִׁיבִי	תַּקְשִׁיבוּ
יַקְשִׁיב	יַקְשִׁיבוּ
תַּקְשִׁיב	יַקְשִׁיבוּ

תרגיל א

הפכו את הקטע לעתיד: Change the passage to future

בַּמִּשְׂרָד

התחלתי לדבר בטלפון, והפסקתי כאשר הבוס שלי בא.
הזמנתי חבר למשרד שלי, הקשבנו ביחד למוזיקה.
הבוס הסביר לי שאני צריך להפסיק את כל זה.
החלטתי להיות עובד טוב והתחלתי לעבוד קשה.

לְהַתְחִיל — to start
לְהַפְסִיק — to stop
לְהַזְמִין — to invite
לְהַקְשִׁיב — to listen
לְהַסְבִּיר — to explain
לְהַחְלִיט — to decide

תרגיל ב

השלימו את הטבלה בבניין הפעיל בזמן עתיד:

אני	אתה	את	הוא	היא	אנחנו	אתם/אתן	הם/הן
אַרְגִּישׁ							
	תַּלְבִּישׁ						
		תַּחְלִיטִי					
			יַתְחִיל				
				תַּזְמִין			
					נַדְלִיק		
						תַּפְסִיקוּ	
							יַצְלִיחוּ

תרגיל ג

כתבו את הפעלים בכל הזמנים:

מְכוֹנִית חֲדָשָׁה אוֹ יְשָׁנָה?

	עבר	הווה	עתיד	
1. אני	הֶחְלַטְתִּי	______	______	לקנות מכונית.
2. זה ממש	______	מַפְחִיד	______	אותי.
3. סוכן אחד	הִסְבִּיר	______	______	לי שכדאי לקנות אוטו חדש.
4. החברים שלי לא	______	______	יַאֲמִינוּ	שהוא יעזור לי.
5. הם	______	מַבְטִיחִים	______	למצוא מכונית ישנה וטובה.

תרגיל ד

טבלה: פעל, פיעל, הפעיל

כתבו את הבניין, הזמן והגוף של הפעלים:

		בניין	זמן	גוף
.1	אָכַלְנוּ	פעל	עבר	אנחנו
.2	הִבְטַחְנוּ	______	______	______
.3	שִׁילְּמוּ	______	______	______
.4	מַרְגִישָׁה	______	______	______
.5	מְקַבֶּלֶת	______	______	______
.6	לוֹבֶשֶׁת	______	______	______
.7	יְשַׁלַּח	______	______	______
.8	תְּנַגֵּן	______	______	______
.9	תַּפְסִיק	______	______	______
.10	מַאֲכִיל	______	______	______
.11	הִסְבִּיר	______	______	______
.12	פָּגַשׁ	______	______	______

Review and Enrichment סִיכּוּם וְהַעֲשָׁרָה

שמואל יוסף (ש״י) עגנון

Shmuel Yosef Agnon was a Jewish Israeli writer (1888–1970) who wrote about the psychological and philosophical repercussions of the great historical changes which took place during his lifetime, especially the disintegration of Jewish traditional ways of life, the loss of faith, and the loss of Jewish identity. Agnon received the Nobel prize for literature in 1966.

הַנְּשִׁיקָה הָרִאשׁוֹנָה*

שמואל יוסף עגנון

ערב שבת היה. אבא לא היה בעיר ואני שמרתי על החנות לבד.
בסוף היום עמדתי לנעוֹל* את החנוּת וללכת לבית התפילה. באוּ
שלוֹשה כְּמָרִים* בבגדים שחורים וסנדלים ברגליהם ואמרוּ לי,
מבקשים אנחנוּ לדבר איתךָ. חשבתי בְּלִבִּי, מה רוצים אלה ממני?
חִיְּכוּ* ואמרו, לא נִקַּח הרבה מזמנךָ. נעלתי את החנות והלכתי
אִתם לביתי.

ישבנוּ בחדר הגדול מסביב לשוּלחן השַּׁבָּת. התחילוּ הם מדברים
ואני שוֹתֵק*. באה אמא עם אוכל של שבת ואני שַׂמְתִּי לפניהם יין.
אכלוּ, שתוּ ודִברוּ ואחר כך עמדוּ ויצאוּ מן הבית. הלכתי אִתם.
פתאום דָּחַף* אותי אחד מהם. נִדְהַמְתִּי*. אחר כל הכבוֹד שעשיתי
להם, כך הם עושים?

נשאַרתי* עומד. לא חזרתי לביתי ולא הלכתי לבית התפילה.
באוּ שני כמרים צעירים ושאלוּ אותי, לאן הלכוּ האבות*? חשבתי,
לאנשים שכאלה קוראים אבות?

נֶעֱלַם* אחד מהכמרים הצעירים ונשאַר רק אחד. הסתכלתי עָלָיו
וראיתי שצָעיר הוּא, קטן כנַעַר*, עם עיניים שחורות ומתוּקות
ופנים חלקים. דומֶה היה לבחור מבחוּרי ישראל.

שׂמתי את ידי על הכתף שלו ואמרתי לו, שְׁמַע אחי, יהוּדי אתה?
ראיתי שנתרגשוּ* כתֵפיו, שנתרגשוּ עיניו וראיתי שהוֹריד* את
ראשו על לבו וראיתי שנתרגש לבוֹ.

חזרתי ואמרתי, וכי לא יהוּדי אתה?

הֵרים* ראשו מעל לבוֹ ואמר, יהוּדי אני.

*הַנְּשִׁיקָה הָרִאשׁוֹנָה – the first kiss
*לִנְעוֹל – lock
*כְּמָרִים – priests
*חִיְּכוּ – they smiled
*שׁוֹתֵק – silent
*דָּחַף – pushed
*נִדְהַמְתִּי – I was shocked
*נִשְׁאַרְתִּי – remained
*אָבוֹת – (church) fathers
*נֶעֱלַם – vanished
*נַעַר – youth
*נִתְרַגְּשׁוּ – trembled, shook
*הוֹרִיד – put down
*הֵרִים – lifted

אמרתי לו, אם יהודי אתה, מה אתה עושה אֶצְלָם*?
הוריד את ראשו על לבו ושָתַק.
אמרתי לו, מי אתה ומאיזה מקום אתה?
עמד ושתק.
קֵרַבְתִּי* את הפה שלי לפה שלו כאי/ו יכול היה פי לשמוע.
הִגְבִּיהַּ את ראשו וראיתי שלבו היה רוֹעֵד*. התחיל גם לבי רוֹעֵד.
הסתַכל בי בעֵינָיו השחורות והמתוקות בחן*, באמונה, בחסד ובצַעַר*. אמרתי לו: כל כך קשֶה לךָ לומַר לי מאיזה מקום אתה?
אמר לי את שם העיר שלו בשקט.
אמרתי לו, אם שמעתי יפֶה, מעיר ליקובץ אתה. אם מעיר ליקובץ אתה, מכיר אתה את הצדיק מליקובץ? שנה אחת בראש השנה התפללתי בבית המדרש שלו.
התחיל לבכות.
אמרתי לו, למה אתה בוכה?
מילאו הדמעות* את עיניו.
אמר לי בבכי, בִּתּוֹ אני, בִּתּוֹ הצעירה.
התרַגש לִבִּי ודָבַק* פי בפיה ופיה דבק בפי ונעימות באה מפיה לפי ואולי גם מפי לפיה. לפעולה זו קוראים בלשון הקדש נשיקַת פה, ובוודאי גם בשאר הלשונות. נשיקה זו נשיקה ראשונה היתה שנשקתי אני לנערה. וגם נשיקתה נשיקה ראשונה היתה, נשיקת בתולים* שאין עִמָּהּ כְּאֵב, רק טובה וברכה וחיים וחן וחסד, שאיש ואשה חיים בהם עד זקנה.

*אֶצְלָם – with them
*קֵרַבְתִּי – drew near
*רוֹעֵד – tremble
*חֵן – charm, beauty
*צַעַר – sorrow
*דְּמָעוֹת – tears
*דָּבַק – cleaved
*בְּתוּלִים – virginity

מעובד מ: 50 **ישראלים קצרצרים**, בעריכת חנן חבר, משה רון

תרגיל א

ענו באנגלית:

1. The story "הנשיקה הראשונה" takes place (check as many as are appropriate):
   - ☐ during Shabbat prayers.
   - ☐ in the narrator's house.
   - ☐ on the eve of Shabbat.
   - ☐ in church.
   - ☐ in the street.
   - ☐ in the synagogue.
   - ☐ in the store.

2. Who met the narrator after the three "fathers" left?

____

____

3. Who is the young person at the end of the story?

תרגיל ב
ענו בעברית:

1. למי עגנון קורא ״אבות״ ולמה?

2. מהם חלקֵי הגוף שמזכיר עגנון ומה המשמעות* שלהם בסיפור?

*מַשְׁמָעוּת — meaning

3. למה שני הצעירים מתרגשים ורועדים?

4. מה לא ברור* בסיפור?

*בָּרוּר — clear

הַחֵטְא כְּמַחֲלָה

(ע״פ הרב יוסף דוב סולובייצ׳יק)

החטא* הוּא לא דבר טבעי.
אדם בריא, שחי חיים נוֹרמליים,
לא חוטא*.
חטא הוּא מין מחלה רוחנית*.
...
אם חטא הוּא מחלה,
צריך להרגיש אותו, הוּא צריך לכאוב.
...
הרבה פעמים כואב לנוּ משהוּ,
אבל אנחנוּ אומרים, לא נלך לרופא היום.
נלך אליו מחר, או בעוד חודש.
אוּלי הכאבים האלה לא אמיתיים,
אוּלי הם יעברוּ*.

ככה אנחנוּ עושים גם עם הייסורים* של הרוּח,
הייסוּרים שאומרים לנוּ – חטאתם!

*חֵטְא – sin
*חוֹטֵא – sinner
*מַחֲלָה רוּחָנִית – spiritual (mental) illness
*יַעַבְרוּ – will pass, go away
*יִיסּוּרִים – suffering

תרגיל א

סמנו נכון / לא נכון

1. חטא הוּא דבר נורמלי. **נכון / לא נכון**
2. כאשר חוטאים הנפש כואבת. **נכון / לא נכון**

תרגיל ב

הרב סולובייצ׳יק אומר שהרבה פעמים אנחנוּ לא רוצים לטַפל בכאבי הגוף ובכאבי הנפש.
האם את/ה מַסכים/ה?

Rabbi Joseph B. Soloveitchik (1903–1993)
An American rabbi and thinker, one of the most prominent religious authorities in modern Jewish history and culture. His ethical writings were inspired not only by the letter of the Jewish law (*Halakhah*), but also by the vision and nature of the religious experience.

רְפוּאָה* בְּעִבְרִית

*רְפוּאָה — medicine

בימי הביניים* הרבה יהודים עסקו ברפואה. הם לימדו רפואה באוניברסיטאות וכתבו ספרי רפואה בעברית. לדוגמה, אסף הרופא היה רופא יהודי שחי במאה השישית. הוא כתב את "ספר הרפואות" – ספר הרפואה העברי הראשון. רופא מפורסם אחֵר היה הרמב"ם, רבי משה בן מַיימון, שנולד בספרד וחי בקָהיר בשנים 1204-1135.

*יְמֵי הַבֵּינַיִים — the Middle Ages

בית החולים "אסף הרופא" בתל-אביב ובית החולים רמב"ם בחיפה נקראים על שם* שני הרופאים האלה.

*נִקְרָאִים עַל שֵׁם — named after

תרגיל א

The following quote is from the sixth century C.E. medical book **"ספר הרפואות"** believed to have been written by **אסף הרופא**. It lists the attributes of various organs. Identify the organs and the characteristics that the text associates with them.

"ואודיעך כי מקום הבינה בלב, ומקום החוכמה במוח הראש. מקום המחשבה והדאגה והעורמה והענווה בכליות". **כתב יד פלורנץ**

The illustration at right is from a much later Jewish book on medicine, the *Ma'aseh Tuviyyah* by Tobias Cohn (1652–1729), published in Venice in 1707. Cohn was a traveling physician who wrote this work in Adrianople, where he was physician to five successive sultans. In this picture, Cohn compares the human body to a house in the function of its parts and organs.

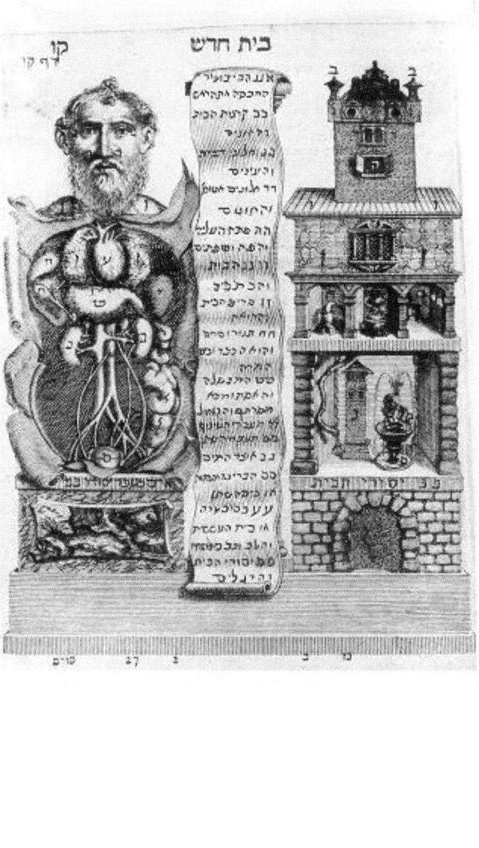

שְׁאֵלוֹן בְּרִיאוּת

You visit your new doctor for the first time. Please fill out the following questionnaire.

פרטים אישיים

שם פרטי: ____________ שם משפחה: ____________

כתובת: רחוב ____________ מספר ____________

עיר: ____________ מיקוד: ____________ טלפון: ____________

תאריך לידה: יום ____________ חודש ____________ שנה ____________

מקום הלידה: ____________

היסטוריה רפואית

את/ה לוקח/ת תרופות? כן/לא איזה? ____________

היית פעם בבית חולים? כן/לא למה? ____________

היה לך ניתוח? כן/לא איזה? ____________

מתי? ____________

יש במשפחה בעיות לב? כן/לא

יש במשפחה סכרת? כן/לא

יש במשפחה לחץ דם גבוה? כן/לא

את/ה רגיש/ה לתרופות? כן/לא איזה? ____________

את/ה עושה ספורט? כן/לא כמה? ____________

סיבת הביקור:

____

____

____

תרגילי תרגום

תרגמו את המשפטים לעברית:

א. כְּאֵבִים

1. When my eyes hurt I go to the ophthalmologist (eye doctor).

2. He suffers from an ear infection.

3. My body hurts and I have a fever.

4. I have problems with my teeth. I have to find a good dentist.

ב. טִיפּוּלִים

1. The nurse dressed the patients.

2. She is sick, but she does not agree to take the medications.

3. The treatment succeeded.

4. The doctor decided not to give me pills.

ג. סֵבֶל

1. Varda started studying alternative medicine.

2. When she doesn't feel well she takes vitamins.

3. She has a heart of gold.

4. Varda wants to take care of cancer patients.

תרגילי סמיכות

זהו את הסמיכויות בקטע הבא וסמנו אותן בקו.

Underline each construct phrase *(semikhut)* in the following passage.

גְלִידוֹת

רופאי משפחה רבים חושבים שגלידות לא טובות לבריאות, במיוחד לילדים. למשל, בגלידות שוקולד יש הרבה קפאין וסוכר ובגלידות חלב יש הרבה שומן. רק גלידות פירות טובות לבריאות, אבל גם מהגלידות האלה לא כדאי לאכול הרבה, כי יש בהן הרבה סוכר. גלידות דיאטתיות הן תחליף פופולרי וטעים לגלידות עשירות בקלוריות, אבל גם הן לא בריאות כי יש בהן סכרין וצבעי מאכל לא טבעיים.

מצב

כתיבה/דיבור

You want to convince your friend to go out with someone you know. Call your friend and describe the person to him/her.

אוֹצַר מִילִּים יְחִידָה 9

Head	**רֹאשׁ ז׳**
face	פָּנִים ז״ר
eye/s	עַיִן / עֵינַיִים נ׳
nose	אַף ז׳
mouth	פֶּה ז׳
tongue	לָשׁוֹן נ׳
lip/s	שָׂפָה / שְׂפָתַיִים נ׳
ear/s	אוֹזֶן / אוֹזְנַיִים נ׳
tooth/teeth	שֵׁן / שִׁינַּיִים נ׳
hair	שֵׂיעָר ז׳, שְׂעָרוֹת ז״ר
eye lashes	רִיסִים ז״ר
eyebrows	גַּבּוֹת נ״ר
neck	צַוָּואר ז׳

Body	**גּוּף ז׳**
hand/s	יָד / יָדַיִים נ׳
foot/feet	רֶגֶל / רַגְלַיִים נ׳
shoulder/s	כָּתֵף / כְּתֵפַיִים נ׳
stomach, belly	בֶּטֶן נ׳
back	גַּב ז׳
knee/s	בֶּרֶךְ / בִּרְכַּיִים נ׳
elbow/s	מַרְפֵּק / מַרְפְּקִים ז׳
chest	חָזֶה ז׳
breast/s	שַׁד /שָׁדַיִים ז׳
(palm of the) hand	כַּף יָד נ׳
(palm of the) foot	כַּף רֶגֶל נ׳
buttocks	יַשְׁבָן ז׳
finger/s	אֶצְבַּע / אֶצְבָּעוֹת נ׳
fingernail/s	צִיפּוֹרֶן / צִיפּוֹרְנַיִים נ׳
moustache	שָׂפָם ז׳
beard	זָקָן ז׳

Internal organs	**אֵיבָרִים פְּנִימִיִּים**
muscles	שְׁרִיר / שְׁרִירִים ז׳
throat	גָּרוֹן ז׳
heart	לֵב ז׳
stomach	קֵיבָה נ׳
blood	דָּם ז׳

Health	**בְּרִיאוּת**
doctor, physician	רוֹפֵא / רוֹפְאָה
patient (sick person)	חוֹלֶה / חוֹלָה
hospital	בֵּית חוֹלִים ז׳
nurse	אָח / אָחוֹת
infirmary	מִרְפָּאָה נ׳
medicine (the profession)	רְפוּאָה נ׳
medication	תְּרוּפָה נ׳
pill	כַּדּוּר ז׳
treatment	טִיפּוּל ז׳
fever	חוֹם ז׳

Illnesses	**מַחֲלוֹת**
illness	מַחֲלָה נ׳
(high) blood pressure	לַחַץ דָּם ז׳
operation	נִיתּוּחַ ז׳
diabetes	סַכֶּרֶת נ׳
headache	כְּאֵב רֹאשׁ ז׳
cancer	סַרְטָן ז׳
infection	דַּלֶּקֶת נ׳

Physicians	**רוֹפְאִים**
ears-nose-throat doctor	רוֹפֵא/רוֹפְאַת אַף-אוֹזֶן-גָּרוֹן
dentist	רוֹפֵא/רוֹפְאַת שִׁינַּיִים
cardiologist	רוֹפֵא/רוֹפְאַת לֵב
general practitioner	רוֹפֵא כְּלָלִי

Verbs	**פְּעָלִים**
to hurt	לִכְאוֹב
check, examine	לִבְדּוֹק
suffer from	לִסְבּוֹל מִ...
treat someone, take care of	לְטַפֵּל בְּ...

Hif'il	**הִפְעִיל**
to feel	לְהַרְגִּישׁ
to order, invite	לְהַזְמִין
to begin, start	לְהַתְחִיל
to succeed in	לְהַצְלִיחַ בְּ...
to feed	לְהַאֲכִיל
to dress someone	לְהַלְבִּישׁ
to stop, quit, cease	לְהַפְסִיק
to agree with	לְהַסְכִּים עִם...
to explain	לְהַסְבִּיר
to decide	לְהַחְלִיט
to promise	לְהַבְטִיחַ לְ...
to listen to	לְהַקְשִׁיב לְ...
to record	לְהַקְלִיט
to light	לְהַדְלִיק
to scare someone	לְהַפְחִיד
to believe	לְהַאֲמִין לְ.../ בְּ...
to make someone laugh	לְהַצְחִיק
to return, bring back	לְהַחְזִיר

orthopedist	רוֹפֵא אוֹרְתוֹפֵּד
pediatrician	רוֹפֵא/רוֹפְאַת יְלָדִים
gynecologist	רוֹפֵא/רוֹפְאַת נָשִׁים
dermatologist	רוֹפֵא/רוֹפְאַת עוֹר
ophthalmologist	רוֹפֵא/רוֹפְאַת עֵינַיִים

Words and phrases	**מִילִּים וְצֵרוּפִים**
brown eyes	עֵינַיִים חוּמוֹת
long hair	שֵׂיעָר אָרוֹךְ
blood test	בְּדִיקַת דָּם
hurts me . . .	כּוֹאֵב לִי הַ...
I have pains in the . . .	יֵשׁ לִי כְּאֵבִים בַּ...
I have a fever	יֵשׁ לִי חוֹם
right	יָמִין ז׳
left	שְׂמֹאל ז׳
side/s	צַד / צְדָדִים ז׳

Adjectives	**תְּאָרִים**
healthy	בָּרִיא / בְּרִיאָה
strong	חָזָק / חֲזָקָה
weak	חַלָּשׁ / חַלָּשָׁה
straight, smooth	חָלָק / חֲלָקָה
curly	מְתוּלְתָּל / מְתוּלְתֶּלֶת
wavy	גַּלִּי / גַּלִּית
broad, wide	רָחָב / רְחָבָה
narrow	צַר / צָרָה
sick	חוֹלֶה / חוֹלָה
sensitive, allergic	רָגִישׁ / רְגִישָׁה

UNIT 10 יְחִידָה

אֲנָשִׁים וּמְקוֹמוֹת
People and Places

Unit 10 יְחִידָה

תּוֹכֶן הָעִנְיָינִים

Unit 10 יְחִידָה

אֲנָשִׁים וּמְקוֹמוֹת

Goals

Context/Content

People and places in the immediate surrounding

Professions

Communication/Function

Name different professions

Give simple descriptions about people and places in the present and past tense

Compare people, places

Structure/Grammar

When (**מתי, כאשר**)

Patterns of names of professions (**פעל, פעלן, ◌אי**)

Verbs: **בניין התפעל** (**עבר, הווה, עתיד**)

The verb **היה** in possessive sentences (**היה/יהיה לי כלב**)

Different uses of the verb "to be" (**להיות**)

The preposition **מ: ... ממני, ממך**

More than, less than, the most: **יותר מ..., פחות מ..., הכי**

Similar, different, like : **דומה ל..., שונה מ..., כמו**

Want you to ... **רוצה ש**

Culture

Kibbutz and *moshav*

Advertisements: want ads, personal ads (**מודעות**)

Places of interest: **קיבוץ תמוז**

Biographies: **רש"י**

Song: **"הילדה הכי יפה בגן"** by Yehonatan Geffen

Poems by: Yona Wallach

A talmudic midrash: **"אחיות"**

A scene from the play "I Like Mike" by Aharon Megged

Excerpt from the movie script: **"הבחור של שולי"** by Dorit Rabinian

מִקְצוֹעוֹת

ירון פלג
נולד בקיבוץ אוּשָׁה, 1959.
היה חייל בין השנים 1982-1979.
עבד כחקלאי* ומדריך בקיבוץ.
עזב את הקיבוץ ב-1983.

בַּקִּיבּוּץ שֶׁלִּי

ירון מספר:

גדלתי בקיבוץ והתחלתי לעבוד כבר מגיל בר מצווה. כל הילדים בקיבוץ עובדים, וככה הם לומדים איפה כדאי להם לעבוד בקיבוץ.

החברים בקיבוץ עובדים כל פעם בעבודה אחרת. גם אנשים שלמדו מִקצוֹע*, כמו **מוֹרֶה** או **מְכוֹנַאי***, עושים לפעמים סֶבֶב (רוֹטַציה) ועובדים במִטבח, במשרד וכו'*. בקיבוץ יש **סַדְרָן** או **סַדְרָנִית** עבודה. הם מסַדרים את סידור העבודה בקיבוץ ואומרים לחברים איפה לעבוד. בקיבוץ אֶפשר להיות שבוע אחד **נֶהָג** ובשבוע אחר **טַבָּח***. יש גם קיבוצניקים שהם **פּוֹלִיטִיקָאִים**. בקיבוץ שלי היה **פּוֹליטיקאי** אחד, שהיה **חֲבֵר כנסת**.

בהרבה קיבוצים יש גם **סְפּוֹרְטָאִים**, **אָמָּנִים***, **מוּזִיקָאִים**, **שַׂחְקָנִים** ו**רַקְדָנִים**. בקיבוץ יש להם מקום וזמן להתאמן*. בחגים, ובשבתות הם מנַגנים, שרים, רוקדים ועושים שָׂמֵחַ.

כאשר גרתי בקיבוץ עבדתי בהרבה עבודות, אבל לא ידעתי מה אני רוצה לעשות כְּשֶׁאֶגדַל. עזבתי את הקיבוץ בֵּין השְׁאָר* כי חשבתי שאין לי מה לעשות שָׁם. אחרי הרבה שנים למדתי להיות **מורֶה**. אבל ללַמד הייתי יכול גם בקיבוץ...

*חַקְלַאי – farmer
*מִקְצוֹעַ – profession
*מְכוֹנַאי – mechanic
*וְכוּ' (וְכוּלֵי) – etc.
*טַבָּח – cook
*אָמָּן – artist
*לְהִתְאַמֵּן – to practice
*בֵּין הַשְּׁאָר – among other things

דִּקְדוּק

Names of professions in Hebrew fall into several patterns that share certain common characteristics, like prefixes and suffixes. Some of these patterns are:

- ▯ַ▯ָּ▯ / ת — חַיָּל / חַיֶּלֶת (soldier)
- ▯ַ▯ְ▯ָ ן / ית — שַׂחְקָן / שַׂחְקָנִית (actor, player)
- ____ ▯ַאי / ת — עִיתּוֹנַאי / עִיתּוֹנָאִית (journalist)

Note that the present tense form can also be used as a pattern to indicate a profession: **סוֹפֵר** (writer), **מַזְכִּיר** (secretary).

תרגיל א

סדרו את המקצועות המודגשים בקטע "בקיבוץ שלי" בטבלה:

In the chart below arrange the professions from the previous passage **"בקיבוץ שלי"**:

□ַ□ָּ□	□ַ□ְּ□ָן	____□ַאי	הוֹוֶה
טַבָּח	סַדְּרָן	סְפּוֹרְטַאי	מוֹרֶה

תרגיל ב

כתבו מה המקצוע לפי ההגדרות:

Match the professions provided with their description below. Adjust according to gender.

מַה הַמִּקְצוֹעַ?

טבח, חזן, נהג, רקדן, רופא, עורך דין, עיתונאי, עובד סוציאלי, גנן, צייר, צלם, שחקן, נגן

טבח

♂

1. מי שעובד **בגינה** הוא __________
2. מי ש**מְרַפֵּא** חולים הוא __________
3. מי ש**מְצַלֵּם** הוא __________
4. מי ששר **ומְחַזֵּן** בבית כנסת הוא __________
5. מי שמְבַשֵּׁל במסעדה (**בְּמִטְבָּח**) הוא __________
6. מי שכותב ב**עיתון** הוא __________

גנן

♀

1. מי ש**מְנַגֶּנֶת** בכינור היא __________
2. מי ש**נוהגת** באוטובוס היא __________
3. מי ש**מְצַיֶּירֶת** תמונות היא __________
4. מי ש**רוקדת** בלט היא __________
5. מי שעובדת ב**עריכת דין** היא __________
6. מי ש**מְשַׂחֶקֶת** בסרטים היא __________
7. מי שעוזרת לאנשים ב**עבודה סוציאלית** היא __________

רקדנית

תרגיל ג

קראו את הקטעים הבאים ובחרו את המקצוע מהרשימה:

Read the dialogues and fill in the blanks with the correct profession from the list:

נָהָג מוֹרֶה מֶלְצָר טַבָּח צַלָּם סַדְּרָן רוֹפֵא

1

– אתם רוצים שגם הכלב יהיה בתמונה?

– לא, רק אנחנו והילדים.

– טוב, אז תַגידו "גבינה" יפֶה...

המקצוע: ___________

2

– סליחה, מתי אתה מַגיע לנתניה?

– עוד שלוש תַחֲנוֹת.

– תודה.

המקצוע: ___________

3

– כן, מה הבעיה בבקשה?

– יש לי בעיה בַּלֵב, דוקטור. אמא שלי לא אוהבת אותי. האישה שלי לא מדברת איתי והבת שלי לא שומעת מה שאני אומר לה. מה לעשות?

– בשביל זה, אדוני, אתה לא צריך אותי. אתה צריך פסיכולוג.

המקצוע: ___________

4

– שלום, מה תִשתו בבקשה?

– קולה, סַיידר ומיץ תפוזים.

– ומה בשבילֵך גְבֶרֶת?

– רק מים, תודה!

– בסדר.

המקצוע: ___________

צלם

תרגיל ד

התאימו בין שני הטורים:

מי אומר את המשפטים האלה?

מורה	"יש מֶדליה!!"
רַקדן	"קח אַספירין שָלוש פְּעמים ביום."
טַבח	"אַל תָזוז! אני מצַלם!"
מוזיקאי	"המָרק בסדר?"
רופֵא	"הערב אנחנו מנַגנים מוצַארט."
צַלם	"שיעוּרי בית בעמוד 8!"
ספּוֹרטאי	"מה תשתוּ, בבקשה?"
מֶלצר	"וָואלס, טַאנגו, מַמבו, סטֶפּס, הוֹרָה; הכל יפה."

תרגיל ה

כתבו שמות של מקצועות ודרגו אותם לפי חשיבותם בעיניכם.

Make a list of professions and classify them according to the social prestige you think they have in your culture:

המקצוע	מאד יוקרתי	לא יוקרתי	מאד לא יוקרתי

תרגיל ו

שיחה / כתיבה

ספר/י על מקצועות מעניינים במשפחתך.

תרגיל ז

משחק תפקידים

You are a career counselor. A young student comes to you for guidance. Find out about his/her inclinations and suggest some professions that may suit him/her.

מָתַי / כַּאֲשֶׁר (כְּשֶׁ...), חֲזָרָה

מָתַי *is used only in a question.*
כַּאֲשֶׁר/ ...כְּשֶׁ *is used in all other cases:*

– When did you live in Canada?	– **מָתַי** גַּרְתָּ בְּקָנָדָה?
– When I was a little child.	– **כְּשֶׁ**הָיִיתִי יֶלֶד קָטָן. or **כַּאֲשֶׁר** הָיִיתִי יֶלֶד קָטָן.

תרגיל א

תרגמו את המשפטים הבאים. שימו לב להבדלים בין מתי וכאשר (כש...):
Translate the following sentences. Note the differences between **מתי** and **כאשר/...כש**:

מִמְּסִיבָּה לִמְסִיבָּה

1. **מתי** המסיבה?

____

2. **כאשר** גרת בתל-אביב הלכת למסיבות?

____

3. מה אתה עושה **כש**יש מסיבה בבית שלך?

____

4. **מתי** כדאי לעשות מסיבה, באמצע השבוע או בסופשבוע?

____

5. When is your birthday party?

____

6. When I go to a party I eat a lot of food.

____

7. When is he coming? The party is at 7:00.

____

8. When you visit Tel-Aviv, you have to go to the promenade (טיילת).

____

תרגיל ב

חברו שני משפטים למשפט אחד עם כאשר / כש...

כַּאֲשֶׁר אֲנִי...

1. אני קוראת ספר. אני שומעת מוזיקה.
כאשר אני קוראת ספר, אני שומעת מוזיקה.

2. אני למדתי צרפתית. אני הייתי בבית ספר תיכון.

3. אני ראיתי סרט על רקדנים. אני רציתי להיות רקדנית.

4. יש לאמא שלי יום-הולדת. אני שולחת לה פרחים.

5. אני רוצה לדבר עם ההורים שלי. אני מטלפנת אליהם.

6. אני אֶרְאֶה את החתולים שלי. אני אבקר בבית.

שְׁמוֹת תּוֹאַר, הֶמְשֵׁךְ:

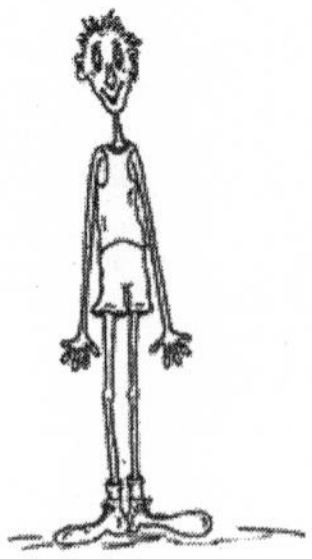

רָזֶה

שָׁמֵן

גָּבוֹהַ

נָמוּךְ

חָכָם

טִיפֵּשׁ

חָזָק

שרה חסקל
נולדה ב-1960 בבני-ברק, עיר **קטנה** ו**דתית** על יד תל-אביב.
למדה ספרות ולשון באוניברסיטה.
נשואה ו א מא לשלושה ילדים.

אדר אילן ואריאל

הַמִּשְׁפָּחָה שֶׁלִּי

שרה מספרת:

יש לי בעל ושלושה ילדים.

אֲדָר היא הבת **הַבְּכוֹרָה*** שלי. היא בת 14. הרבה אנשים חושבים שהיא בת 16, כי היא **גְּבוֹהָה** מאוד. החברים שלה אומרים שהיא **רָזָה** ו**חֲתִיכָה***. אני חושבת שהיא **נֶחְמָדָה**, **יָפָה** ו**מוּכְשֶׁרֶת***. אבל עכשיו היא בְּגִיל הַהִתְבַּגְּרוּת*, גיל הַטִּיפֵּשׁ-עֶשְׂרֵה. היא גם שׂוֹנֵאת וגם אוהבת את כולם באותו הזמן. יש לה הרבה מַצְּבֵי רוּחַ*: רגע אחד היא שְׂמֵחָה ורגע אחד היא כועסת.

אֲרִיאֵל היא הבת השנייה שלי. היא בת 9. היא מאוד **חֲמוּדָה** ו**מַצְחִיקָה***. היא **חֲזָקָה** מאוד במתמטיקה ומספרת את זה לכולם, במיוחד לאדר. היא לא **רָזָה** אבל גם לא **שְׁמֵנָה**. בעתיד היא רוצה להיות **עֲשִׁירָה** ו**מְפוּרְסֶמֶת** ואולי גם לעבוד בטלוויזיה.

הבן הקטן שלי, אִילָן, בן שנתיים. הוא **נָמוּךְ**, **שְׁמַנְמַן** ו**מְאוּשָּׁר***. הוא תמיד **שָׂמֵחַ** כאשר הוא אוכל. הוא עדיין לא מדבר, אבל אֶפשר לראות שהוא **חָכָם**. יש לו חדר מִשלוֹ, אבל הוא אוהב לשחק בחדרים של הָאֲחָיוֹת שלו.

הרבה פעמים אדר כועסת על אריאל, אריאל מַרגיזה* את אדר, ואילן מַרגיז אֶת שתֵּיהן.

יש לי משפחה **נֶחְמָדָה**, **בְּרִיאָה** ו**נוֹרְמָלִית** ואני אוהבת אותם (את כל אחד לחוּד*).

*בְּכוֹר/ה — firstborn
*חָתִיךְ/ה — nice figure
*מוּכְשָׁר/ת — talented
*גִּיל הַהִתְבַּגְּרוּת — adolescence
*מַצַּב-רוּחַ – mood
*מַצְחִיק/ה – funny
*מְאוּשָּׁר — happy
*לְהַרְגִּיז — to annoy
*לְחוּד — separately

דִּקְדּוּק

*As mentioned before, (**שְׁמוֹת-תּוֹאַר**) adjectives in Hebrew come after the noun they describe, and have to agree with the noun in gender and number:*

יחיד : יֶלֶד חָכָם   רבים: יְלָדִים חֲכָמִים

יחידה : יַלְדָּה חֲכָמָה   רבות: יְלָדוֹת חֲכָמוֹת

תרגיל א

שנו מיחיד לרבים או מרבים ליחיד : Change from singular to plural and vice versa

	יחיד	רבים
1.	שחקן מפורסם	שחקנים מפורסמים
2.	ילדה חמודה	______
3.	תינוק חכם	______
4.	ספורטאי רזֶה	______
5.	______	סרטים נֶחמדים
6.	______	סטודנטיות מוכשרות

תרגיל ב

בחרו את שם התואר המתאים והשלימו:

Choose the correct adjectives and complete the sentences:

גבוה/ה, עשיר/ה, בריא/ה, מפורסם/ת, שמן/ה, נמוך/ה

1. פעם הוא היה רָזֶה. עכשיו הוא שמן.
2. כולם מַכּירים* אותה. היא ______   *מַכּיר – know
3. הוא לא עָני, אבל גם לא ______
4. רוני יכול לשַׂחק טוב כדורסל, כי הוא ______
5. היא לא גבוֹהָה, אבל גם לא ______
6. היא אוכלת טוב ועושה יוֹגה. היא רוצה ״נֶפֶש בְּריאָה בְּגוּף ______.״

> בֶּן זוֹמָא אוֹמֵר:
> ״אֵיזֶהוּ חָכָם? הַלּוֹמֵד מִכָּל אָדָם...
> אֵיזֶהוּ עָשִׁיר? הַשָּׂמֵחַ בְּחֶלְקוֹ...
> אֵיזֶהוּ מְכֻבָּד? הַמְּכַבֵּד אֶת הַבְּרִיּוֹת...״
> **פרקי אבות, פרק ד, א**

תרגיל ג

כתיבה/שיחה

תארו אחד מבני המשפחה שלכם.
השתמשו לפחות ב-5 שמות תואר ובשמות של מקצועות.

מוֹדְעוֹת הֶכֵּרוּת

.1

בחור נמוך, בן 28 עם עיניים ירוקות
מחפש רווקה, 18-25, לא גבוהה.

.2

עורכת-דין, 45, (דירה+מכונית), מחפשת
בעל אקדמאי, מבוגר ונאה*. לטלפן בערב.

*נָאֶה – handsome

.3

"איש עשיר*, איש עני*" זה לא חשוב.
גרושה בלי ילדים בת 32 מחפשת צעיר,
נחמד ומצחיק, שאוהב לטייל.

*עָשִׁיר – rich
*עָנִי – poor

.4

חייל בן 20, שיער בלונדיני, חתיך,
מחפש אותך – סטודנטית חכמה ועדינה*,
עם פנים יפות, עיניים ירוקות, לאהבה.

*עָדִין/ה – gentle

תרגיל א

Mark True/False according to the ads above:

1. The soldier is handsome.	**לא נכון**	**נכון**
2. The lawyer wants to get married.	**לא נכון**	**נכון**
3. The short guy is looking for a green-eyed woman.	**לא נכון**	**נכון**
4. The divorced woman wants a wealthy man who can support her.	**לא נכון**	**נכון**
5. The 32-year-old woman is looking for a man who likes to travel.	**לא נכון**	**נכון**
6. The student in ad 4 should be smart as well as pretty.	**לא נכון**	**נכון**

תרגיל ב

כתבו מודעה אחרת שיכולה להתאים לאחת המודעות למעלה.

Write a personal ad that could be a good match to one of the personal ads above.

חיים טופול ב״סלאח שבתי״

סֶרֶט: סָאלַח שַׁבָּתִי

הסרט הישראלי הקלָאסי ״סָאלַח שַׁבָּתִי״ (1964) מסַפר על משפחה גדולה של עולים שבאה מארץ דוֹבֶרֶת עַרבית. האב במשפחה, סָאלח, הוא אבא דומינַנטי ואדם שַׁמְרָן*. סאלח מחפש בית למשפחה שלו ושידוך* טוב לילדים המבוגרים שלו, הבת היפה חֲבוּבָּה והבן הטוב שִׁמְעוֹן.

חבובה אוהבת את זִיגִי, קיבוצניק צָעיר ונָאֶה, והם רוצים להתחַתן*. סאלח מַסכים*, אבל רוצה שזיגי יְשַׁלם מוֹהַר* עבור חבוּבָּה. סאלח רוצה את הכסף בִּגְלַל* הַמָסורת, אבל הוא גם צריך כסף לדירה. בקיבוץ חושבים שמוהר זה מִנְהָג* פרימיטיבי. בַּסוף סאלח מקַבל מהקיבוץ את הכסף אבל צריך לתת אותו בחזרה לקיבוץ. הכסף חוזר לקיבוץ כאשר הבן של סלאח, שמעון, מתחתן עם בַּת-שֶׁבַע, בחורה יפה וּבַיישָׁנית* מהקיבוץ של זיגי.

״סאלח שבתי״ הוא קוֹמֶדיה ישראלית על הבעָיות הקָשות של העולים לישראל בשנוֹת החמישים והשישים. הבמאי* של הסרט הוא אֶפְרַיִם קִישׁוֹן (1924–2005), שעלה מהונגריה לישראל ב-1949.

*שַׁמְרָן — conservative
*שִׁידּוּךְ — match
*לְהִתְחַתֵּן — to get married
*מַסְכִּים — agrees
*מוֹהַר — dowry
*בִּגְלַל — because of
*מִנְהָג — custom
*בַּיְישָׁן/ית — shy
*בַּמַּאי — director

תרגיל א

סמנו בקו את שמות התואר בקטע. Underline the adjectives in the passage

תרגיל ב

לפי הטקסט, מי משַׁלם מוהַר למי?

____

____

תרגיל ג

כתבו/סַפרו על דמויות בסרט אחר שראיתם. השתמשו בשמות תואר חדשים.

Discuss/write about characters in a different movie, using a variety of adjectives.

תרגיל ד

The following jobs are available on campus. Call an Israeli friend and tell him/her about these job opportunities (בעברית):

The theater department* is looking for short actors.

The newspaper is looking for good photographers.

The art department* is looking for talented musicians and dancers.

The cafeteria is looking for hardworking cooks and waiters.

*department – מַחְלָקָה

הוּלֶדֶת רש"י

רש״י, רבי שלמה יצחקי, נוֹלד בִּשנת 1040 בעיר טרוֹיש בצרפת. הוא נוֹלד למשפחת **חכמים** ו**לַמדנים**.

האגדה* מספרת שכאשר רש״י נוֹלד, אמר אליהוּ הנביא לאָביו של רש״י שהוּא רוצה להיות הסַנדק* של בְּנו. בַּיום השמיני לַלֵידָה* באוּ אוֹרחים **חשוּבים** לטֶקֶס ברית המילה*. כוּלם עמדוּ, אבל אליהוּ הנביא עדיין לא בא.

פתאוֹם* נכנס איש **עָני** לבית של רש״י. אביו של רש״י ביקֵש מהעָני להיות הסַנדק של בנו. אחרי ברית המילה יצא האיש ה**עָני** מן הבית ונעלם*, ואז ידעוּ האוֹרחים וּבנֵי הבית שזה היה אליהוּ הנביא.

*אַגָדָה — legend

*סַנְדָק — godfather

*לֵידָה — birth

*טֶקֶס בְּרִית מִילָה — circumcision ceremony

*פִּתְאוֹם — suddenly

*נֶעֱלַם — disappeared

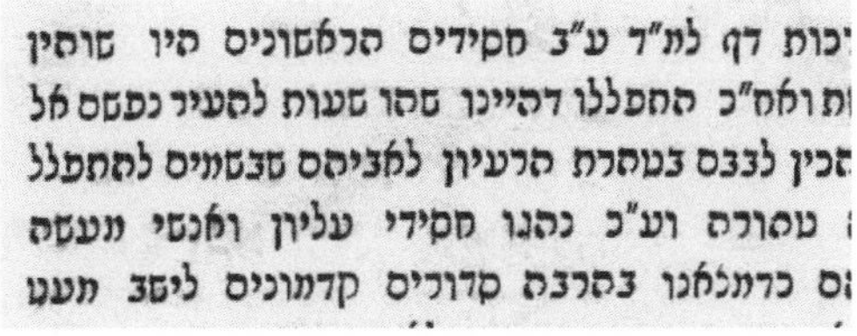

Passage printed in "Rashi" script.

תרגיל

כתבו על איש/ה מפורסם/ת בהיסטוריה. השתמשו בתארים **המודגשים** (in bold) בקטעים בעמוד זה.

Write about another historical personality. Use the adjectives in bold on this page.

רש"י

רש״י למד תורה בקהילה **חשוּבה** בעיר טרויש. הוא התחתן בגיל **צעיר** ואחר כך עזב את המשפחה שלו ונסע ללמוד מִשְנָה וּגְמָרָא בישיבות **מפוּרסמות** בערים וֶורְמַיְזָה וּמָגֶנְצָה.

אחרי שמונה שנים של לימודים הוא היה לרב.

רש״י כתב פֵּירוּשים[1] **חשוּבים** לתנ״ך ולתלמוּד. רש״י חָלָה בשנת 1099, בזמן מסעֵי הצלב[2] באירוֹפה. הוא מת בגיל 65, בשנת 1105.

[1] פֵּירוּשִים — commentaries

[2] מַסְעֵי הַצְלָב — Crusades

מִלִּים רָעוֹת

יונה וולך

מִלִּים רָעוֹת
מִלִּים גַּסּוֹת[1]
מִלִּים רָעוֹת
נוֹרָא[2],
מִלִּים יָפוֹת
מִלִּים טוֹבוֹת
מִלִּים יָפוֹת
נוֹרָא,
מִלִּים שְׁמֵנוֹת
מִלִּים רָזוֹת
מִלִּים שֶׁ-
רְעֵבוֹת
נוֹרָא,
מִלִּים קְצָרוֹת
וַאֲרוּכּוֹת
בִּשְׁבִיל הַהַתְחָלָה[3].

מתוך: יונה וולך, **מופע**. 1985.

---

[1] גַּס/וֹת — vulgar, obscene

[2] נוֹרָא — horrible

[3] הַתְחָלָה — start, beginning

שאלות:

1. יוֹנָה וֹולָךְ אומרת בשיר שֶׁיֵּשׁ מילים רעות/גסות/יפות/שמנות..., אבל היא קוראת לשיר "מילים רעות". למה?
2. תנו דוגמאות למילים טובות, רעות, יפות, שמנות, רזות, רעבות, קצרות וארוכות (אסוציאציות).

יונה וולך, 1944–1982

יונה וולך נולדה בתל-אביב. שירים שכתבה התפרסמו בעיתונים שונים. להרבה מהם כתבו מוסיקה. וולך היתה משוררת פֶּמיניסטית פרובוקטיבית והיתה לה השפעה גדולה על שירַת נָשים ושירה בכלל בישראל. בשירים של וולך אפשר למצוא גם אֶלֶמנטים פופולריים כמו רוק-אֶנְד-רול וגם אֶלֶמנטים פסיכולוגיים עמוקים.

הָיָה לְ...

בונית פורת
נולדה במושב אביגדור, שם **היו ל**משפחה בית, שדות, תרנגולות ופרות.
היתה במושב עד גיל 14 ועברה לתל-אביב.

בְּמוֹשָׁב שֶׁלִּי

בונית מספרת:

גָּדַלְתִּי במושב אביגדור בדרום הארץ. **הָיָה לָנוּ** מֶשֶׁק* חַי. **הָיוּ לָנוּ** תַּרנגולות* וּפָרות*. כל המשפחה עבדה בַּמשק. **הָיָה לָנוּ** גם סוס.

הָיָה לָנוּ בית נֶחמד בַּמושב, ו**הָיוּ לָנוּ** עֲצֵי רִימּוֹן* על-יד הבית. **לא הָיְתָה לָנוּ** טלוויזיה עַד **שֶׁהָיִיתִי** בת חמש-עֶשרה, אבל כַּמוּבָן* **שֶׁהָיָה** לנו רדיו.

במושב **לא הָיוּ** חנויות. **הָיְתָה לָנוּ** רק צַרכנייה* וּעַל ידה **הָיוּ** המַזכירוּת, הַספרייה וּבֵית-העם. במושב אביגדור **לא הָיָה** בֵּית קפה ו**לא הָיְתָה** מִסעדה. כל נְסיעה לָעיר **הָיְתָה** חֲגיגה*. אלה **הָיוּ** יָמים...

*מֶשֶׁק — farm
*תַּרְנְגוֹלוֹת — chickens
*פָּרוֹת — cows
*רִימּוֹן — pomegranate
*כַּמּוּבָן — of course
*צַרְכָנִיָּה — convenience store
*חֲגִיגָה — celebration

מושב אביגדור, 1965

תרגיל א
השלימו לפי הקטע למעלה:

1. היה לנו משק
2. לא היה לנו ________
3. היתה לנו ________
4. לא היתה לנו ________
5. היו לנו ________
6. לא היו לנו ________

שָׁלוֹשׁ קָטֵגוֹרְיוֹת שֶׁל הַפּוֹעַל "הָיָה"

דִּקְדּוּק

These are the three common ways the verb **היה** *is used in Hebrew:*

1. בְּמִשְׁפָּטִים שֶׁמָּנִיִּים

To indicate the past or future in sentences which have no verb (when the predicate is a noun or an adjective and not a verb):

בעבר/בעתיד:		בהווה:	
	אֲנִי **הָיִיתִי/אֶהְיֶה** יַלְדָּה בְּמוֹשָׁב.		אֲנִי יַלְדָּה בְּמוֹשָׁב.
	אֲנַחְנוּ **הָיִינוּ/נִהְיֶה** מוֹשַׁבְנִיקִים.		אֲנַחְנוּ מוֹשַׁבְנִיקִים.
	הַבַּיִת **הָיָה/יִהְיֶה** קָטָן.		הַבַּיִת קָטָן.
	הַיְלָדִים **הָיוּ/יִהְיוּ** שְׂמֵחִים.		הַיְלָדִים שְׂמֵחִים.

2. בְּמִשְׁפְּטֵי מָקוֹם

To indicate existence or presence somewhere in the past or future (always with a preposition such as: in, on, next to, under, inside, from...).

בעבר/בעתיד:		בהווה:	
	אֲנִי **הָיִיתִי/אֶהְיֶה** בַּמוֹשָׁב.		אֲנִי בַּמוֹשָׁב.
	הַסִּפְרִיָּיה **הָיְתָה/תִּהְיֶה** עַל יַד הַצַּרְכָנִיָּיה.		הַסִּפְרִיָּיה עַל יַד הַצַּרְכָנִיָּיה.

3. בְּמִשְׁפְּטֵי שַׁיָּיכוּת

*To indicate possession (***יש ל***.../***אין ל***...) in the past or future tense:*

בעבר/בעתיד:		בהווה:	
	הָיָה/יִהְיֶה לָנוּ מֶשֶׁק חַי.		יֵשׁ לָנוּ מֶשֶׁק חַי.
	לֹא **הָיְתָה/תִּהְיֶה** לָנוּ טֶלֶוִויזְיָה.		אֵין לָנוּ טֶלֶוִויזְיָה.
	הָיוּ/יִהְיוּ לָנוּ פָּרוֹת.		יֵשׁ לָנוּ פָּרוֹת.

יֵשׁ לִי / הָיָה לִי / יִהְיֶה לִי

הווה	עבר	עתיד
יֵשׁ (אֵין) לִי כֶּלֶב.	(לֹא) הָיָה לִי כֶּלֶב.	(לֹא) יִהְיֶה לִי כֶּלֶב.
יֵשׁ (אֵין) לִי כַּלְבָּה.	(לֹא) הָיְתָה לִי כַּלְבָּה.	(לֹא) תִּהְיֶה לִי כַּלְבָּה.
יֵשׁ (אֵין) לִי כְּלָבִים.	(לֹא) הָיוּ לִי כְּלָבִים.	(לֹא) יִהְיוּ לִי כְּלָבִים.
יֵשׁ (אֵין) לִי כְּלָבוֹת.	(לֹא) הָיוּ לִי כְּלָבוֹת.	(לֹא) יִהְיוּ לִי כְּלָבוֹת.

The verb **להיות**, *in its third category—possession, is conjugated according to the gender and number of the* possessed *object, not according to the person or persons who possess it. Note that only the third person is used in this form.*

יֵשׁ לִי כֶּלֶב means: I have a dog (lit., *there is to me a dog*).
הָיָה לִי כֶּלֶב means: I had a dog (lit., *there was to me a dog*).
הָיוּ לִי כְּלָבִים means: I had dogs (lit., *there were to me dogs*).

אֵין לִי כֶּלֶב means: I do not have a dog (lit., *there isn't to me a dog*).
לֹא הָיָה לִי כֶּלֶב means: I didn't have a dog (lit., *there wasn't to me a dog*).
לֹא הָיוּ לִי כְּלָבִים means: I didn't have dogs (lit., *there weren't to me dogs*).

תרגיל א

השלימו עם הפועל היה **בעבר**: Complete with the verb **היה** in the past:

מוֹשַׁבְנִיקִים

1. אתם __הֱיִיתֶם__ במושב.
2. __הָיָה__ לָכֶם מֶשֶׁק חַי?
3. המושבניקים __________ חֲלוּצִים*.
4. הרימונים* __________ טְעִימִים?
5. הצרכנייה __________ טובה?
6. __________ לכם טְרַקְטוֹר?
7. __________ לכם בית גדול?

*חָלוּץ/ים — pioneers
*רִימּוֹנִים — pomegranates

תרגיל ב

המירו את המילה המודגשת במילה שבסוגריים

Substitute the subject (in bold) with the word in parentheses:

סְטוּדֶנְטִים בִּירוּשָׁלַיִם

1. **בנימין** היה סטודנט טוב. **(בת שבע)** בת שבע היתה סטודנטית טובה.
2. **אני** הייתי בירושלים. **(אתה)**
3. **אנחנו** היינו באוניברסיטה העברית? **(אתם)**
4. **שלומית** היתה בהר הצופים. **(מיכאל)**
5. היו לנו **מעונות** על יד הקמפוס. **(דירה)**
6. היתה לי **מְכונית**. **(אוטו)**
7. לא היתה לי **עבודה**. **(זמן לטייל)**
8. היה לי **סֶמֶסטר** טוב. **(שנה)**

תרגיל ג

הפכו את הקטעים הבאים לעבר ולעתיד:

1. מנחם עוֹרֵךְ דִּין. יש לו מִשׂרד בוושינגטון. יש לו עשרה עוֹרְכֵי דין שותפים.

מנחם היה עורך דין. היה לו משרד בוושינגטון. היו לו עשרה עורכי דין שותפים.

מנחם יהיה עורך דין. יהיה לו משרד בוושינגטון. יהיו לו עשרה עורכי דין שותפים.

2. דורית גלעד רוֹפְאַת יְלָדִים. היא בבֵית חולים בבאר שבע. היא אוהבת את הילדים ואת המשפחות שלהם.

3. עוֹמְרִי טַיָּיס. יום אחד הוא בתל אביב ויום אחד הוא בפריז. אין לו יום ואין לו לַיְלָה.

4. איתן בַּצָּבָא. הוא חַייל חדש. יש לו רוֹבֶה* ויש לו מַדִּים* חדשים.

*רוֹבֶה — rifle
*מַדִּים — uniform

5. למרדכי יש קוֹל* יפה וחָזָק. הוא חַזָּן בבֵית הכנסת. אין לו בעיה לָשיר בלי מיקרופון.

*קוֹל — voice

תרגיל ה

הוסיפו בית נוסף לשיר עם המילה "בַּרְוָז".

Add another verse to this song, using "duck" (**בַּרְוָז**) instead of "cow":

לְדוֹד מֹשֶׁה הָיְתָה חַוָּוה

לְדוֹד מֹשֶׁה הָיְתָה חַוָּה
בִּי אָה בִּי אָה אוֹ,
וּבַחַוָּה הָיְתָה פָּרָה
בִּי אָה בִּי אָה אוֹ,
וְמוּ מוּ פֹּה, וְמוּ מוּ שָׁם
וְמוּ מוּ כָּל הַזְּמַן.
לְדוֹד מֹשֶׁה הָיְתָה חַוָּה
בִּי אָה בִּי אָה אוֹ.

לדוד משה...

תרגיל ו

תרגמו לעברית:

שָׁאוּל, שִׁמְשׁוֹן וְאֶסְתֵּר

1. Sha'ul (שָׁאוּל) was the first king of Israel.
   He had three sons and two daughters. His oldest son was Yehonatan (יְהוֹנָתָן).
   However, the next king was David, not Yehonatan.

2. Samson (שִׁמְשׁוֹן) was a strong man. He had strong muscles and long hair. He was involved with (had) three women. The third one, Delilah, was not very nice to him.

3. Queen Esther (אֶסְתֵּר) didn't have parents, but she had a cousin, Mordecai (מָרְדְּכַי).
   Esther was very pretty. She also had courage (אוֹמֶץ) and "chutzpah."

תרגיל ז

ספרו על הילדות שלכם. כתבו שלושה משפטים בכל קטגוריה של הפועל היה.

Talk about your own childhood. Make three sentences that correspond to each category of **היה**.

קִיבּוּץ תַּמּוּז

קיבוץ תמוז הוא קיבוץ מיוחד, קיבוץ עירוני בתוך העיר בית-שמש על יד ירושלים. חברֵי קיבוץ תמוז גרים בעיר, כי הם רוצים להיות חֵלֶק אינטֶגרלי מֵהַחֶבְרָה* הישראלית. הם גם רוצים לָתת דוגמה איך אפשר לחיות חיים טובים, נעימים ומעניינים עִם מעט כסף והרבה אֱמונה*. החברים בקיבוץ תמוז לא עובדים בחַקְלָאוּת*. הם עובדים בחינוך*, בעבודה סוציאלית ובקהילה של העיר בית-שמש.

באידֵאולוגיה של קיבוץ תמוז יש גם ישן וגם חדש. חברֵי הקיבוץ רצו לשמור על האידֵאולוגיה של הקיבוצים הרִאשונים אבל חיפשו דֶרֶך חדשה. החיים של חברֵי קיבוץ תמוז משותָּפים: הם גרים ביחד, עובדים ביחד ואוכלים ביחד. אין עֲניים או עֲשירים בקיבוץ. החברים נותנים לקיבוץ את הכסף שלהם ומקבלים מהקיבוץ מה שהם צריכים.

אחד הדברים החשובים ביותר לאנשֵי הקיבוץ הוא חינוך יהודי. חברֵי הקיבוץ מַאֲמינים שכל יהודי צריך לְהַכִּיר* את "ארון הספרים היהודי", את הספרים החשובים של העַם היהודי כמו התנ"ך, התלמוד, המִדרש וספרים יהודיים חשובים אחרים, שהם התרבות* ההיסטורית של העַם היהודי.

קיבוץ תמוז קם ב-1987, והיום גרות בו כ-17 משפחות.

*חֶבְרָה — society

*אֱמוּנָה — belief

*חַקְלָאוּת — agriculture

*חִינּוּךְ — education

*לְהַכִּיר — to know

*תַּרְבּוּת — culture

תרגיל א

כתבו נכון/לא נכון:

1. The members of Kibbutz Tamuz only value physical labor.
2. The members of Kibbutz Tamuz live in a rural community outside the city.
3. The members of Kibbutz Tamuz strongly believe in Jewish values.

תרגיל ב

פעילות דיבור/כתיבה

1. Role-play an interview between a journalist and a *kibbutz* member.
2. You have decided to join Kibbutz Tamuz. Explain to the *kibbutz* admission's committee why you should be accepted.

יוֹתֵר מִ... / פָּחוֹת מִ...

בְּעָיָה שֶׁל סְטוּדֶנְט

אני לא יודע איפה כְּדַאי לָגור, במעונות או בדירה שְׁכוּרה* בָּעיר. מִצד אחד*, במעונות **יוֹתֵר** זול לָגור וגם **יוֹתֵר** נוֹחַ, כי זה קָרוֹב* לכיתות ולקפיטריה. מִצד שֵׁני*, בדירה שכורה יש **פָּחוֹת** רַעַשׁ* **וּפָחוֹת** אנשים, אבל היא יְקָרה יותר ורחוקה* מהקמפוס. אָז מה עושים?

*שָׂכוּר/ה — rented
*מִצַּד אֶחָד — on one hand
*קָרוֹב — near
*מִצַּד שֵׁנִי — on the other hand
*רַעַשׁ — noise
*רָחוֹק/ה — far

דִקְדוּק

Comparisons in Hebrew are commonly expressed by: **...יוֹתֵר מ...**/**פָּחוֹת מ.**

- **בּוֹסְטוֹן יוֹתֵר קְטַנָּה מִלּוֹס אַנְגֶ׳לֶס.** Boston is smaller *(more small)* than Los Angeles.
- **לוֹס אַנְגֶ׳לֶס פָּחוֹת קָרָה מִבּוֹסְטוֹן.** Los Angeles is less cold than Boston.

Note that **יותר** *and the adjective can change places:*

בוסטון **יותר יפה מ**לוס אנג׳לס. / בוסטון **יפה יותר מ**לוס אנג׳לס.

צִיפּוֹר　**תַּרְנְגוֹל**　**בַּת יַעֲנָה**

תרגיל א

מה יותר/פחות **בעיניכם?**

1. מה יותֵר כֵּיף לראות, סֶרט או וידאוֹ? ______________________
2. מה יותֵר טעים, עוּגת תפוּחים או עוּגת גבינה? ______________________
3. מה יותֵר נֶחמד לעשות בבוקר, מִקלחת או אמבַּטיה? ______________________
4. מה יותֵר קל, אלגֶברה או גיאוֹמֶטריה? ______________________
5. מה פָּחות קשֶה, לרוּץ או לִשחוֹת? ______________________
6. מה יותֵר נָעים, לשתוֹת קפה בַּבית או בְּבית-קפה? ______________________
7. לאָן יותֵר כדַאי לנסוֹעַ, לניו-יורק או לסָן-פרַנציסקוֹ? ______________________

תרגיל ב

Compare places such as countries, cities, schools or restaurants.

דוגמה: סן דְייֶגו יותר יפה מלוס אנגֶ'לֶס.

דוֹמֶה לְ... / שׁוֹנֶה מִ...

לְמִי אַתְּ דּוֹמָה?

אֲנִי **דּוֹמָה** לְאִמָּא שֶׁלִּי בָּאוֹפִי* אֲבָל **שׁוֹנָה** מֵאִמָּא שֶׁלִּי בַּגּוּף.
אָח שֶׁלִּי **דּוֹמֶה** לְאַבָּא שֶׁלִּי גַּם בַּגּוּף וְגַם בָּאוֹפִי.
וְהָאָחוֹת הַקְּטַנָּה שֶׁלִּי **שׁוֹנָה** גַּם מֵאִמָּא וְגַם מֵאַבָּא. הִיא לֹא
דּוֹמָה לְאַף אֶחָד.

character — אוֹפִי*

שונה מ... / דומה ל.../ כמו :*Comparisons can also be expressed by*

- בּוֹסְטוֹן **דּוֹמָה** לְלוֹנְדּוֹן אֲבָל **שׁוֹנָה** מִנְּיוּ-יוֹרְק.
Boston is like (resembles) London but is unlike (different from) from New York.

- הֵם בְּנֵי דּוֹדִים, אֲבָל הֵם לֹא **דּוֹמִים.**
They are cousins but they do not look alike.

- אֲחוֹתִי **דּוֹמָה לִי**. אֲנָשִׁים חוֹשְׁבִים שֶׁאֲנִי זֹאת הִיא.
My sister resembles me. People think I'm her.

- יֵשׁ לִי עֵינַיִים יְרוּקוֹת **כְּמוֹ** לְאִמָּא שֶׁלִּי.
I have green eyes like my mother's.

תרגיל א
ספרו על עצמכם. השלימו עם : דומה ל... / ...שונה מ... / כמו

1. בית הספר התיכון שלי _____ בית הספר הזה.
2. הבית שלי _____ בית של סבא וסבתא שלי.
3. העיניים שלי _____ עיניים של אמי.
4. השער שלי _____ שער של אחי/אחותי.
5. יש לי ידיים _____ אמי/אבי/דודי/אחי...

תרגיל ב
השוו בין שני אנשים/מקומות שאתם מכירים.
השתמשו ב דומה ל... / שונה מ... / כמו / יותר מ... / פחות מ...

הֲכִי, / הַ... בְּיוֹתֵר

דִּקְדּוּק

Superlatives in Hebrew are commonly expressed by **הֲכִי** *followed by an adjective:*

הספר הכי טוב, הכיתה הכי גדולה, *(the biggest class, the best book)*

or **הַ... ביותר (הספר הטוב ביותר, הכיתה הגדולה ביותר)**.

• הוּא **הַ**תַּלְמִיד **הֲכִי טוֹב** בַּכִּיתָּה.

או He is the best student in the class.

• הוּא **הַ**תַּלְמִיד **הַטּוֹב בְּיוֹתֵר** בַּכִּיתָּה.

תרגיל א

כתבו או אמרו את המשפטים מחדש עם הכי / ביותר:

בֵּית הַסֵּפֶר שֶׁלִּי

1. בית הספר שלי גדול. בית הספר שלי הכי גדול בעיר. ______
   או: בית הספר שלי הוא הגדול ביותר בעיר. ______
2. המורה שלי טובה. ______
3. הכיתה שלי נחמדה. ______
4. השיעורים בעברית מעניינים. ______
5. הציון שלי במתמטיקה גבוה. ______
6. יום שלישי הוא יום קצר בבית הספר. ______

תרגיל ב

תרגמו את המשפטים הבאים. השתמשו ב-הכי / ביותר:

בַּמִּשְׁפָּחָה שֶׁלִּי

1. My grandfather is the oldest in the family.

______

2. My mother is the prettiest mom.

______

3. My cousin is the tallest in the family.

______

4. My aunt Bertha is the most interesting woman in the world.

______

5. You're the best dog!

______

הַיַּלְדָּה הֲכִי יָפָה בַּגַּן

מלים: יהונתן גפן
לחן: יוני רכטר

הַיַּלְדָּה הֲכִי יָפָה בַּגַּן
יֵשׁ לָהּ עֵינַיִם הֲכִי יָפוֹת בַּגַּן
וְצַמָּה הֲכִי יָפָה בַּגַּן
וּפֶה הֲכִי יָפֶה בַּגַּן
וְכַמָּה שֶׁמַּבִּיטִים בָּהּ יוֹתֵר
רוֹאִים שֶׁאֵין מַה לְדַבֵּר
וְהִיא הַיַּלְדָּה
הֲכִי יָפָה בַּגַּן.
כְּשֶׁהִיא מְחַיֶּכֶת
גַּם אֲנִי מְחַיֶּכֶת
וּכְשֶׁהִיא עֲצוּבָה
אֲנִי לֹא מְבִינָה
אֵיךְ אֶפְשָׁר לִהְיוֹת עֲצוּבָה
כְּשֶׁאַתְּ הַיַּלְדָּה הֲכִי יָפָה בַּגַּן.

מתוך: יהונתן גפן, **הכבש הששה-עשר**. 1979.

תרגיל א

מה הילדה בשיר לא מבינה? למה?

תרגיל ב

ספרו וכתבו על איש, אישה, מקום, ספר או סרט הטובים ביותר לדעתכם.
השתמשו ב-הכי **או** ה... ביותר.

ורדית רינגוולד
למדה היסטוריה, אמנות וחינוך.
גרה בערים **שונות** בעולם –
נתניה, ירושלים,
מונטבידאו, ניוטון.

עִיר קְטַנָּה, עִיר גְּדוֹלָה

ורדית מספרת:

נולדתי בישראל וגדלתי בעיר נתניה. נתניה עיר תַּיָּירוּת* קטנה על שְׂפת הים התיכון ויש בה הרבה בתי-מלון ובתי-קפה. אהבתי את חוֹף הים בנתניה, אבל לא אהבתי את הָרַעַשׁ*. כבר אז חלמתי לגור בְּמָקוֹם שָׁקֵט.

אחרי הצבא למדתי באוניברסיטה העברית בירושלים. היה לי קָשֶׁה לְהִסְתַּגֵּל* לירושלים. היא מאוד **שׁוֹנָה מִ**נתניה. היא **יוֹתֵר** גדולה **מִמֶּנָּה** ויש בה הרבה מְקוֹמות היסטוריים ותרבותיים. אבל ירושלים **דּוֹמָה לְ**נתניה ברעש. גם בה יש תַּיָּרִים מִכל העולם. אהבתי את ירושלים.

כשהתחתנתי, עזבתי את ירושלים ועברתי* לגור עם בעלי בעיר מוֹנטבידֶאוֹ באורוּגוואי. הסתגלתי מַהר לחיים שָׁם. מוֹנטבידאוֹ **דּוֹמָה** גם **לְ**נתניה וגם **לְ**ירושלים. יש בה מקומות הסטוֹריים ותרבוּתיים **כמו בְּ**ירוּשלים. יש שָׁם חוֹף ים **כְּמוֹ** בנתניה אבל החוף במונטיבידאו פחות יפה ממנו. מוֹנטבידאוֹ גדולה **יוֹתר מִ**ירושלים ומנתניה, וגם בה יש הרבה רעש.

עכשיו אני גרה בארצות-הברית, בעיר ניוטון. ניוּטוֹן היא עיר קטנה, שקֵטה וירוּקה על-יד בוסטון. אני אוהבת את העיר שלי, אבל עכשיו אני מִתְגַּעְגַּעַת* לרעש, לאנשים ולדינָמיקה המעניֶינת של עיר גדולה.

*תַּיָּירוּת – tourism

*רַעַשׁ – noise

*לְהִסְתַּגֵּל – to adjust

*עָבַרְתִּי – I moved

*מִתְגַּעְגֵּעַ/ת – long for, miss

תרגיל א

השוו בין זוגות הערים לפי הקטע למעלה. השתמשו ב יותר מ..., פחות מ..., שונה מ..., דומה ל... Compare the following cities according to the passage above:

1. נתניה – ירושלים נתניה יותר קטנה מירושלים.
2. ירושלים – נתניה __________
3. מונטבידאו – נתניה __________
4. מונטבידאו – ירושלים __________
5. ניוטון – מונטבידאו __________

מִמֶּנִּי, מִמְּךָ ...

The preposition ...מ *means "than" or "from."*

מִמֶּנִּי *means "than/from me"*:

He is bigger than me.	• הוּא יוֹתֵר גָּדוֹל **מִמֶּנִּי**.
What does he want from me?	• מָה הוּא רוֹצֶה **מִמֶּנִּי**?

מ + אני	**מִמֶּנִּי**
מ + אתה	**מִמְּךָ**
מ + את	**מִמֵּךְ**
מ + הוא	**מִמֶּנּוּ**
מ + היא	**מִמֶּנָּה**
מ + אנחנו	**מֵאִיתָּנוּ/מִמֶּנּוּ**
מ + אתם	**מִכֶּם**
מ + אתן	**מִכֶּן**
מ + הם	**מֵהֶם**
מ + הן	**מֵהֶן**

הַיְלָדִים שֶׁל הַיּוֹם...

ניצה: הילדים שלנו חושבים שהם יותר חכמים **מֵאִיתָּנוּ**.

דיצה: נכון. הבת שלי חושבת שהיא מבינה הכל יותר טוב **מִמֶּנִּי**.

ניצה: והילדים שלי בטוחים תמיד שאנחנו יודעים פחות **מֵהֶם**.

דיצה: טוב, גם אנחנו חשבנו פעם שאנחנו יותר טובים **מֵ**ההורים שלנו...

תרגיל א

השלימו עם ממני, ממך, ממנו...

יוֹסִי וְרוּתִי

1. יוסי ורותי הם אח ואחות. יוסי בן 8. רותי בת 10. רותי יותר גדולה ___________ .
2. יוסי אוכל 5 ארוחות ביום. רותי לא אוהבת לאכול. רותי אוכלת פחות ___________ .
3. רותי נותנת ליוסי תפוח. הוא לוקח את התפוח ___________ .
4. כאשר הם נוסעים לחופש, יוסי תמיד מבקש מההורים לאכול בְּמֶקְדֵּוֹנִיד, הוא מבקש ___________ לקנות לו המבורגרים וקולה.

תרגיל ב

השלימו עם ממני, ממך, ממנו...

שְׁכֵנוֹת

שולה וגאולה שכנות. כשהבנים של שולה בבית, היא מבקשת _________ להיות בשקט ולא לעשות רעש לשכנים. כשגאולה אוֹפָה היא תמיד מבקשת משולה משהו, היא מבקשת _________ חלב, ביצים או סוכר ושולה נותנת לה בשִׂמחה. אבל, כשהבנות של גאולה עושות רעש בבית, היא לא מבקשת _________ להיות בשקט.

כששולה אופה וצריכה מגאולה חלב וביצים, היא לא מקבלת _________ כלום. שולה שכנה יותר טובה מגאולה, היא יותר מתחשבת* _________ .

*מִתְחַשֶּׁבֶת — considerate

תרגיל ג

תרגמו את המשפטים הבאים:

מְקוֹמוֹת

1. Mt. Everest is higher than Mt. Hermon.

____

2. Mt. Everest is the highest mountain in the world.

____

3. The Dead Sea (ים המלח) is lower than the Mediterranean Sea (הים התיכון).

____

4. The Dead Sea is the lowest place on earth.

____

5. Eilat is smaller than Haifa.

____

תרגיל ד

Role play a situation using one of the following sentences as a punch-line:

1. מה את/ה רוצה ממני?
2. אני יותר גדול/ה ממך!
3. אני לא פוחד/ת ממך!
4. אבל הוא/היא יותר חכם/ה ממך!

רוֹצֶה שֶׁ... + עָתִיד

דִּקְדּוּק

רוֹצֶה שֶׁ... *is used to express requests, instructions, or wishes.*

רוֹצֶה שֶׁ... *is always followed by a verb in the future, even if the action happened in the past.*

- אֲנַחְנוּ **רָצִינוּ שֶׁ**אַתָּה **תִּהְיֶה** רוֹפֵא. — We wanted you to become a doctor. *(We wanted that you shall become a doctor.)*
- אֲנַחְנוּ **רוֹצִים שֶׁ**אַתָּה **תִּלְמַד** בְּבֵית סֵפֶר טוֹב. — We want you to study in a good school. *(We want that you shall study in a good school.)*

מצב א

מחר תהיה לך מסיבת יום הולדת. מה אתה רוצה שהחברים והקרובים שלך יעשו לך?

אני רוצה שהחבר הטוב שלי ... __________

אני רוצה שההורים שלי ... __________

אני רוצה שהשותף שלי ... __________

אני רוצה שבן דודי ... __________

אני רוצה שהשכן ... __________

אני רוצה שהאוניברסיטה / שהעבודה ... __________

מצב ב

עובדים חדשים באים למשרד והבוס שלהם אומר להם מה הוא רוצה ומה הוא לא רוצה שהם יעשו.

אני רוצה שאתם ... __________ **(לעבוד)**

__________ **(לבוא)**

__________ **(לקנות)**

__________ **(לשכוח)**

__________ **(לגמור)**

__________ **(לפתוח)**

__________ **(לקרוא)**

__________ **(לסדר)**

מצב ג

אם אתחתן מחר, מה ארצה שבן זוגי/בת זוגי יעשה / תעשה?

אני רוצה שהוא/היא ... ______ **(לעבוד)**

______ **(לגדל)**

______ **(לקנות)**

______ **(לראות)**

______ **(לסדר)**

______ **(לכבס)**

______ **(לטייל)**

______ **(לבשל)**

______ **(לדבר)**

______

הִתְפַּעֵל, שְׁלֵמִים – הוֹוֶה

מִתּוֹךְ הַמָּדוֹר "מְאִירָה-הַיְקָרָה"

מאירה היקרה,

יש לי בעיה. אני תלמידה בכיתה י"ב. אני לומדת הרבה, אבל אני **מִתְרַגֶּשֶׁת*** לפני מבחנים. כשאני לומדת למבחן, אני **מִתְרַגֶּשֶׁת** מכל העבודה וכל הדברים שאני צריכה לקרוא ולהבין. בזמן המבחן אני **מִתְרַגֶּשֶׁת** ושוכחת מה שלמדתי.
מה לעשות? איך אני יכולה ללמוד בלי **לְהִתְרַגֵּשׁ**?

נירית השקדנית

*מִתְרַגֵּשׁ/ת – to get excited, nervous

מאירה היקרה,

יש לי בעיה. החברה שלי אוהבת **לְהִתְלַבֵּשׁ*** יפֶה, אבל היא **מִתְלַבֶּשֶׁת** שעות! אין לי סַבלנות* לחַכות* עד שהיא גומרת **לְהִתְלַבֵּשׁ**. כאשר אני שואל אותה "כמה זמן אַת **מִתְלַבֶּשֶׁת**?" היא כּועסת ואומרת שאני לא מֵבין... אני לא מֵבין? מה אני לא מֵבין?!

ישראל מבאר-שבע

*לְהִתְלַבֵּשׁ — to dress oneself
*סַבְלָנוּת — patience
*לְחַכּוֹת — to wait

מאירה היקרה,

יש לנו בעיה. אנחנו עובדים במשרָד קטן. כל האנשים במשרד מאוד נֶחמדים, אבל עובד אֶחד לא **מִתְרַחֵץ***. אנחנו לא יודעים אֵיך לדבר איתו על זה. האם לשלוחַ לו מִכתב אָנוֹנִימִי? האם הבּוֹס צריך לדבר איתו ולומר לו שהוא צריך **לְהִתְרַחֵץ**? מַה דַּעְתֵּךְ?*

בתודה,
מיכל אֶפרת ודב מירון מחיפה

*מִתְרַחֵץ— to shower
*מַה דַּעְתֵּךְ? — What is your opinion?

בניין התפעל – זמן הווה
מִתְלַבֵּשׁ
מִתְלַבֶּשֶׁת
מִתְלַבְּשִׁים
מִתְלַבְּשׁוֹת

דִּקְדּוּק

הִתְפַּעֵל *verbs are* ***active****:*

• הֵם מִתְפַּלְלִים בְּבֵית הַכְּנֶסֶת. They pray in the synagogue.

A Common use of **הִתְפַּעֵל** *is to express the* ***reflexive*** *(action done to oneself):*

• אֲנִי מִתְלַבֵּשׁ בַּחֲדַר-הָאַמְבַּטְיָה. I dress up in the bathroom.

Some **הִתְפַּעֵל** *verbs have a* ***reciprocal*** *sense:*

• אַמְנוֹן מִתְחַתֵּן עִם תָּמָר. Amnon is getting married to (lit., with) Tamar.

תרגיל א

כתבו מכתב תשובה בשֵם מאירה לאחד או יותר מהמכתבים ל"מאירה היקרה" בעמוד הקודם.

תרגיל ב

השלימו בזמן הווה:

לְהִתְלַבֵּשׁ (to dress oneself)

1. לָמה את ______________ , יש מסיבה?
2. המסיבה רק בערב, למה אתם ______________ עכשיו?
3. היא הולכת כל היום בפיג'מה. היא לא רוצה ______________.
4. קר מאוד בחוץ. כדאי לכם ______________ בבגדים חמים!
5. הוא לובש בגדים מכוערים, הוא לא יודע ______________.

לְהִתְרַגֵּשׁ (to get excited)

1. גַּלְיָה צריכה לדבר בכיתה מחר. היא מאוד ______________ .
2. התלמידים ______________ , כי הכיתה נוסעת לטיול לפּוֹלניה.
3. החברים שלי מבית הספר באים לבַקר אותי. אני שׂמח ו ______________ שהם באים.
4. אנחנו רק מדברים על הספר. למה אתן ______________?

לְהִתְרַחֵץ (to wash oneself)

1. אבא __________ בבוקר.
2. אמא __________ בערב.
3. עוזי הקטן לא אוהב __________.
4. בקיץ הם __________ בברֵיכה ובים.

לְהִתְחַתֵּן (to get married)

1. מתי את מִתְחַתֶּנֶת? – אני __________ בעוד חודש.
2. איפה אתם מִתְחַתְּנִים? – אנחנו __________ בבית מלון.
3. שמעתי שאָח שלך __________ עִם החבֵרה החדשה שלו.
4. – איפה האחיות שלך מִתְחַתְּנוֹת? – הן __________ בבית של ההורים שלי.

תרגיל ג

כתבו משפטים עם הפעלים:

1. לְהִתְחַתֵּן עם... __________
2. לְהִתְלַבֵּשׁ __________
3. לְהִתְרַחֵץ __________
4. לְהִתְרַגֵּשׁ מ... __________

תרגיל ד

השלימו עם הפעלים להתאהב, להתרגש, להתחתן.

שִׂיחַ אִמָּהוֹת

– אני כל כך __________! הבת שלי__________ מחר!
– מזל טוב!
– ומה עם הבת שלך?
– היא? היא כל יום __________ במישהו חדש...

אֲנִי שׁוּב מִתְאַהֵב

יונה וולך

אֲנִי שׁוּב מִתְאַהֵב
וְנִשְׁבַּע כְּבָר שֶׁלֹּא
וְקוֹרֵא לָהּ לָבוֹא.

אֲנִי שׁוּב מִתְגַּנֵּב[1]
רַק לִרְאוֹת מֵרָחוֹק
אִם הַצַּעַר מָתוֹק
שׁוּב לִהְיוֹת כְּתִינוֹק.

אֲנִי שׁוּב מִתְאַהֵב
מְשַׂחֵק עִם הַלֵּב
בְּלֵילוֹת בְּלִי שֵׁנָה
שׁוּב לָצֵאת לַגִּנָּה.

אֲנִי שׁוּב מִתְבַּזְבֵּז[2]
אֲנִי שׁוּב מִתְאַכְזֵב[3]
בָּא הוֹלֵךְ וְעוֹזֵב
אֲנִי שׁוּב מִסְתּוֹבֵב.[4]

שָׁם
אַהֲבָה מְחַכָּה
וַאֲנִי עוֹבֵ...ר
דֶּרֶךְ עַצְמִי[5]
דֶּרֶךְ עַצְמֵךְ.

מתוך: יונה וולך, **מופע.** 1985.

[1]מִתְגַּנֵּב — sneak

[2]מִתְבַּזְבֵּז — wasting

[3]מִתְאַכְזֵב — disappointing

[4]מִסְתּוֹבֵב — going around

[5]עַצְמִי — myself

שאלה:

נסו לחשוב מדוע וולך משתמשת בשיר הזה בהרבה פעלי התפעל בזמן הווה.

דִּקְדּוּק

A slight shift occurs in **התפעל** *verbs whose roots begin with the sibilant letters* **ז, צ, ס, שׂ, שׁ**.
In all such verbs, the **ת** *of* **התפעל** *changes places with the first letter of the root.*
If the first root letter is **צ**, *the* **ת** *further changes to* **ט**.
If the first root letter is **ז**, *the* **ת** *further changes to* **ד**.

שׁ.מ.שׁ.	–	**לְהִשְׁתַּמֵּשׁ**	(to use)
ס.כ.ל.	–	**לְהִסְתַּכֵּל**	(to watch, view)
צ.ע.ר.	–	**לְהִצְטַעֵר**	(to be sorry, regret)
ז.ק.נ.	–	**לְהִזְדַּקֵּן**	(to get old)

תרגיל א

קראו את הדיאלוגים וכתבו דיאלוגים נוספים משמאל עם המילים החדשות:

1. בַּסִּפְרִיָּיה

א׳ : סליחה, אתה **מִשְׁתַּמֵּשׁ** במחשב?
ב׳ : לא.
א׳ : אני יכולה **לְהִשְׁתַּמֵּשׁ** בו?
ב׳ : כן. בבקשה.

לְהִשְׁתַּמֵּשׁ ב...
____
____
____
____

2. תַּיָּירִים

היא: על מה אתה **מִסְתַּכֵּל**?
הוא: סתם, על האנשים ברחוב.
היא: תפסיק **לְהִסְתַּכֵּל** על האנשים ותעזור לי **לְהִסְתַּכֵּל** על המפה. אני לא יודעת איפה אנחנו!

לְהִסְתַּכֵּל
____
____
____
____

3. שׁוֹתִים קָפֶה, אוֹכְלִים עוּגָה

מלצר : אני **מִצְטַעֵר**, אבל אין עוגת תפוחים.
לקוחה : אתה **מִצְטַעֵר**? אני **מִצְטַעֶרֶת**. רציתי עוגת-תפוחים.
מלצר : יש לנו פאי לימון, את רוצה?
לקוחה : לא, תודה. רק קפה בבקשה.

לְהִצְטַעֵר
____
____
____
____

4. בַּחֲדַר שֵׁינָה

ראובן : ברוריה, את חושבת שאני **מִזְדַּקֵּן**?
ברוריה: כן, אבל אתה **מִזְדַּקֵּן** יָפֶה.
ראובן : אבל אני לא רוצה **לְהִזְדַּקֵּן**.
ברוריה: מה לעשות, ראובן? כולם **מִזְדַּקְּנִים**. ככה זה.

לְהִזְדַּקֵּן
____
____
____
____

הִתְפַּעֵל, שְׁלֵמִים – עָבָר

בניין התפעל – זמן עבר	
אני	**הִתְ**לַבַּשְׁתִּי
אתה	**הִתְ**לַבַּשְׁתָּ
את	**הִתְ**לַבַּשְׁתְּ
הוא	**הִתְ**לַבֵּשׁ
היא	**הִתְ**לַבְּשָׁה
אנחנו	**הִתְ**לַבַּשְׁנוּ
אתם	**הִתְ**לַבַּשְׁתֶּם
אתן	**הִתְ**לַבַּשְׁתֶּן
הם/הן	**הִתְ**לַבְּשׁוּ

מאירה היקרה,

יש לי בעיה. אני סבתא לשני נכדים קטנים והם לא יודעים איך **לְהִתְנַהֵג*** בבית שלי. בשבת שעברה הם באו לבקר והם לא **הִתְנַהֲגוּ** יפה. הם אכלו בסלון, **הִשְׁתַּמְּשׁוּ** בטלפון **וְהִסְתַּכְּלוּ** שעות בטלוויזיה. אני יודעת שאני לא האמא שלהם, אבל זה הבית שלי! מה אני יכולה לעשות?

סבתא דואגת

*לְהִתְנַהֵג — to behave

מאירה היקרה,

יש לי בעיה. פגשתי בחור נחמד לפני כמה זמן ואני חושבת שאני אוהבת אותו. אף פעם לא **הִתְאַהַבְתִּי***. איך מרגישים כאשר **מִתְאַהֲבִים**?

התוֹהָה* מחיפה

*לְהִתְאַהֵב — to fall in love

*הַתּוֹהָה — the wonderer (f.)

תרגיל א

כתבו את הפועל להתאהב **בעבר** : Conjugate in the past

א.ה.ב.	אני	הִתְאַהַבְתִּי	אנחנו	________
	אתה	________	אתם	________
	את	________	אתן	________
	הוא	________	הם	________
	היא	________	הן	________

תרגיל ב

השלימו את הטבלה בזמן עבר:

אני	אתה	את	הוא	היא	אנחנו	אתם	אתן	הם/הן
הִתְלַבַּשְׁתִּי								
	הִתְרַחַצְתָּ							
		הִתְרַגַּשְׁתְּ						
			הִתְחַתֵּן					
				הִשְׁתַּמְּשָׁה				
					הִזְדַּקַּנּוּ			
						הִסְתַּכַּלְתֶּם		
							הִצְטַעַרְתֶּן	
								הִתְפַּלְּלוּ

תרגיל ג

כתבו סיפור אהבה בזמן עבר.

השתמשו בפעלים: להסתכל, להתרגש, להתאהב, להתלבש, להתחתן, להזדקן.

הִתְפַּעֵל, שְׁלֵמִים – עָתִיד

בניין התפעל – זמן עתיד	
אני	**אֶתְ**לַבֵּשׁ
אתה	**תִּתְ**לַבֵּשׁ
את	**תִּתְ**לַבְּשִׁי
הוא	**יִתְ**לַבֵּשׁ
היא	**תִּתְ**לַבֵּשׁ
אנחנו	**נִתְ**לַבֵּשׁ
אתם	**תִּתְ**לַבְּשׁוּ
אתן	**תִּתְ**לַבְּשׁוּ
הם-הן	**יִתְ**לַבְּשׁוּ

מאירה היקרה,

יש לנו בעיה. אנחנו גרים בְּמֶרכז הארץ והבת שלנו רוצה שאנחנו נגור על ידהּ בדרום. אבל אנחנו רוצים לגור בבית שלנו. היא אומרת: מה יהיה כאשר אתם **תִּזְדַּקְנוּ***? ואנחנו אומרים לה, שכאשר **נִזְדַּקֵּן** אנחנו נטַייל בעולם, נשחק עם הנכָדים שלנו, נקרא את כל הספרים שרצינו לקרוא ואף פעם לא היה לנו זמן לקרוא. איך להסביר לבת שלנו שאנחנו לא פוחדים **לְהִזְדַּקֵּן**?

הצעירים ברוחם*

* לְהִזְדַּקֵּן – to get old

*צְעִירִים בְּרוּחָם – young at heart

תרגיל א

כתבו מכתב למאירה וספרו על בעיה שיש לכם. השתמשו בפעלים הבאים בעתיד:

להתרגש, להתאהב, להתנהג, להתחתן, להתלבש, להסתכל

מאירה היקרה,

תרגיל ב

השלימו את הטבלה בזמן עתיד:

אני	אתה	את	הוא	היא	אנחנו	אתן/אתם	הן/הם	באנגלית
אֶתְלַבֵּשׁ								
	תִּתְרַחֵץ							
		תִּתְרַגְּשִׁי						
			יִתְחַתֵּן					
				תִּשְׁתַּמֵּשׁ				
					נִזְדַּקֵּן			
						תִּסְתַּכְּלוּ		
							יִתְפַּלְּלוּ	

תרגיל ג

השלימו עם הפעלים הבאים בעתיד:

להתנהג, להתרחץ, להתאהב, להתפלל, להזדקן, להסתכל, להתלבש, להתרגש

הָעִידָן* הֶחָדָשׁ

*עִידָן – age

הַמַדענים אומרים שבעתיד נחיֶה הרבה יותר שָׁנים ו _________ לְאַט, אִם אנחנו לא _________ בטלוויזיה כל כך הרבה שעות, אִם לא _________ מִכּל בעיה קטנה ו_________ בחכמה.

אהבה גם עוזרת לחיים ארוכים ; אִם אנשים ימשיכו _________ כל פעם מֵחדש, הם יחיו הרבה שנים.

אִם הם _________ הרבה במים קרים, אִם הם _________ בבגדים נוחים ואִם הם _________ לאלהים מפעם לפעם, החיים שלהם יהיו טובים וארוכים.

תרגיל ד

הטו את הפעלים שבסוגריים בכל הזמנים (עבר ,הווה ,עתיד)

Conjugate the verbs in parentheses in past/present/future:

	עבר	הווה	עתיד		
1. אתם	______	______	______	בסרָטים.	**(לְהִתְרַגֵּשׁ)**
2. הם	______	______	______	על חוף הים.	**(לְהִתְחַתֵּן)**
3. אתם	______	______	______	בבגדים יפים.	**(לְהִתְלַבֵּשׁ)**
4. אנחנו	______	______	______	יפֶה.	**(לְהִתְנַהֵג)**
5. אתה	______	______	______	בטלוויזיה.	**(לְהִסְתַּכֵּל)**
6. היא	______	______	______	באוטו.	**(לְהִשְׁתַּמֵּשׁ)**
7. היא לא	______	______	______	.	**(לְהִזְדַקֵּן)**

רַבִּי מֵאִיר אוֹמֵר: ״אַל תִּסְתַּכֵּל בַּקַּנְקַן, אֶלָּא בְּמַה שֶׁיֵּשׁ בּוֹ;
יֵשׁ קַנְקַן חָדָשׁ מָלֵא יָשָׁן, וְיָשָׁן שֶׁאֲפִילוּ חָדָשׁ אֵין בּוֹ.״

פרקי אבות, פרק ד, כז

Review and Enrichment סִיכּוּם וְהַעֲשָׁרָה

מִדְרָשׁ

In biblical times a wife suspected of adultery by her husband was taken to the Temple in Jerusalem to determine her guilt. One of the methods used by the priests was to make the woman drink special water, מַיִם מָרִים (bitter water) or מַיִם מְאָרְרִים (cursing water) mixed with some dust taken from the tabernacle floor. It was believed that if the woman was guilty, the holy water would swell her belly and make her thigh fall off and she would then be cursed among her people.

(Numbers 5:5, במדבר ה, ה)

The midrashic tale titled "אחיות" (sisters) uses this old custom to preserve and protect the sanctity and unity of the family.

אֲחָיוֹת

מַעֲשֶׂה בִּשְׁתֵּי אֲחָיוֹת שֶׁהָיוּ דּוֹמוֹת זוֹ לָזוֹ
וְהָיְתָה אַחַת נְשׂוּאָה בְּעִיר אַחַת וְאַחַת נְשׂוּאָה בְּעִיר אַחֶרֶת.
בִּיקֵּשׁ בַּעֲלָהּ שֶׁל אַחַת מֵהֶן לְקַנְּאוֹת* לָהּ
וּלְהַשְׁקוֹתָהּ* מַיִם הַמָּרִים בִּירוּשָׁלַיִם.
הָלְכָה לְאוֹתָהּ הָעִיר שֶׁהָיְתָה אֲחוֹתָהּ נְשׂוּאָה שָׁם.
אָמְרָה לָהּ אֲחוֹתָהּ: מָה רָאִית לָבוֹא לְכָאן?
אָמְרָה לָהּ: בַּעֲלִי מְבַקֵּשׁ לְהַשְׁקוֹת אוֹתִי מַיִם הַמָּרִים.
אָמְרָה לָהּ אֲחוֹתָהּ: אֲנִי הוֹלֶכֶת תַּחְתַּיִךְ* וְשׁוֹתָה.
אָמְרָה לָהּ: לְכִי.
לָבְשָׁה בִּגְדֵי אֲחוֹתָהּ וְהָלְכָה תַּחְתֶּיהָ
וְשָׁתְתָה מֵי הַמָּרִים וְנִמְצֵאת* טְהוֹרָה.
וְחָזְרָה לְבֵית אֲחוֹתָהּ, יָצְאָה שְׂמֵחָה לִקְרָאתָהּ*,
חִבְּקָה* אוֹתָהּ וְנָשְׁקָה לָהּ בְּפִיהָ,
כֵּיוָן שֶׁנָּשְׁקוּ זוֹ לָזוֹ, הֵרִיחָה* בְּמַיִם הַמָּרִים וּמִיָּד מֵתָה.

*לְקַנְּאוֹת — to be jealous (and suspect her)
*לְהַשְׁקוֹתָהּ — to make her drink
*תַּחְתַּיִךְ — instead of you
*נִמְצֵאת — was found
*לִקְרָאתָהּ — toward her
*חִבְּקָה — she hugged
*הֵרִיחָה — she smelled

מדרש תנחומא, פרשת נשא, סעיף ו. (בלשון המקור, ללא שינויים)

תרגיל א

1. ספרו את הסיפור במילים שלכם.
2. קראו את הדיאלוג בין שתי האחיות (שורות 6-9). מה אתם חושבים על הקשר בין שתי האחיות?
3. איך המדרש שונה מן מהתורה, ולמה?

מוֹדָעוֹת דְּרוּשִׁים מֵהָעִיתּוֹן

1

דרושים[1] טבחים בעלי ניסיון[2]
לעבודה במלון "שרתון"
באזור[3] המרכז.

טל: 03-5894321
פקס: 03-5894322

[1]דָּרוּשׁ — needed
[2]נִיסָּיוֹן — experience
[3]אֵזוֹר — area

2

לחברת[4] מזון "טעמי"
דרוש פקיד/ה

- ניסיון במכירות[5].
- ניסיון בעבודה מול מחשב.
- אנגלית ברמה טובה.

ת.ד. 5337 חיפה

[4]חֶבְרָה — company
[5]מְכִירוֹת — sales

3

למושב צפריר
דרוש/ה

גנן/ת
עם ניסיון

לעבודה באווירה[6] צעירה
ודינמית.

לפנות למשה רענן, ד.נ. 5578
גליל עליון.

[6]אֲוִירָה — atmosphere

4

דרושה מזכירה רפואית
לעבודה במרפאה
אלטרנטיבית
באזור הדרום.

מתאים[7] לסטודנטים
לפנות לד"ר אבינרי
טל. 07-9956783

[7]מַתְאִים — suitable

תרגיל א

כתבו נכון/לא נכון **לפי המודעות בעמוד הקודם:**

1. A hotel is looking for waiters. T / F
2. An infirmary in the south is looking for a medical secretary. T / F
3. *The "Taami"* food Company is looking for cooks. T / F
4. A *moshav* in the north is looking for a landscaper/gardener. T / F

תרגיל ב

ענו על השאלות הבאות לפי המודעות:

1. How many of the job postings are for people with a background in computers?____
2. How many of the job postings are for people with experience (ניסיון)? ____
3. Which of the jobs ask for young people? _______________

תרגיל ג

משחק תפקידים

Choose one of the ads and role-play a job interview with a partner. Alternate roles. (בעברית)

מַחֲזֶה

אַיי לַיְיק מַיְיק

אהרון מגד

Aharon Megged, born in 1920 in Poland, is one of Israel's most prominent novelists and playwrights. His 1956 play, "I Like Mike," satirizes the rapid bourgeoisification of Israeli society and the abandonment of the pioneering ideals of its founders once the State was established.

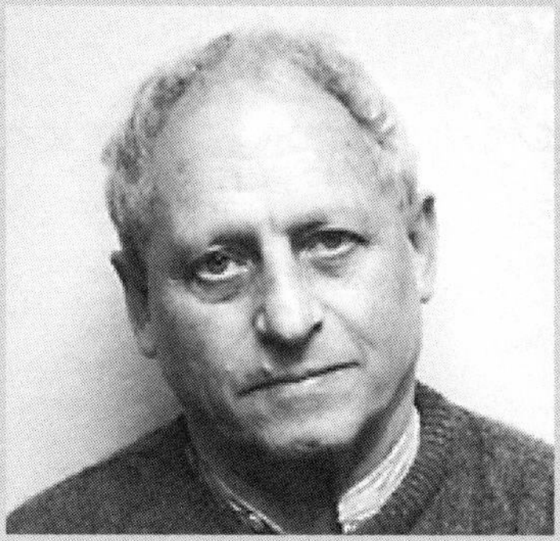

הנפשות הפועלות:

בנימין אריאלי – פקיד

יפה אריאלי – אשתו

תמרה – בתם, בת 18

ציפי – בתם, בת 12

מיכה – קצין בצה״ל (אוהב את תמרה)

מייק אברהמס – תייר אמריקאי צעיר

(בנימין ויפה יושבים בחדר-המגורים. נכנסת תמרה.)

תמרה: מה קורֶה כאן? אתם עושים מסיבה?

יפה: דַּבֵּר איתָה בנימין.

בנימין: דַּברי אַת איתָה!

תמרה: מה הִתְלבשתם בבגדֵי-חג? אתם הולכים לתיאטרון?

יפה: בואי הֵנה רגע, תמרה.

תמרה: אני שומעת...

יפה: שִׁמעי תמרה, יש בָּחוּר* אחד...

תמרה: ש-לום! *(מסתובבת לצאת)*

יפה: רגע אחד תמרה, מה זה איתָך?

תמרה: אני לא רוצה לשמוע אף מילה אחת! אמא, את לא תבחרי* לי בַּחוּרים בַּשוק, ולא תקְני לי אותם בְּמַתָּנָה, ואני לא רוצה להתחתן*, וזֶהו!

בנימין: *(קם מהכיסא)* שִׁמעי תמרה, יש בָּחוּר אחד...

*בָּחוּר – guy

*תִּבְחֲרִי – choose

*לְהִתְחַתֵּן – to get married

תמרה:	שמעתי, אני שְׂמֵחה מאוד שיש בחור אחד. בכל פעם זה רק בָּחור אחד.	
יפה:	יֶשנוֹ בחור שמְעוּניָין* מאוד לְהַכּיר אותָך.	*מְעוּנְיָין — interested
תמרה:	כן, אני יודעת, עָשיר, נֶחמד ויפֶה. אבל אני לא מעוּנייֶנֶת לְהַכּיר אותו.	
יפה:	רגע אחד בבקשה, תשמעי אותי. בעוד זמן קצר יָבוא הֵנה בחור אמריקאי אחד.	
תמרה:	אמרתי לך כבר אֶלֶף פעם שאני... מה אמרתְ? אמריקאי?	
יפה:	נוּ, אַת רואה? אַת לא נותנת לי לדבר. אז...	
תמרה:	הוא מדבר עברית?	
יפה:	קצת. הוא פשוט רוצה לָבוא ולשוֹחֵחַ* איתָנו. זה הכל.	*לְשׂוֹחֵחַ— to discuss
תמרה:	בסדר, לא אִכְפַּת לי*. אתם תקראוּ לי כשיָבוא, כן?	*לֹא אִכְפַּת לִי – I don't care
	(הולכת לחדר שלה)	
יפה:	*(בשמחה)* בנימין, עָשינוּ כבר את מַחֲצית* העבודה.	*מַחֲצִית - חֲצִי
יפה:	אבל תזכור בנימין, שלא תדבר דברים רָעים על המדינה שלנוּ, אִם הוא ישמַע מה שאתה תמיד מְסַפֵּר לי, הוּא יברַח* מהֵר מן הארץ, עוד לפני שיספיק לדבר מילה אחת עִם תמרה שלנוּ.	*לִבְרוֹחַ — to flee
יפה:	*(נשמע צִלצוּל בדלת)* בנימין, אתה תִפתח, אני כל-כך מתרגשת.	
בנימין:	לא, לא, אַת תפתחי. אַת בַּעֲלַת הבית.	
יפה:	נוּ, טוב, איך אומרים? *גוּד אִיבְנִינג מִיסְטֶר מָיְיק*?	
	(יפה פותחת את הדלת, נכנס מיכה)	
מיכה:	תסלחוּ לי...	
יפה:	תמרה לא בבית!	
מיכה:	אבל היא אמרה לי שתהיה היום בבית...	
יפה:	מיכה, היא לא פה. אני מצטַערת, שלום!	
	(יפה סוגרת את הדלת)	

יפה: ראיתָ איזו חוצפה?

בנימין: יפה, איך אַת מִתנהגת? הוא אוהב אותה!

יפה: אני לא רוצה שיאהַב אותה!

(צלצול בדלת, יפה פותחת. נכנס מייק.)

מייק: שלום! אני שמֵחַ להַכיר אֶתכם.

יפה: אתה נראה בדיוק כמו שתֵיארתי לעַצמי*.

*כְּמוֹ שֶׁתֵּיאַרְתִּי לְעַצְמִי – as I imagined

מייק: אני שָׂמח מאוד על *הצ׳אנס* הזה להיות בבית של משפחה בישראל. בשבילי זה *פִירְסְט הֶנְד אינפוּרְמֵשוֹן* כמו שאומרים.

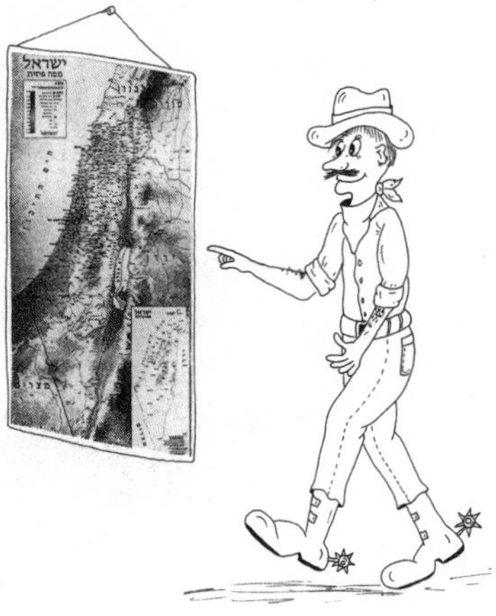

יפה: אתה כבר הרבה זמן בישראל, *מיסטֶר מַייק*?

מייק: רק שבוע.

בנימין: וכמה זמן עוד תהיה בארץ?

מייק: רק עוד כמה ימים, אני חושב.

יפה: רק כמה ימים? חבל! יש כל כך הרבה מה לראות בישראל! היית כבר בגָליל?

מייק: עוד לא, אבל זה ב*פְּלַן* שלי.

יפה: אתה מדבר עברית מצוּיֶנֶת מיסטֶר מַייק, איפה למדת את זה?

מייק: או, אני יודע רק קצת עברית, זה מה *סַנְדֵי סְקוּל*.

יפה: ומאיזו עיר אתה בארצוֹת הברית, אִם מוּתר לי לשאול?

מייק: יוּסטוֹן, טֶקסס.

יפה: או, טֶקסס! *קאוּבּוֹי*?!

מייק: או, לא. לאבא שלי יש *פַאְרְם* גדול בטקסס, אבל אני רוצה להיות מְהַנְדֵס* למכונות לחקלאוּת. *אַגְרִיקַלְטשוּרַאל אִינְג׳ינִירִינְג*.

*מְהַנְדֵּס – engineer

יפה: אין לך מוּשָׂג*, מיסטֶר מַייק, כמה צריכים מְהַנדסים בָּאָרֶץ.

*אֵין לְךָ מוּשָּׂג – you have no idea

מייק: כן, זה טוב מאוד. זה פחוֹת עבודה ויותר *פְּרוֹדַקְשוֹן*: טְרקטוֹר אחד זה יותר מֵמאה אנשים.

בנימין: ואיך מוצֵאת חן בעיניךְ* תל-אביב שלנו?

*מוֹצֵא חֵן בְּעֵינֶיךָ – like it (lit., find favor in your eyes)

מייק: בסדר, זה כמו ניו-יורק, הרבה רַעַש. אני אוהב שֶׁקט.

לְאַט-לְאַט, יש זמן...

(שומעים קול שירה מהחדר של תמרה.)

מייק: זה רדיו ישראל?

יפה: *(צוחקת)* לא, זאת הבת שלנו, תמרה, היא זַמֶּרֶת.

מייק: היא שרה יפֶה מאוד.

יפה: עוד מעט היא תיכָּנֵס*, ותוכל להַכּיר אותה.

*תִיכָּנֵס — she will enter

מייק: יהיה נעים מאוד.

(נכנסת ציפ, הבת הקטנה)

ציפ: אמא, תַּגידי לתמרה שתַּפסיק לָשיר, היא...

יפה: אֵיך אַת מִתנהגת*? תַּגידי קוֹדם כל שלום!

* מִתְנַהֶגֶת — behaving

ציפ: שלום. אמא, תַּגידי לתמרה!

...

בנימין: תַּכּירי את האורֵחַ... הַכּירו בבקשה. זאת ציפי, הבת הקטנה שלנוּ.

מייק: שלום, אני מַייק מאמריקה.

ציפ: אני צִיפ מֵאַסְיָה. אמא, תַּגידי לתמרה ש...

יפה: תמ-רה! בואי לרגע...

תמרה: *(נכנסת)* כן אמא, קראתְ לי?

אחרי שלושה חודשים

(בנימין ומייק יושבים בחדר המגורים ומשׂוחחים. נכנסת תמרה.)

בנימין: טוב שבאתְ, תמרה. הבחור הזה — נִכְנַס לו רעיוֹן משוּגע לראש: הוא רוצה לגור איתָך באֵילת וּלגַדֵּל* פָּרות.

* לְגַדֵּל — to raise

תמרה: בסדר, אבא, אני יודעת מה מַייק רוצה.

בנימין: ואַת מַסכימה?

תמרה: לא, אני כבר אמרתי למַייק עֶשׂרים פעם שאני זַמרת. אני לא אֵלֵך לאֵילת לגַדל פָּרות.

מייק: *(צוחק)* פָּרות זה טוב, הרבה חָלָב, הרבה בָּשָׂר...

תמרה: באמריקה יש יותר חלב ויותר בשר, ובכלל, אני זַמרת. אֵילת זה לא מָקום בשביל זַמרת, זה לא בשביל הסוֹפרן שלי!

מייק: יהיה לנו פָּארם ובעֶרב נעשֶׂה אֵשׁ* על יד הבית שלנוּ, ואת תשירי כמו ששרת ביום הראשון שבאתי אליכם.

בנימין: *(כועס)* לא, מייק, אני לא אֶתֵּן לךָ לַהֲרוס* את החיים של הבת שלי! כל העיר יודעת שתמרה נוסעת לאמריקה, ואנחנו לא נוֹדיעַ* פתאום שהיא תִהיה בּוֹקֶרֶת* באֵילת.

*נַעֲשֶׂה אֵשׁ – we'll build a fire

*לַהֲרוֹס – to ruin

*נוֹדִיע – we will announce

*בּוֹקֶרֶת – cowgirl

שאלות:

1. מה אתם יודעים על תמרה מהמחזה?
2. מה אתם יודעים על מייק מהמחזה?
3. איך משתמש אהרון מגד בקוֹנפליקט בין תמרה ומייק כדי לבקר* את החֶברה* הישראלית של שנוֹת החמישים?
4. האם אתם מכירים אנשים שהיה להם קונפליקט דוֹמֶה?

*לְבַקֵּר – to criticize

*חֶבְרָה – society

תַּסְרִיט: "הַבָּחוּר שֶׁל שוּלִי" (1997)

דורית רביניאן

עזרא, מוכר גלידה, מתאהב ממבט ראשון* במזל, גרושה עם ילד, שחזרה לגור בבית של אמא שלה. מזל לא ראתה את עזרא קודם, אבל כאשר הוא בא ומבקש ממנה לבוא ולחיות איתו היא מסכימה. כולם במשפחה כועסים ומבקשים ממזל לא ללכת עם עזרא, אבל היא לא שומעת להם.

את התסריט כתבה **דורית רביניאן**, סופרת ישראלית. דורית רביניאן כתבה את הספרים "סמטת השקדיות בעומריג'אן" (1995) ו"החתונות שלנו" (1999) שמספר על יהודים מאירן, הודו וטורקיה. סרט הטלוויזיה "הבחור של שולי" זכה בפרס הדרמה הטובה ביותר לשנת 1997, מטעם האקדמיה הישראלית לקולנוע.

דוֹד שלום: תַגידי, אַת, מה קרה לך? אַת מַכירה את הבנאדם הזה בכלל? מזל, אַת מכירה אותו? הוּא בא, אומר לך בואי, ואת הולכת אַחֲרָיו*? זהו, נִגְמַר לך הכָּבוד?

האח ניסוֹ: כבוד? בוּשה* אין לה. לְאָן אַת רצה? ... אִם אבא זִכְרוֹנוֹ לִבְרָכָה היה רואה אותָך, היה בּוֹכֶה* עכשיו.

מזל: אבא? אתה מדבר על אבא? שכחת שגם לאבא שלך לא היתה מַכּוֹלֶת*, ולא היה לו בֶּגֶד ללבּוש בחתוּנה שלו עם אמא? מאיפה הוא בא? הִנֵּה, דוֹד לילוֹ יזכיר לך. כמה רצו אֶת אמא, כמה ביקשו אותה שתתחתן איתם. איפה כל המכוּבדים האלה עם כל הכסף והכבוד שלהם, אמא? בְּמי בָּחַרְתְּ* מכוּלם? באבא, זִכרונו לְברכה. איש פשוּט. מוֹכר מיץ. בא אֵלַיִךְ מהרחוב. מה הוא הֵבִיא* איתו? את האהבה שלו. זהו, זה מה הוּא הביא. בשביל האהבה שלו בָּרַחְתְּ* מהבית היפֶה שלך. אַת בעצמֵך לא תמיד אמרת, לא חשוּב מי בא, מאיפה בא, העיקר שהלֵב שלהם ככה, ככה ביחד? אמא, את יודעת יותר טוב מכוּלם שאישה צריכה לבחור את הגֶבֶר שלה בעצמה, אַחֶרֶת*... תסתַכלי [על הילד], תסתַכלי עָלָיו, אמא. זה היה טוב ככה? העיקר מהר-מהר לחַתֵּן את מזל? לא חבל* על הילד? וְעָלַי, לא חבל? על כל הסֵבֶל* שעברנוּ?

האח ניסו: משוּגעת! נהיתה משוּגעת המזל הזאת. רוצה לְשַׁגֵּעַ פה את כוּלנו!

*בּוּשָׁה – shame
*בּוֹכֶה – cry
*מַכּוֹלֶת – grocery store
*בָּחַרְתְּ – you chose
*הֵבִיא – brought
*בָּרַחְתְּ – ran away
*אַחֶרֶת – otherwise
*חֲבָל – pity
*סֵבֶל – suffering

שאלות

1. למה דוד שלום שואל את מזל, "נגמר לך הכבוד"? על מה הוא מדבר?
2. ספרו במילים שלכם איך אמא של מזל פגשה את בעלה?
3. מה מזל למדה מסיפור האהבה של אמא שלה?

חיבור

האם אתם מאמינים באהבה ממבט ראשון? תנו דוגמאות מהחיים, מספָרים או מסרטים.

אוֹצַר מִילִּים יְחִידָה 10

מִקְצוֹעוֹת	Professions
גַּנָּן / גַּנֶּנֶת	gardener, kindergarten teacher
טַבָּח / טַבָּחִית	cook
טַיָּיס / טַיֶּיסֶת	pilot
חַיָּיל / חַיֶּילֶת	soldier
נֶהָג / נַהֶגֶת	driver
צַלָּם / צַלֶּמֶת	photographer
חַזָּן / חַזָּנִית	cantor
זַמָּר / זַמֶּרֶת	singer
סַדְרָן / סַדְרָנִית	usher
פְּסַנְתְּרָן / פְּסַנְתְּרָנִית	pianist
שַׂחְקָן / שַׂחְקָנִית	actor
רַקְדָן / רַקְדָנִית	dancer
סַפְרָן / סַפְרָנִית	librarian
פּוֹלִיטִיקַאי / פּוֹלִיטִיקָאִית	politician
סְפּוֹרְטַאי / סְפּוֹרְטָאִית	athlete
מוּזִיקַאי / מוּזִיקָאִית	musician
עִיתּוֹנַאי / עִיתּוֹנָאִית	journalist
פָּקִיד / פְּקִידָה	clerk
מַזְכִּיר / מַזְכִּירָה	secretary
עוֹרֵךְ-דִּין / עוֹרֶכֶת דִּין	lawyer
מְהַנְדֵּס / מְהַנְדֶּסֶת	engineer
רוֹפֵא / רוֹפְאָה	physician
אוֹמָן / אוֹמָנִית	artist

מִבְנִים	Expressions
כְּשֶׁ... (כַּאֲשֶׁר)	when
שׁוֹנֶה מִ...	different from
דּוֹמֶה לְ...	similar, resembling
כְּמוֹ	like, as
יוֹתֵר מִ...	more than
פָּחוֹת מִ...	less than
הֲכִי, בְּיוֹתֵר	the most
מִמֶּנִּי, (מִמְּךָ, מִמֶּנּוּ...)	from me, than me
הָיָה לִי...	I had

שְׁמוֹת עֶצֶם	Nouns
חֶבְרָה נ׳	company, society
נִיסָּיוֹן ז׳	experience
תַּרְבּוּת נ׳	culture
רַעַשׁ ז׳	noise

שְׁמוֹת תּוֹאַר	Adjectives
רָזֶה / רָזָה	thin, skinny
חָתִיךְ / חֲתִיכָה	hot, hunky
חָמוּד / חֲמוּדָה	cute
מַצְחִיק / מַצְחִיקָה	funny
שָׁמֵן / שְׁמֵנָה	fat
גָּבוֹהַּ / גְּבוֹהָה	tall
נָמוּךְ / נְמוּכָה	short
מְפוּרְסָם / מְפוּרְסֶמֶת	famous
נֶחְמָד / נֶחְמָדָה	nice
עָדִין / עֲדִינָה	gentle
חָכָם / חֲכָמָה	clever, smart, wise
עָנִי / עֲנִיָּיה	poor
מַשְׂכִּיל / מַשְׂכִּילָה	well educated
רָגִישׁ / רְגִישָׁה	sensitive
עָשִׁיר / עֲשִׁירָה	rich
בַּיְישָׁן / בַּיְישָׁנִית	shy
רְצִינִי / רְצִינִית	serious
סַבְלָנִי / סַבְלָנִית	patient
אַחְרַאי / אַחְרָאִית	responsible

מְיוּחָד / מְיוּחֶדֶת	special
נָקִי / נְקִיָּיה	clean
מְסוּדָּר / מְסוּדֶּרֶת	organized/neat
נוֹחַ / נוֹחָה	comfortable
נָעִים / נְעִימָה	pleasant
מְבוּגָּר / מְבוּגֶּרֶת	mature, adult
קָרוֹב / קְרוֹבָה	close
רָחוֹק / רְחוֹקָה	far

בִּנְיַין הִתְפַּעֵל	***Hitpa'el***
לְהִתְלַבֵּשׁ	to get dressed
לְהִתְרַחֵץ	to wash oneself
לְהִתְרַגֵּשׁ	to get excited
לְהִתְנַהֵג	to behave, conduct oneself
לְהִתְפַּלֵּל	to pray
לְהִתְאַהֵב בְּ...	to fall in love with
לְהִתְנַשֵּׁק עִם...	to kiss (someone)
לְהִתְחַתֵּן עִם...	to get married
לְהִתְגָּרֵשׁ מ...	to get divorced

לְהִסְתַּכֵּל	to look at, watch
לְהִשְׁתַּמֵּשׁ בְּ...	to use
לְהִשְׁתַּתֵּף בְּ...	to participate, take part in
לְהִצְטַעֵר	to be sorry
לְהִזְדַּקֵּן	to age

UNIT 11 יְחִידָה

בַּעֲלַת הָאַרְמוֹן
The Lady of the Castle

Unit 11 יְחִידָה

תּוֹכֶן הָעִנְיָינִים

Unit 11 יְחִידָה

בַּעֲלַת הָאַרְמוֹן

Goals

Context/Content

Literary responses to the Holocaust: play, poem and short story

Communication/Function

Describe characters (their story, motives, feelings)

Summarize plots

Instruct/suggest action

Structure/Grammar

Imperative (צִיווּי): **למד! אל תלמד!**

Irregular verbs: **פעל פ״י בעתיד**

Possession, ownership using **בעל, בעלת...**

The preposition **על**: **עלי, עליך...**

Because, therefore (**מפני ש..., ולכן**)

Culture

Scenes from the play **״בעלת הארמון״** by Leah Goldberg

Poems **״אנה ואני״** by Amnon Shamosh

Short story **״אביב קר״** by Aharon Appelfeld

בַּעֲלַת הָאַרְמוֹן

מַחֲזֶה מֵאֵת לֵאָה גוֹלְדְבֶּרְג (1955)

סְצֵנוֹת נִבְחָרוֹת (Selected scenes)

לאה גולדברג (1911–1970)

עיתונאית, משוררת, סופרת ילדים, חוקרת ספרות ומתרגמת. נולדה בליטא וגדלה ברוסיה. התחילה לכתוב שירים בעברית כילדה. למדה שפות שמיות בגרמניה. ב-1935 עלתה לארץ והתחילה לפרסם יצירות בכמה עיתונים. מ-1952 היתה פרופסור לספרות באוניברסיטה העברית בירושלים וראש החוג לספרות באוניברסיטה. חיתה בירושלים, שם נפטרה בגיל 59.

הַנְּפָשׁוֹת הַפּוֹעֲלוֹת:

זַאנְד – סַפְרָן מישראל, בן 40

דוֹרָה – עובדת "עליית הנוער"[1], גם היא מישראל, בת 40

זַאבְּרוֹדְסְקִי – שומר הארמון* (בעבר רוזן* ובעל הארמון), בן 57

לֶנָה – נערה* יהודייה, בת 19

המקום: אַרמון ישן בְּמֶרכז אֵירופה

הזמן: סֶפטמבר, 1947

*אַרְמוֹן – palace

*רוֹזֵן – count

*נַעַר/ה – youth

[1] Youth Aliyah (עליית הנוער) was started by Henrietta Szold in 1933 in order to rescue Jewish children from Nazi Europe. By 1948 the program had brought 30,000 children from Europe to Palestine.

מַעֲרָכָה רִאשׁוֹנָה – סִיכּוּם

(השעה היא בין 9 ל-10 בערב)

זָאנְד בא לחפֵּשׂ ספרים עתיקים בסִפריית האַרמון*. דוֹרָה באה איתו כדֵי לראות את האַרמון. בערב, כאשר הם רוצים לַחְזור לבֵית המָלון בָּעיר (במֶרחק 60 ק״מ) יוֹרֵד גשם חזק והמכוֹנית של זָאנד לא בסדר. זאנד ודוֹרה מבַקשים מזאברודסקי לָלוּן* בארמון. זאברודסקי מַסכים, אבל לא בְּשִׂמחה.

כּאֲשר זאנד נִכנָס* לחדרו הוא רואה שָׁעון קוּקִייה גדול ועתיק. השעון לא עובד, וכאשר זאנד מנסה להפעיל* אותו, השעון מצַלצל* עֲשׂרה צִלצוּלים. מיד אחר כך נִפתַחַת* בקיר-החדר דלת סודית וּמֵהדלת יוֹצֵאת לנה, בחוּרה צעירה ויפה בשִׂמלה לְבנה. לנה רוֹאָה את זאנד, צועקת* ונופלת* אַרְצָה.

*אַרְמוֹן — palace

*לָלוּן — to sleep overnight

*לְהִיכָּנֵס (נִכְנַס) — to enter

*מְנַסֶה לְהַפְעִיל — tries to operate

*לְצַלְצֵל — to ring

*לְהִיפָּתַח (נִפְתַּחַת) — to open

*לִצְעוֹק — to shout

*לִיפּוֹל (נוֹפֶלֶת) — to fall down

מַעֲרָכָה שְׁנִיָּיה

(אותו הלילה, בין 10 ל-12)

לֶנָה: אַל תַּהֲרוֹג* אותי! אה, אה, אַל תַּהֲרוֹג אותי!

זַאנְד: מה אַת מדברת? מי אַת? בבקשה, קומי! *(רוצֶה לעזור לה לקום)*

לנה: אל תהרוג אותי, אל תיגַע* בי, אני אקום, אני אקום, אלוהים! הם מַפציצים*!

זאנד: אבל ילדה, מה אַת מדברת, מי רוצה להרוג אותָך? מי? *(שומעים רַעַם*)*

לנה: הם מַפציצים!

זאנד: מי מַפציץ? זה רַעַם, אַת שומַעַת? יורד גשם ויש רוח חזקה!

לנה: אני לא יהודייה, אני בַּעֲלת הַארמון. אני לא יהודייה. אתה יכול לשאול את זאברודסקי!

זאנד: אבל אני יהודי.

לנה: *(מרימה את הראש)* אתה?... באמת... יהודי? אתה רוצה לְהִסתתר*? בוֹא, אני אַסתיר* אותְךָ... אני אַרְאֶה* לְךָ אֶת המקום, הרוזֵן זאברודסקי יַסכים, הוּא כבר הִסתיר פה יהוּדים.

זאנד: למה לְהִסתַתר? אני לא באתי לְהִסתתר כָּאן. חַכִּי*, אני אקְרָא לזאברודסקי.

לנה: אַל תקרא לו, הוּא לא אָשֵׁם*, הוּא איש טוב. הוּא שומֵר עָלַי... הם יושבים אֶצלו בחדר לְמַטה... הם יַהַרְגוּ אותָנו...

זאנד: מי - הם?

לנה: הקצינים*, הגֶנֶרלים... הנָאצים...

זאנד: הַקשיבי, ילדה, אני, סַפרן אני מארץ ישראל... איש לא יהרוג אותָך, עכשיו אין נָאצים. אין גֶנֶרלים גֶרמנים. באתי הֵנה כדֵי לחַפש ספרים יהוּדיים... אין עוד מלחמה.

לנה: הם שלחו אותך... אתה עוזר לַגרמנים... אני יודַעַת. יש

---

*אַל תַּהֲרוֹג — don't kill

*לָגַעַת (תִּיגַע) — to touch

*לְהַפְצִיץ — to bomb

*רַעַם — thunder

*לְהִסְתַּתֵּר — to hide

*לְהַסְתִּיר — to hide someone

*לְהַרְאוֹת (אַרְאֶה) — to show

*לְחַכּוֹת (חַכִּי) — to wait

*אָשֵׁם — guilty

*קָצִין — officer

יהודים כָּאלה... למה השעון צִלצֵל? למה קראתָ לי? אתה יודע אֶת הסוד*?!

*סוד — secret

זאנד: אלוהים! אמרתי לָךְ: המלחמה נִגמרה* לפני הרבה זמן. אֵין עוד מלחמה בעולם. אַת מבינה מה אני מדבר אֵלַיִךְ? *(לנה שותקת)* יש רופֵא שמטַפל בָּךְ?

*לְהִיגָּמֵר (נִגְמְרָה) — to be finished

לנה: *(כועסת*)* אתה חושב שאני משוגעת?... אלוהים! הוא חושב שאני משוגעת! אני יושבת כאן שלוש שָנים וכל הזמן יש מִלחמה. והם... הם הורגים יהודים! ראיתי בעינַי!

*כּוֹעֶסֶת — angry

זאנד: אבל אין פה נאצים... *(לא יודע מה לעשות. פתאום מוציא עיתון מן הכיס)* הנה... קחי, זה עיתון מהיום, אַת יכולה לקרוא!

לנה: אני לא רוצָה, אתה לא יכול לעשות לי שום דבר... אתה לא יכול...

זאנד: את יודעת לקרוא? את יודעת מה זה עיתון?

לנה: מה אתה רוצה ממני?... אני יודעת...

זאנד: אם את קורֵאת עיתונים אַת צריכה לדעת שאין מלחמה בעולם...

לנה: לא קראתי עיתון כבר שלוש שנים... *(היא לוקחת את העיתון)* כן... התַּאריך* נכון, זה עיתון של היום... אני כתבתי את התַּאריך על הקיר כל יום... שלוש שנים... יום יום... אני לא מבינה... אני לא מבינה... זה עיתון אמיתי*?

*תַּאֲרִיךְ — date

*אֲמִיתִּי — real

זאנד: זה עיתון שהבּוקר קניתי אותו בעיר. ואתמול קניתי עיתון כזה, ושִלְשום*, ולפני שבוע, וכל האנשים כאן, בארץ הזאת, קוראים את העיתון הזה.

*שִׁלְשׁוֹם — the day before yesterday

לנה: הה. ככה. זה... הוא לא אמר לי. אלוהים! הוא לא אמר לי...

(מַמשיכה לשֶבֶת על הרִצפה ומַסתירה את פָּניה בידיה)

זאנד: *(לא יודע מה לעשות. לבסוף הולך אל הדלת שבצד שְׂמאל וקורא בשֶקֶט)*

דורה! דורה!

תמונה 2 (לנה, זאנד, דורה)

דורה: *(נכנסת*)* מה קרה? שמעתי קול צְעָקָה מִקודם.

*נִכְנֶסֶת — she enters

זאנד: בּוֹאִי הנה. אַת צריכה לעזור לי.

דורה: מי זאת? מֵאַין היא באה?

זאנד: היא נִכְנְסָה מן הדלת הזאת שבקיר. דלת סוֹדית כנראה, אני לא יודע מי היא.

(דורה רוצה לראות יותר טוב את הבחורה וּמַדליקה אֶת האוֹר)*

*לְהַדְלִיק — to ignite, turn on

לנה: אַל תַּדליקוּ את האוֹר. עכשיו הם יבוֹאוּ! אתם...

זאנד: ילדה, אַת לא צריכה לפחוֹד* מֵהאוֹר! *(אומר מַשהו לדורה)*

*לִפְחוֹד מ... — to be scared of

דורה: *(מסתכלת על לנה)* אתה חושב שהיא חוֹלַת-רוּחַ*?

*חוֹלַת-רוּחַ — mentally ill

לנה: אני לא מְשוּגַעַת, אני לא... עכשיו אני כבר לא יודעת...

זאנד: היא אומרת שזאברודסקי הִצִּיל* אוֹתה... דַּבְּרִי איתה, ואני אֵלֵךְ לקרוא לזאברודסקי. אולי הוא יַסביר* לנוּ את העִנְיָן.

*לְהַצִּיל (הִצִּיל) — to save

*לְהַסְבִּיר — to explain

לנה: לא. אַל תקרא לו, אַל תלך אלָיו, לא! לא!

זאנד: טוב, לא אקרא לו. *(יושב בצד ולא יודע מה לעשות)*

דורה: מוּתר לי לָשֶׁבֶת על ידך, ילדה? את חִיוֶּורֶת* כל כך! רואים שלא הָיִית בַּשמש הרבה זמן. אַת לא יוֹצֵאת הַחוּצָה*?

*חִיוֵּור/ת — pale

*יוֹצֵא/ת הַחוּצָה — go (come) out, exit

(לנה עושה בראשה סימן שלילה)

דורה: חבל! עכשיו היוּ יָמים כל כך יפים! עוד הבוקר היתה שמש, לא חשבתי שיֵרֵד גשם.

לנה: גשם?

דורה: הלא שמעתְּ את הרְעָמים?!

זאנד: היא חשבה שזאת הַפְצָצָה*.

*הַפְצָצָה — bombing

דורה: אבל כבר שְנתיים אין הַפצצות, אין מִלחמה... אַת חשבתְּ שיש עוד מלחמה? אני מבינה. אַת ישבת בארמון ולא יָצָאתְ הַחוּצָה ולא ראיתְ אנשים, ולא אמרוּ לָךְ, כן?

לנה: כן.

דורה: עכשיו, כְּשֶׁיִּהְיֶה יפֶה בחוץ את תֵּצאי איתנו החוצה. *(לנה שותקת)* אנחנו באנו מארץ-ישראל, ואנחנו פגשנו כָּאן הרבה אנשים צְעירים. הם כבר לא פוחדים עכשיו, הם הולכים לכל מקום; לטַייל, לקולנוע, לתֵיאטרון... אַת מבינה מה שאני אומרת?

לנה: כן.

תמונה 3 (לנה, זאנד, דורה)

דורה: בוֹאי ונַכּיר* זוֹ את זוֹ; שמי דוֹרה. מה שמֵך?

*לְהַכִּיר (נַכִּיר) — be acquainted

לנה: עכשיו באמת אין מלחמה? אין נאצים? זו אמת?

דורה: כן, זו אמת. אבל מי אַת?

לנה: שמי לנה, אבל מי אתם? למה קראתם לי? למה השעוֹן צִלצל?

דורה: איזה שָׁעון?

זאנד: השעוֹן הזה, אני פתחתי אותו ומצאתי בו מפתח. עם המפתח הִפעלתי* את השעון והוא צִלְצֵל עשר פעמים...

*לְהַפְעִיל — to activate

לנה: עֶשֶׂר פעָמים, זה הסימָן*.

*סִימָן — signal

זאנד: איזה סימָן?

לנה: בשבילי... סימן שאין כאן נאצים, שאני יכולה לָצֵאת... זה סימָן בֵּינִי וּבֵין הרוֹזן.

זאנד: אני לא ידעתי שום דבר על הסימָן הזה. אני פתחתי את השָׁעון, מִפְּנֵי* שאני אוֹהב שְׁעוֹנים.

*מִפְּנֵי שֶׁ... — כי

לנה: אבל מֵאין אתם?

דורה: אנחנו מארץ ישראל. שנֵינו. אַת יודעת איפה זה ומה זה?

לנה: כן.

דורה: היא יהודייה כַּנִּרְאֶה.

(אל לנה) אַת מכאן? מִן הסְביבה, או מִן העיר?

לנה: מן העיר... זה רָחוֹק מאוד... אני חושבת שזה רָחוק מאוד...

דורה: ואת בָּאתְ לכאן ברגל? בזמן המלחמה?

לנה: כן.

דורה: ויש לָךְ מישהו? מישהו עדיין* חי ממשפחתֵךְ?

*עֲדַיִין — still, yet

לנה: למה את שואלת אותי? שואלת ושואלת! אין לי אף אחד! אין! אבל מי אתם? אתם לא אומרים לי, אתם לא רוצים לְהַגִּיד* לי...

*לְהַגִּיד ל... — to tell (someone)

דורה: אנחנו רוצים לְהַגיד לך מי אנחנו; הנה, האיש הזה הוא מיכָאל זאנד ושלחו אותו לחַפש כאן ספרים. *(לנה לא מאמינה)* מיכָאל, תֵּן לה לראות אֶת התעודה* שלך. וגם את הפַּספּורט שלך, כן, כן, את יכולה לָשבת ולבדוק בשקט את התעודות.

*תְּעוּדָה — certificate, ID

(לנה לוקחת את התעודות ומסתכלת בהן ואחר כך בזאנד)*

*לְהִסְתַּכֵּל ב... — look at, observe

תמונה 4 (לנה, זאנד, דורה)

דורה: שמי דוקטור רינֶגל. דורה רינגל. אני עובדת במוסד* הַנִּקְרָא "עֲלִיַּית–הנוֹעַר". אַת כמובן לא יודעת מה זה.

*מוֹסָד — institution

לנה: אני יודעת... קודם... כשהייתי קטנה... היו באים אלינו אנשים מארץ ישראל... אבל אתם באתם לשאול אותי כל מינֵי שאֵלות... אתם רוצים לָדַעַת עָלַי ועל הרוזן...

דורה: אִם אַת לא רוצָה לְסַפֵּר לנו, את יכולה לחזור* אֶל המקום שיָּצָאתְ ממנו... בדלת הזאת...

*לַחְזוֹר — return

זאנד: אִם אַת רוצָה שנֵלֵך מכאן, אנחנו נֵלֵךְ.

לנה: לא, אַל תֵּלכו עכשיו... אני פוחדת עכשיו... גם מֵהרוזן אני פוחדת.

זאנד: אבל מי אַת, סַפּרי לנו, איך הִגַּעְתְּ הֵנה?

לנה: אֵיך באתי הנה?... אני לא ידעתי כלום... אני חשבתי... הם לא ידעו שאני כאן והוא היה טוב אֵלַי. הוא היה כל כך טוב אֵלַי, הרוזן! הוא עשה הכל... הוא היה נותן לי הכל, אוכל טוב... בַּהַתחלה*, כאשר עוד לא יכולתי לאכול כמו כל האנשים, הוא היה מַאֲכיל* אותי בכַפית כמו תינוק... אני הייתי גם חולָה. אחר כך הוא נתן לי בגדים יפים,

*בְּהַתְחָלָה — in the beginning

*לְהַאֲכִיל — to feed

גם ספרים. רק אמר שאסור לפתוח את החַלונות... כדֵי שהגרמנים לא יִראו. ובלילה אני פה בַּעֲלַת הָאַרְמון*! והכל, הכל שלי!

*בַּעֲלַת הָאַרְמוֹן – the lady of the castle

דורה: אבל איך הִגַּעְתְּ הנה?

לנה: כאשר באו הגֶרמנים... כאשר הם באו אֶל בֵּיתנו... אני בָּרַחתי*. אינני יודעת איך. הם לָקחו את אבא ואת אמא ואת זוסְקָה הקטנה ואת פָּאוּל – ואני ברחתי. אני הִסְתַּתַּרְתִּי בַּיַּעַר* כמה ימים ובלֵילות אני הלכתי ולפעמים אני שַׁרתי...

*לִבְרוֹחַ – to escape

*יַעַר – forest, woods

דורה: שַׁרת?

לנה: כן... כן... בשקט... הם לא שמעו... זה לא חשוב... ולילה אחד כבר לא היה לי כוח, ואני באתי הנה – ונָפַלתי כאן... הוא יָצָא לְלַווֹת* אֶת הנאצים שגרו כאן – הוא שׂונא* אותם... הוא באמת שׂונא אותם! ואני הייתי רְעֵבה ובלי כוח... הוא לָקַח אותי, הוא הֶחביא* אותי כאן, בחדר הזה. זו היתה סַכָּנָה* בשבילו. הוא הִציל את חיי ונתן לי הכל... הכל... והוא...   *(שתיקה*)*

*לְלַווֹת – to accompany

*לִשְׂנוֹא – to hate

*לְהַחְבִּיא – to hide

*סַכָּנָה – danger

*שְׁתִיקָה – silence

דורה: ואחר כך, עם בּוֹא הניצָחון*, הוא לא סיפֵּר לָךְ. איזה נְבֵלָה*!

*נִיצָּחוֹן – victory

*נְבֵלָה – scoundrel

לנה: אני אֵלֵךְ! אינני רוצָה לדבר איתָך! איך את מדברת על הרוזן? הוא הִצִּיל אותי! הוא!

זאנד: בבקשה, שבי...

דורה: אבל תָּביני, הוא רימָּה* אותָך.

*לְרַמּוֹת (רִימָּה) – to deceive

לנה: הוא – אוהב – אותי.

דורה: ואַת – אותו?

לנה: אינני יודעת.

דורה: אילו אהבתְ אותו יכולתְ להִישָּׁאֵר* בארמון מרצונֵך הטוב, מאהבתֵך. הֲבַנְתְּ? בת כמה אַת?

*לְהִישָּׁאֵר – to remain

לנה: בת תשע עשרה... וחצי... הוא לא אָשֵׁם, כי אני אמרתי לו, שאחרי המלחמה אני אֵלֵך. אני חלמתי*, כל כך חלמתי שֶׁאוּכַל ללכת בחוץ, ללכת חופשִׁיה, בחוץ, בשמש, באוויר.

*לַחְלוֹם – to dream

תמונה 5 (לנה, זאנד, דורה)

דורה: ובכן, המלחמה נִגמרה. את חוֹפשִייה, את יכולה ללכת לכל מקום.

לנה: לא.

דורה: מדוע?

לנה: כאשר חולמים — זה אַחֶרֶת. הוא אמר שיום אחד יְגַלוּ* אותנו ויהרגו את שנֵינוּ. הוא רצה שנמוּת שנֵינוּ ביום אחד. ביחד. אבל אני לא רציתי למוּת. רציתי לחיות.

*לְגַלוֹת (יְגַלוּ) — to discover

דורה: עכשיו תוכלי ללכת מכאן.

לנה: לאן אֵלֵך? אֶל מי? הם רצחוּ* את אבא ואת אמא ואת הילדים. הוּא היחידי* בכל העולם שאוהב אותי. הוא רימה אותי מאהבה. הוא באמת אוהב אותי. ריחַמתי* עליו כל כך. אני אמרתי לו הראשונה שאני אוהבת אותו... אני אֲשֵמה... אני רציתי שיהיה לי מישהוּ. כך לשבת שָם כל הזמן בחדר הסגוּר. אפילוּ להסתכֵּל החוּצה אי אפשר היה. והוּא היה כל כך נִפְלָא* אֵלַי.

*לִרְצוֹחַ — to murder
*הַיְחִידִי — the only one
*לְרַחֵם על... — to have pity/mercy
*נִפְלָא — wonderful

דורה: אבל איך אַת חָיִיתְ כאן כל הזמן?

לנה: בלילה, כשלא היתה סַכָּנָה, תמיד בעֶשֶר בעֶרֶב צִלְצֵל הַשָּעוֹן ואני הייתי יוֹצֵאת אֵלָיו. אז אני בעלת-הארמון. כל זה — שלי. והוּא דאג* לי כמו לבת קטנה. הוּא קרא איתי ספרים יפים, ולימד אותי דברים שלא הִספקתי ללמוד בבית הספר. הרבה יותר יפים מאלה שלומדים בבית הספר, והיה יושב איתי כאן בחדר המוּסיקה. הייתם שָם?

*לִדְאוֹג ל... — to take care of, worry about

זאנד: כן.

לנה: ושָם היה מנַגן לי. הוּא מנַגן כמוֹ מַלאך אלוֹהים. הוא מנַגן לי את שוֹפֶּן.

דורה: את שוֹפֶּן! כך חשבתי.

לנה: אל תדַברי עליו כך, הוא מנַגן כמו מַלאך אלוֹהים. לפעמים כאשר הנאצים היו הולכים מהבית... כאשר הוא אמר שהנאצים הלכו, היינו אפילו רוקדים קצת. את רוקדת וַלס?

דורה: את רוצה להישָאר כאן, לרקוד וַלְס, להיות בעלת הארמון בלֵילות, ובֿיָמים – ביָמים גם הוא לא בעל הארמון. לקחו ממנו את הארמון. הִלאימו* אותו. עכשיו הוא, הרוזן שלך, רק שומר הארמון – כדַאי שתֵדעי זאת. ואַת רוצָה לשמוע את שוֹפֶּן, לקרוא ספרים על סוֹף העולם ועל מָוֶת ולהיות קשורה* לאיש אשר רימָה אותך, לחיות איתוֹ עד שיָמוּת? וּמה אז?

*לְהַלְאִים – to nationalize

*קָשוּר/ה ... – tied

לנה: אינני יודעת. אינני רוצה לחיות כך. אינני רוצה בכלל לחיות עוד. אני רוצה למוּת. למה באתם הנה? מי ביקש אֶתכם?

דורה: בואי, תיסְעי איתנו ארצָה, שָם תהיי בְּחֶבְרָה* של בנֵי גילֵך*. תִחְיִי, תַעַבְדִי, תהיי בריאה וחוֹפשייה כמו כל האנשים הצעירים.

*חֶבְרָה – company

*בְּנֵי גִילֵךְ – your age group

לנה: אני רוצה ללכת אבל אני לא יכולה... אני טמאה*...

*טָמֵא/ה – impure

זאנד: אני רוצֶה לוֹמַר לך מַשהו, מַשהו שאוּלַי אין לו מילים. אני יודע שקשֶה לָך, אבל אַת צריכה ללכת, אַת מבינה? אסור לך להישָאר פה! אַת צריכה לחיות, להיות חוֹפשייה, בלי הרוזן. מה שהיה פה נִגמר. אַת מבינה, לנה?

מַעֲרָכָה שְׁלִישִׁית

(אותו הלילה, לפני חצות)

(זאברודסקי, זאנד, דורה, לנה)

(לנה יושבת. דורה עומדת על ידה ורוצה לטלפן. זאברודסקי נכנס לחדר ומוציא אקדח*. זאנד קופץ וחוטף את האקדח מידו.)

זאברודסקי: אַת יכולה לטַלפן אִם אַת רוצָה, אני לא אַפְרִיעַ*.

זאנד: אַל תדאגוּ, האֶקְדח לא טָעוּן*.

זאברודסקי: *(מתיישב לאט ומסתכל על לנה)* ובכן, המלחמה נִגמרה, לנה. אַת יכולה ללכת.

דורה: המלחמה נִגמרה לפני שנתיים. היא היתה יכולה להיות חוּפשייה כבר הרבה זמן.

זאברודסקי: *(בסַרְקַסְטִיּוּת)* כן, לנה, היית יכולה להיות חוּפשייה. היית יכולה להיות ב"גַּן עֵדֶן" של אחרי המלחמה, להיות פְּלִיטה*, לחַפּש עבודה, להיות רְעֵבה. אבל בִּמְקוֹם זה נִשְׁאַרְתְּ כאן עִם איש זָקֵן.

זאנד: מַר* זאברודסקי, אני רוצֶה להבין מַשהוּ...

זאברודסקי: *(מַפסיק אותו)* אנחנו אף פעם לא נָבין זֶה אֶת זֶה. *(אל לנה)* סַפְּרִי להם. אִם אני אֲסַפֵּר להם, מי יאמין לי? מי יאמין לי שכאשר ראיתי אותָך ביַּעַר לא חשבתי רֶגע על עַצמי, מי יאמין לאדם זקן, חצי מֵת, שהדבר בֵּינינוּ הִתחיל לא מִצִּדִּי בלבד, לא מִצִּדִּי בלבד...

לנה: אני נִשְׁאֶרֶת פה, איתְּךָ.

זאברודסקי: מה תעשי פה עכשיו? מי תהיי פה עכשיו? תהיי אשתו או פִּילַגְשׁוֹ* של שומר הארמון? תמכרי כרטיסים לתיירים שיבואוּ הנה לארמון הזה? לא, אִם אַת רוצה לִחיות שָׁם... בעוֹלָם שלהם, את צריכה ללכת, לִשְׁכּוֹחַ את הכל.

זאנד: *(לוקח את ידה של לנה)* כן, היא תִּחְיֶה שָׁם.

זאברודסקי: "שָׁם" זה העולם היָחיד שהוּא מְצִיאוּת* עכשיו. אבל החלום

*אֶקְדָּח — pistol

*לְהַפְרִיעַ — to disturb, interrupt

*טָעוּן — loaded

*פְּלִיט/ה — refugee

*מַר — Mr.

*פִּילֶגֶשׁ — mistress

*מְצִיאוּת — reality

שנָתַתִי לָך, חלום אֱמֶת היה. ואם היה בַּחלום קצת שֶׁקֶר*...
מי מֵאִיתנוּ לא שיקֵר*, לנה? אַת חושבת שרימיתְ אותי? לא
סיפַּרתְ לי על המָוֶות שלָך, אבל אני ידעתי. לכל אדם יש אמת
שהוא שומר לעַצמוֹ. *(נֶאֱנָח*)* אני ואַת, לנה, ידענוּ כל כך
הרבה על המָוֶות.

זאנד: ועכשיו היא תִלְמַד משהוּ על החַיִים... בַּשנִים האלה כוּלָנוּ
למדנוּ לא מעט על המָוֶות. למדנוּ ... כן... למדנו שאֶת המָוֶות
אֶפשר לְהַכּיר לִפְעמים בְּרֶגע אחד. אבל כדֵי לְהַכִּיר את החַיים יש
ללמוד הרבה, לאט לאט... במֶשֶך* כל החיים, ורק אז
אוּלַי נֵדע משהו... אבל זה כדַאי. *(מְחַיֵיך*)*

זאברודסקי: כן, לנה, כל החיים. *(מסתכל עליה כאילו ראה אותה בפעם הראשונה)* אַת כל כך צעירה, לנה.

דורה: אנחנו מוּכָנים... בּוֹאִי, לנה. שלוֹם מַר זאברודסקי...
(השעון מצלצל 12 פעמים... חֲצוֹת)*

*שֶׁקֶר — a lie
*לְשַׁקֵר (שִׁיקֵר) — to lie
*נֶאֱנָח — sighs
*בְּמֶשֶך — during
*מְחַיֵיך — smiles
*חֲצוֹת — midnight

שְׁאֵלוֹת עַל הַמַּחֲזֶה "בַּעֲלַת הָאַרְמוֹן"

מערכה ראשונה – סיכום

1. מי הם זאנד ודורה?
2. מה עושים זאנד ודורה בארמון?
3. מדוע* הם לא חוזרים למָלון* שלהם בערב?
4. מתי לנה נִכְנֶסֶת* לחדר?
5. מה דְרָמָטִי בכניסה* שלה?

*מַדּוּעַ – why
*מָלוֹן – hotel
*נִכְנֶסֶת – enters
*כְּנִיסָה – entrance

מערכה שנייה

תמונה 1

6. איך לנה מרגישה כאשר היא רואה את זאנד לראשונה?
7. מה חושבת לנה כאשר היא שומעת את הרעמים*?
8. איך לנה מַציגה את עצמה*?
9. זאנד אומר ללנה שהוא יהודי. איך היא מְגִיבָה*?
10. מדוע לנה אומרת שזאברודסקי הוא איש טוב?
11. כמה זמן לנה בארמון? מדוע?
12. מדוע זאנד נותן ללנה עיתון?
13. איך לנה יודעת מה התאריך*?
14. מה לנה מבינה פתאום כאשר היא אומרת:
"הוּא לא אמר לי..." (עמוד 501)

*רְעָמִים – thunder
*מַצִּיגָה אֶת עַצְמָהּ – introduces herself
*מְגִיבָה – reacts
*תַּאֲרִיךְ – date

תמונה 2

15. מדוע זאנד קורא* לדורה?
16. מדוע פוחדת* לנה מן האור?
17. מדוע לנה חיוורת*?
18. מה מזג האוויר* ביום הזה (בבוקר ובערב)?
19. כמה זמן לנה בארמון מאז שנגמרה המלחמה?

*קוֹרֵא – calls
*פּוֹחֶדֶת – afraid
*חִיוֶּורֶת – pale
*מֶזֶג אֲוִויר – weather

תמונה 3

20. מה הסימן בין לנה והרוזן* (זאברודסקי)?
21. איך לנה הגיעה* לארמון?
22. מדוע בודקת* לנה את הפספורט של זאנד?

*רוֹזֵן – a count
*הִגִּיעָה – arrived
*בּוֹדֶקֶת – checks, examines

תמונה 4

23. מה קרה למשפחה של לנה?

24. איך מצא זאברודסקי את לנה ואיך הוא טיפל* בה?

25. מדוע דורה קוראת לזאברודסקי "נבלה"*?
(עמוד 505)

26. מה חלמה לנה לעשות אחרי המלחמה?

*טִיפֵּל — took care
*נְבֵלָה — scoundrel

תמונה 5

27. איזה מָוות חשב זאברודסקי שיהיה לו וללנה?

28. מדוע לנה אומרת "אני אשמה*"?
(עמוד 506)

29. מה לנה וזאברודסקי היו עושים בארמון בלילות?

30. איזה עתיד מציירת* דורה ללנה?

*אֲשֵׁמָה — guilty
*מְצַיֶּירֶת — pictures

מערכה שלישית

31. מה רצה זאברודסקי לעשות עם האקדח*, לדעתכם*?

32. למה זאברודסקי אומר: "מי יאמין לי"?
(עמוד 508)

33. זאברודסקי אומר: "מי מאיתנו לא שיקר?!"
(עמוד 509) הסבירו.

34. זאברודסקי חושב שלנה צריכה ללכת מהארמון. למה?

*אֶקְדָּח — pistol
*לְדַעַתְכֶם — in your opinion

שאלות סיכום

1. מה מערכת היחסים* בין לנה לזאברודסקי?

2. האם זאברודסקי גיבור* או נבל*?

*מַעֲרֶכֶת יְחָסִים — relationship
*גִּיבּוֹר — hero
*נָבָל — scoundrel

תַּרְגִּילֵי הַשְׁלָמָה עִם מִילִּים מֵהַמַּחֲזֶה

א.

הִדְלִיקָה, חוֹלַת-רוּחַ, הַפְּצָצָה, דֶּלֶת סוֹדִית, חִיוֶּורֶת, רְעָמִים

לנה הסתתרה מאחורי ____________ במשך שלוש שנים. היא ישבה בחושך ולא ____________ אור. היא חיתה בפחד מהמלחמה. כאשר היא שמעה את הגשם ואת ה____________, היא חשבה שיש ____________. כאשר זאנד פגש אותה בארמון, לנה היתה____________ מאוד. היא דיברה על מלחמה, והוא חשב שהיא ____________.

ב.

דָּאַג, הֶחְבִּיא, נִיגֵּן, רוֹקְדִים, נִגְמְרָה, נָבָל

דורה חושבת שזאברודסקי ____________, כי הוא לא סיפר ללנה שהמלחמה נגמרה. זאברודסקי לא אמר ללנה שהמלחמה ____________, כי הוא רצה שלנה תישָאר בארמון איתו.

לנה אומרת שזאברודסקי איש טוב, כי הוא ____________ אותה בחדר קטן ו____________ לה. הוא נתן לה אוכל, שתייה, ספרים ואפילו ____________ לה בפסנתר. לפעמים הם היו ____________ וָלס.

ג.

לָקְחוּ, חוֹפְשִׁיָּה, כּוֹחַ, הֶאֱכִיל, הִסְתַּתַּרְתִּי, חוֹלָה, הִצִּיל

לנה מספרת לדורה ולזאנד:

הנאצים ____________ את ההורים ואת האחים שלי. אני ____________ ביער בימים והלכתי בלילות. לילה אחד לא היה לי יותר ____________ ונפלתי לפני הארמון. אני הייתי ____________ מאד, והרוזן טיפל בי. הוא ____________ אותי בכפית, כמו תינוק. הוא ____________ אותי!

אני חלמתי ללכת בחוץ, להיות ____________, אבל הייתי כל הזמן בחדר הסגור בארמון.

ד.

אָרְצָה, חֶבְרָה, בַּעַל, לַעֲזוֹר, שׁוֹמֵר

דורה מספרת ללנה שפעם זאברודסקי היה ____________ הארמון. עכשיו הוא רק ____________. דורה רוצה ____________ ללנה לצאת מאירופה. היא רוצה שלנה תיסע איתם ____________. שם לנה תהיה ב____________ של צעירים בני גילה.

קְצָת יַחַס!

מִילוֹת יַחַס בַּהֶקְשֵׁר שֶׁל הַמַּחֲזֶה

לוֹמַר לְ...	**(א.מ.ר.)**
לָבוֹא מִ... /לְ...	
לְדַבֵּר עִם...	
לַהֲרוֹג אֶת...	
לָצֵאת מִ...	**(י.צ.א.)**
לָקַחַת אֶת...	**(ל.ק.ח.)**
לִמְצוֹא אֶת...	
לְהַגִּיעַ לְ...	**(נ.ג.ע.)**
לָתֵת	**(נ.ת.נ.)**
לְסַפֵּר לְ...	
לַעֲזוֹר לְ...	
לִפְחוֹד מִ...	
לִקְרוֹא לְ...	
לִרְאוֹת אֶת...	

תרגיל א

השלימו את הקטע עם מילות היחס המתאימות:

זאנד ודורה באו __ארמון __ישראל. זאנד הִגיע __ארמון כדי לחפש ספרים יהודיים עתיקים ומצא ______ לנה. כאשר הוא פתח את השעון, לנה יצאה __דלת סודית בקיר.
זאנד רוצה לעזור __לנה. אבל לנה פוחדת __זאנד. היא פוחדת ________ כי היא חושבת שהוא רוצה להרוג ______. לנה חושבת שזאנד עוזר __גרמנים, ולנה פוחדת __הנָאצים.
זאנד רוצה לקרוא __זאברודסקי, אבל לנה לא רוצה שהוא יקרא _______.
זאנד נותן __לנה את העיתון שלו. לנה לקחה ______ העיתון __זאנד. היא ראתה _______ התאריך בעיתון.
כאשר דורה דיברה ______ לנה, היא רצתה לעזור ______, אבל לנה פוחדת גם __דורה.
לנה הִגיעה __ארמון בזמן המלחמה, והיא לא יצאה __הארמון שלוש שנים.
זאברודסקי לא סיפר __לנה שהמלחמה נגמרה. הוא לא אמר ______ שום דבר.

עָלַי, עָלֶיךָ...

דוגמאות מ״בעלת הארמון״:

- ״ הוּא שׁוֹמֵר **עָלַי**.״ (עמוד 500) He is watching over me.
- ״אַתֶּם רוֹצִים לָדַעַת **עָלַי וְעַל** הָרוֹזֵן.״ (עמוד 504) You want to know about me and the count.
- ״רִיחַמְתִּי **עָלָיו** כָּל-כָּךְ.״ (עמוד 506) I had mercy on him.

	עַל
על + אני	**עָלַי**
על + אתה	**עָלֶיךָ**
על + את	**עָלַיִךְ**
על + הוא	**עָלָיו**
על + היא	**עָלֶיהָ**
על + אנחנו	**עָלֵינוּ**
על + אתם	**עֲלֵיכֶם**
על + אתן	**עֲלֵיכֶן**
על + הם	**עֲלֵיהֶם**
על + הן	**עֲלֵיהֶן**

לַחְשׁוֹב עַל...
לְדַבֵּר עַל...
לַחֲלוֹם עַל...
לִשְׁמוֹר עַל...
לְרַחֵם עַל...
לָדַעַת עַל...
לִצְעוֹק עַל...

תרגיל א

השלימו עם מילת היחס על **בנטייה:**

1. דורה אומרת שהרוזן רימה את לנה והיא לא צריכה לרחם __________.
2. הרוזן אהב את לנה. הוא שמר __________ מפני הנאצים.
3. לנה לא יודעת מה קרה להורים ולאחים שלה. היא כל הזמן חושבת __________.
4. זאנד ודורה מדברים. לנה יודעת שהם מדברים __________.
5. לנה לא ראתה שמש וגשם. היא רק חלמה __________.
6. זאברודסקי אמר ללנה: ״אני יכול לשמור __________ בחדר סודי בארמון״.

תרגיל ב

תרגמו את המשפטים לעברית:

1. Do you dream *about us*?

2. We talked *about you* (s.f.).

3. This chair is dirty. I don't want to sit *on it*.

4. Why do you yell *at me*?

5. We pity *her*.

6. I read *about them* and I know a lot *about them*.

7. They are nice kids. It's easy to watch *over them*.

בַּעַל-

• לנה: "אֲנִי לֹא יְהוּדִיָּה, אֲנִי **בַּעֲלַת** הָאַרְמוֹן..." (עמוד 500)

אני אתה הוא	**בַּעַל-**	**הארמון**
אני את היא	**בַּעֲלַת-**	
אנחנו אתם הם	**בַּעֲלֵי-**	
אנחנו אתן הן	**בַּעֲלוֹת-**	

דוגמאות:

- **יש לי** ארמון. אני **בעל** ארמון.
- **יש לה** אמונה. היא **בעלת** אמונה.
- **יש לנו** מכונית. אנחנו **בעלי** מכונית.
- **יש להן** כִּשְׁרוֹן למוסיקה. הן **בעלות** כשרון.

תרגיל א

כתבו את המשפטים הבאים והשתמשו במבנה בעל-, בעלת-, בעלי-, בעלות-**:**

1. לזאנד ודורה יש מכונית. הם ________________________.
2. לזאנד יש אוסֶף* של ספרים עתיקים. ________________________.
3. לזאברודסקי יש שעון קוּקייה עתיק. ________________________.
4. לזאנד ודורה יש כַּוָּונוֹת* טובות. ________________________.
5. לזאברודסקי יש אקדח. ________________________.
6. ללנה ולדורה יש דעות* שונות על זאברודסקי. ________________________.
7. לדורה יש הרבה סבלנות. ________________________.

*אוֹסֶף – collection

*כַּוָּונוֹת – intentions

*דֵּעוֹת – opinions

תרגיל ב

כתבו ארבע עובדות על עצמכם. השתמשו ב בעל-, בעלת-...

____

____

____

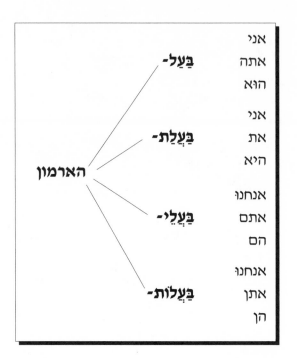

מִפְּנֵי שֶׁ...(כִּי) / וְלָכֵן

• זַאנְד פָּתַח אֶת הַשָּׁעוֹן, **מִפְּנֵי שֶׁ**הוּא אוֹהֵב שְׁעוֹנִים.

Zand opened the clock because he likes clocks.

• זַאנְד אוֹהֵב שְׁעוֹנִים, **וְלָכֵן** הוּא פָּתַח אֶת הַשָּׁעוֹן.

Zand likes clocks and therefore he opened the clock.

תרגיל א

כתבו את המשפטים עם ולכן: Rewrite the sentences using "therefore"

1. זאנד ודורה לא חזרו למלון, **מפני ש**המכונית שלהם לא בסדר.

המכונית של זאנד ודורה לא בסדר, ולכן הם לא חזרו למלון.

2. זאנד פתח את השעון, מפני שהוא אוהב שעונים.

3. לנה ידעה את התאריך, מפני שהיא כתבה את התאריך על הקיר.

4. לנה חיוורת, מפני שהיא לא היתה בשמש שלוש שנים.

5. זאנד עובד בספריית הארמון, מפני שהוא מחפש ספרים עתיקים.

6. לנה ברחה ליער, מפני שהגרמנים לקחו את משפחתה.

תרגיל ב

כתבו מפני ש / ולכן:

1. זאנד מבקר בספריית הארמון, __________ יש שם ספרים עתיקים.
2. זאברודסקי לא סיפֵּר ללנה שהמלחמה נגמרה, __________ היא חושבת שיש עדיין מלחמה בעולם.
3. בבית של לנה דיברו על ישראל, __________ לנה יודעת על ישראל.
4. זאברודסקי הֶאֱכיל את לנה בכפית, __________ היא היתה חוֹלָה וחלשה.
5. דורה אומרת שזאברודסקי נבֵלה, __________ לנה לא רוֹצָה לדבר איתה.
6. לנה שמעה את צלצולי השעון, __________ היא יצאה מהחדר הסודי.

פְּעָלִים מֵהַמַּחֲזֶה **(תמונה 1)**

תרגיל א

נתחו את הפעלים:

הפועל	שורש	בניין	זמן	באנגלית
עוֹבֶדֶת	ע.ב.ד.	פָּעַל	הווה	to work
לְחַפֵּשׂ				
רוֹצִים				
לַחְזוֹר				
מְצַלְצֵל				
צוֹעֶקֶת				
תַּהֲרוֹג				
אָקוּם				
מַפְצִיצִים				
שׁוֹמֵר				
קָנִיתִי				
הִסְתִּיר				

תרגיל ב

כתבו את הפעלים בזמן עבר:

זאנד ודורה באו מישראל. הם ________________ **(לְבַקֵּר)** בארמון בגרמניה, והם ________________ **(לִפְגּוֹשׁ)** את זאברודסקי. הם ________________ **(לְבַקֵּשׁ)** מזאברודסקי לישון בארמון לילה אחד.

השעון בחדר של זאנד ________________ **(לְצַלְצֵל)** עשרה צלצולים. בחורה צעירה ________________ **(לָבוֹא)** לחדר. היא ________________ **(לִפְחוֹד)** מאוד. זאנד ודורה ________________ **(לְדַבֵּר)** איתה. הם ________________ **(לְהַסְבִּיר)** לה שהמלחמה נגמרה. לנה ________________ **(לְהִסְתַּכֵּל)** עליהם, והיא לא ________________ **(לְהַאֲמִין)** להם.

Literary Devices – אֶמְצָעִים סִפְרוּתִיִּים

As a dramatic play, "בעלת הארמון" uses several literary devices to reinforce the drama and underscore the conflicts among the characters. Two of the most obvious devices are symbols and dramatic action.

Symbols

One of the first symbols in the play is the cuckoo clock, which represents Lena's predicament, her imprisonment. The broken clock represents suspended time, but as Lena's only means of communication with the outside world it also holds the key to her release.

Dramatic devices

The inclement weather introduces drama from the very beginning. The rainstorm makes Zand and Dora seek refuge in the palace, which leads to Lena's discovery. The fact that Lena mistakes the thunder for bombs also emphasizes her aggravated mental state.

תרגיל א

ענו בעברית או באנגלית:

מצאו עוד אמצעים ספרותיים במחזה. כתבו אותם והסבירו את תפקידם.

Read the play and try to find other literary devices. Write them down and explain their dramatic function.

תרגיל ב

אתם מבקרי תיאטרון. ספרו את תוכן המחזה והמליצו עליו.

You are a theater critic. Tell your readers/listeners what's going on in the play and give your recommendation.

בִּיטוּיִים וּמִשְׁפָּטִים מִן הַמַּחֲזֶה

מערכה שנייה
תמונה 1

"אַל תַּהֲרוֹג אוֹתִי!"	(עמוד 500)
"אַל תִּיגַּע בִּי!"	(עמוד 500)
"מַה אַתָּה רוֹצֶה מִמֶּנִּי?!"	(עמוד 501)
"אֲנִי לֹא מְבִינָה... אֲנִי לֹא מְבִינָה..."	(עמוד 501)

מערכה שנייה
תמונות 2-3

"מַה קָּרָה?!"	(עמוד 502)
"אַתְּ מְבִינָה מַה שֶּׁאֲנִי אוֹמֶרֶת?!"	(עמוד 503)
"אֵין לִי אַף אֶחָד."	(עמוד 504)

מערכה שנייה
תמונות 4-5

"אֵיךְ הִגַּעְתְּ הֵנָּה?!"	(עמוד 504)
"זֶה לֹא חָשׁוּב."	(עמוד 505)
"אֲבָל הוּא לֹא סִיפֵּר לָךְ."	(עמוד 505)
"לָמָּה בָּאתֶם הֵנָּה? מִי בִּיקֵּשׁ אֶתְכֶם?!"	(עמוד 507)

תרגיל א

מצאו את הביטויים האלה בטקסט – מי אמר אותם, ובאיזה הקשר?

Discuss the context of the above expressions in the play.

תרגיל ב

חברו מצבים עם הביטויים האלה, לא בהקשר של המחזה.

Role-play different dramatic situations using some of the above expressions.
(Think of who/where/when and how to use the sentence/expression in such a situation.)

כְּתִיבָה יוֹצֶרֶת

המשפטים הבאים לקוחים מתוך המחזה. בחרו משפט אחד וכתבו עליו.
נסו לכתוב על הנושא בהֶקשר אישי, ולאו דווקא בהֶקשר של המחזה.

Select one of the following sentences from the play and use it as the title for a short essay. Try writing about it in a personal context, not necessarily in the context of the play.

1. "הוא הציל את חיי". (עמוד 505)
2. "ללכת חופשייה, בחוץ, בשמש, באוויר". (עמוד 505)
3. "הוא רימה אותי מאהבה". (עמוד 506)
4. "ריחמתי עליו כל כך". (עמוד 506)

פְּעִילוּת:

מִשְׁפַּט זַאבְרוֹדְסְקִי

Zavrodsky's motives for keeping Lena in the palace after the war remain ambiguous to the end. Stage a mock trial to establish whether Zavrodsky's actions are justified or not. Use the words and role-charts below to prepare for the trial.

אוֹצַר מִילִּים

מִשְׁפָּט	trial	אָשֵׁם/ה	guilty
בֵּית מִשְׁפָּט	court house	זַכַּאי/ת	not guilty, acquitted
שׁוֹפֵט/ת	judge	חֶבֶר מוּשְׁבָּעִים	members of the jury
כְּבוֹד הַשּׁוֹפֵט/ת	your honor (the judge)	פְּסַק-דִּין	indictment
עוֹרֵךְ/ת-דִּין	lawyer, attorney	גְּזַר-דִּין	verdict
סָנֵיגוֹר/ית	defense attorney	בֵּית-כֶּלֶא / בֵּית-סוֹהַר	prison
קָטֵיגוֹר/ית	prosecutor	מַאֲסַר עוֹלָם	life imprisonment
נֶאֱשָׁם/ת	(the) accused	חוֹק	law
עֵד/ה	witness	צֶדֶק	justice
פֶּשַׁע	crime	לְהַאֲשִׁים אֶת...	to blame, accuse
פּוֹשֵׁעַ/ת	criminal	לְהָגֵן עַל...	to defend

תַּפְקִידִים (Roles)

זאנד / דורה / זאברודסקי / לנה

שמי ______, אני מ ______, המקצוע שלי ______

בשנת 1947 אני ______

אני שמעתי ש ______

אני ראיתי ש ______

אני חושב ש ______

קטיגור / סניגור

שמי ______

שמעתי מלנה ש ______

שמעתי מזאברודסקי ש ______

שמעתי מדורה וזאנד ש ______

האיש הזה אשם/זכאי, כי ______

______

שופט

שמעתי מדורה וזאנד ש ______________________________

שמעתי מלנה ש ______________________________

זאברודסקי אמר ש ______________________________

____

שמעתי מחבר המושבעים ש ______________________________

אני חושב שזאברודסקי אשם/זכאי, כי ______________________________

____

גזר הדין הוא ______________________________

אַנָּה וַאֲנִי

שָׁלוֹשׁ נוּסְחָאוֹת

מאת: אמנון שמוש

א.

נוֹלַדְנוּ
בְּאוֹתָהּ הַשָּׁנָה[1]
אַנָּה פְרַנְק וַאֲנִי

כְּלוּאִים[2] הָיִינוּ
יַחַד
אַנָּה פְרַנְק וַאֲנִי

שְׁנֵינוּ כָּתַבְנוּ יוֹמָן
הִיא מִשְּׂמֹאל לְיָמִין
אֲנִי מִיָּמִין לִשְׂמֹאל
שֶׁלָּהּ נִשְׁתַּמֵּר[3]
שֶׁלִּי –
נֶעְלַם[4]

מִי מִשְּׁנֵינוּ
קַיָּם[5]

[1] בְּאוֹתָהּ הַשָּׁנָה	the same year
[2] כְּלוּאִים	imprisoned
[3] נִשְׁתַּמֵּר	survived
[4] נֶעְלַם	disappeared
[5] קַיָּם	exists, extant

ב.

נוֹלַדְנוּ
בְּאוֹתָהּ הַשָּׁנָה
אַנָּה פְרַנְק וַאֲנִי

הַתַּגְלִית[1] טָפְחָה עַל פָּנַי
בְּבַיִת עַל הַתְּעָלָה[2]
וּבִתִּי אָז אִתִּי
בְּגִילָהּ

וּבִרְעָדָה[3]
(יָדִי אָחֲזָה בְּיָדָהּ)

כְּלוּאִים הָיִינוּ
יַחַד
אַנָּה פְרַנְק וַאֲנִי
רוֹעֲדִים מִפַּחַד[4]
יְהוּדִי

שְׁנֵינוּ כָּתַבְנוּ יוֹמָן
הִיא מִשְּׂמֹאל לְיָמִין
אֲנִי מִיָּמִין לִשְׂמֹאל
שֶׁלָּהּ נִשְׁתַּמֵּר
וְהֵדוֹ מָלֵא עוֹלָם[5]
שֶׁלִּי –
נֶעְלַם

מִי מִשְּׁנֵינוּ
קַיָּם

מַה טַּעַם בַּחַיִּים[6]
אִם לֹא אוּכַל[7]
בְּחַיַּי
לַעֲשׂוֹת מְעַט-מִן-הַמְּעַט
מִמָּה שֶׁעָשְׂתָה
בְּמוֹתָהּ[8]

[1] הַתַּגְלִית	discovery
[2] הַתְּעָלָה	canal
[3] רְעָדָה	trembling
[4] רוֹעֲדִים מִפַּחַד	trembling with fear
[5] הֵדוֹ מָלֵא עוֹלָם	its echo fills the world
[6] טַעַם בַּחַיִּים	meaning/purpose in life
[7] אוּכַל	will be able to
[8] בְּמוֹתָהּ	in her death

מתוך: אמנון שמוש, **עלי הגיון בכינור**. 1984.

ג.

נוֹלַדְנוּ
בְּאוֹתָהּ הַשָּׁנָה
אַנָּה פְרַנְק וַאֲנִי
הֶעָנִי
מִמַּעַשׂ[1]

הַתַּגְלִית טָפְחָה עַל פָּנַי
בַּבַּיִת עַל הַתְּעָלָה
וּבִתִּי
אָז אִתִּי
וּבְגִילָהּ

כְּלוּאִים הָיִינוּ
יַחַד
אַנָּה פְרַנְק וַאֲנִי

שְׁנֵינוּ כָּתַבְנוּ יוֹמָן
הִיא מִשְּׂמֹאל לְיָמִין
אֲנִי מִיָּמִין לִשְׂמֹאל
שֶׁלָּהּ נִשְׁתַּמֵּר
שֶׁלִּי –
נֶעְלַם

מִי מִשְּׁנֵינוּ
חַי
וְקַיָּם

מַה טַּעַם בַּחַיִּים
אִם לֹא אוּכַל
בְּחַיַּי
לַעֲשׂוֹת מְעַט-מִן-הַמְּעַט
מִמָּה שֶׁעָשְׂתָה
בְּמוֹתָהּ

אָנָה[2] אֵלֵךְ, אָנָה?
וּמָה אֶעֱשֶׂה
אֲנִי
הֶעָנִי מִמַּעַשׂ[1]?
אָנָּא,[3]
עֲנִי![4]

[1] הֶעָנִי מִמַּעַשׂ poor of deeds
[2] אָנָה where to
[3] אָנָּא please!
[4] עֲנִי answer, reply

אמנון שמוש

סופר, משורר ומורה. נולד בסוריה בִּשְׁנַת 1929, עָלָה לישראל כְּיֶלֶד ונלחם במלחמת השחרור. היה בֵּין מקימֵי[1] קיבוץ מַעֲיַן-בָּרוּךְ, שם הוא גר עד היום. כותב על החיים היהודיים בסוריה ועל הַקְּשָׁיִים[2] של חַיֵּי – העולים החדשים בארץ.

[1] מְקִימִים – founders
[2] קְשָׁיִים – hardships

תרגיל א

1. מה דומה ומה שונה בין המְסַפֵּר (״האני״) בשיר לבין אנה **בנוסח א׳** של השיר ״**אנה ואני**״?

2. מה עוד אפשר ללמוד על הקשר בין המְסַפֵּר (״האני״) ואנה פרנק מ**נוסח ב׳**?

תרגיל ב

In the third version (**נוסח ג׳**), in the first and last stanzas, the poet repeats the same sounds over and over again (alliteration). Find those words and read them aloud. What do you think the poet achieves by doing so?

פָּעַל, פ"י – עָתִיד

דוגמאות מהמחזה "בעלת הארמון":

- "אֲנִי **אֵלֵךְ** לִקְרוֹא לְזַאבְרוֹדְסְקִי." (עמוד 502)

I will go to call Zavrodsky.

- "לֹא חָשַׁבְתִּי שֶׁ**יֵּרֵד** גֶּשֶׁם." (עמוד 502)

I didn't think that it would rain (that rain would fall).

- עַכְשָׁיו, כְּשֶׁיִּהְיֶה יָפֶה בַּחוּץ, אַתְּ **תֵּצְאִי** אִיתָּנוּ הַחוּצָה." (עמוד 503)

Now, when it will be nice out, you will go out with us.

פָּעַל, פ"י – עָתִיד

אֵשֵׁב, תֵּשֵׁב, תֵּשְׁבִי, יֵשֵׁב, תֵּשֵׁב, נֵשֵׁב, תֵּשְׁבוּ, יֵשְׁבוּ	י.שׁ.ב. לָשֶׁבֶת	(to sit)
אֵרֵד, תֵּרֵד, תֵּרְדִי, יֵרֵד, תֵּרֵד, נֵרֵד, תֵּרְדוּ, יֵרְדוּ	י.ר.ד. לָרֶדֶת	(to go down, get off)
אֵצֵא, תֵּצֵא, תֵּצְאִי, יֵצֵא, תֵּצֵא, נֵצֵא, תֵּצְאוּ, יֵצְאוּ	י.צ.א. לָצֵאת	(to go out, exit)
אֵדַע, תֵּדַע, תֵּדְעִי, יֵדַע, תֵּדַע, נֵדַע, תֵּדְעוּ, יֵדְעוּ	י.ד.ע. לָדַעַת	(to know)
אֵלֵךְ, תֵּלֵךְ, תֵּלְכִי, יֵלֵךְ, תֵּלֵךְ, נֵלֵךְ, תֵּלְכוּ, יֵלְכוּ	ה.ל.כ. לָלֶכֶת	(to go, walk)

תרגיל א

השלימו בעתיד (עם הפעלים המוזכרים למעלה):

בַּשָּׁנָה הַבָּאָה

1. "בשנה הבאה ______ על המִרפסת..."
2. בשנה הבאה אלמַד עברית ו______ לקרוא את ה"הַגָּדָה".
3. בשנה הבאה אקנֶה מַחשב חדש, אִם המחירים* של המחשבים ______.
4. מתי אני ______ לרופא-שיניים? בשנה הבאה!
5. עכשיו אין הרבה מים בכינרת. אם ______ הרבה גשם בשנה הבאה, הכינרת תתמלא*.

*מְחִירִים – prices

*תִּתְמַלֵּא – will fill up

תרגיל ב

כתבו בכל הזמנים:

בַּסִּפְרִיָּה

	עבר	הווה	עתיד	
1. היא	יָשְׁבָה	______	______	בספרייה.
2. את	______	הוֹלֶכֶת	______	לספרייה.
3. הסטודנט	______	______	יֵצֵא	מהספרייה.
4. הם בספרייה, כי	יָרַד	______	______	גשם.
5. הם	______	יוֹדְעִים	______	איפה הספרים בעברית.

תרגיל ג

כתבו בעתיד:

1. היא יָשְׁבָה בארמון.

____

2. היא לא יָצְאָה החוצה.

____

3. היא לא יָדְעָה שהמלחמה נִגמרה.

____

4. היא לא הָלְכָה לעיר.

____

5. היא לא יָרְדָה במדרגות* של הארמון.

____

*מַדְרֵגוֹת – stairs

תרגיל ד

כתבו קטע עם הפעלים לָשֶׁבֶת, לָלֶכֶת, לָצֵאת, לָדַעַת, לָרֶדֶת.

Write a short paragraph with these פ״י verbs. Try to use different tenses.

Imperative צִיוּוּי

Do!

To ask or instruct someone to do something, Hebrew uses a command form, a shorter form of the second person future tense (second person future tense without the future prefix **ת***).*
A slight change in pronunciation often occurs because the verb is shortened.

קְרָא!
קִרְאִי!
קִרְאוּ!

רָעֵב?

חַפֵּשׂ מִסְעָדָה! **מְצָא** אוֹתָהּ! **אֱכוֹל! שְׁתֵה! שַׁלֵּם** עֲבוּר הָאוֹכֶל! **קַח** מַה שֶּׁלֹּא אָכַלְתָּ!
סַע הַבַּיְתָה! **לֵךְ** לִישׁוֹן!

*Note: Speakers of modern Israeli Hebrew commonly use the future tense for the imperative (***תְּדַבֵּר, תִּקְרְאִי***), except for a few cases, where the formal imperative is retained (usually short, irregular verbs like:* **לֵךְ, בּוֹא, קַח, תֵּן, שֵׁב, קוּם, סַע***).*

Don't do!

To tell someone NOT to do something, the short word **אַל** (don't) is added before the second person future tense:

אַל תִּקְרָא!
אַל תִּקְרְאִי!
אַל תִּקְרְאוּ!

לֹא רָעֵב?

וְאִם אַתָּה לֹא רָעֵב, **אַל תֹּאכַל! אַל תִּשְׁתֶּה! אַל תְּשַׁלֵּם!** סַע הַבַּיְתָה וְלֵךְ לִישׁוֹן.

תרגיל א

שנו את המשפטים לפי הדוגמה:

1. אסור לשתות אלכוהול! **(אתם)** אל תשתו אלכוהול!
2. לא כדאי לשבת הרבה זמן בשמש. **(אתה)** ____________
3. אסור לשחות במים עמוקים. **(את)** ____________
4. אסור לשכוח לשתות הרבה מים. **(אתם)** ____________
5. לא כדאי להיות בים בשעות הצהריים. **(אתן)** ____________

תרגיל ב

הוסיפו משפטים. אתם יכולים להשתמש בפעלים הבאים:

לקנות, לעשות, להיות, לשתות, לצֵאת, לשֶבת, לכתוב, לשמועַ, לשכוחַ, לנַגן, לְשַׂחֵק

נוּ נוּ נוּ!

מה אומרת המורה לתלמיד?

1. אל תשכח ללמוד למבחן!
2. __________
3. __________
4. __________

מה אומרים ההורים לבנים שלהם?

1. אל תנהגו מהר מידי!
2. __________
3. __________
4. __________

מה אומרת סטודנטית לשותפה שלה?

1. אל תסגרי את הדלת!
2. __________
3. __________
4. __________

תרגיל ג

כתבו מה אומרת כל אחת מהדמויות הבאות לכיפה אדומה. השתמשו בציווי:

אמא לכיפה אדומה:	הזאב לכיפה אדומה:

Review and Enrichment סִיכּוּם וְהַעֲשָׁרָה

אָבִיב קַר

מאת: אהרון אפלפלד

שבוּע ימים מאוּחר יותר נוֹדַע לנו על סיוּם (סוף) המלחמה. סיפרוּ לנוּ כי היום הראשון של סיוּם המלחמה, היתה בו שִׂמחה רבה. כשהֵרמנוּ* את הַמִּכְסֶה* מֵעַל הבּוּנְקֶר ואוֹר היום ירד עלינו לְפֶתַע*, לא ידענוּ מה לעשות.

לא ידענו לאן ללכת. ישבנו על פתח הבוּנקר וכשהיינו צמֵאים מָצַצְנוּ* את השלג הלבן. בלילה חזרנו לישון בבוּנקר. מֵרָחוֹק ראינו את הַכְּפָרִים* והם עומדים כמו שעמדו לפני המלחמה.

בוקר אחד כְּשֶׁהִתְעוֹרַרְנוּ (קמנוּ), מצאנוּ את הבוּנקר מָלֵא במים. ידענוּ שלא נוּכל לְהִישָּׁאֵר בו. לאן הולכים?

צֵיטְל אמרה "נלך לכפר". הלכנוּ בשקט. כשהיינוּ בבוּנקר היינוּ מדברים שעות ארוּכּוֹת. הפעם היתה בֵּינֵינוּ שְׁתיקה גדוֹלה.

בכל מקום עמדו הגוֹיים ואמרו: "אלה היהוּדים, הם מחפשים את המשפחות שלהם".

בערב באנוּ לַמִּנְזָר* וביקשנוּ לישון שם. "כבר יש יותר מדי פְּלִיטִים", אמר הַנָּזִיר*. נִשארנו לישון בחוּץ.

למחרת בבוֹקר המשכנו ללכת. אני הִרגשתי רע ואיבַּדתי* את קוֹלי. הִגַּעְנוּ לאחד הבתים וביקשנוּ לישון שם. "אתם יהוּדים, מחפשים את המשפחות שלכם?" שאלה הגויה. "אנחנו מחפשים מקום לישון", אמרנוּ לה. האישה הֵכינה קַשׁ* לישון עָלָיו והִדליקה את הַתַּנוּר*. אני הִרגשתי כְּאִילוּ הקוֹל שלי חוזר אלַי. אבל בבוקר שוּב איבַּדתי את קוֹלי.

לפתע ניגַּשׁ (בא) אלינוּ גוֹי זקן. "אתם יהוּדים. אני אוהב את האוכל שלכם. יש לי עֵצָה* טובה. יש פה איש שיכול להַגיד לכם מי נשאר בחיים ומי מֵת."

הלכנוּ לביתו של המכשף*. נכנַסנוּ. ביקשו מאיתנוּ להוֹריד* את הנעליים. במרכז ישב זקן שביקש מאיתנו לחזור על מילים שאמר. "עכשיו אתם יכולים לראות את העוֹלמות האחרים", אמר. אחד אחד הם עלוּ לפנינוּ לבוּשים צעיפים כחוּלים. צֵיטְל צעקה* לפתע: "אנחנוּ יתוֹמים*. יתוֹמים!" לא יכוֹלנוּ להחזיק* בָּה. כשנרגעה (שָׁקְטָה) צֵיטְל אמרה: "אינני מבקשת יותר אלא (רק) שנהיה ביחד כמוֹ בימֵי הבוּנקר".

עיבוּד מתוך "למשפחה" אייר, תשמ"ט (1989).

*הֵרַמְנוּ – lifted
*מִכְסֶה – cover
*לְפֶתַע – suddenly
*מָצַצְנוּ – we sucked
*כְּפָר – village
*מִנְזָר – monastery
*נָזִיר – monk
*אִיבַּדְתִּי – I lost
*קַשׁ – straw
*תַּנוּר – oven, heater
*עֵצָה – advice
*מְכַשֵּׁף – sorcerer
*לְהוֹרִיד – take off
*צָעֲקָה – screamed
*יָתוֹם – orphan
*לְהַחְזִיק – to hold

אהרון אפלפלד הוא ניצול-שואה שעלה לישראל ב-1946 בגיל 14. אחת-עשרה שנים אחרי שעלה לארץ, מצא אפלפלד את אביו בקבוצת עולים חדשים במעברה בבאר-טוביה. אפלפלד לא הכיר את אביו, אבל האב הכיר אותו מיד. האב נפטר בשנת 1977. אפלפלד הוא אחד הסופרים הישראלים המרכזיים והוא כותב בעיקר על העולם היהודי לפני השואה, בזמן השואה ואחרי השואה.

תרגיל א

ענו על השאלות:

1. מה החשיבות של השקט והקול בסיפור?
2. למה קוראים לסיפור "אביב קר"?
3. במה דומה הסיפור למחזה "בעלת הארמון"?

תרגיל ב

The survivors' meeting with the old medium is reminiscent of King Saul's visit to the spiritualist in En-Dor (1 Samuel 28). Before an important battle with the Philistines, Saul wanted to consult the prophet Samuel. But since Samuel was dead, Saul asked a sorceress to raise him from the dead in order to communicate with him. Samuel was very angry with Saul for calling him up from the underworld and prophesied that the king would be defeated and die on the battlefield the next day.

Compare the two visits.

אוֹצַר מִילִּים יְחִידָה 11

בַּעֲלַת הָאַרְמוֹן (לאה גולדברג)	**The Lady of the Castle**
יְצִירָה נ׳	creation, work
מַחֲזֶה ז׳	play
מַעֲרָכָה נ׳	act
שָׂפָה נ׳	language
מְשׁוֹרֵר / מְשׁוֹרֶרֶת	poet
סוֹפֵר / סוֹפֶרֶת	author
חוֹקֵר / חוֹקֶרֶת	researcher, investigator
מְתַרְגֵּם / מְתַרְגֶּמֶת	translator
עֲלִיַּית הַנּוֹעַר נ׳	Youth Aliyah
רַעַם ז׳	thunder
שׁוֹמֵר ז׳	guard
נַעַר/נַעֲרָה	a youth
מְכוֹנִית נ׳	car
בֵּית מָלוֹן ז׳	hotel
צִלְצוּל ז׳	ring
שְׁעוֹן קוּקִיָּה ז׳	cuckoo clock
קָצִין ז׳	officer
מִלְחָמָה נ׳	war
תַּאֲרִיךְ ז׳	date
דֶּלֶת סוֹדִית נ׳	secret door
חוֹלֶה רוּחַ / חוֹלַת רוּחַ	mentally ill
הַפְצָצָה נ׳	bombing
פִּתְאוֹם	suddenly
סִימָן ז׳	sign
תְּעוּדָה נ׳	certificate
אוֹר ז׳	light
סַכָּנָה נ׳	danger
נִיצָּחוֹן ז׳	victory
מוֹסָד ז׳	institution
נְבֵלָה נ׳	scoundrel (lit., carcass)
כַּפִּית נ׳	teaspoon
רָצוֹן ז׳	wish, will
אֲוִיר ז׳	air
חֲלוֹם / חֲלוֹמוֹת ז׳	dream
בְּיַחַד	together
הַחוּצָה	outside
נִפְלָא ז׳	wonderful
מוּכָן / מוּכָנָה	ready
מַלְאָךְ ז׳	angel
סוֹף ז׳, סִיּוּם ז׳	end, completion
חֶבְרָה נ׳	society, company
מְצִיאוּת נ׳	reality
מָוֶת ז׳	death
חֲצוֹת ז׳	midnight
אֶקְדָּח ז׳	pistol
גַּן עֵדֶן ז׳	paradise
פָּלִיט / פְּלִיטָה	refugee

מִבְנִים	**Structures**
אַף פַּעַם לֹא...	never
אַף אֶחָד לֹא...	no one
לֹא... שׁוּם דָּבָר	nothing
עַל (עָלַי, עָלֶיךָ...)	on (on me, on you)
מִפְּנֵי שֶׁ...	because
וְלָכֵן	and therefore
אֲפִילּוּ	even
בְּמֶשֶׁךְ	during
כּוּלָּנוּ	all of us
בֵּינֵינוּ	between us
שְׁנֵינוּ	both of us

Cold Spring	אָבִיב קַר (א. אפלפלד)
voice	קוֹל ז׳
monk/nun	נָזִיר / נְזִירָה
monastery	מִנְזָר ז׳
straw	קַשׁ ז׳
advice	עֵצָה נ׳
oven	תַּנּוּר ז׳
survivor	נִיצוֹל / נִיצוֹלָה

Adjectives	שְׁמוֹת תוֹאַר
guilty	אָשֵׁם / אֲשֵׁמָה
real	אֲמִיתִּי / אֲמִיתִּית
crazy	מְשׁוּגָּע / מְשׁוּגַּעַת
pale	חִיוֵּור / חִיוֶּורֶת
far	רָחוֹק / רְחוֹקָה
free	חוֹפְשִׁי / חוֹפְשִׁיָּה
connected	קָשׁוּר / קְשׁוּרָה
sole, only	יָחִיד / יְחִידָה

Verbs	פְּעָלִים
to guard	לִשְׁמוֹר עַל...
to shout	לִצְעוֹק
to fall	לִיפּוֹל (נָפַל)
to kill	לַהֲרוֹג
to help (somene)	לַעֲזוֹר לְ...
to be afraid of (something)	לִפְחוֹד מ...
to be angry with	לִכְעוֹס עַל...
to call	לִקְרוֹא לְ...
to hate	לִשְׂנוֹא
to worry, to care for	לִדְאוֹג לְ...
to escape	לִבְרוֹחַ
to open	לִפְתּוֹחַ
to return	לַחֲזוֹר לְ...
to dream	לַחְלוֹם עַל...
to murder	לִרְצוֹחַ
to smile	לְחַיֵּיךְ
to ring	לְצַלְצֵל אֶל...
to accompany (someone), escort	לְלַוּוֹת אֶת...
to cheat, decieve	לְרַמּוֹת
to pity	לְרַחֵם עַל...
to publicize	לְפַרְסֵם
to lose	לְאַבֵּד
to bomb	לְהַפְצִיץ אֶת...
to hide	לְהַסְתִּיר אֶת...
to ignite	לְהַדְלִיק אֶת...
to rescue	לְהַצִּיל אֶת...
to meet	לְהַכִּיר אֶת...
to understand	לְהָבִין
to explain	לְהַסְבִּיר
to arrive	לְהַגִּיעַ לְ...
to hide	לְהַחְבִּיא אֶת...
to say	לְהַגִּיד לְ...
to hide oneself	לְהִסְתַּתֵּר
to be opened	לְהִיפָּתַח (נִפְתַּח)
to enter	לְהִיכָּנֵס (נִכְנַס)
to be finished	לְהִיגָּמֵר (נִגְמַר)
to remain	לְהִישָּׁאֵר (נִשְׁאַר)
to pass away	נִפְטַר / נִפְטְרָה

בִּנְיַין פָּעַל, גִּזְרַת פ״י		**צִיווּי**	**Command form**
לָשֶׁבֶת (עתיד : אֵשֵׁב)	to sit	כְּתוֹב / תִּכְתּוֹב	
לָרֶדֶת (עתיד : אֵרֵד)	to go down	כִּתְבִי / תִּכְתְּבִי	
לָלֶכֶת (עתיד : אֵלֵךְ)	to go, walk	כִּתְבוּ / תִּכְתְּבוּ	
לָצֵאת (עתיד : אֵצֵא)	to go out		
לָדַעַת (עתיד : אֵדַע)	to know	**צִיווּי שְׁלִילִי**	**Negative command**
		אַל תִּכְתּוֹב	
		אַל תִּכְתְּבִי	
		אַל תִּכְתְּבוּ	

מִילּוֹן
Glossary

Hebrew–English Glossary מִילוֹן עִבְרִי - אַנְגְּלִי

The Hebrew entries in this dictionary are written in plene spelling ("full spelling," כְּתִיב מָלֵא) and are fully vocalized.

Verbs are listed in the third person, masculine singular in the past tense, followed by the infinitive in parentheses. In some cases, prepositions (other than אֶת) that are commonly used with certain verbs are added next to the verb. For example: ...נִיגֵּן (לְנַגֵּן) בּ.

Adjectives are listed in singular masculine, with the singular feminine adjustment (גָּדוֹל / גְּדוֹלָה ש״ת).

Nouns are listed in its singular form.
In some irregular cases, the plural is also given (חַלּוֹן ז׳ / חַלּוֹנוֹת ז״ר).
Also, when applicable, the feminine form of the noun is given next to the masculine (תַּלְמִיד ז׳ / תַּלְמִידָה נ׳).

The abbreviations that are used to indicate gender and number of nouns are:

- ז׳ (זָכָר) – masculine singular (m.)
- נ׳ (נְקֵבָה) – feminine singular (f.)
- ז״ר (זָכָר רַבִּים) – masculine plural (m.p.)
- נ״ר (נְקֵבָה רַבּוֹת) – feminine plural (f.p.)

The abbreviation used to indicate the adjectives is:

- ש״ת (שֵׁם תּוֹאַר) – adjective

The abbreviations used in the English translation are:

- geog. – geography
- gram. – grammar
- lang. – language
- s/o – someone
- usu. – usually

א

אָב ז׳ / אָבוֹת ז״ר	father
אַבָּא ז׳	father
אֲבוֹקָדוֹ ז׳	avocado
אֲבַטִּיחַ ז׳	watermelon
אָבִיב ז׳	spring
אֲבָל	but
אֶבֶן נ׳ / אֲבָנִים נ״ר	rock, stone
אַגָּס ז׳	pear
אָדוֹם / אֲדוּמָּה ש״ת	red
אָדָם ז׳	man, human
אֲדָמָה נ׳	ground, land, soil
אָהַב (לֶאֱהוֹב)	to love
אַהֲבָה נ׳	love
אוֹ	or
אוֹגוּסְט ז׳	August
אוֹהֶל ז׳	tent
אֲוִויר ז׳	air
אֲוִוירָה נ׳	atmosphere
אֲוִוירוֹן ז׳	airplane
אוֹזֶן נ׳ / אוֹזְנַיִים נ״ר	ear
אוֹטוֹ ז׳	car
אוֹטוֹבּוּס ז׳	bus
אוֹכֶל ז׳	food
אוּלַי	maybe, perhaps
אוֹלִימְפִּיָאדָה נ׳	Olympics
אוֹמָּן ז׳ / אוֹמָּנִית נ׳	artist
אוֹמָּנוּת נ׳	art
אוּנִיבֶרְסִיטָה נ׳	university
אוֹסֶף ז׳	collection
אוֹפִי ז׳	character, nature
אוֹפְּטִימִי / אוֹפְּטִימִית ש״ת	optimistic
אוֹפְנָה נ׳	fashion
אוֹפַנּוֹעַ ז׳	motorcycle
אוֹפַנַּיִים ז״ר	bicycle
אוֹקְטוֹבֶּר ז׳	October
אוֹצָר ז׳	treasure
אוֹצַר מִילִּים	vocabulary
אוֹר ז׳	light
אוֹרֶז ז׳	rice
אוֹרֵחַ ז׳ / אוֹרַחַת נ׳	guest
אוֹרֶן ז׳	pine
אוֹרְתּוֹפֵּד נ׳ / אוֹרְתּוֹפֵּדִית נ׳	orthopedic doctor
אוֹת נ׳ / אוֹתִיּוֹת נ״ר	letter, sign
אָז	then, so
אֵזוֹר ז׳	area
אֶזְרָח ז׳ / אֶזְרָחִית נ׳	citizen
אָח ז׳	brother
אָח ז׳ / אָחוֹת נ׳	nurse
אֶחָד ז׳	one
אָחוּז ז׳	per cent, percentage
אָחוֹת נ׳/ אֲחָיוֹת נ״ר	sister, nurse
אַחְיָין ז׳	nephew
אַחְיָינִית נ׳	niece
אַחֵר / אַחֶרֶת ש״ת	another, other
אַחַר-הַצָּהֳרַיִים	afternoon
אַחַר-כָּךְ	later on, then
אַחֲרַאי / אַחֲרָאִית ש״ת	responsible
אַחֲרוֹן / אַחֲרוֹנָה ש״ת	last
אַחֲרֵי	after
אַחֶרֶת	otherwise
אַחַת נ׳	one
אַחַת עֶשְׂרֵה נ׳ / אַחַד עָשָׂר ז׳	eleven
אִטְרִיּוֹת נ״ר	noodles
אִי ז׳	island, non-, un
אִי אֶפְשָׁר	impossible
אִיבֵּד (לְאַבֵּד)	to lose
אֵיבָר ז׳	organ

ideology	אִידֵיאוֹלוֹגְיָה נ׳
Yiddish	אִידִישׁ נ׳
which	אֵיזֶה / אֵיזוֹ
how nice	אֵיזֶה יוֹפִי
Italy	אִיטַלְיָה נ׳
Italian (lang.)	אִיטַלְקִית נ׳
how	אֵיךְ
which (p.)	אֵילוּ
tree	אִילָן ז׳ / אִילָנוֹת ז״ר
Eilat	אֵילַת נ׳
there isn't/aren't	אֵין
never nind	אֵין דָּבָר
where	אֵיפֹה
Europe	אֵירוֹפָּה נ׳
Iran	אִירָן נ׳
man,people	אִישׁ ז׳ / אֲנָשִׁים ז״ר
woman, wife	אִשָּׁה נ׳ / נָשִׁים נ״ר
but	אַךְ
to eat	אָכַל (לֶאֱכוֹל)
hostel, inn	אַכְסַנְיָה נ׳
I care	אִכְפַּת לִי
don't	אַל
god, idol	אֵל ז׳
to	אֶל
Greek god	אֵל יְוָנִי ז׳
these	אֵלֶּה ז״ר, נ״ר
God	אֱלֹהִים ז׳
championship	אַלִּיפוּת נ׳
alcohol	אַלְכּוֹהוֹל ז׳
widower	אַלְמָן ז׳
widow	אַלְמָנָה נ׳
thousand	אֶלֶף ז׳
alphabet	אָלֶף-בֵּית ז׳
two thousand	אַלְפַּיִים
allergy	אָלֶרְגְיָה נ׳
if, whether	אִם
mother	אִמָּא נ׳ / אִמָּהוֹת נ״ר
bath, bathroom	אַמְבַּטְיָה נ׳
trust	אֵמוּן ז׳
belief	אֱמוּנָה נ׳
real, true, genuine	אֲמִיתִּי / אֲמִיתִּית ש״ת
center, middle	אֶמְצַע ז׳
to say	אָמַר (לוֹמַר, לֶאֱמוֹר)
America	אָמֶרִיקָה נ׳
American	אָמֶרִיקָאִי / אָמֶרִיקָאִית ש״ת
truth	אֱמֶת נ׳
English (lang.)	אַנְגְּלִית נ׳
we	אָנוּ
human	אֱנוֹשִׁי / אֱנוֹשִׁית ש״ת
we	אֲנַחְנוּ
anti-Semite	אַנְטִישֵׁמִי / אַנְטִישֵׁמִית ש״ת
anti-Semitism	אַנְטִישֵׁמִיּוּת נ׳
I	אֲנִי
pineapple	אֲנָנָס ז׳
encyclopedia	אֶנְצִיקְלוֹפֶּדְיָה נ׳
forbidden	אָסוּר / אֲסוּרָה ש״ת
Asia	אַסְיָה נ׳
to collect	אָסַף (לֶאֱסוֹף)
nose	אַף ז׳
also, even, not even	אַף
no one	אַף אֶחָד לֹא
even though, despite	אַף עַל פִּי שֶׁ...
never	אַף פַּעַם לֹא
gray	אָפוֹר / אֲפוֹרָה ש״ת
even	אֲפִילוּ
zero	אֶפֶס ז׳
April	אַפְּרִיל ז׳
peach	אֲפַרְסֵק ז׳

אֶפְשָׁר	possible
אֶצְבַּע נ׳ / אֶצְבָּעוֹת נ״ר	finger
אֵצֶל	at, by
אֶקְדָּח ז׳	revolver, handgun
אֶקוֹלוֹגְיָה נ׳	ecology
אַקְרוֹבָּט ז׳	acrobat
אַרְבַּע נ׳ / אַרְבָּעָה ז׳	four
אַרְבַּע עֶשְׂרֵה נ׳ / אַרְבָּעָה עָשָׂר ז׳	fourteen
אַרְבָּעִים	forty
אִרְגּוּן ז׳	organization
אֲרוּחָה נ׳	meal
אֲרוּחַת בּוֹקֶר	breakfast
אֲרוּחַת עֶרֶב	dinner
אֲרוּחַת צָהֳרַיִים	lunch
אָרוֹךְ / אֲרוּכָּה ש״ת	long
אָרוֹן ז׳ / אֲרוֹנוֹת ז״ר	closet, cabinet
אָרַז (לֶאֱרוֹז)	to pack
אַרְטִיק ז׳	popsicle
אַרְכֵיאוֹלוֹג ז׳ / אַרְכֵיאוֹלוֹגִית נ׳	archeologist
אַרְכֵיאוֹלוֹגְיָה נ׳	archeology
אַרְמוֹן ז׳ / אַרְמוֹנוֹת ז״ר	palace, castle
אֶרֶץ נ׳	country, land
אַרְצוֹת-הַבְּרִית נ׳	U.S.
אֵשׁ נ׳	fire
אֶשְׁכּוֹלִית נ׳	grapefruit
אַשְׁכְּנַזִי / אַשְׁכְּנַזִית ש״ת	Ashkenazi
אָשֵׁם / אֲשֵׁמָה ש״ת	guilty
אַשְׁפָּה נ׳	trash
אֲשֶׁר (שֶׁ...)	that, which
אַתְּ	you (f. s.)
אֶת - אוֹתִי, אוֹתְךָ...	me, you...
אַתָּה	you (m. s.)
אַתֶּם	you (m. p.)
אַתֶּן	you (f. p.)
אֶתְמוֹל	yesterday
אֲתָר ז׳	site

ב

בְּ...	in, at
בָּא (לָבוֹא)	to come
בֶּאֱמֶת	really, indeed
בְּבַקָּשָׁה	please
בֶּגֶד ז׳	clothing
בֶּגֶד-יָם ז׳ / בִּגְדֵי-יָם ז״ר	bathing suit
בִּגְלַל	because
בְּדִיּוּק	exactly, precisely
בְּדִיחָה נ׳	joke
בְּדִיקָה נ׳	test, checkup
בְּדִיקַת דָּם	blood test
בָּדַק (לִבְדּוֹק)	to check, examine
בְּדֶרֶךְ כְּלָל	usually
בּוּבָּה נ׳	doll, puppet
בְּוַדַּאי	certainly
בּוֹחַן ז׳	quiz, test
בּוֹטֶן ז׳	peanut
בּוּל ז׳	stamp
בּוֹסְטוֹן נ׳	Boston
בּוֹקֵר ז׳ / בּוֹקֶרֶת נ׳	cowboy/girl
בּוֹקֶר ז׳	morning
בִּזְבֵּז (לְבַזְבֵּז)	to spend (money), waste
בָּחוּר ז׳ / בַּחוּרָה נ׳	young man/woman
בְּחִינָה נ׳	test, exam
בְּחִינָּם	for free
בָּחַר (לִבְחוֹר)	to choose, elect
בָּטוּחַ / בְּטוּחָה ש״ת	certain, secured
בֶּטֶן נ׳	stomach, belly
בְּיוֹתֵר	most
בְּיַחַד	together

expression	בִּיטּוּי ז׳
shy, bashful	בַּיְישָׁן / בַּיְישָׁנִית ש״ת
between, among	בֵּין
between us	בֵּינֵינוּ
international	בֵּינְלְאוּמִי / בֵּינְלְאוּמִית ש״ת
egg	בֵּיצָה נ׳ / בֵּיצִים נ״ר
hard boiled egg	בֵּיצָה קָשָׁה
a visit	בִּיקּוּר ז׳
to visit	בִּיקֵּר (לְבַקֵּר)
to ask, request	בִּיקֵּשׁ (לְבַקֵּשׁ)
beer	בִּירָה נ׳
house	בַּיִת ז׳ / בָּתִּים ז״ר
apartment building	בֵּית דִּירוֹת ז׳ / בָּתֵּי דִירוֹת ז״ר
hospital	בֵּית חוֹלִים ז׳
synagogue	בֵּית כְּנֶסֶת ז׳
hotel	בֵּית מָלוֹן ז׳
pharmacy	בֵּית מִרְקַחַת ז׳
court of justice	בֵּית מִשְׁפָּט ז׳
prison	בֵּית סוֹהַר ז׳
school	בֵּית-סֵפֶר ז׳ / בָּתֵּי סֵפֶר ז״ר
elementary school	בֵּית-סֵפֶר יְסוֹדִי
high school	בֵּית-סֵפֶר תִּיכוֹן
coffee house	בֵּית קָפֶה ז׳ / בָּתֵּי קָפֶה ז״ר
toilet, lavatory	בֵּית שִׁימּוּשׁ ז׳ / בָּתֵּי שִׁימּוּשׁ ז״ר
to cry	בָּכָה (לִבְכּוֹת)
firstborn	בְּכוֹר ז׳ / בְּכוֹרָה נ׳
at all, anyway	בִּכְלָל
to confuse	בִּלְבֵּל (לְבַלְבֵּל)
balloon	בַּלּוֹן ז׳
blond	בְּלוֹנְדִינִי / בְּלוֹנְדִינִית ש״ת
without	בְּלִי (בִּלְעֲדֵי)
ballet	בַּלֶּט ז׳
director	בַּמַּאי ז׳ / בַּמָּאִית נ׳
originally	בְּמָקוֹר
during	בְּמֶשֶׁךְ
boy, son	בֵּן ז׳ / בָּנִים ז״ר
human being, man	בֶּן-אָדָם ז׳ / בְּנֵי-אָדָם ז״ר
cousin	בֶּן-דּוֹד ז׳ / בְּנֵי-דּוֹדִים ז״ר
family member	בֶּן מִשְׁפָּחָה ז׳ / בְּנֵי מִשְׁפָּחָה ז״ר
to build	בָּנָה (לִבְנוֹת)
built	בָּנוּי / בְּנוּיָה ש״ת
youth	בְּנֵי נוֹעַר ז״ר
building	בִּנְיָין ז׳
banana	בָּנָנָה נ׳
alright, O.K.	בְּסֵדֶר
basis, base	בָּסִיס ז׳
problem	בְּעָיָה נ׳
husband	בַּעַל ז׳
owner, possessor of	בַּעַל ז׳ / בַּעֲלַת נ׳
by heart	בְּעַל-פֶּה
approximately, about	בְּעֶרֶךְ
inside	בִּפְנִים
onion	בָּצָל ז׳
bottle	בַּקְבּוּק ז׳
beef	בָּקָר ז׳
request	בַּקָּשָׁה נ׳
to create	בָּרָא (לִבְרוֹא)
in the beginning, Genesis	בְּרֵאשִׁית
duck	בַּרְוָוז ז׳
clear	בָּרוּר / בְּרוּרָה ש״ת
faucet, tap	בֶּרֶז ז׳
to run away, escape	בָּרַח (לִבְרוֹחַ)
healthy	בָּרִיא / בְּרִיאָה ש״ת
health	בְּרִיאוּת נ׳
mental health	בְּרִיאוּת הַנֶּפֶשׁ נ׳
pool	בְּרֵיכָה נ׳
swimming pool	בְּרֵיכַת שְׂחִיָּיה נ׳

בְּרִית מִילָה נ׳	circumcision
בֶּרֶךְ נ׳ / בִּרְכַּיִים נ״ר	knee
בְּרָכָה נ׳	blessing
בִּשְׁבִיל (בִּשְׁבִילִי, בִּשְׁבִילְךָ)	for (for me, for you)
בָּשָׂר ז׳	meat
בַּת נ׳ / בָּנוֹת נ״ר	girl, daughter
בַּת-דוֹד נ׳ / בְּנוֹת דוֹד נ״ר	cousin
בַּת-יַעֲנָה נ׳	ostrich
בְּתוֹךְ	inside, in, among
בְּתוּלִים ז״ר	virginity
בְּתֵיאָבוֹן	bon appetite

ג

גֵּאֶה / גֵּאָה ש״ת	proud
גַּב ז׳	back
גַּבָּה נ׳ / גַּבּוֹת נ״ר	eyebrow
גָּבוֹהַּ / גְּבוֹהָה ש״ת	tall, high
גְּבוּל ז׳	border, line
גְּבִינָה נ׳	cheese
גֶּבֶר ז׳	a man
גְּבֶרֶת נ׳	Mrs., Ms., lady
גַּג ז׳ / גַּגּוֹת ז״ר	roof
גָּדוֹל / גְּדוֹלָה ש״ת	big, large
גָּדַל (לִגְדּוֹל)	to grow
גּוֹלָה נ׳	exile, Diaspora
גּוֹלֵשׁ ז׳ / גּוֹלֶשֶׁת נ׳	surfer
גּוּף ז׳	body, pronoun
גּוּפִיָּיה נ׳	undershirt, tank top
גַּז ז׳	gas
גֶּזֶר ז׳	carrot
גָּזַר (לִגְזוֹר)	to cut (usu. with scissors)
גְּזַר-דִּין ז׳	verdict, sentence
גֵּיאוֹגְרַפְיָה נ׳	geography
גֵּיאוֹלוֹגְיָה נ׳	geology
גִּיבּוֹר ז׳ / גִּיבּוֹרָה נ׳	hero
גִּידֵּל (לְגַדֵּל)	to raise, grow
גִּיטָרָה נ׳	guitar
גִּיל ז׳	age
גִּיל הַהִתְבַּגְּרוּת	adolescence
גִּילָּה (לְגַלּוֹת)	to discover, reveal
גִּינָּה נ׳	garden
גִ׳ינְס	jeans
גִּיס ז׳ / גִּיסָה נ׳	brother/sister-in-law
גִ׳יפּ ז׳	jeep
גִּיר ז׳	chalk
גִ׳ירָף ז׳ / גִ׳ירָפָה נ׳	giraffe
גַּל ז׳	wave
גַּלִּי / גַּלִּית ש״ת	wavy
גְּלִידָה נ׳	ice cream
גָּלַשׁ (לִגְלוֹשׁ)	to surf
גַּלְשָׁן ז׳	surfboard
גַּם	also
גָּמָל ז׳	camel
גָּמַר (לִגְמוֹר)	to finish, complete
גַּן ז׳	garden
גַּן-יְלָדִים ז׳	kindergarten
גַּן-עֵדֶן ז׳	paradise, heaven
גָּנַב (לִגְנוֹב)	to steal
גַּנָּב ז׳ / גַּנֶּבֶת נ׳	thief
גַּנָּן ז׳ / גַּנֶּנֶת נ׳	kindergarten teacher
גַּנָּן ז׳ / גַּנָּנִית נ׳	gardener
גַּס / גַּסָּה ש״ת	rude, coarse
גָּר (לָגוּר)	dwell, live
גֶּרֶב ז׳ / גַּרְבַּיִים ז״ר	sock
גָּרוֹן ז׳	throat
גָּרוּשׁ / גְּרוּשָׁה ש״ת	divorced
גֶּרְמָנִי / גֶּרְמָנִיָּה, גֶּרְמָנִית ש״ת	German
גֶּרְמַנְיָה נ׳	Germany

German (lang.)	גֶּרְמָנִית נ׳
seed	גַּרְעִין ז׳ / גַּרְעִינִים ז״ר
rainy	גָּשׁוּם / גְּשׁוּמָה ש״ת
rain	גֶּשֶׁם ז׳
bridge	גֶּשֶׁר ז׳

ד

to concern, worry	דָּאַג (לִדְאוֹג) לְ...
bee	דְּבוֹרָה נ׳ / דְּבוֹרִים נ״ר
glue	דֶּבֶק ז׳
to cleave	דָּבַק (לִדְבּוֹק) בְּ...
honey	דְּבַשׁ ז׳
thing	דָּבָר ז׳
fish	דָּג ז׳
to fish	דָּג (לָדוּג)
flag, banner	דֶּגֶל ז׳
cereal	דְּגָנִים, מִדְגָּנִים ז״ר
mail	דּוֹאַר ז׳
e-mail	דּוֹאַר אֶלֶקְטְרוֹנִי
bear	דּוֹב ז׳ / דּוּבָּה נ׳
cherry	דּוּבְדְּבָן ז׳
example	דּוּגְמָה נ׳
model	דּוּגְמָן ז׳ / דּוּגְמָנִית נ׳
uncle	דּוֹד ז׳
aunt	דּוֹדָה נ׳
in spite of, specifically	דַּוְקָא
similar to, like	דּוֹמֶה לְ.../ דּוֹמָה לְ... ש״ת
generation	דּוֹר ז׳ / דּוֹרוֹת ז״ר
to push	דָּחַף (לִדְחוֹף)
diet	דִּיאֶטָה נ׳
dialogue	דִּיאָלוֹג ז׳
to speak, talk	דִּיבֵּר (לְדַבֵּר) עִם...
speaking, talking	דִּיבּוּר ז׳
apartment	דִּירָה נ׳
infection	דַּלֶּקֶת נ׳
door	דֶּלֶת נ׳ / דְּלָתוֹת נ״ר
blood	דָּם ז׳
democracy	דֶּמוֹקְרַטְיָה נ׳
character	דְּמוּת נ׳ / דְּמוּיוֹת נ״ר
a tear	דִּמְעָה נ׳
opinion	דֵּעָה נ׳
December	דֶּצֶמְבֶּר ז׳
thin	דַּק / דַּקָּה ש״ת
grammar	דִּקְדּוּק ז׳
minute	דַּקָּה נ׳
south	דָּרוֹם ז׳
wanted, needed	דָּרוּשׁ / דְּרוּשָׁה ש״ת
greeting, regards	דְּרִישַׁת-שָׁלוֹם (ד״ש) נ׳
way, through	דֶּרֶךְ נ׳ / דְּרָכִים נ״ר
drama	דְּרָמָה נ׳
grass, lawn	דֶּשֶׁא ז׳
religion	דָּת נ׳
religious	דָּתִי / דָּתִית, דָּתִיָּה ש״ת

ה

the	הַ...
is it? (at beginning of question)	הַאִם
to believe	הֶאֱמִין (לְהַאֲמִין)
to promise	הִבְטִיחַ (לְהַבְטִיחַ) לְ...
to bring	הֵבִיא (לְהָבִיא)
to understand	הֵבִין (לְהָבִין)
to express	הִבִּיעַ (לְהַבִּיעַ)
definition	הַגְדָּרָה נ׳
to say	הִגִּיד (לְהַגִּיד) לְ...
to arrive	הִגִּיעַ (לְהַגִּיעַ) לְ...
echo	הֵד ז׳
to light	הִדְלִיק (לְהַדְלִיק)
he	הוּא

India	הוֹדוּ נ׳
Indian	הוֹדִי / הוֹדִית ש״ת
to announce	הוֹדִיעַ (לְהוֹדִיעַ) לְ...
present time, present tense	הוֹוֶה ז׳
to add	הוֹסִיף (לְהוֹסִיף)
to appear	הוֹפִיעַ (לְהוֹפִיעַ)
parent	הוֹרֶה ז׳ / הוֹרִים ז״ר
to take down	הוֹרִיד (לְהוֹרִיד)
to age, grow old	הִזְדַּקֵּן (לְהִזְדַּקֵּן)
to remind, mention	הִזְכִּיר (לְהַזְכִּיר) לְ...
to order, invite	הִזְמִין (לְהַזְמִין)
to hide something	הֶחְבִּיא (לְהַחְבִּיא)
(to the) outside	הַחוּצָה
to hold, keep	הֶחְזִיק (לְהַחְזִיק)
to return, bring back	הֶחְזִיר (לְהַחְזִיר)
to decide	הֶחְלִיט (לְהַחְלִיט)
she	הִיא
to be	הָיָה (לִהְיוֹת)
the most	הֲכִי
the best	הֲכִי טוֹב
to know, recognize	הִכִּיר (לְהַכִּיר)
acquaintance	הֶכֵּרוּת נ׳
walking	הֲלִיכָה נ׳
to go, walk	הָלַךְ (לָלֶכֶת) לְ...
to go (by foot)	הָלַךְ בָּרֶגֶל (לָלֶכֶת בָּרֶגֶל)
they (m.)	הֵם
to recommend	הִמְלִיץ (לְהַמְלִיץ) עַל...
they (f.)	הֵן
pleasure	הֲנָאָה נ׳
discount	הֲנָחָה נ׳
to explain	הִסְבִּיר (לְהַסְבִּיר) לְ...
to agree	הִסְכִּים (לְהַסְכִּים)
to adjust	הִסְתַּגֵּל (לְהִסְתַּגֵּל) לְ...
to go around	הִסְתּוֹבֵב (לְהִסְתּוֹבֵב)

to hide (s/o)	הִסְתִּיר (לְהַסְתִּיר)
to look at, watch	הִסְתַּכֵּל (לְהִסְתַּכֵּל)
to comb (oneself)	הִסְתָּרֵק (לְהִסְתָּרֵק)
to hide (oneself)	הִסְתַּתֵּר (לְהִסְתַּתֵּר)
enrichment	הַעֲשָׁרָה נ׳
to scare (s/o)	הִפְחִיד (לְהַפְחִיד)
to stop, quit, cease	הִפְסִיק (לְהַפְסִיק)
break, recess	הַפְסָקָה נ׳
to bomb	הִפְצִיץ (לְהַפְצִיץ)
bombing	הַפְצָצָה נ׳
to disturb	הִפְרִיעַ (לְהַפְרִיעַ) לְ...
to make s/o laugh	הִצְחִיק (לְהַצְחִיק)
to be sorry	הִצְטַעֵר (לְהִצְטַעֵר)
to rescue	הִצִּיל (לְהַצִּיל)
success	הַצְלָחָה נ׳
good luck	בְּהַצְלָחָה
to succeed	הִצְלִיחַ (לְהַצְלִיחַ) בְּ...
to establish	הֵקִים (לְהָקִים)
to record	הִקְלִיט (לְהַקְלִיט)
recording	הַקְלָטָה נ׳
to listen	הִקְשִׁיב (לְהַקְשִׁיב) לְ...
context	הֶקְשֵׁר ז׳
mountain	הַר ז׳
to show	הֶרְאָה (לְהַרְאוֹת) לְ...
a lot, many	הַרְבֵּה
to kill	הָרַג (לַהֲרוֹג)
to annoy	הִרְגִּיז (לְהַרְגִּיז)
to feel	הִרְגִּישׁ (לְהַרְגִּישׁ)
pregnancy	הֵרָיוֹן ז׳
to smell	הֵרִיחַ (לְהָרִיחַ)
to lift, raise	הֵרִים (לְהָרִים)
to destroy	הָרַס (לַהֲרוֹס)
lecture	הַרְצָאָה נ׳
to complete	הִשְׁלִים (לְהַשְׁלִים)

to influence, to impact	הִשְׁפִּיעַ (לְהַשְׁפִּיעַ) עַל...
impact, influence	הַשְׁפָּעָה
to make (s/o) drink, to water	הִשְׁקָה (לְהַשְׁקוֹת)
to use	הִשְׁתַּמֵּשׁ (לְהִשְׁתַּמֵּשׁ) בְּ...
to change (oneself)	הִשְׁתַּנָּה (לְהִשְׁתַּנּוֹת)
to participate	הִשְׁתַּתֵּף (לְהִשְׁתַּתֵּף) בְּ...
to fall in love	הִתְאַהֵב (לְהִתְאַהֵב) בְּ...
to be disappointed	הִתְאַכְזֵב (לְהִתְאַכְזֵב) מִ...
to practice	הִתְאַמֵּן (לְהִתְאַמֵּן)
to be wasted	הִתְבַּזְבֵּז (לְהִתְבַּזְבֵּז)
to be shy, to be ashamed	הִתְבַּיֵּישׁ (לְהִתְבַּיֵּישׁ)
to sneak	הִתְגַּנֵּב (לְהִתְגַּנֵּב) לְ...
to long for, miss	הִתְגַּעְגֵּעַ (לְהִתְגַּעְגֵּעַ) אֶל, לְ...
to get divorced	הִתְגָּרֵשׁ (לְהִתְגָּרֵשׁ) מִ...
to begin, start	הִתְחִיל (לְהַתְחִיל)
beginning	הַתְחָלָה נ׳
to get married	הִתְחַתֵּן (לְהִתְחַתֵּן) עִם...
to settle, to sit down	הִתְיַישֵּׁב (לְהִתְיַישֵּׁב)
to get dressed	הִתְלַבֵּשׁ (לְהִתְלַבֵּשׁ)
to behave	הִתְנַהֵג (לְהִתְנַהֵג)
to kiss	הִתְנַשֵּׁק (לְהִתְנַשֵּׁק) עִם...
gymnastics, work out	הִתְעַמְּלוּת נ׳
to pray	הִתְפַּלֵּל (לְהִתְפַּלֵּל)
to be excited	הִתְרַגֵּשׁ (לְהִתְרַגֵּשׁ)
to wash (oneself)	הִתְרַחֵץ (לְהִתְרַחֵץ)

ו

and	וְ...
hook, the letter *vav*	וָו ז׳
curtain	וִילוֹן ז׳ / וִילוֹנוֹת ז״ר
waltz	וַלְס ז׳
rose	וֶרֶד ז׳
etc.	וְכוּלֵּי (וכו׳)
pink	וָרוֹד / וְרוּדָּה ש״ת
veteran, senior	וָתִיק / וָתִיקָה ש״ת

ז

wolf	זְאֵב ז׳
this (f.)	זֹאת
trash, garbage	זֶבֶל ז׳
zebra	זֶבְּרָה נ׳
this (m.)	זֶה ז׳
this (f.)	זוֹ
gold	זָהָב ז׳
caution	זְהִירוּת נ׳
couple, pair	זוּג ז׳ / זוּגוֹת ז״ר
cheap	זוֹל / זוֹלָה ש״ת
to move	זָז (לָזוּז)
to identify	זִיהָה (לְזַהוֹת)
memory	זִיכָּרוֹן ז׳ / זִיכְרוֹנוֹת ז״ר
olive	זַיִת ז׳ / זֵיתִים ז״ר
to win	זָכָה (לִזְכּוֹת) בְּ...
to remember	זָכַר (לִזְכּוֹר)
male	זָכָר ז׳
of blessed memory	זִכְרוֹנוֹ לִבְרָכָה (ז״ל)
time, tense	זְמַן ז׳
singer	זַמָּר ז׳ / זַמֶּרֶת ז׳
jacket	זָ׳קֶט
beard	זָקָן ז׳
old	זָקֵן / זְקֵנָה ש״ת
sunrise	זְרִיחָה נ׳
to throw	זָרַק (לִזְרוֹק)

ח

what a shame, pity	חֲבָל
friend, member	חָבֵר ז׳ / חֲבֵרָה נ׳
kibbutz member	חֲבֵר קִיבּוּץ ז׳
Knesset member	חֲבֵר כְּנֶסֶת ז׳
company, society	חֶבְרָה נ׳
holiday	חַג ז׳

חָגַג (לַחְגּוֹג)	to celebrate
חֲגִיגָה נ׳	celebration
חֶדֶר ז׳	room
חֲדַר אוֹכֶל ז׳	dining room
חֲדַר אַמְבַּטְיָה ז׳	bathroom
חֲדַר מְגוּרִים ז׳	living room
חֲדַר מִשְׁפָּחָה ז׳	family room
חֲדַר עֲבוֹדָה ז׳	study, office
חֲדַר שֵׁינָה ז׳ / חַדְרֵי שֵׁינָה ז״ר	bedroom
חָדָשׁ / חֲדָשָׁה ש״ת	new
חֲדָשׁוֹת נ״ר	news
חוֹדֶשׁ ז׳	month
חוֹדְשַׁיִים ז״ר	two months
חַוָּוה נ׳	farm
חוֹכְמָה נ׳	wisdom, smarts
חוֹלֶה ז׳ / חוֹלָה נ׳	patient, sick
חוֹלֵה רוּחַ ז׳ / חוֹלַת רוּחַ נ׳	insane, mentally ill
חוּלְצָה נ׳	shirt
חוֹם ז׳	fever, heat
חוּם / חוּמָה ש״ת	brown
חוֹמֶר ז׳	material
חוֹף ז׳	beach
חוֹף הַיָּם ז׳	the sea shore, beach
חוֹפֶשׁ ז׳	freedom
חוּפְשָׁה נ׳	vacation
חוֹפְשִׁי / חוֹפְשִׁיָּיה, חוֹפְשִׁית ש״ת	free
חוּץ ז׳	outside, exterior
חוּץ מ...	except for, other than
חוּץ לָאָרֶץ (חוּ״ל)	abroad
חוּצְפָּה נ׳	chutzpah
חוֹק ז׳	law
חוֹקֵר ז׳ / חוֹקֶרֶת נ׳	investigator, researcher
חוֹרֵג ז׳ / חוֹרֶגֶת נ׳	step (parent, etc.)
חוֹרֶף ז׳	winter
חוֹשֶׁךְ ז׳	darkness
חָזֶה ז׳	chest
חֲזִיָּיה נ׳	bra
חַזָּן ז׳ / חַזָּנִית נ׳	cantor
חָזָק / חֲזָקָה ש״ת	strong
חָזַר (לַחְזוֹר) לְ...	to come back, return
חָטָא (לַחְטוֹא)	to sin
חֵטְא ז׳	sin
חֲטִיבַת-בֵּינַיִים נ׳	middle school
חַי (לִחְיוֹת)	to live
חִיבּוּר ז׳	essay
חִיבֵּר (לְחַבֵּר)	to compose, to add up
חִיוֵּור / חִיוֶּורֶת ש״ת	pale
חִייֵּךְ (לְחַייֵּךְ)	to smile
חַיָּיל ז׳ / חַיֶּילֶת נ׳	soldier
חַיִּים ז״ר	life
חִיכָּה (לְחַכּוֹת) לְ...	to wait
חִימּוּם ז׳	heating
חִימֵּם (לְחַמֵּם)	to heat, warm
חִינּוּךְ ז׳	education
חִינָּם	free, for nothing
חֵיפָה נ׳	Haifa
חִיפֵּשׂ (לְחַפֵּשׂ)	to look for, search
חָכָם / חֲכָמָה ש״ת	clever, smart, wise
חֲכָמִים ז״ר	sages
חָלָב ז׳	milk
חַלָּה נ׳	Challah
חָלָה (לַחְלוֹת)	to get sick
חֲלוֹם ז׳ / חֲלוֹמוֹת ז״ר	dream
חַלּוֹן ז׳ / חַלּוֹנוֹת ז״ר	window
חָלוּץ / חֲלוּצָה ש״ת	pioneer
חֲלִיפָה נ׳	suit
חָלַם (לַחְלוֹם)	to dream
חָלָק / חֲלָקָה ש״ת	straight, smooth

חֵלֶק ז׳	part
חֵלֶק גוּף ז׳ / חֶלְקֵי גוּף ז״ר	body part
חָלָשׁ / חֲלָשָׁה ש״ת	weak
חַם / חַמָּה ש״ת	hot
חֶמְאָה נ׳	butter
חֶמְאַת בּוֹטְנִים נ׳	peanut butter
חָמוּד / חֲמוּדָה ש״ת	cute
חָמוּץ / חֲמוּצָה ש״ת	sour
חֲמוֹר ז׳	donkey, ass
חָמִים / חֲמִימָה ש״ת	warm
חֲמִישִּׁים	fifty
חַמְסִין ז׳	heat wave
חָמֵשׁ נ׳ / חֲמִישָּׁה ז׳	five
חֲמֵשׁ עֶשְׂרֵה נ׳ / חֲמִישָּׁה עָשָׂר ז׳	fifteen
חֵן ז׳	grace, charm
חֲנוּת נ׳ / חֲנוּיוֹת נ״ר	store
חֲנָיָה נ׳	parking
חַסָּה נ׳	lettuce
חָסַךְ (לַחְסוֹךְ)	to save (money, time)
חֲצָאִית נ׳	skirt
חֲצוֹת ז׳	midnight
חֲצִי ז׳	half
חָצִיל ז׳	eggplant
חָצֵר נ׳	yard
חַקְלָאוּת נ׳	agriculture
חֶרֶב נ׳	sword
חָרִיף / חֲרִיפָה ש״ת	hot, spicy
חָשַׁב (לַחְשׁוֹב)	to think
חֶשְׁבּוֹן ז׳	bill, check
חָשׁוּב / חֲשׁוּבָה ש״ת	important
חֲשִׁיבוּת נ׳	importance
חַשְׁמַל ז׳	electricity
חַשְׁמַלַּאי ז׳ / חַשְׁמַלָּאִית נ׳	electrician
חָתוּל ז׳ / חֲתוּלָה נ׳	cat
חֲתוּנָּה נ׳	wedding
חָתִיךְ / חֲתִיכָה ש״ת	hunky, good looking

ט

טַבָּח ז׳ / טַבָּחִית נ׳	cook
טַבְלָה נ׳	chart, table
טֶבַע ז׳	nature
טִבְעִי / טִבְעִית ש״ת	natural
טִבְעוֹנִי / טִבְעוֹנִית ש״ת	vegan
טָהוֹר / טְהוֹרָה ש״ת	pure
טוֹב / טוֹבָה ש״ת	good
טוֹב מְאוֹד	very good
טִיּוּל ז׳	trip
טִיֵּיל (לְטַיֵּיל)	to travel
טַיָּיס ז׳ / טַיֶּיסֶת נ׳	pilot
טַיֶּילֶת נ׳	boardwalk
טִיסָה נ׳	flight
טִיפָּה נ׳	drop
טִיפֵּל (לְטַפֵּל) בְּ...	to take care of
טִיפֵּס (לְטַפֵּס) עַל...	to climb
טִיפֵּשׁ / טִיפְּשָׁה ש״ת	stupid, dumb
טֶלֶוִויזְיָה נ׳	television
טֶלֶפוֹן נַיָּיד ז׳	mobile phone
טִלְפֵּן (לְטַלְפֵּן) אֶל..., ל...	to phone
טֶמְפֶּרָטוּרָה נ׳	temperature
טָס (לָטוּס)	to fly
טָעוּת נ׳	mistake
טָעִים / טְעִימָה ש״ת	tasty
טַעַם ז׳	taste, meaning, purpose
טָעַם (לִטְעוֹם)	to taste
טָרִי / טְרִיָּה ש״ת	fresh

י

יַבֶּשֶׁת נ׳	continent
יָד נ׳ / יָדַיִים נ״ר	hand
יָדוּעַ / יְדוּעָה ש״ת	known
יָדִיד ז׳ / יְדִידָה נ׳	friend
יָדַע (לָדַעַת)	to know
יַהֲדוּת נ׳	Judaism
יְהוּדִי / יְהוּדִיָּה, יְהוּדִית ש״ת	Jewish
יָוָון	Greece
יְוָונִית נ׳	Greek (lang.)
יוּלִי ז׳	July
יוֹם ז׳ / יָמִים ז״ר	day
הַיּוֹם	today
יוֹם הוּלֶדֶת ז׳	birthday
יוֹם חֲמִישִׁי ז׳	Thursday
יוֹם רִאשׁוֹן ז׳	Sunday
יוֹם רְבִיעִי ז׳	Wednesday
יוֹם שַׁבָּת ז׳	Saturday
יוֹם שִׁישִּׁי ז׳	Friday
יוֹם שְׁלִישִׁי ז׳	Tuesday
יוֹם שֵׁנִי ז׳	Monday
יוֹמַיִים ז״ר	two days
יוֹמָן ז׳	diary, journal
יוֹנָה נ׳	dove
יוּנִי ז׳	June
יוֹפִי	great
יוֹצֵא-דּוֹפֶן / יוֹצֵאת-דּוֹפֶן ש״ת	exception, exceptional
יוּקְרָה נ׳	prestige
יוֹתֵר	more
יַחַד	together
יָחִיד / יְחִידָה ש״ת	sole, only
יָחִיד ז׳ / יְחִידָה נ׳	singular, individual
יְחִידָה נ׳	unit
יָחֵף / יְחֵפָה ש״ת	barefoot
יַחַס ז׳	connection, relation to
יְחָסִים ז״ר	relationship
יַחֲסֵי-מִין ז״ר	sexual relations
יַיִן ז׳	wine
יָכוֹל ז׳ / יְכוֹלָה נ׳	can, able to
יֶלֶד ז׳	boy, child
יַלְדָּה נ׳	girl
יַלְקוּט ז׳	school bag
יָם ז׳	sea
יָם הַמֶּלַח	Dead Sea
הַיָּם הַתִּיכוֹן	Mediterranean Sea
יְמֵי הַבֵּינַיִים	the Middle Ages
יָמִין ז׳	right
יְמִינִי / יְמִינִית ש״ת	right-handed
יְמָמָה נ׳	day (24 hours period)
יָנוּאָר ז׳	January
יְסוֹדִי / יְסוֹדִית ש״ת	elementary, basic
יַעַר ז׳	forest, woods
יָפֶה / יָפָה ש״ת	pretty, beautiful
יַפָּן	Japan
יַפָּנִית נ׳	Japanese (lang.)
יָצָא (לָצֵאת)	to leave, go out
יְצִירָה נ׳	creation, work
יְצִירָתִי / יְצִירָתִית ש״ת	creative
יָקָר / יְקָרָה ש״ת	expensive, dear
יָרַד (לָרֶדֶת)	to go down
יַרְדֵּן	Jordan
יְרוּשָׁלַיִם נ׳	Jerusalem
יָרֵחַ ז׳	moon
יֶרֶק ז׳ / יְרָקוֹת ז״ר	vegetable
יֵשׁ	there is/are
יָשַׁב (לָשֶׁבֶת)	to sit
יַשְׁבָן ז׳	bum, bottom

יָשֵׁן (לִישׁוֹן)	to sleep
יָשָׁן / יְשָׁנָה ש״ת	old (inanimate objects)
יָשָׁר / יְשָׁרָה ש״ת	straight, honest
יִשְׂרָאֵל נ׳	Israel
יִשְׂרְאֵלִי / יִשְׂרְאֵלִית ש״ת	Israeli
יָתוֹם ז׳ / יְתוֹמָה נ׳	orphan

כ

כְּ...	as, like, about
כְּאֵב ז׳	pain, ache
כְּאֵב-בֶּטֶן ז׳	stomachache
כְּאֵב-רֹאשׁ ז׳	headache
כָּאַב (לִכְאוֹב)	to hurt
כָּאן	here
כַּאֲשֶׁר (כְּשֶׁ...)	when
כָּבֵד ז׳	liver
כָּבֵד / כְּבֵדָה ש״ת	heavy
כָּבוֹד ז׳	honor, respect
כְּבִישׁ ז׳	road, highway
כֶּבֶשׂ ז׳ / כִּבְשָׂה ז׳	sheep/ewe
כְּבָר	already
כְּדַאי	worthwhile
כַּדּוּר ז׳	ball, pill, bullet
כַּדּוּר-בָּסִיס ז׳	baseball
כַּדּוּרֶגֶל ז׳	football, soccer
כַּדּוּרֶגֶל אֲמֶרִיקָאִי	football
כַּדּוּרְסַל ז׳	basketball
כְּדֵי לְ...	in order to
כּוֹבַע ז׳	hat
כּוֹחַ ז׳	power, strength, force
כּוֹכָב ז׳	star
כּוּלָּם	all of them, everybody
כַּוָּונָה נ׳	intention
כּוֹמֶר ז׳	a priest
כּוֹס נ׳	glass, cup
כּוּרְסָה נ׳	armchair
כּוֹתֶל ז׳	wall
הַכּוֹתֶל הַמַּעֲרָבִי	the Western (Wailing) Wall
כּוֹתֶרֶת נ׳	title, headline
כָּחוֹל / כְּחוּלָּה ש״ת	blue
כִּי	because
כִּיבֵּד (לְכַבֵּד)	to respect, honor
כִּיכָּר נ׳	square
כִּימְיָה נ׳	chemistry
כִּינּוֹר ז׳	violin
כִּינֶּרֶת נ׳	Kineret, Sea of Galilee
כִּיס ז׳	pocket
כִּיסֵּא ז׳ / כִּיסְאוֹת ז״ר	chair
כֵּיף ז׳	fun
כִּיפָּה נ׳	skullcap, yarmulke, dome
כִּיפָּה אֲדוּמָּה נ׳	Red Riding Hood
כִּיפּוּר ז׳	atonement
יוֹם כִּיפּוּר ז׳	Day of Atonement
כִּיתָּה נ׳	class, classroom
כָּךְ, כָּכָה	so, like this, thus
כָּכָה כָּכָה	so-so
כָּל	all, every
כָּל אֶחָד	everyone
כָּל הַזְּמַן	all the time
הַכֹּל	everything
כָּל-כָּךְ	so much
כֶּלֶא ז׳	prison
כֶּלֶב ז׳ / כַּלְבָּה נ׳	dog
כַּלָּה ז׳	bride
כְּלוּם	nothing
כְּלִי ז׳	instrument, tool, vessel
כְּלִי עֲבוֹדָה ז׳	tool
כֵּלִים ז׳	tools, dishes

כַּלְכָּלָה נ׳	economics
כַּלְכְּלָן ז׳ / כַּלְכְּלָנִית נ׳	economist
כַּמָּה	how many, how much
כְּמוֹ	like
כַּמּוּבָן	of course
כִּמְעַט	almost
כֵּן	yes
כְּנִיסָה נ׳	entrance
כְּנֵסִיָּיה נ׳	church
כְּנֶסֶת נ׳	Knesset, Israel's parliament
כַּנָּר ז׳ / כַּנָּרִית נ׳	violinist
כַּנִּרְאֶה	apparently
כֶּסֶף ז׳	money, silver
כָּעַס (לִכְעוֹס) עַל...	to get mad, angry
כַּף נ׳	tablespoon
כַּף יָד	palm, hand
כַּף רֶגֶל	foot
כָּפוּל	double
כַּפִּית נ׳	teaspoon
כְּפָפָה נ׳	glove
כְּפָר ז׳	village
כַּפְרִי / כַּפְרִית ש״ת	villager, rural, rustic
כַּפְתּוֹר ז׳	button
כַּר ז׳	pillow
כְּרוּב ז׳	cabbage
כְּרוּבִית נ׳	cauliflower
כַּרְטִיס ז׳	ticket, card
כְּשֶׁ.. (כַּאֲשֶׁר)	when
כָּשֵׁר / כְּשֵׁרָה ש״ת	kosher
כְּתָב ז׳	writing, script
כָּתַב (לִכְתּוֹב)	to write
כְּתַב יָד ז׳	handwriting, manuscript
כָּתוּב / כְּתוּבָה ש״ת	written
כְּתוֹבֶת נ׳	address
כָּתוֹם / כְּתוּמָּה ש״ת	orange
כְּתִיב ז׳	spelling
כְּתִיבָה נ׳	writing
כָּתֵף נ׳ / כְּתֵפַיִים נ״ר	shoulder

ל

לְ (לִי, לְךָ...)	to (to me, to you..)
לֹא	no
לֹא נָכוֹן	incorrect
לְאוּמִּי / לְאוּמִּית ש״ת	national
לְאַט	slowly
לְאָן	where to
לֵב ז׳ / לְבָבוֹת ז״ר	heart
לְבַד	alone, by oneself
לָבָן / לְבָנָה ש״ת	white
לָבַשׁ (לִלְבּוֹשׁ)	to wear
לְהִתְרָאוֹת	see you later
לוּחַ ז׳	board, blackboard
לוּחַ מוֹדָעוֹת ז׳	billboard
לוּחַ שָׁנָה ז׳	calendar
לוֹנדוֹן נ׳	London
לְחוּד	separately
לֶחֶם ז׳	bread
לָחַם (לִלְחוֹם)	to fight
לַחְמָנִיָּיה נ׳	roll
לַחַן ז׳	melody, tune
לַחַץ ז׳	pressure, stress
לַחַץ-דָּם ז׳	blood pressure
לִיגָה נ׳	league
לְיַד	beside, near
לֵידָה נ׳	birth, delivery
לִיוָּוה (לְלַוּוֹת)	to accompany, to escort
לַיְלָה ז׳ / לֵילוֹת ז״ר	night
לִימֵּד (לְלַמֵּד)	to teach

studies	לִימּוּדִים ז״ר
lemon	לִימוֹן ז׳
lemonade	לִימוֹנָדָה נ׳
dirt	לִכְלוּךְ ז׳
to soil, dirty	לִכְלֵךְ (לְלַכְלֵךְ)
therefore	לָכֵן
to study	לָמַד (לִלְמוֹד)
scholar, studious	לַמְדָן / לַמְדָנִית ש״ת
why?	לָמָּה
down, downstairs	לְמַטָּה
up, upstairs, above	לְמַעְלָה
for instance	לְמָשָׁל
to sleep over night	לָן (לָלוּן)
C.E.	לַסְּפִירָה
forever	לְעוֹלָם
never	לְעוֹלָם לֹא
at least	לְפָחוֹת
according to	לְפִי
B.C.E.	לִפְנֵי הַסְּפִירָה
before noon, late morning	לִפְנֵי הַצָּהֳרַיִים
before	לִפְנֵי
sometimes	לִפְעָמִים
to take	לָקַח (לָקַחַת)
toward	לִקְרַאת
mostly, for the most part	לָרוֹב
tongue, language	לָשׁוֹן נ׳ / לְשׁוֹנוֹת נ״ר
into	לְתוֹךְ

מ

from, than	מִ... (מִמֶּנִי, מִמְּךָ..)
hundred	מֵאָה נ׳
two hundred	מָאתַיִים
very	מְאוֹד
late	מְאוּחָר / מְאוּחֶרֶת ש״ת
since then	מֵאָז
happy	מְאוּשָּׁר / מְאוּשֶּׁרֶת ש״ת
May	מַאי ז׳
where from?	מֵאַיִן
article	מַאֲמָר ז׳
mature, adult	מְבוּגָּר / מְבוּגֶּרֶת ש״ת
confused	מְבוּלְבָּל / מְבוּלְבֶּלֶת ש״ת
test, exam	מִבְחָן ז׳
accent, pronunciation	מִבְטָא ז׳
confusing	מְבַלְבֵּל / מְבַלְבֶּלֶת ש״ת
structure	מִבְנֶה ז׳
tower	מִגְדָּל ז׳
residence, dwelling	מְגוּרִים ז״ר
boot	מַגָּף ז׳ / מַגָּפַיִים ז״ר
desert	מִדְבָּר ז׳
to measure, try on	מָדַד (לִמְדּוֹד)
why?	מַדּוּעַ
bonfire	מְדוּרָה נ׳
more than enough, too much	מִדַּי, יוֹתֵר מִדַּי
uniform	מַדִּים ז״ר
country	מְדִינָה נ׳
medal	מֶדַלְיָה נ׳
awesome, cool (slang)	מַדְלִיק / מַדְלִיקָה ש״ת
science	מַדָּע ז׳
Judaic studies	מַדְּעֵי הַיַּהֲדוּת
political science	מַדְּעֵי הַמְּדִינָה
stair	מַדְרֵגָה נ׳
guide, counselor	מַדְרִיךְ ז׳ / מַדְרִיכָה נ׳
tour guide	מַדְרִיךְ טִיּוּלִים
what?	מָה
How are you (m.s.)?	מַה שְּׁלוֹמְךָ?
How are you doing?	מַה נִּשְׁמַע?
immigrant	מְהַגֵּר ז׳ / מְהַגֶּרֶת נ׳
what is (m.)	מַהוּ

מַהִי	what is (f.)
מְהַנְדֵּס ז׳ / מְהַנְדֶּסֶת נ׳	engineer
מַהֵר	fast, quickly
מוֹדֶל ז׳	model
מוֹדָעָה נ׳	advertisement
מוֹדֶרְנִי / מוֹדֶרְנִית ש״ת	modern
מוֹהַר ז׳	dowry
מָוֶת ז׳	death
מוּזֵיאוֹן ז׳	museum
מוּזִיקַאי ז׳ / מוּזִיקַאִית נ׳	musician
מוּזִיקָה נ׳	music
מוֹחַ ז׳ / מוֹחוֹת ז״ר	brain
מוּל	across, facing
מוֹכֵר ז׳ / מוֹכֶרֶת נ׳	salesperson
מוּכָן / מוּכָנָה ש״ת	ready
מוּכְשָׁר / מוּכְשֶׁרֶת ש״ת	talented
מוֹנוֹלוֹג ז׳	monologue
מוֹנִית נ׳	taxi
מוֹסָד ז׳	institution
מוֹעֲדוֹן ז׳	club
מוֹצָאֵי שַׁבָּת	Saturday night
מוּצָר ז׳	product
מוּקְדָּם / מוּקְדֶּמֶת ש״ת	early
מוֹרֶה ז׳ / מוֹרָה נ׳	teacher
מוּשָּׂג ז׳	concept, idea
מוּתָּר / מוּתֶּרֶת ש״ת	allowed, permitted
מֶזֶג אֲוִויר ז׳	weather
מִזְוָודָה נ׳	suitcase
מָזוֹן ז׳	food
מַזְכִּיר ז׳ / מַזְכִּירָה נ׳	secretary
מַזְכֶּרֶת נ׳	souvenir
מַזָּל ז׳	luck
מַזָּל טוֹב	congratulations!
מַזְלֵג ז׳ / מַזְלְגוֹת ז״ר	fork
מִזְרָח ז׳	east
הַמִּזְרָח הָרָחוֹק ז׳	the Far East
הַמִּזְרָח הַתִּיכוֹן ז׳	the Middle East
מַחְבֶּרֶת נ׳ / מַחְבָּרוֹת נ״ר	notebook
מִחוּץ	outside of
מַחֲזֶה ז׳	play
מַחְזוֹר ז׳	cycle, prayer book, period, graduating class
מְחִיר ז׳	price, cost
מַחֲלָה נ׳	illness, disease
מַחֲלַת לֵב נ׳	heart disease
מַחְלָקָה נ׳	department
מַחֲנֶה ז׳	camp
מַחֲנֶה קַיִץ ז׳	summer camp
מַחֲצִית נ׳	half
מֶחְקָר ז׳	research
מָחָר	tomorrow
מָחֳרָתַיִם	the day after tomorrow
מַחְשֵׁב ז׳	computer
מִטְבָּח ז׳	kitchen
מִטְבָּחוֹן ז׳	kitchenette
מָטוֹס ז׳	airplane
מֶטֶר ז׳	meter
מִי	who
מִיָּד	immediately, at once
מִידָּה נ׳	size
מֵידָע ז׳	information
מְיוֹאָשׁ / מְיוֹאֶשֶׁת ש״ת	desperate
מְיוּחָד / מְיוּחֶדֶת ש״ת	special
מָיוֹנֶז ז׳ מָיוֹנִית נ׳	mayonnaise
מִיזּוּג אֲוִויר ז׳	air conditioning
מִיטָּה נ׳	bed
מִילְגָּה נ׳	scholarship
מִילָּה נ׳ / מִילִּים נ״ר	word

מִילּוּאִים ז״ר	reserve duty (military)
מִילּוֹן ז׳	dictionary
מִילַּת יַחַס נ׳	preposition
מַיִם ז״ר	water
מִין ז׳	sex, gender, species, kind
מִיץ ז׳	juice
מִישֶׁהוּ ז׳	someone
מְכוּבָּד / מְכוּבֶּדֶת ש״ת	respected
מַכּוֹלֶת נ׳	grocery store
מְכוֹנַאי ז׳ / מְכוֹנַאִית נ׳	mechanic
מְכוֹנִית נ׳ / מְכוֹנִיוֹת נ״ר	car
מְכִירָה נ׳	sale
מִכְנָסַיִים ז״ר	pants, trousers
מִכְסֶה ז׳	cover
מֶכְּסִיקוֹ נ׳	Mexico
מָכַר (לִמְכּוֹר)	to sell
מַכָּר ז׳ / מַכָּרָה נ׳	acquaintance
מִכְתָּב ז׳	letter
מָלֵא / מְלֵאָה ש״ת	full
מַלְאָךְ ז׳	angel
מָלוּחַ / מְלוּחָה ש״ת	salty
מְלוּכְלָךְ / מְלוּכְלֶכֶת ש״ת	dirty
מָלוֹן ז׳ / מְלוֹנוֹת ז״ר	hotel
מֶלוֹן ז׳	melon
מֶלַח ז׳	salt
מִלְחָמָה נ׳	war
מֶלֶךְ ז׳	king
מַלְכָּה נ׳	queen
מְלָפְפוֹן ז׳	cucumber
מֶלְצָר ז׳ / מֶלְצָרִית נ׳	waiter/waitress
מִמֶּנִּי (מִמְּךָ, מִמֶּנּוּ..)	from me, than me
מַמָּשׁ	really, just
מַמְתָּק ז׳	candy
מַנְגִּינָה נ׳	melody, tune
מָנָה נ׳	course, portion
מָנָה אַחֲרוֹנָה נ׳	last course, dessert
מָנָה עִיקָּרִית נ׳	main course
מָנָה רִאשׁוֹנָה נ׳	first course
מִנְהָג ז׳	custom
מְנַהֵל ז׳ / מְנַהֶלֶת נ׳	principal, director
מְנוּחָה נ׳	rest
מְנוֹרָה נ׳	lamp
מִנְזָר ז׳	monastery
מִסָּבִיב	around
מְסוּדָּר / מְסוּדֶּרֶת ש״ת	organized, neat
מָסוֹרֶת נ׳	tradition
מַסְטִיק ז׳	chewing gum
מְסִיבָּה נ׳	party
מִסְכֵּן / מִסְכֵּנָה ש״ת	poor, wretched
מִסְעָדָה נ׳	restaurant
מַסְפִּיק	enough
מִסְפָּר ז׳	number
מִסְפָּרַיִים ז״ר	scissors
מַעְבָּדָה נ׳	laboratory
מְעוּנְיָין / מְעוּנְיֶינֶת ש״ת	interested
מְעוֹנוֹת ז״ר	dorms
מְעַט	a little
מֵעַל	above
מְעִיל ז׳	coat
מְעַנְיֵין / מְעַנְיֶינֶת ש״ת	interesting
מַעֲלִית נ׳	elevator
מַעֲשֶׂה ז׳	act, deed, action
מַעֲרָכָה נ׳	act
מַעֲרֶכֶת יְחָסִים נ׳	relationship
מַפָּה נ׳	map, table cloth
מְפוּרְסָם / מְפוּרְסֶמֶת ש״ת	famous
מִפְּנֵי שֶׁ...	because
מַפְתֵּחַ ז׳ / מַפְתְּחוֹת ז״ר	key

מָצָא (לִמְצוֹא)	to find
מַצָּב ז׳	situation, condition
מַצַּב-רוּחַ ז׳	mood
מִצַּד אֶחָד	on one hand
מִצַּד שֵׁנִי	on the other hand
מְצוּבְרָח / מְצוּבְרַחַת ש״ת	upset
מְצוּיָּן / מְצוּיֶּנֶת ש״ת	excellent
מַצְחִיק / מַצְחִיקָה ש״ת	funny
מְצִיאוּת נ׳	reality
מַצְלֵמָה נ׳	camera
מָצַץ (לִמְצוֹץ)	to suck
מִצְרַיִם נ׳	Egypt
מָקוֹם ז׳ / מְקוֹמוֹת ז״ר	place
מִקְלַחַת נ׳	shower
מִקְצוֹעַ ז׳ / מִקְצוֹעוֹת ז״ר	profession
מִקְצוֹעַ לִימּוּד ז׳	subject of study
מְקָרֵר / מְקָרְרִים ז׳	refrigerator
מַר ז׳	Mister, Mr.
מַר / מָרָה ש״ת	bitter
מֵרֹאשׁ	ahead, in advance
מַרְגָּרִינָה נ׳	margarine
מְרוֹהָט / מְרוֹהֶטֶת ש״ת	furnished
מֶרְכָּז ז׳	center
מֶרְכָּזִי / מֶרְכָּזִית ש״ת	central
מִרְפָּאָה נ׳	infirmary, clinic
מִרְפֶּסֶת נ׳	balcony, porch
מַרְפֵּק ז׳ / מַרְפְּקִים ז״ר	elbow
מֶרְץ ז׳	March
מָרָק ז׳	soup
מַשֶּׁהוּ ז׳	something
מְשׁוּגָּע / מְשׁוּגַּעַת ש״ת	crazy
מְשׁוֹרֵר ז׳ / מְשׁוֹרֶרֶת נ׳	poet
מְשׁוּתָּף / מְשׁוּתֶּפֶת ש״ת	common, shared
מִשְׂחָק ז׳	play, game
מִשְׂחַק תַּפְקִידִים ז׳	role play
מִשְׁטָרָה נ׳	police
מַשְׂכִּיל ז׳ / מַשְׂכִּילָה נ׳	educated
מַשְׁמָעוּת נ׳	meaning
מְשַׁעֲמֵם / מְשַׁעֲמֶמֶת ש״ת	boring
מִשְׁפָּחָה נ׳	family
מִשְׁפָּט ז׳	sentence, trial
מִשְׁפָּטִים ז״ר	law
מֶשֶׁק ז׳	economy, farm
מִשְׁקָפַיִים ז״ר	eye glasses
מִשְׁקְפֵי-שֶׁמֶשׁ ז״ר	sunglasses
מִשְׂרָד ז׳	office
מֵת (לָמוּת)	to die
מַתְאִים / מַתְאִימָה ש״ת	suitable, appropriate, matching
מְתוּלְתָּל / מְתוּלְתֶּלֶת ש״ת	curly
מָתוֹק / מְתוּקָה ש״ת	sweet
מִתְחַשֵּׁב / מִתְחַשֶּׁבֶת ש״ת	considerate
מָתַי	when (question)
מָתֶמָטִיקָה נ׳	mathematics
מַתָּנָה נ׳	gift
מְתַרְגֵּם ז׳ / מְתַרְגֶּמֶת נ׳	translator

נ

נָא	please
נָאֶה / נָאָה ש״ת	handsome
נָאצִי / נָאצִית ש״ת	Nazi
נָבַח (לִנְבּוֹחַ) עַל...	to bark
נְבֵלָה נ׳	scoundrel, dead animal
נֶגֶב ז׳	Negev
נֶגֶד	against, opposed
נִגְמַר (לְהִיגָּמֵר)	to be finished, end
נָגַע (לִנְגּוֹעַ, לָגַעַת) בְּ...	to touch
נִדְהַם (לְהִידָּהֵם) מִ...	to be shocked, amazed

נֶהָג ז׳ / נַהֶגֶת נ׳	driver
נָהַג (לִנְהוֹג)	to drive
נֶהְדָּר / נֶהְדֶּרֶת ש״ת	wonderful, great
נוֹבֶמְבֶּר ז׳	November
נוּדְנִיק ז׳ / נוּדְנִיקִית נ׳	nudnik, nudge, pest
נוֹחַ / נוֹחָה ש״ת	comfortable
נוֹלַד (לְהִיוָּולֵד)	to be born
נוֹסָף / נוֹסֶפֶת ש״ת	additional
נוֹף ז׳	view, scenery
נוֹפֶשׁ ז׳	vacation
נוֹצְרִי / נוֹצְרִיָּיה, נוֹצְרִית ש״ת	Christian
נוֹרָא / נוֹרָאִית ש״ת	horrible
נוֹרְמָלִי / נוֹרְמָלִית ש״ת	normal
נוֹשֵׂא ז׳	subject, carrier
נָזִיר ז׳ / נְזִירָה נ׳	monk
נָח (לָנוּחַ)	to rest
נֶחְמָד / נֶחְמָדָה ש״ת	nice
נְטִיָּיה נ׳	tendency, conjugation
נִיגֵּן (לְנַגֵּן) בְּ...	to play (music)
נְיוּ-יוֹרְק נ׳	New York
נַיָּיד / נַיֶּידֶת ש״ת	mobile, portable
נְיָיר ז׳/ נְיָירוֹת ז״ר	paper
נְיַיר טוּאָלֶט ז׳	toilet paper
נִין ז׳	great-grandson
נִינָה נ׳	great-granddaughter
נִיסָּה (לְנַסּוֹת)	to try
נִיסָּיוֹן ז׳ / נִסְיוֹנוֹת ז״ר	experience
נִיצָּחוֹן ז׳ / נִצְחוֹנוֹת ז״ר	victory
נִישּׂוּאִים ז״ר	marriage
נִיתּוּחַ ז׳	surgery, analysis
נִיתֵּחַ (לְנַתֵּחַ)	to operate on, parse
נִכְבָּד / נִכְבָּדָה ש״ת	honorable, respected
נֶכֶד ז׳	grandson
נֶכְדָּה נ׳	granddaughter
נָכוֹן / נְכוֹנָה ש״ת	correct
נִכְנַס (לְהִיכָּנֵס) לְ...	to enter
נָמוּךְ / נְמוּכָה ש״ת	short (height)
נִמְצָא (לְהִימָּצֵא)	to be found
נֵס ז׳	miracle
נֵס קָפֶה ז׳	nescafé, instant coffee
נְסִיעָה נ׳	travel, journey
נָסַע (לִנְסוֹעַ) לְ...	to travel
נְעוּרִים ז״ר	youth
נָעִים / נְעִימָה ש״ת	pleasant
נָעַל (לִנְעוֹל)	to lock, to wear shoes
נַעַל נ׳ / נַעֲלַיִים נ״ר	shoe
נֶעֱלַם (לְהֵיעָלֵם)	to vanish
נַעֲנָע נ׳	mint
נַעַר ז׳ / נַעֲרָה נ׳	young man/woman, youth
נִפְטַר (לְהִיפָּטֵר)	to pass away, die
נָפַל (לִיפּוֹל)	to fall down
נִפְלָא / נִפְלָאָה ש״ת	wonderful
נֶפֶשׁ נ׳	soul, spirit
נַפְשִׁי / נַפְשִׁית ש״ת	spiritual, emotional
נִפְתַּח (לְהִיפָּתַח)	to be opened
נְקֵבָה נ׳	female, feminine
נָקִי / נְקִיָּיה ש״ת	clean
נִקְרָא (לְהִיקָּרֵא)	to be called
נֵר ז׳ / נֵרוֹת ז״ר	candle
נִשְׁאַר (לְהִישָּׁאֵר)	to remain, stay
נָשׂוּי / נְשׂוּאָה ש״ת	married
נָשִׁים נ״ר	women, wives
נְשִׁיקָה נ׳	a kiss
נָשַׁם (לִנְשׁוֹם)	to breathe
נִשְׁעַן (לְהִישָּׁעֵן) עַל...	to lean
נָשַׁק (לִנְשׁוֹק) לְ...	to kiss
נָתַן (לָתֵת) לְ...	to give
נְתַנְיָה נ׳	Netanya

ס

סָבָא ז׳ / סָבִים ז״ר	grandfather
סָבָא רַבָּא ז׳	great-grandfather
סַבּוֹן ז׳	soap
סָבַל (לִסְבּוֹל) מִ...	to suffer
סֵבֶל ז׳	suffering, misery
סַבְלָנוּת נ׳	patience
סַבְלָנִי / סַבְלָנִית ש״ת	patient
סַבְתָּא נ׳ / סַבְתּוֹת נ״ר	grandmother
סַבְתָּא רַבְּתָא נ׳	great-grandmother
סָגוֹל / סְגוּלָּה ש״ת	purple
סָגוּר / סְגוּרָה ש״ת	closed
סָגַר (לִסְגּוֹר)	to close
סֵדֶר ז׳	order
סֵדֶר-יוֹם ז׳	day schedule, agenda
סַדְרָן ז׳ / סַדְרָנִית נ׳	usher
סוּג ז׳	category, type, kind
סוֹד ז׳ / סוֹדוֹת ז״ר	secret
סוֹדָה נ׳	soda
סְוֶודֶר ז׳	sweater
סוֹכֵן ז׳ / סוֹכֶנֶת נ׳	agent, dealer
סוֹכְנוּת נ׳	agency
סוּכָּר ז׳	sugar
סוּכָּרִיָּה נ׳	candy
סוּס ז׳ / סוּסָה נ׳	horse, mare
סוֹף ז׳	end
סוֹף-סוֹף	finally
סוֹפֵר ז׳ / סוֹפֶרֶת נ׳	author
סוֹפְשָׁבוּעַ ז׳ / סוֹפֵי שָׁבוּעַ ז״ר	weekend
סְטוּדֶנְט ז׳ / סְטוּדֶנְטִית נ׳	student
סִיבָּה נ׳	reason
סִידֵּר (לְסַדֵּר)	to organize
סִיּוּם ז׳	completion
סִיכּוּם ז׳	summary
סִימֵּל (לְסַמֵּל)	to symbolize
סִימֵּן (לְסַמֵּן)	to mark
סִימָן ז׳	sign, mark, symbol
סִין נ׳	China
סִינִי / סִינִית ש״ת	Chinese
סִינִית נ׳	Chinese (lang.)
סִיסְמָה נ׳	slogan
סִיפּוּר ז׳	story
סִיפֵּר (לְסַפֵּר) לְ...	to tell
סִירָה נ׳	boat
סַכּוּ״ם (סַכִּין, כַּף וּמַזְלֵג) ז׳	cutlery
סַכִּין ז׳, נ׳ / סַכִּינִים ר׳	knife
סַכָּנָה נ׳	danger
סַכֶּרֶת, סוּכֶּרֶת נ׳	diabetes
סַל ז׳	basket
סָלוֹן ז׳	living room
סָלַח (לִסְלוֹחַ) לְ...	to forgive, excuse
סָלָט ז׳	salad
סְלִיחָה	excuse me
סְלֶנְג ז׳	slang
סֶלֶרִי ז׳	celery
סְמִיכוּת נ׳	construct state (gram.)
סֶמֶסְטֶר ז׳	semester
סַנְדָּל ז׳ / סַנְדָּלִים ז״ר	sandal
סַנְדָּק ז׳ / סַנְדָּקִית ז׳	godfather/godmother
סֶנִילִי / סֶנִילִית ש״ת	senile
סַפָּה נ׳	sofa
סְפּוֹרְט ז׳	sport
סְפּוֹרְטַאי ז׳ / סְפּוֹרְטָאִית נ׳	athlete
סֶפְּטֶמְבֶּר ז׳	September
סְפִירָה נ׳	counting
לַסְפִירָה	C.E.
סַפְסָל ז׳	bench
סֵפֶר ז׳	book

to count	סָפַר (לִסְפּוֹר)
Spain	סְפָרַד נ׳
Spanish, Sephardic	סְפָרַדִּי / סְפָרַדִּית ש״ת
Spanish (lang.)	סְפָרַדִּית נ׳
literature	סִפְרוּת נ׳
library	סִפְרִיָּיה נ׳ / סִפְרִיּוֹת נ״ר
librarian	סַפְרָן ז׳ / סַפְרָנִית נ׳
survey	סֶקֶר ז׳
movie	סֶרֶט ז׳
cancer, crab	סַרְטָן ז׳
autumn, fall	סְתָיו ז׳
just like that, mere	סְתָם ז׳

ע

to work	עָבַד (לַעֲבוֹד)
work, a paper	עֲבוֹדָה נ׳
homework	עֲבוֹדַת-בַּיִת נ׳
for	עֲבוּר
past, past tense	עָבָר ז׳
to pass, move to, transfer	עָבַר (לַעֲבוֹר) לְ...
Hebrew (lang.)	עִבְרִית נ׳
tomato	עַגְבָנִיָּיה נ׳
round	עָגוֹל / עֲגוּלָּה ש״ת
till, until	עַד
still	עֲדַיִין
not yet	עֲדַיִין לֹא
gentle	עָדִין / עֲדִינָה ש״ת
worker, employee	עוֹבֵד ז׳ / עוֹבֶדֶת נ׳
fact	עוּבְדָה נ׳
fetus	עוּבָּר ז׳
cake, pastry	עוּגָה נ׳
cookie	עוּגִיָּיה נ׳ / עוּגִיּוֹת נ״ר
more, still	עוֹד
not yet	עוֹד לֹא
in a little while, soon	עוֹד מְעַט
change (money), surplus	עוֹדֶף ז׳
new immigrant	עוֹלֶה חָדָשׁ ז׳ / עוֹלָה חֲדָשָׁה נ׳
world	עוֹלָם ז׳
season	עוֹנָה נ׳
chicken, poultry, bird	עוֹף ז׳
skin, leather	עוֹר ז׳
editor	עוֹרֵךְ ז׳ / עוֹרֶכֶת נ׳
lawyer	עוֹרֵךְ-דִּין ז׳ / עוֹרֶכֶת-דִּין נ׳
to help	עָזַר (לַעֲזוֹר) לְ...
help	עֶזְרָה נ׳
pen	עֵט ז׳
circle	עִיגּוּל ז׳
tired	עָיֵיף / עֲיֵיפָה ש״ת
town	עֲיָירָה נ׳
eye	עַיִן נ׳ / עֵינַיִים נ״ר
pencil	עִיפָּרוֹן ז׳ / עֶפְרוֹנוֹת ז״ר
to smoke	עִישֵּׁן (לְעַשֵּׁן)
city	עִיר נ׳ / עָרִים נ״ר
newspaper	עִיתּוֹן ז׳
journalist	עִיתּוֹנַאי ז׳ / עִיתּוֹנָאִית נ׳
now	עַכְשָׁיו
about, on (on me, on you...)	עַל (עָלַי, עָלֶיךָ...)
near, by, next to	עַל יַד
by	עַל-יְדֵי
named after	עַל-שֵׁם
to rise, cost, make Aliyah	עָלָה (לַעֲלוֹת)
leaf	עָלֶה ז׳
happy, gay	עַלִּיז / עַלִּיזָה ש״ת
Youth Aliyah	עֲלִיַּית הַנּוֹעַר נ׳
with (with me, you ...)	עִם (אִיתִּי, אִיתְּךָ...)
nation, people	עַם ז׳
to stand	עָמַד (לַעֲמוֹד)
pillar, page	עַמּוּד ז׳

עֵנָב ז׳ / עֲנָבִים ז״ר	grape
עָנָה (לַעֲנוֹת) לְ...	to answer, reply
עָנִי / עֲנִיָּה ש״ת	poor
עֲנִיבָה נ׳	tie
עִנְיָן ז׳	matter, affair
עָנָן ז׳	cloud
עָסוּק / עֲסוּקָה ש״ת	busy
עֵץ ז׳	tree, wood
עֵצָה נ׳	advice
עָצוּב / עֲצוּבָה ש״ת	sad
עָצִיץ ז׳	flower pot
עַצְלָן / עַצְלָנִית ש״ת	lazy
עֶצֶם נ׳ / עֲצָמוֹת נ״ר	bone
עַצְמָאוּת נ׳	independence
עַצְמָאִי / עַצְמָאִית ש״ת	independent
עַצְמִי	myself
בְּעַצְמִי	by myself
עָצַר (לַעֲצוֹר)	to stop
עֶרֶב ז׳	evening
עֲרָבִי ז׳ / עַרְבִיָּיה נ׳	Arab
עֲרָבִית נ׳	Arabic (lang.)
עָרוּץ ז׳	channel
עָשָׂה (לַעֲשׂוֹת)	to do, make
עָשִׁיר / עֲשִׁירָה ש״ת	rich
עֲשִׂירִי / עֲשִׂירִית ש״ת	tenth
עֶשֶׂר נ׳ / עֲשָׂרָה ז׳	ten
עֶשְׂרִים	twenty
עַתִּיק / עַתִּיקָה ש״ת	antique, ancient

פ

פַּאי ז׳	pie
פֶבְּרוּאָר ז׳	February
פְּגִישָׁה נ׳	meeting, a date
פְּגִישָׁה עִיוֶורֶת נ׳	blind date
פְּגִישַׁת מַחְזוֹר נ׳	class reunion
פְּגִישַׁת עֲסָקִים נ׳	business meeting
פָּגַשׁ (לִפְגּוֹשׁ)	to meet
פֹּה	here
פֶּה ז׳	mouth
פּוֹלִיטִיקַאי ז׳ / פּוֹלִיטִיקָאִית נ׳	politician
פּוֹלִיטִיקָה נ׳	politics
פּוֹפּוּלָרִי / פּוֹפּוּלָרִית ש״ת	popular
פּוֹעַל ז׳ / פְּעָלִים ז״ר	verb
פּוֹתְחַן ז׳	can opener
פַּח ז׳	can, tin
פַּח אַשְׁפָּה ז׳	trash can
פָּחַד (לִפְחוֹד) מִ...	to be afraid, fear
פָּחוֹת מִ...	less than
פָּחוֹת אוֹ יוֹתֵר	more or less
פִּטְפֵּט (לְפַטְפֵּט)	to chat, prattle
פֶּטְרוֹזִילְיָה נ׳	parsley
פִּטְרִיָּיה נ׳ / פִּטְרִיּוֹת נ״ר	mushroom
פִּיגָ׳מָה נ׳	pajama
פִילוֹסוֹף ז׳ / פִילוֹסוֹפִית נ׳	philosopher
פִילוֹסוֹפְיָה נ׳	philosophy
פִיסִיקָה נ׳	physics
פִיסִיקַאִי ז׳ / פִיסִיקָאִית נ׳	physicist
פִּיצָה נ׳	pizza
פִּיתָה נ׳	pita
פָּלִיט ז׳	refugee
פִּלְפֵּל ז׳	pepper
פִּלְפֵּל שָׁחוֹר	black pepper
פָּנָה (לִפְנוֹת) לְ...	turn to, face
פָּנִים ז״ר, נ״ר	face
פְּנִים ז׳	inside
פְּנִימָה	inside, within
פֶּנְסְיוֹנֶר ז׳ / פֶּנְסְיוֹנֶרִית נ׳	retiree
פָּסוּק ז׳	verse, sentence

פֶּסַח	Passover
פְּסִיכוֹלוֹג ז׳ / פְּסִיכוֹלוֹגִית נ׳	psychologist
פְּסִיכוֹלוֹגְיָה נ׳	psychology
פְּסִיכִיאַטֶר ז׳ / פְּסִיכִיאַטְרִית נ׳	psychiatrist
פְּסַנְתְּרָן ז׳ / פְּסַנְתְּרָנִית נ׳	pianist
פְּעִילוּת נ׳	activity
פַּעַם נ׳ / פְּעָמִים נ״ר	once, one time
פַּעֲמַיִים נ״ר	twice
פָּקִיד ז׳ / פְּקִידָה נ׳	clerk
פַּקְס ז׳	fax
פִּקְסֵס (לְפַקְסֵס)	to fax
פְּקָק ז׳	cork, stopper
פְּקַק תְּנוּעָה ז׳	traffic jam
פָּרָה נ׳	cow
פְּרוּסָה נ׳	slice
פֶּרַח ז׳	flower
פְּרָט ז׳	detail, item
פְּרָטִי / פְּרָטִית ש״ת	private
פְּרִי ז׳ / פֵּירוֹת ז״ר	fruit
פַּרְנָסָה נ׳	a living
פְּרָס ז׳	prize
פִּרְסוֹמֶת נ׳	advertisement
פִּרְסֵם (לְפַרְסֵם)	to publish, advertise
פַּרְפַּר נ׳	butterfly
פַּרְצוּף ז׳	face
פֶּרֶק ז׳	chapter
פָּשׁוּט / פְּשׁוּטָה ש״ת	simple
פָּשַׁט (לִפְשׁוֹט)	to take off
פִּתְאוֹם	suddenly
פָּתוּחַ / פְּתוּחָה ש״ת	open
פָּתַח (לִפְתּוֹחַ)	to open
פִּתְרוֹן ז׳ / פִּתְרוֹנוֹת ז״ר	solution

צ

צָבָא ז׳ / צְבָאוֹת ז״ר	army
צֶבַע ז׳ / צְבָעִים ז״ר	color
צַבָּר ז׳ / צַבָּרִית נ׳	Sabra
צַד ז׳ / צְדָדִים ז״ר	side
צַדִּיק ז׳ / צַדִּיקָה נ׳	righteous, pious
צֶדֶק ז׳	justice
צָהוֹב / צְהוּבָּה ש״ת	yellow
צוֹדֵק / צוֹדֶקֶת ש״ת	right, correct
צַוָּואר ז׳	neck
צוֹם ז׳	fast
צִיוּוּי ז׳	commandment, imperative
צִיּוּן ז׳	grade, mark
צִיּוּר ז׳	painting
צִיֵּיר (לְצַיֵּיר)	to paint, draw
צַיָּיר ז׳ / צַיֶּירֶת נ׳	painter, artist
צִילֵּם (לְצַלֵּם)	to photograph
צִיפּוֹר נ׳ / צִיפּוֹרִים נ״ר	bird
צִיפּוֹרֶן נ׳ / צִיפּוֹרְנַיִים נ״ר	fingernail
צִ׳יפְּס ז׳	chips, French fries
צְלָב ז׳	cross
צֶ׳ילוֹ ז׳	cello
צָלוּי / צְלוּיָה ש״ת	roasted
צַלַּחַת נ׳ / צַלָּחוֹת נ״ר	plate
צַלָּם ז׳ / צַלֶּמֶת נ׳	photographer
צִלְצֵל (לְצַלְצֵל)	to ring
צָם (לָצוּם)	to fast
צָמֵא / צְמֵאָה ש״ת	thirsty
צַמָּה נ׳	braid
צֶמַח ז׳	plant
צִמְחוֹנִי / צִמְחוֹנִית ש״ת	vegetarian
צַמֶּרֶת נ׳	(tree) top
צָעִיף ז׳	scarf
צָעִיר / צְעִירָה ש״ת	young

צָעַק (לִצְעוֹק) עַל...	to yell, scream
צַעַר ז׳	sorrow
צָפוֹן ז׳	north
צַר / צָרָה ש״ת	narrow
צָרִיךְ ז׳ / צְרִיכָה נ׳	need, has to
צְרִיף ז׳	cabin
צַרְכָנִיָּיה נ׳	convenience store
צָרְפַת נ׳	France
צָרְפָתִי / צָרְפָתִייה, צָרְפָתִית ש״ת	French
צָרְפָתִית נ׳	French (lang.)

ק

קְבוּצָה נ׳	team, group
קַבָּלָה נ׳	receipt, reception, Kabbalah
קָדוֹשׁ / קְדוֹשָׁה ש״ת	holy, saint
קָדִימָה נ׳	forward
קְהִילָּה נ׳	community, congregation
קָהָל ז׳	audience, public
קַו ז׳	line
קוֹדֶם	beforehand, previously
קוֹל ז׳	voice
קוֹמָה נ׳	floor, storey
קוֹנְצֶרְט ז׳	concert
קוּפָּה נ׳	register, box office
קוּפְסָה נ׳	box, can
קוּקִיָּיה נ׳	cuckoo
קוּרְס ז׳	course, class
קָטֶגוֹרְיָה נ׳	category
קָטָן / קְטַנָּה ש״ת	small
קֶטַע ז׳	paragraph, segment
קֶטְשׁוֹפּ ז׳	ketchup
קֵיבָה נ׳	stomach
קִיבֵּל (לְקַבֵּל)	to receive, get
קִיוֹסְק ז׳	kiosk
קַיָּים ז׳ / קַיֶּימֶת נ׳	exist
קִינֵּא (לְקַנֵּא) בְּ...	to be jealous of
קִינּוּחַ ז׳	dessert
קַיִץ ז׳	summer
קִיר ז׳ / קִירוֹת ז״ר	wall
קַל / קַלָּה ש״ת	easy, light
קַלֶּטֶת נ׳	cassette
קְלַאסִי / קְלַאסִית ש״ת	classic, classical
קָם (לָקוּם)	to rise, get up
קֶמַח ז׳	flour
קַמְפּוּס ז׳	campus
קָנָה (לִקְנוֹת)	to buy
קַנְיוֹן ז׳	shopping mall
קְנִיּוֹת נ״ר	shopping
קְנִיָּיה נ׳	purchase
קַנְקַן ז׳	jar, pitcher
קַסְדָּה נ׳	helmet
קַפְּדָן / קַפְּדָנִית ש״ת	strict
קָפֶה ז׳	coffee, cafe
קָפַץ (לקפוץ)	to jump
קָפֵיטֶרְיָה נ׳ / קָפֵיטֶרְיוֹת נ״ר	cafeteria
קָצִין ז׳ / קְצִינָה נ׳	officer
קָצָר / קְצָרָה ש״ת	short (for objects)
קְצַרְצַר / קְצַרְצָרָה ש״ת	very short
קְצָת	little, bit, some
קַר / קָרָה ש״ת	cold
קָרָא (לִקְרוֹא)	to read, call out, to name
קָרָה (לִקְרוֹת)	to happen
קָרוֹב / קְרוֹבָה ש״ת	relative, close to, near
קְרִיאָה נ׳	reading
קָרִיר / קְרִירָה ש״ת	chilly
קַשׁ ז׳	straw
קָשֶׁה / קָשָׁה ש״ת	hard, difficult
קָשׁוּר / קְשׁוּרָה ש״ת	connected, tied

קִשְׁקוּשׁ ז׳	nonsense, scribble
קֶשֶׁר ז׳	connection
קָשַׁר (לִקְשׁוֹר)	to tie, connect
קֶשֶׁת נ׳	bow, rainbow, arch

ר

רָאָה (לִרְאוֹת)	to see, look
רֵאָיוֹן ז׳ / רַאֲיוֹנוֹת ז״ר	interview
רַאֲיוֹן עֲבוֹדָה ז׳	job interview
רֹאשׁ ז׳	head, top
רֹאשׁ הַשָּׁנָה	Rosh Hashanah, Jewish New Year
רֹאשׁ מֶמְשָׁלָה	prime-minister
רֹאשׁ עִיר	mayor
רִאשׁוֹן / רִאשׁוֹנָה ש״ת	first
רָאשִׁי / רָאשִׁית ש״ת	main, major
רָב (לָרִיב) עִם...	to quarrel, fight
רַב, רַבִּי ז׳ / רַבָּנִית, רַבִּית נ׳	rabbi
רַב / רַבָּה ש״ת	much, many
רַבּוֹת נ״ר	feminine plural (gram.)
רַבִּים ז״ר	many people, masculine plural (gram.)
רְבִיעִי / רְבִיעִית ש״ת	fourth
רֶבַע	quarter, fourth
רָגִיל / רְגִילָה ש״ת	regular, usual
רָגִישׁ / רְגִישָׁה ש״ת	sensitive
רֶגֶל נ׳ / רַגְלַיִים נ״ר	foot
רֶגַע ז׳	moment
רַדְיוֹ ז׳	radio
רָדַף (לִרְדּוֹף) אַחֲרֵי...	chase, pursue
רָהִיטִים ז״ר	furniture
רוֹב ז׳	most, majority
רַוָּוק ז׳ / רַוָּוקָה נ׳	bachelor/ette
רוֹזֵן ז׳ / רוֹזֶנֶת נ׳	baron, count
רוּחַ נ׳, ז׳	wind, spirit
רוּחָנִי / רוּחָנִית ש״ת	spiritual
רוֹטֶב ז׳	dressing, gravy
רוֹמָא נ׳	Rome
רוּסְיָה נ׳	Russia
רוּסִי / רוּסִיָּיה, רוּסִית ש״ת	Russian
רוּסִית נ׳	Russian (lang.)
רוֹפֵא ז׳ / רוֹפְאָה נ׳	physician
רוֹפֵא אוֹרְתּוֹפֶּד	orthopedic doctor
רוֹפֵא אַף-אוֹזֶן-גָּרוֹן	otolaryngologist
רוֹפֵא יְלָדִים	pediatrician
רוֹפֵא כְּלָלִי	general practitioner
רוֹפֵא לֵב	cardiologist
רוֹפֵא נָשִׁים	gynecologist
רוֹפֵא עוֹר	dermatologist
רוֹפֵא שִׁינַּיִים	dentist
רָזֶה / רָזָה ...ש״ת	thin, skinny
רָחָב / רְחָבָה ש״ת	wide, broad
רְחוֹב ז׳ / רְחוֹבוֹת ז״ר	street
רָחוֹק / רְחוֹקָה ש״ת	far
רִיבּוּי זוּגִי	dual plural (gram.)
רֵיחַ ז׳ / רֵיחוֹת ז״ר	smell, odor
רִיחֵם (לְרַחֵם) עַל...	to pity, have mercy
רִיחֵף (לְרַחֵף)	to hover, float
רִימָּה (לְרַמּוֹת)	to deceive, cheat
רִימּוֹן ז׳	pomegranate, grenade
רִיסִים ז״ר	eye lashes
רִיצָה נ׳	running
רֵיק / רֵיקָה ש״ת	empty
רַךְ / רַכָּה ש״ת	soft, tender
רַכֶּבֶת נ׳	train
רָמָה נ׳	level, height (geog.)
רַע / רָעָה ש״ת	bad
רָעֵב / רְעֵבָה ש״ת	hungry

רָעַד (לִרְעוֹד)	to tremble, shake
רַעְיוֹן ז׳ / רַעְיוֹנוֹת ז״ר	idea
רַעַם ז׳	thunder
רַעַשׁ ז׳	noise
רְפוּאָה נ׳	medicine
רָץ (לָרוּץ)	to run
רָצָה (לִרְצוֹת)	to want
רָצוֹן ז׳	wish, desire
רָצַח (לִרְצוֹחַ)	to murder
רְצִינִי / רְצִינִית ש״ת	serious
רָצִיף ז׳	(train, station) platform
רַק	only, just
רָקַד (לִרְקוֹד)	dance
רַקְדָן ז׳ / רַקְדָנִית נ׳	dancer
רְשִׁימָה נ׳	list

ש

שֶׁ... (אֲשֶׁר)	that, which
שָׁאַל (לִשְׁאוֹל)	to ask, borrow
שְׁאֵלָה	question
שְׁאֵלוֹן ז׳	questionnaire
שָׁבוּעַ ז׳ / שָׁבוּעוֹת ז״ר	week
בַּשָּׁבוּעַ שֶׁעָבַר	last week
הַשָּׁבוּעַ	this week
לִפְנֵי שָׁבוּעַ	a week ago
שְׁבוּעַיִים ז״ר	two weeks
שֵׁבֶט ז׳	tribe
שְׁבִיל ז׳	trail, path, lane
שֶׁבַע נ׳ / שִׁבְעָה ז׳	seven
שִׁבְעִים	seventy
שְׁבַע עֶשְׂרֵה נ׳ / שִׁבְעָה עָשָׂר ז׳	seventeen
שָׁבַר (לִשְׁבּוֹר)	to break
שַׁבָּת נ׳	Shabbat, Saturday
שָׁד ז׳ / שָׁדַיִים ז״ר	breast
שָׂדֶה ז׳ / שָׂדוֹת ז״ר	field
שׁוּב	again
שׁוּב פַּעַם	once again, once more
שָׁוֶה / שָׁוָה ש״ת	equal, worth
שׂוֹחַח (לְשׂוֹחֵחַ) עִם...	to discuss, converse
שׁוּלְחָן ז׳ / שׁוּלְחָנוֹת ז״ר	table, desk
שׁוּם ז׳	garlic
שׁוּם דָּבָר	nothing
שׁוֹמֵר ז׳ / שׁוֹמֶרֶת נ׳	guard
שׁוֹנֶה מִ... / שׁוֹנָה מִ... ש״ת	different from
שׁוֹפֵט ז׳ / שׁוֹפֶטֶת נ׳	judge
שׁוּק ז׳ / שְׁוָוקִים ז״ר	market
שׁוֹקוֹ ז׳	chocolate milk
שׁוֹר ז׳	ox
שׁוּרָה נ׳	line
שׁוֹרֶשׁ ז׳	root
שׁוֹשַׁנָּה נ׳ / שׁוֹשַׁנִּים נ״ר	rose
שׁוּתָּף ז׳ / שׁוּתָּפָה נ׳	partner, roommate
שְׁזִיף ז׳	plum
שָׂחָה (לִשְׂחוֹת)	to swim
שָׁחוֹר / שְׁחוֹרָה ש״ת	black
שְׂחִיָּה נ׳	swimming
שַׂחְיָן ז׳ / שַׂחְיָנִית נ׳	swimmer
שַׂחְקָן ז׳ / שַׂחְקָנִית נ׳	actor, player
שָׁט (לָשׁוּט)	to sail
שָׁטִיחַ ז׳	carpet, rug
שִׁיגָּעוֹן ז׳ / שִׁגְעוֹנוֹת ז״ר	madness, lunacy
שִׁידָּה נ׳	chest of drawers
שִׁידֵּךְ (לְשַׁדֵּךְ)	to match make
שִׂיחָה נ׳	conversation
שִׂיחֵק (לְשַׂחֵק)	to play, act
שַׁיָּיךְ לְ... ז׳ / שַׁיֶּיכֶת לְ... נ׳	belong to
שַׁיָּיכוּת נ׳	belonging
שִׁילֵּם (לְשַׁלֵּם)	to pay

שֵׁינָה נ׳	sleep
שִׁיעוּר ז׳	lesson
שִׁיעוּרֵי-בַּיִת ז״ר	homework
שֵׂיעָר ז׳ , שְׂעָרוֹת נ״ר	hair
שִׁיקֵּר (לְשַׁקֵּר)	to lie
שִׁיר ז׳	song, poem
שִׁירָה נ׳	poetry, singing
שֵׁירוּת ז׳	service
שֵׁירוּתִים ז״ר	rest room
שִׁישִּׁים	sixty
שָׁכַב (לִשְׁכַּב)	to lie down
שְׁכוּנָה נ׳	neighborhood
שָׂכוּר / שְׂכוּרָה ש״ת	rented
שָׁכַח (לִשְׁכּוֹחַ)	to forget
שֵׂכֶל ז׳	brains, intelligence
שָׁכֵן ז׳ / שְׁכֵנָה נ׳	neighbor
שֶׁל (שֶׁלִּי, שֶׁלְּךָ...)	of (mine, yours)
שֶׁל מִי?	whose?
שֶׁלֶג ז׳	snow
שָׁלוֹם ז׳	shalom, hi, peace
שָׁלוֹשׁ נ׳ / שְׁלוֹשָׁה ז׳	three
שְׁלוֹשׁ עֶשְׂרֵה נ׳ / שְׁלוֹשָׁה עָשָׂר ז׳	thirteen
שְׁלוֹשִׁים	thirty
שָׁלַח (לִשְׁלוֹחַ)	to send
שְׁלִישִׁי / שְׁלִישִׁית ש״ת	third
שָׁלֵם / שְׁלֵמָה ש״ת	complete
שִׁלְשׁוֹם ז׳	two days ago
שָׁם	there
שָׂם (לָשִׂים)	to put
שָׂם לֵב (לָשִׂים לֵב) לְ...	to pay attention, notice
שֵׁם ז׳ / שֵׁמוֹת ז״ר	name, noun
שֵׁם גּוּף ז׳ / שְׁמוֹת גּוּף ז״ר	pronoun (gram.)
שֵׁם מִשְׁפָּחָה ז׳ / שְׁמוֹת מִשְׁפָּחָה ז״ר	family name, last name
שֵׁם-עֶצֶם ז׳ / שְׁמוֹת-עֶצֶם ז״ר	noun
שֵׁם פְּרָטִי / שֵׁמוֹת פְּרָטִיִּים	first name
שֵׁם-תּוֹאַר ז׳ / שְׁמוֹת-תּוֹאַר ז״ר	adjective
שְׂמֹאל ז׳	left
שְׂמָאלִי / שְׂמָאלִית ש״ת	left handed
שְׁמוֹנֶה נ׳ / שְׁמוֹנָה ז׳	eight
שְׁמוֹנֶה עֶשְׂרֵה נ׳ / שְׁמוֹנָה עָשָׂר ז׳	eighteen
שְׁמוֹנִים	eighty
שָׂמֵחַ / שְׂמֵחָה ש״ת	happy, glad
שָׂמַח (לִשְׂמוֹחַ)	to be happy
שִׂמְחָה נ׳	happiness, joy
שֵׁמִי / שֵׁמִית ש״ת	Semite
שָׁמַיִם ז״ר	sky, heaven
שְׁמִינִי / שְׁמִינִית ש״ת	eighth
שִׂמְלָה נ׳	a dress
שֶׁמֶן ז׳	oil
שָׁמֵן / שְׁמֵנָה ש״ת	fat
שְׁמַנְמַן / שְׁמַנְמַנָּה ש״ת	chubby
שָׁמַע (לִשְׁמוֹעַ)	to hear
שַׁמְפַּנְיָה נ׳	champagne
שָׁמַר (לִשְׁמוֹר) עַל...	to keep, guard
שַׁמְרָן / שַׁמְרָנִית ש״ת	conservative
שֶׁמֶשׁ נ׳	sun
שֵׁן נ׳ / שִׁינַּיִים נ״ר	tooth
שָׂנֵא (לִשְׂנוֹא)	to hate
שָׁנָה נ׳ / שָׁנִים נ״ר	year
שָׁנָה מְעוּבֶּרֶת	leap year
בַּשָּׁנָה הַבָּאָה	next year
בַּשָּׁנָה שֶׁעָבְרָה	last year
הַשָּׁנָה	this year
לִפְנֵי שָׁנָה	a year ago
שֵׁנִי / שְׁנִיָּיה ש״ת	second
שְׁנִיָּיה נ׳	second (1/60 minute)
שְׁנַיִם, שְׁנֵי- ז׳	two (m.)

שְׁנֵים-עָשָׂר ז׳	twelve (m.)
שְׁנֵינוּ	both of us (m.)
שְׁנִיצֶל ז׳	schnitzel
שְׁנָתַיִם נ״ר	two years
שָׁעָה נ׳	hour, time
שָׁעוֹן ז׳	watch, clock
שַׁעַר ז׳	gate
שַׁעֲשׁוּעַ ז׳	amusement
שָׂפָה נ׳ / שְׂפָתַיִם נ״ר	lip
שָׂפָה נ׳ / שָׂפוֹת נ״ר	language
שָׂפָם ז׳	moustache
שַׂק ז׳	sack, bag
שַׂק-שֵׁינָה ז׳	sleeping bag
שַׁקְדָן / שַׁקְדָנִית ש״ת	diligent
שֶׁקֶט ז׳	silence
שָׁקֵט / שְׁקֵטָה ש״ת	quiet, silent
שְׁקִיעָה נ׳	sunset
שֶׁקֶל ז׳	Shekel
שֶׁקֶר ז׳	lie, deception
שַׁקְרָן ז׳ / שַׁקְרָנִית נ׳	liar
שָׁר (לָשִׁיר)	to sing
שַׁרְווּל ז׳	sleeve
שְׁרִיר ז׳	muscle
שֵׁשׁ נ׳ / שִׁישָּׁה ז׳	six
שֵׁשׁ עֶשְׂרֵה נ׳ / שִׁישָּׁה עָשָׂר ז׳	sixteen
שָׁתָה (לִשְׁתּוֹת)	to drink
שְׁתַּיִם, שְׁתֵּי- נ׳	two (f.)
שְׁתֵּים עֶשְׂרֵה נ׳	twelve (f.)
שְׁתֵּינוּ	both of us (f.)
שָׁתַק (לִשְׁתּוֹק)	to be silent

ת

תָּא ז׳	box, cell, compartment
תָּא קוֹלִי ז׳	voice mail
תְּאוֹם ז׳ / תְּאוֹמָה נ׳	twin
תַּאֲרִיךְ ז׳	date
תְּגוּבָה נ׳	reaction
תַּגְלִית נ׳	discovery
תֵּה ז׳	tea
תּוֹאַר ז׳	title, degree
תּוֹאַר רִאשׁוֹן	bachelor's degree
תּוֹאַר שְׁלִישִׁי, דּוֹקְטוֹרַט	Ph.D.
תּוֹאַר שֵׁנִי	master's degree
תּוֹדָה נ׳	thanks
תּוֹכֶן ז׳	content
תּוֹכְנִית נ׳ / תּוֹכְנִיּוֹת נ״ר	program, plan
תּוֹר ז׳	line, queue, appointment
תּוֹרָה נ׳	Torah
תּוּת-שָׂדֶה ז׳	strawberry
תַּחְבּוּרָה נ׳	transportation
תַּחְבּוּרָה צִיבּוּרִית נ׳	public transportation
תַּחֲנָה נ׳	station
תַּחֲנָה מֶרְכָּזִית נ׳	central station
תַּחֲרוּת נ׳	competition
תַּחַת, מִתַּחַת	under
תַּחַת ז׳	buttocks
תַּחְתּוֹנִים ז״ר	underwear
תֵּיאָבוֹן ז׳	appetite
תֵּיאוּר ז׳	description
תֵּיאַטְרוֹן ז׳	theater
תֵּיאֵר (לְתָאֵר)	to imagine, describe
תֵּיזָה נ׳	thesis
תִּיכוֹן ש״ת	middle, central
תִּינוֹק ז׳ / תִּינוֹקֶת נ׳	baby
תִּיק ז׳	bag
תַּיָּיר ז׳ / תַּיֶּירֶת נ׳	tourist
תֵּל אָבִיב נ׳	Tel Aviv
תַּלְמִיד ז׳ / תַּלְמִידָה נ׳	student

picture	תְּמוּנָה נ׳
always	תָּמִיד
give me, let me have	תֵּן לִי
oven, heater	תַּנּוּר ז׳
bible	תַּנַ״ךְ (תּוֹרָה, נְבִיאִים, כְּתוּבִים)
script	תַּסְרִיט ז׳
certificate, paper	תְּעוּדָה נ׳
exhibition	תַּעֲרוּכָה נ׳
an orange	תַּפּוּז ז׳
apple	תַּפּוּחַ, תַּפּוּחַ-עֵץ ז׳
potato	תַּפּוּחַ-אֲדָמָה ז׳ / תַּפּוּחֵי-אֲדָמָה ז״ר
captured, taken (seat) busy (phone line)	תָּפוּס / תְּפוּסָה ש״ת
Diaspora	תְּפוּצוֹת נ״ר
to catch	תָּפַס (לִתְפּוֹס)
role, duty	תַּפְקִיד ז׳
menu	תַּפְרִיט ז׳
culture	תַּרְבּוּת נ׳
translation	תִּרְגּוּם ז׳
exercise, drill	תַּרְגִּיל ז׳
to translate	תִּרְגֵּם (לְתַרְגֵּם)
to donate, contribute	תָּרַם (לִתְרוֹם)
backpack	תַּרְמִיל ז׳
medication, drug	תְּרוּפָה נ׳
cock, rooster	תַּרְנְגוֹל ז׳
turkey	תַּרְנְגוֹל הוֹדוּ ז׳
hen	תַּרְנְגוֹלֶת נ׳
answer, reply	תְּשׁוּבָה נ׳
nine	תֵּשַׁע נ׳ / תִּשְׁעָה ז׳
ninety	תִּשְׁעִים
nineteen	תְּשַׁע עֶשְׂרֵה נ׳ / תִּשְׁעָה עָשָׂר ז׳

קיצורים וראשי תיבות — Abbreviations

א׳ (אָדוֹן)	Mr., Sir
ארה״ב (אַרְצוֹת הַבְּרִית)	U.S.
בח״ל (בְּחִיר לִבָּהּ, בְּחִירַת-לִבּוֹ)	man of her choice, woman of his choice
בי״ח (בֵּית חוֹלִים)	hospital
בי״ס (בֵּית סֵפֶר)	school
בע״מ (בְּעֵרָבוֹן מוּגְבָּל)	LTD
גב׳ (גְּבֶרֶת)	Miss, Mrs.
גר׳ (גְּרַם)	gram
דוא״ל (דּוֹאַר אֶלֶקְטְרוֹנִי)	email
ד.נ. (דּוֹאַר נָע)	rural post
ד״ר (דּוֹקְטוֹר)	Dr.
ד״ש (דְּרִישַׁת שָׁלוֹם)	greetings
ה׳ (אֲדוֹנָי)	God
וכו׳ (וְכוּלֵּי)	etc.
ז׳ (זָכָר)	masculine
ז״ר (זָכָר רַבִּים)	masculine plural
חו״ל (חוּץ לָאָרֶץ)	abroad
טל׳ (טֶלֶפוֹן)	telephone
לספ׳ (לַסְפִירָה)	C.E. (Common Era)
לפנה״ס (לִפְנֵי הַסְפִירָה)	B.C.E
מ׳ (מֶטֶר)	meter
נ׳ (נְקֵבָה)	feminine
נ״ר (נְקֵבָה רַבּוֹת)	feminine plural
סַכּוּ״ם (סַכִּין, כַּף וּמַזְלֵג)	cutlery, silverware
ע״ב (עֲבוֹדַת בַּיִת)	homework
עמ׳ (עמוד)	page
ע״י (עַל יָד)	near, next to
ע״י (עַל יְדֵי)	by, via
ע״ש (עַל שֵׁם)	named after, eponymous
ק״ג (קִילוֹגְרַם)	kilogram
ק״מ (קִילוֹמֶטֶר)	kilometer
רח׳ (רְחוֹב)	street
ר׳ (רַב, רַבִּי)	rabbi
ר׳ (רַבִּים, רַבּוֹת)	plural
רַמְבָּ״ם (רַבִּי מֹשֶׁה בֶּן מַיְמוֹן)	Maimonides (Rabbi Mosheh ben Maimon)
רַשִׁ״י (רַבִּי שְׁלֹמֹה יִצְחָקִי)	Rashi (Rabbi Shlomo Yitzḥaki)
ר״ת (רָאשֵׁי תֵּיבוֹת)	acronym
ש״ב (שִׁיעוּרֵי בַּיִת)	homework
ש״ח (שֶׁקֶל חָדָשׁ)	New Shekel
ש״ת (שֵׁם תּוֹאַר)	adjective
ת״א (תֵּל אָבִיב)	Tel Aviv
ת.ד. (תֵּיבַת דּוֹאַר)	P.O.Box

לוּחוֹת פְּעָלִים

Verb Tables

לוחות פְּעָלִים: בִּנְיַן פָּעַל

1	2	3	4	5
בניין: פָּעַל	**בניין: פָּעַל**	**בניין: פָּעַל**	**בניין: פָּעַל**	**בניין: פָּעַל**
גזרה: שלמים	**גזרה: שלמים**	**גזרה: שלמים**	**גזרה: שלמים**	**גזרה: שלמים**
אֶפְעוֹל	**אֶפְעַל**	**פ׳ גרונית** (ח)	**ל׳ גרונית** (ח, ע)	**פ׳ גרונית** (ע, ה)
שורש:	**שורש:**	**שורש:**	**שורש:**	**שורש:**
כ.ת.ב.	ל.מ.ד.	ח.ש.ב.	ש.ל.ח.	ע.ב.ד.
שם הפועל:	**שם הפועל:**	**שם הפועל:**	**שם הפועל:**	**שם הפועל:**
לִכְתּוֹב	לִלְמוֹד	לַחְשׁוֹב	לִשְׁלוֹחַ	לַעֲבוֹד
עבר	**עבר**	**עבר**	**עבר**	**עבר**
כָּתַבְתִּי	לָמַדְתִּי	חָשַׁבְתִּי	שָׁלַחְתִּי	עָבַדְתִּי
כָּתַבְתָּ	לָמַדְתָּ	חָשַׁבְתָּ	שָׁלַחְתָּ	עָבַדְתָּ
כָּתַבְתְּ	לָמַדְתְּ	חָשַׁבְתְּ	שָׁלַחַתְּ	עָבַדְתְּ
כָּתַב	לָמַד	חָשַׁב	שָׁלַח	עָבַד
כָּתְבָה	לָמְדָה	חָשְׁבָה	שָׁלְחָה	עָבְדָה
כָּתַבְנוּ	לָמַדְנוּ	חָשַׁבְנוּ	שָׁלַחְנוּ	עָבַדְנוּ
כְּתַבְתֶּם	לְמַדְתֶּם	חֲשַׁבְתֶּם	שְׁלַחְתֶּם	עֲבַדְתֶּם
כְּתַבְתֶּן	לְמַדְתֶּן	חֲשַׁבְתֶּן	שְׁלַחְתֶּן	עֲבַדְתֶּן
כָּתְבוּ	לָמְדוּ	חָשְׁבוּ	שָׁלְחוּ	עָבְדוּ
הווה	**הווה**	**הווה**	**הווה**	**הווה**
כּוֹתֵב	לוֹמֵד	חוֹשֵׁב	שׁוֹלֵחַ	עוֹבֵד
כּוֹתֶבֶת	לוֹמֶדֶת	חוֹשֶׁבֶת	שׁוֹלַחַת	עוֹבֶדֶת
כּוֹתְבִים	לוֹמְדִים	חוֹשְׁבִים	שׁוֹלְחִים	עוֹבְדִים
כּוֹתְבוֹת	לוֹמְדוֹת	חוֹשְׁבוֹת	שׁוֹלְחוֹת	עוֹבְדוֹת
עתיד	**עתיד**	**עתיד**	**עתיד**	**עתיד**
אֶכְתּוֹב	אֶלְמַד	אֶחְשׁוֹב	אֶשְׁלַח	אֶעֱבוֹד
תִּכְתּוֹב	תִּלְמַד	תַּחְשׁוֹב	תִּשְׁלַח	תַּעֲבוֹד
תִּכְתְּבִי	תִּלְמְדִי	תַּחְשְׁבִי	תִּשְׁלְחִי	תַּעַבְדִי
יִכְתּוֹב	יִלְמַד	יַחְשׁוֹב	יִשְׁלַח	יַעֲבוֹד
תִּכְתּוֹב	תִּלְמַד	תַּחְשׁוֹב	תִּשְׁלַח	תַּעֲבוֹד
נִכְתּוֹב	נִלְמַד	נַחְשׁוֹב	נִשְׁלַח	נַעֲבוֹד
תִּכְתְּבוּ	תִּלְמְדוּ	תַּחְשְׁבוּ	תִּשְׁלְחוּ	תַּעַבְדוּ
יִכְתְּבוּ	יִלְמְדוּ	יַחְשְׁבוּ	יִשְׁלְחוּ	יַעַבְדוּ
ציווי	**ציווי**	**ציווי**	**ציווי**	**ציווי**
כְּתוֹב	לְמַד	חֲשׁוֹב	שְׁלַח	עֲבוֹד
כִּתְבִי	לִמְדִי	חִשְׁבִי	שִׁלְחִי	עִבְדִי
כִּתְבוּ	לִמְדוּ	חִשְׁבוּ	שִׁלְחוּ	עִבְדוּ
פעלים נוספים	**פעלים נוספים**	**פעלים נוספים**	**פעלים נוספים**	**פעלים נוספים**
בָּדַק פָּגַשׁ	גָּדַל (הווה: גָּדֵל)	חָזַר	סָלַח	הָרַג
גָּלַשׁ רָקַד	כָּאַב (ע׳ גרונית)	חָלַם	פָּתַח	עָבַר
גָּמַר שָׁמַר	כָּעַס (ע׳ גרונית)		רָצַח	עָזַב
גָּנַב	לָבַשׁ		שָׂמַח (הווה: שָׂמֵחַ)	עָזַר
זָכַר	נָהַג (ע׳ גרונית)		שָׁכַח	
מָדַד	נָעַל (ע׳ גרונית)		שָׁמַע	
מָכַר	פָּחַד (ע׳ גרונית)			
סָבַל	שָׁאַל (ע׳ גרונית)			
סָגַר	שָׁכַב			

לוחות פְּעָלִים : בִּנְיַן פָּעַל

6	7	8	9	10
בניין: פָּעַל	**בניין: פָּעַל**	**בניין: פָּעַל**	**בניין: פָּעַל**	**בניין: פָּעַל**
גזרה: ע״ו	**גזרה: ע״ו**	**גזרה: ע״י**	**גזרה: ל״ה**	**גזרה: ל״ה**
	ל׳ גרונית (א)			**פ׳ גרונית (ע)**
שורש:	**שורש:**	**שורש:**	**שורש:**	**שורש:**
ק.ו.מ.	ב.ו.א.	שׁ.י.ר.	ק.נ.ה.	ע.שׂ.ה.
שם הפועל:	**שם הפועל:**	**שם הפועל:**	**שם הפועל:**	**שם הפועל:**
לָקוּם	לָבוֹא	לָשִׁיר	לִקְנוֹת	לַעֲשׂוֹת
עבר	**עבר**	**עבר**	**עבר**	**עבר**
קַמְתִּי	בָּאתִי	שַׁרְתִּי	קָנִיתִי	עָשִׂיתִי
קַמְתָּ	בָּאתָ	שַׁרְתָּ	קָנִיתָ	עָשִׂיתָ
קַמְתְּ	בָּאתְ	שַׁרְתְּ	קָנִית	עָשִׂית
קָם	בָּא	שָׁר	קָנָה	עָשָׂה
קָמָה	בָּאָה	שָׁרָה	קָנְתָה	עָשְׂתָה
קַמְנוּ	בָּאנוּ	שַׁרְנוּ	קָנִינוּ	עָשִׂינוּ
קַמְתֶּם	בָּאתֶם	שַׁרְתֶּם	קְנִיתֶם	עֲשִׂיתֶם
קַמְתֶּן	בָּאתֶן	שַׁרְתֶּן	קְנִיתֶן	עֲשִׂיתֶן
קָמוּ	בָּאוּ	שָׁרוּ	קָנוּ	עָשׂוּ
הווה	**הווה**	**הווה**	**הווה**	**הווה**
קָם	בָּא	שָׁר	קוֹנֶה	עוֹשֶׂה
קָמָה	בָּאָה	שָׁרָה	קוֹנָה	עוֹשָׂה
קָמִים	בָּאִים	שָׁרִים	קוֹנִים	עוֹשִׂים
קָמוֹת	בָּאוֹת	שָׁרוֹת	קוֹנוֹת	עוֹשׂוֹת
עתיד	**עתיד**	**עתיד**	**עתיד**	**עתיד**
אָקוּם	אָבוֹא	אָשִׁיר	אֶקְנֶה	אֶעֱשֶׂה
תָּקוּם	תָּבוֹא	תָּשִׁיר	תִּקְנֶה	תַּעֲשֶׂה
תָּקוּמִי	תָּבוֹאִי	תָּשִׁירִי	תִּקְנִי	תַּעֲשִׂי
יָקוּם	יָבוֹא	יָשִׁיר	יִקְנֶה	יַעֲשֶׂה
תָּקוּם	תָּבוֹא	תָּשִׁיר	תִּקְנֶה	תַּעֲשֶׂה
נָקוּם	נָבוֹא	נָשִׁיר	נִקְנֶה	נַעֲשֶׂה
תָּקוּמוּ	תָּבוֹאוּ	תָּשִׁירוּ	תִּקְנוּ	תַּעֲשׂוּ
יָקוּמוּ	יָבוֹאוּ	יָשִׁירוּ	יִקְנוּ	יַעֲשׂוּ
ציווי	**ציווי**	**ציווי**	**ציווי**	**ציווי**
קוּם	בּוֹא	שִׁיר	קְנֵה	עֲשֵׂה
קוּמִי	בּוֹאִי	שִׁירִי	קְנִי	עֲשִׂי
קוּמוּ	בּוֹאוּ	שִׁירוּ	קְנוּ	עֲשׂוּ
פעלים נוספים	**פעלים נוספים**	**פעלים נוספים**	**פעלים נוספים**	**פעלים נוספים**
גָּר		רָב	חַי (הווה: חַי)	עָלָה
דָּג		שָׂם	בָּכָה	
זָז			בָּנָה	
טָס			רָאָה	
מֵת (עבר: מַתִּי)			רָצָה	
נָח (עתיד: יָנוּחַ)			שָׁתָה	
צָם				
רָץ				

לוּחוֹת פְּעָלִים : בִּנְיַן פָּעַל

11	12	13	14	15
בניין: פָּעַל	**בניין: פָּעַל**	**בניין: פָּעַל**	**בניין: פָּעַל**	**בניין: פָּעַל**
גזרה: ל״ה	**גזרה: פ״י**	**גזרה: פ״י**	**גזרה: פ״י**	**גזרה: פ״נ**
פ׳ גרונית (ה)		**ל׳ גרונית** (א)	**פ׳ גרונית** (ה)	**אֶפְעוֹל**
שורש :	**שורש** :	**שורש** :	**שורש** :	**שורש** :
ה.י.ה.	י.שׁ.ב.	י.צ.א.	ה.ל.כ.	נ.פ.ל.
שם הפועל:	**שם הפועל:**	**שם הפועל:**	**שם הפועל:**	**שם הפועל:**
לִהְיוֹת	לָשֶׁבֶת	לָצֵאת	לָלֶכֶת	לִפּוֹל / לִנְפּוֹל
עבר	**עבר**	**עבר**	**עבר**	**עבר**
הָיִיתִי	יָשַׁבְתִּי	יָצָאתִי	הָלַכְתִּי	נָפַלְתִּי
הָיִיתָ	יָשַׁבְתָּ	יָצָאתָ	הָלַכְתָּ	נָפַלְתָּ
הָיִית	יָשַׁבְתְּ	יָצָאת	הָלַכְתְּ	נָפַלְתְּ
הָיָה	יָשַׁב	יָצָא	הָלַךְ	נָפַל
הָיְתָה	יָשְׁבָה	יָצְאָה	הָלְכָה	נָפְלָה
הָיִינוּ	יָשַׁבְנוּ	יָצָאנוּ	הָלַכְנוּ	נָפַלְנוּ
הֱיִיתֶם	יְשַׁבְתֶּם	יְצָאתֶם	הֲלַכְתֶּם	נְפַלְתֶּם
הֱיִיתֶן	יְשַׁבְתֶּן	יְצָאתֶן	הֲלַכְתֶּן	נְפַלְתֶּן
הָיוּ	יָשְׁבוּ	יָצְאוּ	הָלְכוּ	נָפְלוּ
הווה	**הווה**	**הווה**	**הווה**	**הווה**
-	יוֹשֵׁב	יוֹצֵא	הוֹלֵךְ	נוֹפֵל
-	יוֹשֶׁבֶת	יוֹצֵאת	הוֹלֶכֶת	נוֹפֶלֶת
-	יוֹשְׁבִים	יוֹצְאִים	הוֹלְכִים	נוֹפְלִים
-	יוֹשְׁבוֹת	יוֹצְאוֹת	הוֹלְכוֹת	נוֹפְלוֹת
עתיד	**עתיד**	**עתיד**	**עתיד**	**עתיד**
אֶהְיֶה	אֵשֵׁב	אֵצֵא	אֵלֵךְ	אֶפּוֹל
תִּהְיֶה	תֵּשֵׁב	תֵּצֵא	תֵּלֵךְ	תִּפּוֹל
תִּהְיִי	תֵּשְׁבִי	תֵּצְאִי	תֵּלְכִי	תִּפְּלִי
יִהְיֶה	יֵשֵׁב	יֵצֵא	יֵלֵךְ	יִפּוֹל
תִּהְיֶה	תֵּשֵׁב	תֵּצֵא	תֵּלֵךְ	תִּפּוֹל
נִהְיֶה	נֵשֵׁב	נֵצֵא	נֵלֵךְ	נִפּוֹל
תִּהְיוּ	תֵּשְׁבוּ	תֵּצְאוּ	תֵּלְכוּ	תִּפְּלוּ
יִהְיוּ	יֵשְׁבוּ	יֵצְאוּ	יֵלְכוּ	יִפְּלוּ
ציווי	**ציווי**	**ציווי**	**ציווי**	**ציווי**
הֱיֵה	שֵׁב	צֵא	לֵךְ	נְפוֹל
הֲיִי	שְׁבִי	צְאִי	לְכִי	נִפְלִי
הֱיוּ	שְׁבוּ	צְאוּ	לְכוּ	נִפְלוּ
פעלים נוספים	**פעלים נוספים**	**פעלים נוספים**	**פעלים נוספים**	**פעלים נוספים**
	יָדַע (ע׳ גרונית) (לָדַעַת, אֵדַע) יָלַד יָרַד			

לוחות פְּעָלִים : בִּנְיַן פָּעַל

16	17	18	19	20
בניין: פָּעַל	**בניין: פָּעַל**	**בניין: פָּעַל**	**בניין: פָּעַל**	**בניין: פָּעַל**
גזרה: פ"נ	**גזרה: פ"נ**	**גזרה: פ"נ**	**גזרה: פ"א**	**גזרה: פ"א**
אֶפְעַל	**ל' הפועל נ**	**פ' הפועל ל**		
שורש:	**שורש**:	**שורש**:	**שורש**:	**שורש**:
נ.ס.ע.	נ.ת.נ.	ל.ק.ח.	א.מ.ר.	א.ה.ב.
שם הפועל:	**שם הפועל:**	**שם הפועל:**	**שם הפועל:**	**שם הפועל:**
לִנְסוֹעַ	לָתֵת	לָקַחַת	לוֹמַר / לֶאֱמוֹר	לֶאֱהוֹב
עבר	**עבר**	**עבר**	**עבר**	**עבר**
נָסַעְתִּי	נָתַתִּי	לָקַחְתִּי	אָמַרְתִּי	אָהַבְתִּי
נָסַעְתָּ	נָתַתָּ	לָקַחְתָּ	אָמַרְתָּ	אָהַבְתָּ
נָסַעַתְּ	נָתַתְּ	לָקַחְתְּ	אָמַרְתְּ	אָהַבְתְּ
נָסַע	נָתַן	לָקַח	אָמַר	אָהַב
נָסְעָה	נָתְנָה	לָקְחָה	אָמְרָה	אָהֲבָה
נָסַעְנוּ	נָתַנּוּ	לָקַחְנוּ	אָמַרְנוּ	אָהַבְנוּ
נְסַעְתֶּם	נְתַתֶּם	לְקַחְתֶּם	אֲמַרְתֶּם	אֲהַבְתֶּם
נְסַעְתֶּן	נְתַתֶּן	לְקַחְתֶּן	אֲמַרְתֶּן	אֲהַבְתֶּן
נָסְעוּ	נָתְנוּ	לָקְחוּ	אָמְרוּ	אָהֲבוּ
הווה	**הווה**	**הווה**	**הווה**	**הווה**
נוֹסֵעַ	נוֹתֵן	לוֹקֵחַ	אוֹמֵר	אוֹהֵב
נוֹסַעַת	נוֹתֶנֶת	לוֹקַחַת	אוֹמֶרֶת	אוֹהֶבֶת
נוֹסְעִים	נוֹתְנִים	לוֹקְחִים	אוֹמְרִים	אוֹהֲבִים
נוֹסְעוֹת	נוֹתְנוֹת	לוֹקְחוֹת	אוֹמְרוֹת	אוֹהֲבוֹת
עתיד	**עתיד**	**עתיד**	**עתיד**	**עתיד**
אֶסַּע	אֶתֵּן	אֶקַּח	אֹמַר	אֹהַב
תִּסַּע	תִּתֵּן	תִּקַּח	תֹּאמַר	תֹּאהַב
תִּסְעִי	תִּתְּנִי	תִּקְחִי	תֹּאמְרִי	תֹּאהֲבִי
יִסַּע	יִתֵּן	יִקַּח	יֹאמַר	יֹאהַב
תִּסַּע	תִּתֵּן	תִּקַּח	תֹּאמַר	תֹּאהַב
נִסַּע	נִתֵּן	נִקַּח	נֹאמַר	נֹאהַב
תִּסְעוּ	תִּתְּנוּ	תִּקְחוּ	תֹּאמְרוּ	תֹּאהֲבוּ
יִסְעוּ	יִתְּנוּ	יִקְחוּ	יֹאמְרוּ	יֹאהֲבוּ
ציווי	**ציווי**	**ציווי**	**ציווי**	**ציווי**
סַע	תֵּן	קַח	אֱמוֹר	אֱהוֹב
סְעִי	תְּנִי	קְחִי	אִמְרִי	אֱהֱבִי
סְעוּ	תְּנוּ	קְחוּ	אִמְרוּ	אֱהֱבוּ
פעלים נוספים	**פעלים נוספים**	**פעלים נוספים**	**פעלים נוספים**	**פעלים נוספים**
נָגַע			אָכַל	

לוחות פְּעָלִים : בִּנְיַן פָּעַל

21	22
בניין: פָּעַל	**בניין: פָּעַל**
גזרה: ל״א	**גזרה:**
	נטייה בודדת
שורש:	**שורש:**
ק.ר.א.	י.כ.ל.
שם הפועל:	**שם הפועל:**
לִקְרוֹא	—
עבר	**עבר**
קָרָאתִי	יָכֹלְתִּי*
קָרָאתָ	יָכֹלְתָּ
קָרָאת	יָכֹלְתְּ
קָרָא	יָכֹל
קָרְאָה	יָכְלָה
קָרָאנוּ	יָכֹלְנוּ
קְרָאתֶם	יְכָלְתֶּם
קְרָאתֶן	יְכָלְתֶּן
קָרְאוּ	יָכְלוּ
הווה	**הווה**
קוֹרֵא	יָכוֹל
קוֹרֵאת	יְכוֹלָה
קוֹרְאִים	יְכוֹלִים
קוֹרְאוֹת	יְכוֹלוֹת
עתיד	**עתיד**
אֶקְרָא	אוּכַל
תִּקְרָא	תּוּכַל
תִּקְרְאִי	תּוּכְלִי
יִקְרָא	יוּכַל
תִּקְרָא	תּוּכַל
נִקְרָא	נוּכַל
תִּקְרְאוּ	תּוּכְלוּ
יִקְרְאוּ	יוּכְלוּ
ציווי	**ציווי**
קְרָא	—
קִרְאִי	—
קִרְאוּ	—
פעלים נוספים	**פעלים נוספים**
מָצָא	—

*יָכֹלְתִּי / יָכוֹלְתִּי

לוחות פְּעָלִים: בִּנְיַן פִּיעֵל

23	24	25	26
בניין: פִּיעֵל	**בניין: פִּיעֵל**	**בניין: פִּיעֵל**	**בניין: פִּיעֵל**
גזרה: שלמים	**גזרה: שלמים**	**גזרה: שלמים**	**גזרה: שלמים**
	פ׳ גרונית (ה, ח, ע)	**מרובעים**	**מרובעים**
שורש:	**שורש:**	**שורש:**	**שורש:**
ד.ב.ר.	שׂ.ח.ק.	צ.ל.צ.ל.	ת.ר.ג.מ.
שם הפועל:	**שם הפועל:**	**שם הפועל:**	**שם הפועל:**
לְדַבֵּר	לְשַׂחֵק	לְצַלְצֵל	לְתַרְגֵּם
עבר	**עבר**	**עבר**	**עבר**
דִּיבַּרְתִּי	שִׂיחַקְתִּי	צִלְצַלְתִּי	תִּרְגַּמְתִּי
דִּיבַּרְתָּ	שִׂיחַקְתָּ	צִלְצַלְתָּ	תִּרְגַּמְתָּ
דִּיבַּרְתְּ	שִׂיחַקְתְּ	צִלְצַלְתְּ	תִּרְגַּמְתְּ
דִּיבֵּר	שִׂיחֵק	צִלְצֵל	תִּרְגֵּם
דִּיבְּרָה	שִׂיחְקָה	צִלְצְלָה	תִּרְגְּמָה
דִּיבַּרְנוּ	שִׂיחַקְנוּ	צִלְצַלְנוּ	תִּרְגַּמְנוּ
דִּיבַּרְתֶּם	שִׂיחַקְתֶּם	צִלְצַלְתֶּם	תִּרְגַּמְתֶּם
דִּיבַּרְתֶּן	שִׂיחַקְתֶּן	צִלְצַלְתֶּן	תִּרְגַּמְתֶּן
דִּיבְּרוּ	שִׂיחְקוּ	צִלְצְלוּ	תִּרְגְּמוּ
הווה	**הווה**	**הווה**	**הווה**
מְדַבֵּר	מְשַׂחֵק	מְצַלְצֵל	מְתַרְגֵּם
מְדַבֶּרֶת	מְשַׂחֶקֶת	מְצַלְצֶלֶת	מְתַרְגֶּמֶת
מְדַבְּרִים	מְשַׂחְקִים*	מְצַלְצְלִים	מְתַרְגְּמִים
מְדַבְּרוֹת	מְשַׂחְקוֹת*	מְצַלְצְלוֹת	מְתַרְגְּמוֹת
עתיד	**עתיד**	**עתיד**	**עתיד**
אֲדַבֵּר	אֲשַׂחֵק	אֲצַלְצֵל	אֲתַרְגֵּם
תְּדַבֵּר	תְּשַׂחֵק	תְּצַלְצֵל	תְּתַרְגֵּם
תְּדַבְּרִי	תְּשַׂחְקִי*	תְּצַלְצְלִי	תְּתַרְגְּמִי
יְדַבֵּר	יְשַׂחֵק	יְצַלְצֵל	יְתַרְגֵּם
תְּדַבֵּר	תְּשַׂחֵק	תְּצַלְצֵל	תְּתַרְגֵּם
נְדַבֵּר	נְשַׂחֵק	נְצַלְצֵל	נְתַרְגֵּם
תְּדַבְּרוּ	תְּשַׂחְקוּ*	תְּצַלְצְלוּ	תְּתַרְגְּמוּ
יְדַבְּרוּ	יְשַׂחְקוּ*	יְצַלְצְלוּ	יְתַרְגְּמוּ
ציווי	**ציווי**	**ציווי**	**ציווי**
דַּבֵּר	שַׂחֵק	צַלְצֵל	תַּרְגֵּם
דַּבְּרִי	שַׂחְקִי	צַלְצְלִי	תַּרְגְּמִי
דַּבְּרוּ	שַׂחְקוּ	צַלְצְלוּ	תַּרְגְּמוּ
פעלים נוספים	**פעלים נוספים**	**פעלים נוספים**	**פעלים נוספים**
אִיבֵּד טִיפֵּס		בִּזְבֵּז	טִלְפֵּן
בִּיקֵּר לִימֵּד	*גם: מְשַׂחְקִים,	טִפְטֵף	פִּקְסֵס
בִּיקֵּשׁ נִיגֵּן	מְשַׂחְקוֹת, תְּשַׂחְקִי,	פִּטְפֵּט	פִּרְסֵם
גִּידֵּל סִיפֵּר	תְּשַׂחְקוּ, יְשַׂחְקוּ	נִדְנֵד	
חִייֵּךְ צִייֵּר		קִשְׁקֵשׁ	
חִיפֵּשׂ קִיבֵּל		רִשְׁרֵשׁ	
טִייֵּל שִׁילֵּם			
טִיפֵּל			

לוחות פְּעָלִים : בִּנְיַן הִפְעִיל

27	28	29	30	31
בניין: הִפְעִיל	**בניין: הִפְעִיל**	**בניין: הִפְעִיל**	**בניין: הִפְעִיל**	**בניין: הִפְעִיל**
גזרה: שלמים	**גזרה: שלמים** **פ׳ גרונית** (א, ע)	**גזרה: שלמים** **פ׳ גרונית** (ח)	**גזרה: ע״ו/ע״י**	**גזרה: פ״נ**
שורש:	**שורש**:	**שורש**:	**שורש**:	**שורש**:
ד.ל.ק.	א.כ.ל.	ח.ז.ר.	ב.י.נ.	נ.צ.ל.
שם הפועל:	**שם הפועל:**	**שם הפועל:**	**שם הפועל:**	**שם הפועל:**
לְהַדְלִיק	לְהַאֲכִיל	לְהַחְזִיר	לְהָבִין	לְהַצִּיל

עבר	עבר	עבר	עבר	עבר
הִדְלַקְתִּי	הֶאֱכַלְתִּי	הֶחְזַרְתִּי	הֵבַנְתִּי	הִצַּלְתִּי
הִדְלַקְתָּ	הֶאֱכַלְתָּ	הֶחְזַרְתָּ	הֵבַנְתָּ	הִצַּלְתָּ
הִדְלַקְתְּ	הֶאֱכַלְתְּ	הֶחְזַרְתְּ	הֵבַנְתְּ	הִצַּלְתְּ
הִדְלִיק	הֶאֱכִיל	הֶחְזִיר	הֵבִין	הִצִּיל
הִדְלִיקָה	הֶאֱכִילָה	הֶחְזִירָה	הֵבִינָה	הִצִּילָה
הִדְלַקְנוּ	הֶאֱכַלְנוּ	הֶחְזַרְנוּ	הֵבַנּוּ	הִצַּלְנוּ
הִדְלַקְתֶּם	הֶאֱכַלְתֶּם	הֶחְזַרְתֶּם	הֵבַנְתֶּם	הִצַּלְתֶּם
הִדְלַקְתֶּן	הֶאֱכַלְתֶּן	הֶחְזַרְתֶּן	הֵבַנְתֶּן	הִצַּלְתֶּן
הִדְלִיקוּ	הֶאֱכִילוּ	הֶחְזִירוּ	הֵבִינוּ	הִצִּילוּ

הווה	הווה	הווה	הווה	הווה
מַדְלִיק	מַאֲכִיל	מַחְזִיר	מֵבִין	מַצִּיל
מַדְלִיקָה	מַאֲכִילָה	מַחְזִירָה	מְבִינָה	מַצִּילָה
מַדְלִיקִים	מַאֲכִילִים	מַחְזִירִים	מְבִינִים	מַצִּילִים
מַדְלִיקוֹת	מַאֲכִילוֹת	מַחְזִירוֹת	מְבִינוֹת	מַצִּילוֹת

עתיד	עתיד	עתיד	עתיד	עתיד
אַדְלִיק	אַאֲכִיל	אַחְזִיר	אָבִין	אַצִּיל
תַּדְלִיק	תַּאֲכִיל	תַּחְזִיר	תָּבִין	תַּצִּיל
תַּדְלִיקִי	תַּאֲכִילִי	תַּחְזִירִי	תָּבִינִי	תַּצִּילִי
יַדְלִיק	יַאֲכִיל	יַחְזִיר	יָבִין	יַצִּיל
תַּדְלִיק	תַּאֲכִיל	תַּחְזִיר	תָּבִין	תַּצִּיל
נַדְלִיק	נַאֲכִיל	נַחְזִיר	נָבִין	נַצִּיל
תַּדְלִיקוּ	תַּאֲכִילוּ	תַּחְזִירוּ	תָּבִינוּ	תַּצִּילוּ
יַדְלִיקוּ	יַאֲכִילוּ	יַחְזִירוּ	יָבִינוּ	יַצִּילוּ

ציווי	ציווי	ציווי	ציווי	ציווי
הַדְלֵק	הַאֲכֵל	הַחְזֵר	הָבֵן	הַצֵּל
הַדְלִיקִי	הַאֲכִילִי	הַחְזִירִי	הָבִינִי	הַצִּילִי
הַדְלִיקוּ	הַאֲכִילוּ	הַחְזִירוּ	הָבִינוּ	הַצִּילוּ

פעלים נוספים	פעלים נוספים	פעלים נוספים	פעלים נוספים	פעלים נוספים
הִבְטִיחַ	הֶאֱמִין	הֶחְלִיט	הֵבִיא (ע״ו)	הִגִּיד (נ.ג.ד.)
הִזְמִין (הִזְמַנּוּ)	הֶעֱבִיד		(הֵבֵאתִי)	הִגִּיעַ (נ.ג.ע.)
הִלְבִּישׁ הִצְחִיק			הֵקִים (ע״ו)	הִכִּיר (נ.כ.ר.)
הִמְשִׁיךְ הִצְלִיחַ				הִסִּיר (נ.ס.ר.)
הִסְכִּים הִקְשִׁיב				
הִפְחִיד הִרְגִּישׁ				
הִפְסִיק הִתְחִיל				
הִפְצִיץ				

לוחות פְּעָלִים : בִּנְיַן הִתְפַּעֵל

32	33	34	35
בניין: הִתְפַּעֵל	**בניין: הִתְפַּעֵל**	**בניין: הִתְפַּעֵל**	**בניין: הִתְפַּעֵל**
גזרה: שלמים	**גזרה: שלמים**	**גזרה: שלמים**	**גזרה:**
	פ׳ גרונית (ח, ה)	**פ׳ שורקת** (ס)	**פ׳ שורקת** (ש, שׂ)
שורש:	**שורש**:	**שורש**:	**שורש**:
ל.ב.ש.	ר.ח.צ.	ס.כ.ל.	ש.מ.ש.
שם הפועל:	**שם הפועל:**	**שם הפועל:**	**שם הפועל:**
לְהִתְלַבֵּשׁ	לְהִתְרַחֵץ	לְהִסְתַּכֵּל	לְהִשְׁתַּמֵּשׁ
עבר	**עבר**	**עבר**	**עבר**
הִתְלַבַּשְׁתִּי	הִתְרַחַצְתִּי	הִסְתַּכַּלְתִּי	הִשְׁתַּמַּשְׁתִּי
הִתְלַבַּשְׁתָּ	הִתְרַחַצְתָּ	הִסְתַּכַּלְתָּ	הִשְׁתַּמַּשְׁתָּ
הִתְלַבַּשְׁתְּ	הִתְרַחַצְתְּ	הִסְתַּכַּלְתְּ	הִשְׁתַּמַּשְׁתְּ
הִתְלַבֵּשׁ	הִתְרַחֵץ	הִסְתַּכֵּל	הִשְׁתַּמֵּשׁ
הִתְלַבְּשָׁה	הִתְרַחֲצָה	הִסְתַּכְּלָה	הִשְׁתַּמְּשָׁה
הִתְלַבַּשְׁנוּ	הִתְרַחַצְנוּ	הִסְתַּכַּלְנוּ	הִשְׁתַּמַּשְׁנוּ
הִתְלַבַּשְׁתֶּם	הִתְרַחַצְתֶּם	הִסְתַּכַּלְתֶּם	הִשְׁתַּמַּשְׁתֶּם
הִתְלַבַּשְׁתֶּן	הִתְרַחַצְתֶּן	הִסְתַּכַּלְתֶּן	הִשְׁתַּמַּשְׁתֶּן
הִתְלַבְּשׁוּ	הִתְרַחֲצוּ	הִסְתַּכְּלוּ	הִשְׁתַּמְּשׁוּ
הווה	**הווה**	**הווה**	**הווה**
מִתְלַבֵּשׁ	מִתְרַחֵץ	מִסְתַּכֵּל	מִשְׁתַּמֵּשׁ
מִתְלַבֶּשֶׁת	מִתְרַחֶצֶת	מִסְתַּכֶּלֶת	מִשְׁתַּמֶּשֶׁת
מִתְלַבְּשִׁים	מִתְרַחֲצִים	מִסְתַּכְּלִים	מִשְׁתַּמְּשִׁים
מִתְלַבְּשׁוֹת	מִתְרַחֲצוֹת	מִסְתַּכְּלוֹת	מִשְׁתַּמְּשׁוֹת
עתיד	**עתיד**	**עתיד**	**עתיד**
אֶתְלַבֵּשׁ	אֶתְרַחֵץ	אֶסְתַּכֵּל	אֶשְׁתַּמֵּשׁ
תִּתְלַבֵּשׁ	תִּתְרַחֵץ	תִּסְתַּכֵּל	תִּשְׁתַּמֵּשׁ
תִּתְלַבְּשִׁי	תִּתְרַחֲצִי	תִּסְתַּכְּלִי	תִּשְׁתַּמְּשִׁי
יִתְלַבֵּשׁ	יִתְרַחֵץ	יִסְתַּכֵּל	יִשְׁתַּמֵּשׁ
תִּתְלַבֵּשׁ	תִּתְרַחֵץ	תִּסְתַּכֵּל	תִּשְׁתַּמֵּשׁ
נִתְלַבֵּשׁ	נִתְרַחֵץ	נִסְתַּכֵּל	נִשְׁתַּמֵּשׁ
תִּתְלַבְּשׁוּ	תִּתְרַחֲצוּ	תִּסְתַּכְּלוּ	תִּשְׁתַּמְּשׁוּ
יִתְלַבְּשׁוּ	יִתְרַחֲצוּ	יִסְתַּכְּלוּ	יִשְׁתַּמְּשׁוּ
ציווי	**ציווי**	**ציווי**	**ציווי**
הִתְלַבֵּשׁ	הִתְרַחֵץ	הִסְתַּכֵּל	הִשְׁתַּמֵּשׁ
הִתְלַבְּשִׁי	הִתְרַחֲצִי	הִסְתַּכְּלִי	הִשְׁתַּמְּשִׁי
הִתְלַבְּשׁוּ	הִתְרַחֲצוּ	הִסְתַּכְּלוּ	הִשְׁתַּמְּשׁוּ
פעלים נוספים	**פעלים נוספים**	**פעלים נוספים**	**פעלים נוספים**
הִתְגַּלֵּחַ (ל׳ גרונית ח)	הִתְאַהֵב (הִיא הִתְאַהֲבָה)	הִסְתַּגֵּל	הִשְׁתַּכֵּר
הִתְחַתֵּן	הִתְגָּרֵשׁ (ע׳ גרונית ר)	הִסְתָּרֵק (ע׳ גרונית ר)	הִשְׁתַּתֵּף
הִתְפַּלֵּל	הִתְנַהֵג	הִסְתַּתֵּר	
הִתְנַשֵּׁק			
הִתְקַשֵּׁר			
הִתְרַגֵּשׁ			

36	37
בניין: הִתְפַּעֵל	**בניין: הִתְפַּעֵל**
גזרה: שלמים	**גזרה: שלמים**
פ׳ שורקת (צ)	**פ׳ שורקת** (ז)
ע׳ גרונית (ע)	
שורש:	**שורש**:
צ.ע.ר.	ז.ק.נ.
שם הפועל:	**שם הפועל:**
לְהִצְטַעֵר	לְהִזְדַּקֵּן
עבר	**עבר**
הִצְטַעַרְתִּי	הִזְדַּקַּנְתִּי
הִצְטַעַרְתָּ	הִזְדַּקַּנְתָּ
הִצְטַעַרְתְּ	הִזְדַּקַּנְתְּ
הִצְטַעֵר	הִזְדַּקֵּן
הִצְטַעֲרָה	הִזְדַּקְּנָה
הִצְטַעַרְנוּ	הִזְדַּקַּנּוּ
הִצְטַעַרְתֶּם	הִזְדַּקַּנְתֶּם
הִצְטַעַרְתֶּן	הִזְדַּקַּנְתֶּן
הִצְטַעֲרוּ	הִזְדַּקְּנוּ
הווה	**הווה**
מִצְטַעֵר	מִזְדַּקֵּן
מִצְטַעֶרֶת	מִזְדַּקֶּנֶת
מִצְטַעֲרִים	מִזְדַּקְּנִים
מִצְטַעֲרוֹת	מִזְדַּקְּנוֹת
עתיד	**עתיד**
אֶצְטַעֵר	אֶזְדַּקֵּן
תִּצְטַעֵר	תִּזְדַּקֵּן
תִּצְטַעֲרִי	תִּזְדַּקְּנִי
יִצְטַעֵר	יִזְדַּקֵּן
תִּצְטַעֵר	תִּזְדַּקֵּן
נִצְטַעֵר	נִזְדַּקֵּן
תִּצְטַעֲרוּ	תִּזְדַּקְּנוּ
יִצְטַעֲרוּ	יִזְדַּקְּנוּ
ציווי	**ציווי**
הִצְטַעֵר	הִזְדַּקֵּן
הִצְטַעֲרִי	הִזְדַּקְּנִי
הִצְטַעֲרוּ	הִזְדַּקְּנוּ
פעלים נוספים	**פעלים נוספים**
הִצְטַיֵּין (בלי אות גרונית)	
הִצְטַלֵּם	
הִצְטַנֵּן	
הִצְטָרֵךְ (הווה : צָרִיךְ)	

לוחות פְּעָלִים : הַבִּנְיָינִים נִפְעַל, פּוּעַל, הוּפְעַל

38	39	40	41
בניין: נִפְעַל	**בניין: נִפְעַל**	**בניין: פּוּעַל**	**בניין: הוּפְעַל**
גזרה: שלמים	**גזרה: פ״י**	**גזרה: שלמים**	**גזרה: שלמים**
שורש :	**שורש** :	**שורש** :	**שורש** :
כ.ת.ב.	י.ל.ד.	כ.ב.ד.	פ.ס.ק.
שם הפועל:	**שם הפועל:**	**שם הפועל:**	**שם הפועל:**
לְהִיכָּתֵב	לְהִיוָּלֵד	—	—
עבר	**עבר**	**עבר**	**עבר**
נִכְתַּבְתִּי	נוֹלַדְתִּי	כּוּבַּדְתִּי	הוּפְסַקְתִּי
נִכְתַּבְתָּ	נוֹלַדְתָּ	כּוּבַּדְתָּ	הוּפְסַקְתָּ
נִכְתַּבְתְּ	נוֹלַדְתְּ	כּוּבַּדְתְּ	הוּפְסַקְתְּ
נִכְתַּב	נוֹלַד	כּוּבַּד	הוּפְסַק
נִכְתְּבָה	נוֹלְדָה	כּוּבְּדָה	הוּפְסְקָה
נִכְתַּבְנוּ	נוֹלַדְנוּ	כּוּבַּדְנוּ	הוּפְסַקְנוּ
נִכְתַּבְתֶּם	נוֹלַדְתֶּם	כּוּבַּדְתֶּם	הוּפְסַקְתֶּם
נִכְתַּבְתֶּן	נוֹלַדְתֶּן	כּוּבַּדְתֶּן	הוּפְסַקְתֶּן
נִכְתְּבוּ	נוֹלְדוּ	כּוּבְּדוּ	הוּפְסְקוּ
הווה	**הווה**	**הווה**	**הווה**
נִכְתָּב	נוֹלָד	מְכוּבָּד	מוּפְסָק
נִכְתֶּבֶת	נוֹלֶדֶת	מְכוּבֶּדֶת	מוּפְסֶקֶת
נִכְתָּבִים	נוֹלָדִים	מְכוּבָּדִים	מוּפְסָקִים
נִכְתָּבוֹת	נוֹלָדוֹת	מְכוּבָּדוֹת	מוּפְסָקוֹת
עתיד	**עתיד**	**עתיד**	**עתיד**
אֶכָּתֵב	אִיוָּלֵד	אֲכוּבַּד	אוּפְסַק
תִּיכָּתֵב	תִּיוָּלֵד	תְּכוּבַּד	תּוּפְסַק
תִּיכָּתְבִי	תִּיוָּלְדִי	תְּכוּבְּדִי	תּוּפְסְקִי
יִיכָּתֵב	יִיוָּלֵד	יְכוּבַּד	יוּפְסַק
תִּיכָּתֵב	תִּיוָּלֵד	תְּכוּבַּד	תּוּפְסַק
נִיכָּתֵב	נִיוָּלֵד	נְכוּבַּד	נוּפְסַק
תִּיכָּתְבוּ	תִּיוָּלְדוּ	תְּכוּבְּדוּ	תּוּפְסְקוּ
יִיכָּתְבוּ	יִיוָּלְדוּ	יְכוּבְּדוּ	יוּפְסְקוּ
ציווי	**ציווי**	**ציווי**	**ציווי**
הִיכָּתֵב	הִיוָּלֵד	—	—
הִיכָּתְבִי	הִיוָּלְדִי	—	—
הִיכָּתְבוּ	הִיוָּלְדוּ	—	—
פעלים נוספים	**פעלים נוספים**	**פעלים נוספים**	**פעלים נוספים**
נִבְדַּק נִשְׁמַר	נוֹכַח (עתיד: אִיוָּכַח)	דּוּבַּר	הוּבְטַח
נִגְמַר		טוּפַּל	הוּדְלַק
נִגְנַב	נוֹסַד	סוּפַּר	הוּגְדַּל
נִכְנַס		צוּיַּר	הוּחְזַר
נִסְגַּר		צוּלַּם	הוּלְבַּשׁ
נִפְגַּשׁ		שׁוּלַּם	הוּשְׁלַם
נִרְדַּם			
נִשְׁלַח (עתיד: אֶשָּׁלַח)			

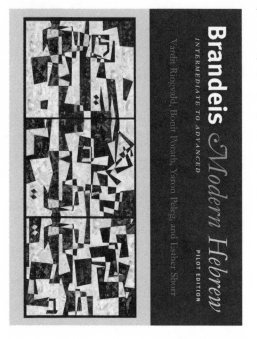